冯志刚 主编

樊新强 树骅 副主编

"龙门书院·上海中学"书系 冯志刚 总主编

打破框框

——"双新"视野下高中课堂教学尝试

上海教育出版社
SHANGHAI EDUCATIONAL
PUBLISHING HOUSE

走在世界一流研究型、创新型学校发展新起点上

（代总序）

上海市上海中学的前身是创始于 1865 年的龙门书院。近一百六十年来，学校秉承"储人才备国家之用"的办学宗旨，坚守"自强不息、思变创新、乐育菁英"的龙门之魂，为国家的发展与民族的振兴培育了一批又一批英才。

进入中国特色社会主义新时代后，上海中学持续走在构建世界一流研究型、创新型学校发展的新起点上，比肩世界名校，不断深化国际视野下不同领域拔尖创新人才的早期培育之内涵，持续为师生营造研究氛围、搭建创新平台，力求在基础教育领域的探索与引领方面继续发挥应有的作用。

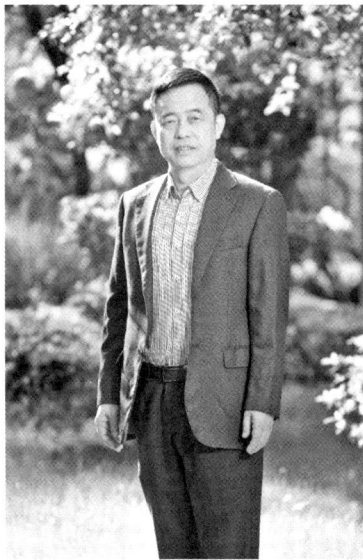

把一些思考与实践作为办学与文化的积累,形成了本套"龙门书院·上海中学"书系。

立足于人力资源强国建设与创新型国家的建构,我们将"世界一流研究型、创新型学校"理解为:以培养具有国际视野、本土情怀的拔尖人才的早期培育为基础,倡导独立思考敢于质疑的精神,构建师生感兴趣的良好研究领域,鼓励创新,包容失败;以学校独具特色的、可选择的课程体系建设为载体,集聚起大量高层次教学与科研能力的创新型师资,同时利用社会资源,做好高校、科研院所等与基础教育阶段的学校在研究与创新方面的有机衔接,不断释放师生的研究激情与创新活力。

建构"世界一流研究型、创新型学校"的实践,重在搭建一个核心平台——"培养具有国际视野、本土情怀的拔尖创新人才的早期培育实验";追逐两个发展关键点——"研究型"与"创新型",前者以"研究氛围的营造"为切入点,注重以研促学、以研促教;后者重在创新平台的搭建,以教学创新、课题创新、项目创新来推进,并以教育教学、学校管理的创新作为支撑,其内核是思想与方法的创新。"研究型"强调氛围营造与机制支撑,重在土壤培育;"创新型"强调目标驱动与平台建设,重在学问之道。

"世界一流研究型、创新型学校"力求教育教学质量的高水平和人才培育的高素养,不局限于传统课程和教材内容的传授,而以提升人才核心素养与21世纪所需关键能力为着力点。打破学生发展的学段培养之时限、打破课堂空间之局限,为终身学习,读好书本与实践两本人生之"大书"打基础,着眼于学生的生涯规划与人生之路的可持续发展。

为此,学校把握时代发展的脉搏,注重在"传承中发展、在发展中谋划",在传承上海中学原校长唐盛昌先生的诸多改革思想的同时,在育人方式、办学理念、管理机制、治理体系、人才培养模式,乃至校园文化诸方面皆与时俱进,不断创新。

世界一流研究型、创新型学校的建设，有其固有的一些特质。需要在传承与发展的基础上，强化以创新为核心的文化基因，提倡教学与研究并重，在优势学科教学与研究上逐渐形成品牌；需要搭建大量的基于科学技术、体现时代特征的创新平台，促进学生个性潜能的发展、提升阶段最佳发展取向的选择能力；弘扬"不走寻常路"的学校精神；展示教师的学术领导力。在世界一流研究型、创新型学校发展的新起点上，我们需要不断强化这些特质，不断寻求学校发展的"新支点"。

我们将一如既往，坚持"守得住理想、耐得住寂寞、干得成事情"的办学精神，坚守中国本色、强调国际特色、促进中西高端教育的融合，努力提升教学的学术水平，为学生创建一片多课程、多课题、多项目的"海洋"，让他们在"游泳"中去发现自己的兴趣、特长与强能之所在，成长为一个有理想、有本领、有担当的时代新人。

当下，上海中学已经走在世界一流研究型、创新型学校发展新起点上，需要在坚守理念与做好顶层设计的基础上做很多事情，"龙门书院·上海中学"书系的持续推进就是一项重要工作。它是为教师拓宽视野、探究育人、追求学术、提升专业所创设的一个发展平台，意在促进教师的反思与顿悟；它也是为学生提供聚焦志趣、激发潜能、提升素养、展示才华的舞台，意在为他们攀登高峰搭梯子；它更是一个为中国特色、世界水平的现代教育先行先试学校的实践记录，为同类学校有特色的多样化发展提供我们的思考，促进彼此的交流。

是为序。

上海市上海中学校长、国家督学、正高级教师
2023 年 8 月于上海中学

普通高中"双新"实施课例
研究升华教学智慧

（代序）

　　《普通高中课程方案(2017 年版 2020 年修订)》明确要求,应大力推进教学改革,深入理解普通高中课程改革要求,准确把握课程标准和教材,围绕核心素养开展教学与评价,健全以校为本的教学研究制度。普通高中"新课程、新教材"(以下简称"双新")的实施,为教学改革智慧的生成提供了新的空间与境界延伸。"双新"背景下高中课堂教学,应敢于尝试"打破框框",根据高中阶段学校集聚的学生的特点,把握"立德树人"的要求,在教学内容、教学方式的整合上守正创新,加强对普通高中"双新"实施的课题研究,升华教学智慧。

　　普通高中需要在"双新"实施和推进过程中,要敢于"打破框框",促进教学改革智慧的境界延伸。"双新"背景下的教学改革智慧生成,需以学科核心素养为依据,以学生核心素养的培育为指引,选择和重组教学内容。"双新"的有效实施,必将开启课堂教学智慧的新境界。为此,我们选取了普通高中各学科的新课程、新教材实施的课例进行研究,旨在深化课堂教学改革与创新,推进课堂教学智慧的提升。

第一,学科"双新"实施的课例研究,注重在传承学校特色中促进"双新"教学课堂对话智慧的提升。课堂教学依旧是落实"双新"要求的主阵地,每一所普通高中都应在传承已有教学特色的前提下进行"双新"实践探索,以此促进师生、生生之间充满智慧的"对话",孕育高阶思维,萌生新的理解与共识,产生对"双新"实施意义的对话场域。这种"意义对话"场域的形成需要关注各学科核心素养要求的落实,关注对话主题的深刻性、对话思维的复合性和对话形式的多向性。

上海中学作为上海市第一期、第二期课程改革实验校,在十余年的创新素养培育实践研究基础上形成了"三高"(高立意、高思辨、高互动)教学模式。在"双新"背景下,基于上海中学学生资质相对优异的事实,"三高"教学模式在"双新"实施中,将结合"双新"教学要求(包括落实学科核心素养),在"意义对话"方面延伸出新的内涵。

"高立意"课堂教学关注对话主题的深刻性。各学科课例研究从学科整体视角出发,立足学科核心素养,落实学科大概念的转化。通过单元教学目标的厘定,教学内容的选择和重组,帮助学生把握学科本质,在学科知识与技能和学科核心素养之间建立有益、有效的连接。"高思辨"关注对话思维的复合性。针对上海中学集聚的资优生群体具有批判性与深刻性、跳跃性与缜密性等思维品质特征,教学的"高思辨"直指复合性思维的启发和生成,引导学生由探求外部世界向探求内心世界转变。"高互动"关注对话形式的多向性。教学实践不是在真空中进行的,而是时刻处于人与人、人与环境相互作用的情境下。因此,高互动的教学理应关注对话的多向性。

第二,学科"双新"实施的课例研究,注重审视教学内容创造性落实中体现的整合智慧。普通高中各学科"双新"实施的课例研究,关注学生核心素养和学科核心素养的整合提升，因而各学科教师在针对新课程、新教材处理上，注重将学生的核心素养培育与学科核心素养要求整合起来加以思考，形成教学内容创造性落实的整合智慧。教师应在准确把握学科本质基础上，跳出学科局限，从更高层次重新审视教学内容。在具体的实施过程中实现教学内容学科内重组、跨学科整合、超学科融合的进阶。

各学科"双新"实施的课例研究，在提升整合智慧方面具有三个方面的特点：一是基于学科本质的内容重组关注高阶思维培养。在学科"双新"的教学实践中，不同学科可以根据学科核心素养落实的要求，对新教材进行大单元、任务群、结构化、演绎式、组合型、串联组等多种教学方式探索。二是基于项目探究的跨学科、跨主题、跨领域的真实问题解决。真实问题在绝大多数情况下涉及跨学科解决方案，通过设置挑战性的问题情境，引发学生主动、有意义的学习。三是关注学科教学实践过程中的复杂问题理解力提升。"双新"的实施要求大力推进学科教学实践，将学科教学与学生发展指导结合起来、与学生核心素养提升结合起来，注重复杂问题的理解力提升。

第三，学科"双新"实施的课例研究，关注重构教师专业能力的教学学术智慧。教学能力是教师专业发展的永恒主题。学科"双新"实施的课例研究，引导教师主动开展扎根课堂的教学学术研究，以研促教、以研促学。学校需要创设肥沃的教学学术研究"土壤"，营造普通高中教学学术生长的氛围，帮助教师进一步认识教学学术的内涵，把握教学学术的行为，拓展教学学术的发展空间。

以课例研究促进教师专业能力的教学学术智慧，尤其注重基于学术共同体的教学研究力提升。普通高中学科"双新"的课例研究，各学科教师成为"主力军"。实现教师从"专业学术"到"教学学术"的转变，是提升教师专业能力的重要路径。普通高中学科"双新"实施课例研究，要注重教师学术共同体的形成，注重教学实践研究与教学反思、同伴合作，这是教师之间基于教学学术研究进行协作教研的明确走向。在普通高中"双新"实施过程中,学校要注重集聚大学、教研机构、教育学院等专业学术力量参与教师学科"双新"实施课例研究,助推高中教师的教学学术成长。

面向 2035 的学校教育现代化,要求大力推进具有世界先进水平、中国特色的优质教育,因此在普通高中"双新"实施的课例研究中,我们也要注重以国际比较研究的视角来开展课堂教学研究,上海中学借助本部(教育对象为上海生源的高中资优生群体)与国际部(教育对象为外籍人员子女,引入国际文凭课程、大学选修 AP 课程与 A-LEVEL 课程等国际课程)在同一校园的特点,注重加强数学、物理、化学学科的课题比较研究,这是学校课例研究的一大特色。

学校在推进普通高中"双新"实施课例研究中升华教学智慧,是随新时代发展对学校"立德树人"提出的新要求。促进学生德智体美劳全面发展的"双新"实施课例研究,需要我们结合新时代教学空间的个性化、数字化、智能化等特点不断深化,推进现代教育技术、现代教学方法与教育教学深度融合的教学设计,将成为落实"双新"育人理念的重要驱动力。

在本书的编辑过程中,得到了上海市各学科领域的大学专家、市区学科教研员等专业力量的鼎力支持,得到了上海中学各学科教研组长的全力协助,得到了学校各部门的倾力帮助,得到了各学科一线教师的聚力参与;上海中学冯志刚校长、朱臻副校长、樊新强副书记组织研究力量开展课例研究,教学处树骐老师、李锋云老师、张智顺老师,校务办刘茂祥老师、程林老师具体负责资料收集与整理,华东师范大学教育管理专业硕士研究生周照林协助进行了文字梳理;上海教育出版社徐建飞主任以及徐建飞工作室的同仁为本书的出版与编辑付出了诸多辛劳,在此一并致谢。

本书编写组

2023 年 8 月

目 录

历史学科"双新"教学课例

数学学科"双新"教学课例

英语学科"双新"教学课例

物理学科"双新"教学课例

化学学科"双新"教学课例

生物学学科"双新"教学课例

地理学科"双新"教学课例

音乐学科"双新"教学课例

体育与健康学科"双新"教学课例

美术学科"双新"教学课例

信息技术学科"双新"教学课例

通用技术学科"双新"教学课例

思想政治学科
"双新"教学课例

一、"做全球发展的贡献者"
教学设计与教学思考

执教人：何建军老师	新课程、新教材内容	高中统编教材《普通高中教科书　思想政治　选择性必修 1　当代国际政治与经济》第七课"做全球发展的贡献者"。此教材 2021 年出版，教学内容为第 73～76 页。
教学课时：第 4 课时	教学时间：2021 年 4 月 16 日	教学对象：高二年级

（一）教学设计

【教学目标】

1. 从学生知识储备和需求出发，通过扶贫案例分析，探究我国脱贫攻坚战取得伟大胜利的制度优势以及对世界的巨大贡献，增强政治认同，增添道路自信。

2. 在案例探究中，注重培养学生的分析、归纳能力，究原因，穷根本，注重培养科学精神；提高小组合作学习能力，提升公共参与意识和能力。

【教学重点】

从中国成功脱贫出发，理解中国脱贫不仅对自己，也是对世界的贡献，并为实现联合国 2030 年可持续发展目标和全球脱贫，贡献中国智慧、中国经验和中国力量。

【教学难点】

上海地区的学生对贫困问题的关注度较低,较少关注中国在世界范围开展的扶贫项目,尤其对联合国千年发展目标不了解,因此对教材中关于中国脱贫是对世界的贡献的理解较为感性,缺乏深层次的认识。

【教学过程】

1. 导入新课。从热播电视剧出发,结合贫困问题的调查数据,通过相关问题的交流、互动,充分体会我国脱贫攻坚战胜利的伟大意义,增强政治认同,增添道路自信。

2. 结合教材内容,围绕议题开展课堂学习,交流课前布置的学习任务单。

通过课前的小组学习,结合相关案例探究,科学分析、总结、概括该地区的成功经验,解密我国脱贫攻坚战胜利的成功秘诀,并在课堂上进行交流。

3. 通过具体案例,围绕议题,以小组形式开展课堂探究,并完成学习任务单。

结合非洲国家与地区的具体贫困案例,探究该地区借鉴中国经验的可行性,突出中国梦与世界梦紧密相连,加快构建人类命运共同体,做全球发展的贡献者。

4. 课后作业。为蒙古国治沙脱贫提供意见和建议(完成学习报告)。

(二) 教学思考

1. 教学宗旨

打造"真实"的课堂,是课堂教学的核心,如果课堂教学是可信的,那育人也是潜移默化的,如何做到"真实"的课堂,就要从学生的实际需求,或者以学生认可的方式去和他们沟通。上海中学的学生不仅在学习上要求上进,对社会的热点问题也十分关注,现在学生获得信息的主要渠道是各大网络资讯平台,快餐式特征非常明显,学生告诉我,他们一般都会去图书馆上网浏览新闻,我也尽力回应学生,希望能深层次地与学生进行互动、探讨,而不是我的单方面输出。

2. 学情分析

选择性必修的教学内容是参加等级考学生的学习内容,而我校基于实际教学情况,并没有在高二进行分科,而是把选择性必修作为全体学生都必须学习的教学内容,不过分追求知识点的讲解,而以提升学生兴趣和课堂参与为主。限于课时,日常教学主要通过主题和跨单元教学开展,目的是提高学生接收信息的广度和深度,提高学生对政治、经济、社会等问题和现象的探究、概括和综合能力,更加体现本学科的政治认同、科学精神、法治意识、公共参与的核心素养。

本堂课的教学内容是"全球发展的贡献者",这是在前期教学基础上的总结性探究。考虑到教学内容的衔接性,在前期,学生以难民危机为主题探究学习了当今世界的两个主题,以我国外交政策的形成和演变为主题探究学习了我国的外交政策,以浙江义乌奇迹为主题探究学习了我国是经济全球化的受益者、全球发展的贡献者。之后的教学计划将安排以中国和联合国的关系为主题,引导学生探究国际组织在国际社会中的责任和角色,国际组织是如何成为国际秩序的维护者的。

3. 教学构思——全球发展的贡献者

(1)中国脱贫成功本身是对世界的贡献。

从电视剧《山海情》引出对中国扶贫问题的关注,通过事先阅读材料,学生以小组探究的形式完成学习任务单,理解中国脱贫的伟大意义,总结我国各贫困地区精准脱贫背后的成功经验。(第一视角:中国是经济全球化的贡献者,中国脱贫是对世界的贡献,为联合国千年发展目标奠定坚实基础。)

这样的教学过程既突出了学生概括、分析、理解的能力,又培养了学生的科学探究精神,提升合作学习的能力,并且在探究过程中,学生也都提升了政治认同,增强了道路自信和制度自信。

（2）中国为实现联合国千年目标贡献中国智慧和中国方案。

从联合国秘书长的来信,引出联合国千年发展目标,以科特迪瓦的可可农场的工人为例,让学生在课堂上探究中国经验、中国方案对世界贫困地区脱贫的可行性,并完成相应的学习任务单。（第二视角：中国在"一带一路"、亚投行框架内,在亚非拉以实际行动支持全球反贫困事业,探究中国脱贫经验沿用到科特迪瓦可可农场的可行性方案,实现联合国千年发展目标,是中国作为负责任大国的使命。）

（3）从学科融合的角度考虑,学科育人不仅是思想政治学科的责任和使命,也是多学科的责任和使命,通过地理、历史等角度,引导学生去思考原殖民地国家的发展困境。

4. 总结反思

呼应建党百年,从习近平总书记对青年的寄语,结合上海中学办学宗旨,引导学生树立人类命运共同体的理念,做全球的贡献者。鼓励学生提升阅读能力,积累学科素材,深层次地认识问题,思考课堂上没有涉及或不够全面的内容。在课堂上我会经常推荐各种书目或一些学者研究论文,供有兴趣的学生深入学习。

执笔人：上海市上海中学调研与评估
委员会委员、思想政治教师何建军

【专家点评要点】

何建军老师在授课过程中使用多个经典案例,鼓励学生从不同视角分析中国成功脱贫的系列做法与经验,做到理论联系实际,锻炼学生分析问题、解决问题的综合能力。何老师善于用细致的提问方式不断引导学生反思并完善自身的思路与表述,注重学生细节的培养,体现何教师深厚的功力与卓越的方法。

复旦大学马克思主义学院副教授宋道雷
华东师范大学教师教育学院副教授叶玉莹
上海市特级教师陈明青

二、"我们会参与"(综合探究)
教学设计与教学思考

执教人：杨恺彦老师	新课程、新教材内容	高中统编教材《普通高中教科书 思想政治 必修3 政治与法治》第五课"我国的根本政治制度"和第六课"我国的基本政治制度"的综合探究"在党的领导下实现人民当家作主"中探究二"我们会参与"。此教材2020年出版,教学内容为第71~72页。
教学课时：第4课时	教学时间：2021年4月16日	教学对象：高一年级

(一)教学设计

【教学目标】

1. 以"我们怎样当家作主"为议题,从对校园生活的考察中,探究有序公共参与和人民当家作主的关系,提高对话协商、沟通合作、表达诉求和解决问题的能力。

2. 坚持马克思主义的科学世界观和方法论,能够对个人成长、社会进步、国家发展和人类文明做出正确的价值判断和行为选择。

3. 感悟中国民主的广泛性、多层次和制度化发展,展现对中国特色社会主义制度的自信。

【教学重点】

在师生互动、开放民主的氛围中,讨论有序参与的意义和无序参与的后果。

【教学难点】

鼓励学生对有关公共政策的制订或对有争议问题的解决发表见解。

【教学过程】

1. 导入新课

中国社会主义民主具有鲜明的中国特色。近年来在社会上,"两会"关注度攀升,日益成为公民政治参与的利器。教师计划利用网络问卷调查,引导学生认识身边的人大代表,激发学生的好奇心和兴趣。

2. 引导辨析

回到校园里的"两会"(学代会和团代会),在情境中引导学生反思:人们积极讨论民主,却常常抱怨环节复杂,没有兴趣去实践具体程序,结果享受不到制度化带来的成本减少和科学的民意聚合。从这个意义上讲,中国将协商民主作为人民民主的重要形式和制度,对人民民主在中国的全面健康发展中具有重要的战略意义。

3. 自主探究

围绕学代会提案的制度程序和参与实践,点评课前预习作业和组织课堂探究活动,以小见大,让学生在认识、体验与践行中深刻理解中国特色社会主义民主政治制度的进一步完善与发展是建立在不断的民主实践基础之上的,这需要通过学习和训练,使其成为现实公共生活的态度和理想,也成为民主参与的技能和习惯。

4. 教学评价

鼓励学生通过可视化分析图表(如下页图示),将课堂探究议题延伸到教室外的社会实践中,在更广阔的空间、更丰富的资源、更真实的情境中完成相关的社会调查任务,有益于学生了解民主管理的程序、体验民主决策的价值,增强公德意识和参与能力。

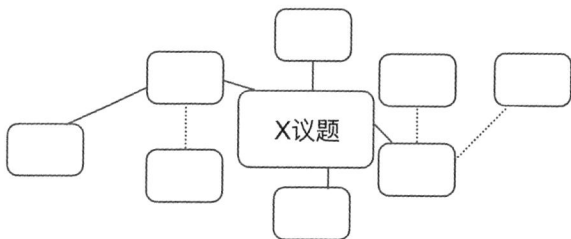

可视化分析图表参考示例

（二）教学思考

课后就三个问题，我围绕这节探究活动课的主要设计思路做一个简单梳理：

问题 1：什么样的学习内容更有价值？

得知要在高一年级上这样一节课，我马上想到两个问题：一是我校学生的学业压力不小，还有很多学校活动，在学生代表大会推选代表时，有时会用计算器抽取随机数方式来产生参与者的情况；二是学校德育处的教师曾就学代会提案的质量问题与政治组进行过交流，希望政治教师能在政治课上从学科角度出发更好地引导学生提出高质量的提案和建议。两个问题合在一起，就勾勒出一幅学生在校园里进行日常"公共参与"的场景。"参与"既有参加的含义，还有在其中发挥作用的意思，它强调的是主动、自觉的意识与积极进取的精神。场景背后折射出学生对是否要进入或参加、进入后的责任和权利以及发挥的作用所产生影响的认识和理解是浅薄的。本单元前三课时的教学围绕"人民当家作主"的具体制度安排做了知识铺垫，学生已具备综合探究二所需要的知识储备，我计划结合我校学生的实际生活，设计适合的探究活动，以真实的问题、真实的情境来培养他们的参与意识。

问题 2：什么样的学习目标更有意义？

综合探究课的学习目标一定是指向学科素养的。从我个人理解来看,这节课是以公共参与素养为中心目标,契合科学精神的行为要素,进而增强政治认同,这是较为合理且可行的素养生成路径。具体来说,就是从小范围的事物入手,引导学生注重每一次参与的有效性,让他们意识到科学、有序的公共参与能解决自己关心的问题,进而增强公共参与的信心和对政治体系所确定的制度规范的认同,在学习中逐渐成长为有能力、有担当、有责任心的社会一员。

问题 3: 什么样的学习方式更有利于学习目标的实现?

学生在进入这节课的学习之前,并非"白板",他们是带着日常生活经验和在其他情境中获得的先前知识及信念走进教室的。这些知识及信念称为"前概念"。对本节课来说,一些学生公共参与的"前概念"与事实之间是有冲突的。例如,如何使那些认为"公共参与是好事,但只要有人愿意参与,就不用我参与"的学生能转而认识到"我的参与对提高公共参与的质量是十分重要的",在教学中要促进这样的认知发生转变,但直接为学生呈现一个新的认知或仅仅告诉学生,他的理解是错误的,并不能真正促进观念发生变化。我的设想是通过讨论辨析、小组活动的方式,使学生清楚在特定情境下他们已有的知识和需要掌握的知识,然后引导学生明确两块内容:(1) 任务、目标是什么及自身现有能力如何;(2) 何时、如何使用特定的方法来解决问题。通过使用提供的教学材料,让学生在活动中与教师形成新型的学习伙伴关系,在"前概念"基础上不断深入探究,体会到更深刻复杂的情感以及学科思想方法。

执笔人:上海市上海中学思想政治教师杨恺彦

【专家点评要点】

杨老师为"双新"背景下的思政学科综合探究课程提供了一次很有价值的示范。在议题的选取、场景的设置及问题的引导等方面,杨老师都做到了将单元内的知识点与学生的实际生活相联系,确保议题的真实性与有效性。同时,杨老师积极回应学生所要解决的"真"问题,以科学的调研方式使学生得出令人信服的结论,充分贯彻新课标对核心素养的培育要求,有很高的参考价值。

复旦大学马克思主义学院副教授宋道雷

华东师范大学教师教育学院副教授叶王蓓

上海市特级教师陈明青

三、"推理与演绎推理"教学设计与教学思考

执教人：王开尔老师	新课程、新教材内容	高中统编教材《普通高中教科书 思想政治 选择性必修 3 逻辑与思维》第六课"推理与演绎推理概述"。此教材 2021 年出版，教学内容为第 43～45 页。
教学课时：第 1 课时	教学时间：2021 年 11 月 26 日	教学对象：高三年级

（一）教学设计

【教学目标】

1. 知识目标：识别推理的种类与特点，阐述演绎推理需要具备的两个条件。

2. 过程与方法目标：在教师提供的议题中展开讨论，用已学的逻辑学知识，对文本进行分析，能指认出其中的演绎推理和非演绎推理，并根据两者的区别评价相关观点。

3. 情感态度与价值观目标：能用演绎推理与非演绎推理的相关知识反驳错误观点，认同逻辑学在思维中的价值。

【教学重点】

重点：演绎逻辑需要具备的两个条件。

【教学难点】

难点：当论证存在未表达前提时，通过添加不同的前提，判断推理的种类。

【教学过程】

1. 承上启下，引入主题

教师带领学生复习推理的格式，同时借助矛盾的普遍性与特殊性的概念分析推理文本，引出对推理种类的介绍。

演绎推理：从一般性前提推出个别性结论。

归纳推理：从个别性前提推出一般性结论。

类比推理：从一般性前提推出一般性结论，或从个别性前提推出个别性结论。

2. 演绎逻辑的两个条件

教师介绍演绎推理的定义——前提蕴含结论的必然推理，并请学生思考如下推理是否正确：

前提：独立的民间救灾机构能处理重大险情。

上海中学不是独立的民间救灾机构。

结论：上海中学不能处理重大险情。

教师强调，推理的正确性并不取决于结论的正确性，而是要在抽出内容后分析逻辑的形式，引出演绎逻辑的第一个条件：推理结构正确。

教师展示抽出内容后的逻辑形式：

前提：所有 M 都是 P。

所有 S 都不是 M。

结论：所有 S 都不是 P。

教师运用文恩图向学生解释这一推理在结构上的问题，并进一步引申至"全盘西化论"中的典型逻辑错误。

教师进一步展示一个结构正确的演绎推理：

前提：无救灾能力的组织无助于处理重大险情。

解放军是无救灾能力的组织。

结论：解放军无助于处理重大险情。

教师请学生讨论为何结论是错的，进而得出演绎逻辑的第二个条件：推理的前提必须为真。

教师小结：只有同时具备上述两个条件，演绎逻辑才是成立的、可靠的，其前提与结论之间才呈现必然联系。随后教师布置任务：通过引入辩论情境，要求学生进行角色扮演，制订反驳对手观点的策略，并说明理由。学生通过完成任务进一步巩固已学知识。

3. 辨析演绎逻辑(必然逻辑)与或然逻辑的区别

教师通过演绎推理的前提与结论的必然联系，引出另一种类型的推理——或然推理，并介绍其特征。

教师通过播放电影《肖申克的救赎》的法庭片段，引导学生思考检察官所展示的证据是否能确定无疑地证明被告犯了罪，以此展示或然推理的特点：前提不证明结论，前提只能支持结论，两者间不存在必然联系。

教师再组织小组讨论，请学生寻找法庭对话中是否存在演绎推理，以此加深学生对演绎推理(必然推理)与或然推理之间差别的理解。

教师将推理问题引入具体生活情境，提醒学生在实际生活中由于存在"未表达前提"，因此需要注意通过添加不同的前提来判断推理的种类。

教师展示习近平总书记在纪念中国人民志愿军抗美援朝出国作战 70 周年大会上的讲话视频片段，展示其中的一句推理论证：

"现在中国人民已经组织起来了，是惹不得的。如果惹翻了，是不好办的。"

并请学生将"未表达前提"补充完整，同时判断补充完全后的推理种类。

在此基础上，教师展示复杂情境，要求学生以小组讨论的形式对下列"中国威胁论"的典型表述进行推理类型分析：

有人说："中国将建立一个由其主导的国际新秩序，因为中国的国家实力强大且在继续发展。"

学生通过添加不同种类的前提，形成演绎推理和或然推理两种答案，教师进一步引导学生评价哪一种类型是正确的，并说明理由。

教师进行课堂总结：为了保证思维的严密性，我们需要正确分辨文本中的推理属于何种类型，并进一步分析该推理属于可靠的演绎推理还是较强的或然推理。在实际生活中，如果遇上推理中存在"未表达前提"的情况，则需要动用更加复杂的知识推测哪一种前提及与之对应的推理类型。

4. 课后作业

请挑选自己所写的一篇议论文，寻找其中是否存在演绎推理，如果存在，请论证该推理是否可靠。如果没有演绎推理，寻找是否存在较强的或然推理，并做出说明。

（二）教学思考

1. 处理好日常生活类案例与政治性议题的关系

许多教师在准备形式逻辑教学时都会寻求专业的逻辑学教材以获得必要的案例素材，而常见的逻辑学教材通常习惯以生活化的日常案例进行讲解，用于帮助学生理解逻辑学知识。思想政治课教师如果直接照搬这些案例，可能会导致一堂课中的内容与思想政治课的价值立场全无关系。

形式逻辑中的日常生活案例并非完全不能应用于高中思想政治课，教师需要处理好日常生活类案例的比例与作用，将其视为易于让学生接受的入门引导，以激发学生的学习兴趣，初步掌握相关的知识与方法，但课程的核心议题或情境则不宜使用日常生活类案例，这与高中思想政治课程所关注的学科核心素养有较大距离。教师要清楚地意识到一节高中政治的形式逻辑课的核心议题或情境必须选择政治性较强的内容。

2. 挖掘三大主要内容的特征,进行有针对性的梳理

形式逻辑单元的内容虽然较多,但其结构非常清晰,即包含概念、判断与推理三大主要教学内容,且三者构成了一种复杂程度递进的关系,特点不尽相同,教师需要分别选取合适的政治性内容加以匹配。以推理为例,推理包含前提与结论等多种判断,基于思想政治课的意识形态立场,我们首先需要对选取的政治性议题中推理的结论部分进行确认,保证其在政治上的正确性。然后,根据形式逻辑的规则,对推导这一结论的诸项前提与推理的结构进行全方位的整理与反思,寻找可能的逻辑漏洞,并对过程或结论进行调整,以期获得完整自洽的推理,从而为课程的核心议题打下稳固的基础。

高中思想政治课在开展形式逻辑教学时,需要基于所教的形式逻辑规则,充分汲取政治生活中与之相匹配的意识形态内容,以一个明确的政治性议题作为情境贯穿教学过程的始终,将相关的形式逻辑工具作为最终解决该问题的有效手段,进而设计教学过程,以确保在形式逻辑教学的课程中坚持正确的政治方向,使中立的思维工具服务于高中思想政治课"立德树人"的根本任务。

执笔人:上海市上海中学思想政治教师　王开尔

【专家点评要点】

王老师上了一堂具有研究性且以"推理与演绎推理"为教学内容的课。其研究性主要体现在以下两个方面:一是教学对象为不参加思想政治学科等第考的高三学生,这部分学生选学的等第考科目为物理与化学,学校给这部分学生安排的思想政治课为每周一课时,如何引导他们在高三继续学好思想政治课,并为他们自身的发展所用,选择"推理与演绎推理"这个主题并将这堂课上成具有研究性的课,是王老师的关注点。

二是"推理与演绎推理"属于《普通高中教科书 思想政治 选择性必修3 逻辑与思维》中的一个主题,且目前还没有正式出版的教材与教学参考资料,教师从电子版教材中选取一部分内容作为教学材料让学生参阅。

从这堂课的整体效果来看,能体现学校"高立意、高思辨、高互动"的教学特点。教师在挖掘"推理与演绎推理"育人元素中,选取的教学实例注重引导学生的政治认同和素养内化。譬如,在引导学生学习演绎逻辑知识时,所举的例子具有时代性与典型性,如"现在中国人民已经组织起来了,是惹不得的"。将学科知识传授与学科育人价值结合起来,体现"高立意"的教学匠心。

"推理与演绎推理"教学内容本身与授课过程具有思辨性。在教学过程中,教师注重通过多个问题来引导学生思考什么是推理结构,分析演绎逻辑的两个条件,认识演绎逻辑与或然逻辑的区别,将知识的教学嵌入学生对现实问题的解决过程中,体现思辨特点。符合把高三选学物理和化学作为等第考科目的学生提升逻辑思维能力及内化思想政治课程强调的学科核心素养之一"科学精神中提高学生辩证思维能力"的要求。

在师生互动方面,整节课上教师引导学生理解教学内容的十多次回答、两次课堂小练习的小组讨论与情境辩论及学生观看电影《肖申克的救赎》片段后的师生交流,都体现了这一点。所布置的课后作业,让学生从自己所写的小论文中寻找是否存在演绎逻辑及分析自己的推理是否可靠,也具有思维的启发性与课后师生互动的延伸性。

从教学论的视角观察这堂课,教师作为引导者与欣赏者能促进学生对抽象的推理知识进行主动认识与建构。在可参阅的教学资料极为有限的情况下,教师能选取有利于学生辨析演绎逻辑与或然逻辑的电影片段,提供学生电影脚本等相应材料,体现教师善于开发教学资源为学科教学所用的能力;教学内容安排紧凑,而且教学难度对没有把思想政治学科作为等第考科目的高三学生来说具有挑战性,能唤醒学生的主体参与意识及内化思想政治学科核心素养;教师的教学语言具有亲和力与思维缜密性,显现其教学个性特点与专业功底。

　　这堂具有研究性的课,体现了思想政治学科教师把握新课程、新教材进行契合学校与学生实际的教学实践智慧,显现教学立意的"高度"、教学内容的"密度"与教学节奏的"适度",凸显教师的导学内功与专业内功。

徐汇区教育学院思想政治教研员王志安

上海市上海中学校务办主任、正高级教师刘茂祥

四、"坚定自信,实现中国梦"
教学设计与教学思考

执教人:杨恺彦老师	新课程、新教材内容	高中统编教材《普通高中教科书　思想政治　必修 1　中国特色社会主义》第四课"实现中华民族伟大复兴的中国梦"。此教材 2021 年出版,教学内容为第 47～49 页。
教学课时:第 3 课时	教学时间:2021 年 11 月 25 日	教学对象:高一年级

(一)教学设计

【教学目标】

1. **科学素养:** 培养学生的问题意识,使其能从问题和假设出发,综合、灵活地运用学科知识探讨与审视现实议题——减贫之中国道路,深刻理解中国减贫成就背后的国家复兴之路。

2. **政治认同:** 学生通过了解扶贫减贫的中国方案,认识到中国共产党带领全国人民开辟的中国特色社会主义道路是一条既符合中国国情,又符合时代发展要求并取得巨大成功的唯一正确道路,实现从事实到情感再到价值层面的政治认同,牢固树立建设中国特色社会主义的共同理想和担当。

3. **公共参与:** 公共参与体现人民当家作主的责任担当,是政治认同、科学精神的行为表现。基于对贫困问题的深度思考,引导学生选择积极价值引领的实践路径,为学生提高实践能力提供多样化范式。

【教学重点】

认识和理解中国智慧、中国方案。

【教学难点】

认同并坚定"自信"。

【教学课时】

第 3 课时

【教学过程】

1. 新课导入:对"中国梦"认识的反思

基于学生作业的数据反馈,提出反思问题:通过各种途径的学习和了解,为什么仍有学生认为"中国梦"只是一种国家宣传?

设计意图:通过将已学概念作为反思主题,引导学生由符号学习走向意义学习。

2. 聚焦中国成就:人类减贫史的奇迹

议学情境:通过新旧上海对比引入中国 70 年减贫奋斗历程。

提出问题:从建国开始,中国是如何一步步取得这样的减贫成就的?

设计意图:立足学生的生活经验,根据学生的认知特点,以新旧上海对比、中国减贫具体数据展示中国减贫 70 年所取得的惊人成就;同时,以对话交流的方式引导学生认识世界反贫项目的中国模式和经验,明确"中国梦"与新时期减贫目标的关系。

3. 决战脱贫攻坚:点赞中国道路

议学情境:自党的十八大以来,以习近平同志为核心的党中央把脱贫攻坚作为实现第一个百年奋斗目标的重点工作,摆到治国理政的重要位置,以前所未有的力度推进。同时我们也应当清醒地看到,我国脱贫攻坚面临的任务仍然十分艰巨。

议题探究:我们该如何延续人类历史上"最成功"的脱贫故事?

提出问题：导致"贫中贫、困中困"的原因有哪些？

学生活动：探究任务：基于 A 县的脱贫攻坚之路，完成学习任务单。

设计意图：消除贫困、改善民生、逐步实现共同富裕，是社会主义的本质要求，是中国共产党的重要使命。中国在减贫道路上的探索、实践与经验，为世界消除贫困贡献了中国智慧。

通过真实有效的情境探究，把握问题指向的复杂性，让学生有代入感，在深度讨论中加深学生对中国方案和对"中国梦"的理解。

4. 贡献中国方案、中国智慧：构筑国家认同

议学情境：2021 年诺贝尔经济学奖关注的主题让人眼前一亮，奖项颁给了三位发展经济学家。与过去注重基础研究和纯粹学术贡献不同，2021 年诺贝尔经济学奖更加务实，这似乎表明了一个越来越明显的趋势：当下的科学研究越来越注重研究给现实世界带来的实际影响。

问题反思：作为一名中学生，你是否关心贫困问题，为什么？

设计意图：顺应学生的认知特点，引导学生感受来自实践发展的需求，增强对中国特色社会主义的政治认同感，理解当前社会变革和实践创新中的新挑战、新问题、新机遇，学会用历史的眼光、辩证的眼光、基于国情的眼光和国际的眼光来看待中国特色社会主义的发展。

5. 大国青年的担当：坚定自信

议学情境："中国梦"也是青年人的共同理想。上海中学始终坚持育人为本、德育为先，为我校学生提供极具特色的资优生德育必修课程，助力一届又一届上中学子在未来长远的学习和工作中以坚定的理想信念和实际行动实践"青年强则国家强"。

设计意图：提供可选择的学习路径，激发学生学习和贯彻习近平新时代中国特色社会主义思想的自觉性，明确当代青年的社会责任和历史使命，坚定中国特色社会主义共同理想，树立为共产主义而奋斗的远大理想。

　　作业布置：选择一个角度，查找相关资料，分享上饶在脱贫攻坚过程中的一个成功经验。

（二）教学思考

　　从小学到大学的思想政治课，从内容上看，较之于其他学科而言，缺乏完整体系和科学架构，这也是很多人对思想政治课诟病的主要原因，认为思想政治课不能传授给学生一门具体又实用的知识或技术。但是，作为思想政治课教师，我们应该清楚，当下中国教育体系中的思想政治课是围绕"立德树人"根本任务，综合方方面面知识，引导学生探讨如何看待自己、看待社会和管理社会的重要通识类课程。基于思想政治课是立足思想性、政治性，培养学生人文素养的通识课，这就决定了其对学生世界观、人生观、价值观的培养及对学生为人处世方法的训练，不应是"坐而论道"，而应是着眼于学生的真实生活与生活经验，引导学生积极参与社会实践、直面矛盾与冲突。要使学生在思想政治课中形成具有真正"实战性"的能力，就要求教学要遵循青少年身心发展规律，方能接近或实现教学初衷。

　　《普通高中教科书　思想政治　必修1　中国特色社会主义》的教学更是如此，"长篇大论"和"高谈阔论"不仅达不到基于核心素养的培育要求，反而会适得其反。如何使宏观的主题落地？如何潜移默化地培养学生的政治认同素养？必须找准与学生生活经验、情感经验、思想认识的切入点。反复思量后，我们就本节综合探究课的教学设计选择了"反贫困"议题。综合探究的内容相对于其他教育内容而言，更具开放性和综合性，需要教师更加重视学习内容的整合，同时牢牢把握课程本质，不忘为何出发的初心，牢记去向何方的使命，需要树立教学价值的追问意识，研究"学生在哪里""学生应到哪里""学生能到哪里"，忖幅学生与发展的整体效应、深层意义和丰富价值。通过活动内容的序列化,使学生对"反贫困"的认识从模糊到清晰,从肤浅到深刻,从自发到自觉。

执笔人:上海市上海中学思想政治教师杨恺彦

【专家点评要点】

本节课以中国减贫事业取得伟大成就作为课堂主题一以贯之,由浅入深地构建起完整、连续、不断深入的有效情境,以契合国家大事与时政热点的视角进入,充分体现高中思政课的政治站位,牢牢把握政治认同的学科核心素养。

教学过程以减贫成就与减贫政策构建起统一的因果联系,通过具体的情境分析,引导学生深入思考中国道路在解决贫困问题中发挥的巨大作用,有助于培养学生的科学精神,将对减贫成绩的感性认识深化为对中国道路的坚定信心。同时,教师进一步将视野推广至全球层面,以中国智慧的视角,结合相关著名经济学家的研究成果,展现中国减贫事业与方法在促进构建人类命运共同体方面的积极意义。

更为重要的是,教学活动并未停留于宏大叙事层面,而是最终落脚到学生的真实生活情境,以学生亲身经历的社会实践活动为对象,真实地研究与感受减贫事业的过程与成就,有效地提升学生公共参与的核心素养。

徐汇区教育学院思想政治教研员王志安

语文学科
"双新"教学课例

一、《实践是检验真理的唯一标准》教学设计与教学思考

执教人：俞超老师	新课程、新教材内容	高中统编教材《普通高中教科书　语文选择性必修　中册》第一单元第一课《社会历史的决定性基础》、第二课《改造我们的学习》《人的正确思想是从哪里来的》、第三课《实践是检验真理的唯一标准》。此教材2020年6月出版。教学内容为第2～22页。
教学课时：第4课时	教学时间：2021年4月16日	教学对象：高二(8)班

（一）教学设计

【教学目标】

通过本单元群文研读,学习深入语言细处把握文章思想魅力和思辨特色的方法;通过本单元群文研读,学习马克思主义文本在思想理论和逻辑方法上一脉相承的关系。

【教学重点】

品味语言,解读思想,逻辑分析,研习思辨。

【教学难点】

1. 马克思主义经典作品的论辩特色。

2. 本单元四篇马克思主义作品之间的内在思想和逻辑联系。

【教学过程】

1. 创设情境,引入课题

(1) 改造我们的学习。

(2) 中国做对了什么。

2. 深入文本,研讨探究

(1) 研习活动一

以"唯一"和"任何"两个定语为中心,研讨《实践是检验真理的唯一标准》。

(2) 研习小结一

要感受词语运用的思想和逻辑力量,就需要改变浅尝辄止的阅读习惯,深入语言细处去分析与品味。

(3) 研习活动二

联系《社会历史的决定性基础》《改造我们的学习》《人的正确思想是从哪里来的》,研讨《实践是检验真理的唯一标准》中的毛泽东思想和马克思主义特质:

① 联系《改造我们的学习》与《人的正确思想是从哪里来的》,研讨本文的毛泽东思想特质;

② 联系《社会历史的决定性基础》,研讨本文的马克思主义特质。

(4) 研习小结二

① 思想观念上,本文正确运用毛泽东思想,指导人们走出思想误区,为改革开放的全新实践做出理论上的指导。

② 方法论上,本文与《社会历史的决定性基础》一脉相承,体现出精妙的唯物论和辩证法思想。

③ 要形成这样的深刻认识,就需要我们改变阅读中把文本割裂或孤立开来的错误方法,将有关文章联系起来,挖掘其内在的思想和逻辑关系。

3. 课堂总结

(1) 拒绝囫囵吞枣和　　知半解,采用分析语言细节的方法体会

观念和逻辑的力量;

（2）拒绝浮光掠影和浅尝辄止,采用联系比较的方法认识思想的传承与正确运用。

4. 作业布置

（1）自读本单元张岱年《修辞立其诚》,进一步认识改造学风的意义。

（2）重读毛泽东《反对党八股》,自读毛泽东《反对本本主义》,进一步体会毛泽东理论文章的现实针对性。

（3）自读卢梭《怜悯是人的天性》和柏拉图《人应当坚持正义》,体会其中的思辨和逻辑力量,检视我们语文学习中存在的问题。

自选上述三个任务之一,写一篇不少于 800 字的文章,谈谈自己的体会。

（二）教学思考

本堂课预设的目标是在新教材、新课程理念指导下展示单元学习任务驱动下的课堂教学实践。总体上,这个目标是能实现的。

首先,在教学文本的选择上,我选择《普通高中教科书 语文 选择性必修 中册》第一单元,因为本单元为马克思主义经典文本,它包括马克思、恩格斯、毛泽东等所写的马克思主义经典著作。这些作品,对学生而言,是陌生的,但具有特殊的意义:认识马克思主义思想渊薮及发展脉络,理解中国当下现实的历史依据。但是,这些作品对中学生而言,又比较难懂。这些教学文本在以前的教材中是比较少的,选择这些文本进行教学,可以充分体现"双新"的第一个"新"——"新"教材。

其次,语文教学伴随着新教材的使用,更加明确要实施推进单元学习任务群的教学。我所选的四篇文章同是马克思主义经典文本,各个文本之间不仅具有独立性,而且更具有思想理论的内在一致性和联系性,如果抓住了这四个文本之间的内在联系,会很好地展现单元学习任务群学习的特点。因此,选择这些文本进行教学,可以充分体现出"双新"的第二个"新"——"新"课程。

在备课中,逐渐确立本单元各个文本的内在联系,并确定一堂课的总抓手。马克思主义的本质就是实践论。从马克思、恩格斯到毛泽东、邓小平,无不强调这一点。本单元中的《实践是检验真理的唯一标准》一文最具有典型意义。它是一篇继往开来的重要著作,它的思想性、现实性和逻辑性,都构成了我们教学的绝佳资源。所以我确定了以这个文本的分析作为课堂抓手。

语文学习必须具有语文学科的特色。在确定教学文本和教学抓手后,接下来就要确定教学目标。

单元任务群的学习,不是机械地对照,而是要将各个相关文本有机地贯通起来学习,挖掘各文本之间真正值得学习的点。《语文选择性必修中册》第一单元中四篇马克思主义的文本,其内在逻辑联系是阐明实践的意义。在日常学习中,有不少学生仅止于浮光掠影的阅读,因而本单元教学中突出文本之间思想逻辑的一致性,有助于强化学生学会采用联系比较的方法认识思想的传承与正确运用的意识。

另外,学生在阅读中的常见问题是一知半解的阅读。语文教学绝对不能抛弃文本细读这个根本要求。从语言运用的细处出发,扩展到文本思想内容、艺术技巧的鉴赏品读,这是语文教学的本质要求,无论怎样的新教学实践都不能放弃这个根本。我在备课中发现,《实践是检验真理的唯一标准》一文的标题是经过多次修改后才确定的。其中多次发生修改的是"唯一"这个定语。这个词语在表达上具有绝对性,学生在日常写作中意识到这个词语不可以轻易使用,否则会使观点的表达过于绝对化。但是,注重辩证法的马克思主义经典文本中居然出现了这个具有强烈绝对性色彩的词语,对学生而言具有认知上的冲突,同时也是语言细节的品读。本堂课在教学中的重点之一就是突出强调采用分析语言细节的方法,来体会观念和逻辑的力量。

针对学生在日常阅读中出现的问题,通过一篇文章的教学提示和纠正这些问题,可以统摄在毛泽东的经典文本《改造我们的学习》这篇文章的标题之下,我将本堂课的内在目的定为"改造我们的学习"。

从教学实施的效果看,学生在课前做了认真的阅读准备,我采用学习单形式,让学生在课前对这些文本的内容进行梳理。但是由于文本内容相对较难,各文本之间的联系"藏"在文本深处,语言品读也需要学生的语言素养,所以整堂课的推进不是非常流畅,讨论并不热烈。对这个问题,我会在课后认真思考问题和问题链的设计,以更加合乎学生的思维和阅读特征。问题要从学生中来,这样才会有助于激发学生课堂思辨的热情,引发课堂讨论的渴望。

执笔人:上海市上海中学语文教师俞超

【专家点评要点】

俞老师在备课过程中付出了大量的时间和精力。把几篇文本放在一起上,回答了"群文阅读怎么上"的问题,在今天的课堂上大家都有收获。整本书阅读确实有这样的问题:第一是现实意义,第二是逻辑意义。俞老师的课在某种意义上是辩证逻辑而不是形式逻辑。要通过不断实践,把理论往前推进。这恰恰是马克思主义和毛泽东思想辩证逻辑的真谛,不能用静态的理论去对应动态的现实。

"真",是"双新"探索中非常重要的价值取向。如果没有这个基础,所有的课堂都会成为展示。今天一个又一个的细节体现了这个取向。我们追求的是"真",或者在追求"真"的路上。教师要试图让学生真实地学习。教师对文本有真切的体悟、真心的喜欢,还要针对当下真实的社会现状。还有一个感受就是"深",按照俞老师的话就是"深一点"。我们要引导学生在文本与作者、文本与文本、文本和读者之间建立更有力量、更有深度的链接。

上海师范大学中文系教授、博士生导师郑桂华
上海师范大学中文系教授兼任中国红楼梦学会副会长詹丹
上海市特级教师、正高级教师乐燎原

二、"《红楼梦》整本书阅读——解读贾宝玉"教学设计与教学思考

执教人：方婧老师	新课程、新教材内容	高中统编教材《普通高中教科书　语文必修　下册》第七单元"《红楼梦》整本书阅读"。此教材 2019 年 12 月出版,教学内容为第 137~142 页。
教学课时：第 3 课时	教学时间：2021 年 4 月 16 日	教学对象：高一(5)班

（一）教学设计

【教学目标】

1. 阅读《红楼梦》并深入分析小说主要人物贾宝玉,品读贾宝玉的思想情感,解读其形象的精神内核,对"贾宝玉"这一文学艺术史上的典型形象有更深理解。

2. 引导学生学习并用"人际网络图"和"比较阅读"来解读长篇文学名著中的人物,建构阅读整本书的经验。

【教学重点】

1. 梳理贾宝玉的"人际网络图",比较分析贾宝玉对不同人的情感态度,从而探究贾宝玉的性格和精神世界。

2. 解读贾宝玉形象,探究贾宝玉形象的独特魅力和艺术价值。

3. 了解并掌握解读人物的方法,能用于分析《红楼梦》中的其他

人物。

【教学难点】

1. 动态比较分析贾宝玉形象的成长与变化。

2. 对比甄宝玉与贾宝玉,探究贾宝玉形象的意义。

【教学过程】

1. 导入

从学生感兴趣的贾宝玉的经典名言入手,通过讨论贾宝玉独特的女儿观的矛盾之处来探究贾宝玉的精神世界。

"女儿是水作的骨肉,男人是泥作的骨肉。我见了女儿,我便清爽;见了男子,便觉浊臭逼人。"(摘自《红楼梦》第二回《贾夫人仙逝扬州城 冷子兴演说荣国府》)

"奇怪,奇怪,怎么这些人只一嫁了汉子,染了男人的气味,就这样混账起来,比男人更可杀了!"(摘自《红楼梦》第七十七回《俏丫鬟抱屈夭风流 美优伶斩情归水月》)

2. 学习任务一

点评预习作业,展现贾宝玉"人际网络图",比较并探讨贾宝玉对不同人的态度。

3. 学习任务二

比较分析贾宝玉对年轻女性的态度有无变化。

结论:通过静态比较贾宝玉对不同人的态度,以及动态比较贾宝玉对他人态度的变化,来分析贾宝玉的精神世界,解读贾宝玉的形象。贾宝玉看似是以性别和年龄来区别他人,但实际上他是以有情人之眼观照世间,而年轻女性比较符合他对于人性本真、美好的追求。在追求过程中,贾宝玉在情感上逐步偏向林黛玉,疏远薛宝钗。从渴望众女子的眼泪到"各人各得眼泪"。贾宝玉的思想情感在不断成长。

4. 学习任务三

结合对贾宝玉形象的理解,探究贾宝玉形象的意义。

小结：甄宝玉与贾宝玉两相对照，他们拥有相似的女儿观，却走上了截然相反的人生道路。"假作真时真亦假"，社会现实与艺术理想的矛盾相互交织，铸就了贾宝玉的无穷魅力。

5. 总结

《红楼梦》内容丰富，人物众多。解读人物时可借助"人际网络图"来对人物的情感态度进行静态比较和动态比较，深入探究人物的情感价值观和精神世界，对人物形象有更深解读。在此基础上，思索贾宝玉形象的独特魅力和艺术价值。

6. 作业

林黛玉、薛宝钗、王熙凤……《红楼梦》展现了一群风采各异的女子。从中选择一位，厘清她的"人物关系图"，运用"比较阅读"的方法来解读人物形象，并写一篇 600 字的人物小评。

（二）教学思考

《红楼梦》整本书阅读是《普通高中教科书 语文 必修 下册》高一年级第二学期第七单元的内容。新课标要求通过阅读《红楼梦》，引导学生深化"读整本书"的观念，建构并积累阅读长篇小说的方法和经验，并从中收获文化给养和审美体验。

众所周知，《红楼梦》内容丰富、情节复杂、人物众多、意蕴深邃。而高中生学业繁忙，课时有限。如何引导学生在通读的基础上进行更深层次的研读是设计《红楼梦》整本书阅读的核心问题。

授课之前，教师应深入了解学生对《红楼梦》的阅读情况，从而更精准地把握学情，为整本书阅读的教学计划做好充分准备。

通过多项调研发现，学生的阅读困难主要集中在"学习内容、学习方式、学习态度"三个方面。整本书阅读教学应当正视学生的诸多阅读困难，根据学生的具体情况合理进行教学设计。

【整体单元设计】

本单元 9 个课时的教学设想如下：

第一课时：理解前五回的提纲挈领的作用，明确《红楼梦》整体故事框架。

第二课时：从多个视角鉴赏贾府与大观园，阅读林黛玉进贾府、贾宝玉游大观园、刘姥姥入大观园等情节，绘制"人际关系图"。

第三课时：梳理人物关系网，解读人物形象——以贾宝玉为例。

第四课时："千红一哭"和"万艳同悲"——分析悲剧女性人物群像。

第五课时：言外之意，意在无穷——解读谶语与隐喻。

第六课时：鉴赏红楼梦的情节艺术——以"抄检大观园"为例。

第七课时："诗词曲赋"见人情。

第八课时：红楼儿女的文化生活——评选"琴棋书画、茶艺斗草……"冠军。

第九课时：全书主旨探究——演讲活动。

在进行整本书授课过程中，我转变了过去的授课思路，紧跟"双新"教学重在以任务驱动来提升学生学习的主动性与积极性，真正践行"把课堂还给学生"的教育理念。让学生课上课下双向结合阅读《红楼梦》。课下学生通过阅读回目、提炼关键信息、拟写提纲、完成阅读作业等方式来通读全书。课上可以通过不同形式的情境式学习任务来梳理整本书的内容，引导学生从人物、情节、语言、艺术手法、文化内涵、思想主旨多个维度读懂全书。

【本课设计——人物形象课】

这堂课为第三课时——解读人物形象。第一课时我们了解了《红楼梦》的基本故事框架。第二课时又通过不同人的视角来叙述贾府和大观园，即人物活动的背景舞台，对整个故事的环境有了一定的了解。第三课时开始将目光投向人物。

文学作品的思想主题一般多是从人物形象中表现和反映出来的。想要理解《红楼梦》这部古典现实主义的鸿篇巨制的博大精深的思想内容，正确解读人物非常重要。

明确"讲什么人物"。

《红楼梦》这部古典现实主义著作描绘了上百个栩栩如生的人物形象。《红楼梦人物谱》中记载庚辰本人物共 600 人,程乙本共 672 人。人物众多但课时有限,所以选择哪一个人物来分析至关重要。我选择贾宝玉的形象作为分析重点,原因有两个:一个是作为故事主人公,以他为中心串联起众多栩栩如生的人物和诸多丰富精彩的情节,通过解读贾宝玉,可以辐射众多的红楼人物。另一个是作为一个思想性格复杂的艺术形象,贾宝玉在中国古代小说人物形象画廊中一枝独秀,具有独特的艺术魅力。然而贾宝玉常常被人误读,大部分读者对贾宝玉的理解停留在浅层。因此,我选择贾宝玉形象解读作为课堂重点。

明确"讲人物的什么"。

明确了人物选择后,解读贾宝玉仍遇到不少困难。贾宝玉的形象多面且复杂,难以用一两个词精准概括。此外,作为主人公,书中涉及贾宝玉的情节内容众多,散落在各章节中,信息纷杂。贾宝玉身上给人的感觉又是矛盾重重,在一堂课的体量中难以达成面面俱到。

因此,找到一个解读贾宝玉的切入口很重要。通过与学生的交流发现,他们对贾宝玉的名言很感兴趣。尤其是"女儿是水作的骨肉,男子是泥作的骨肉",贾宝玉主张"女儿清爽、男子浊臭",但他对女性的态度又很矛盾,如"奇怪,奇怪,怎么这些人只一嫁了汉子,染了男人的气味,就这样混帐起来,比男人更可杀了!"。纵观全书,贾宝玉看似尊重女性,但是他似乎只对年轻女性散发善意,而对年长女性颇有微词。贾宝玉女儿观的矛盾既抓住学生的兴趣之处,又正中学生的困惑之处,对此展开思考能最大化地调动学生的学习积极性。

詹丹老师的文章《情的关照与关怀》有这样一句话,"他区分人的标准也是一个情字,没有什么善人与恶人,有的只是有情人与无情人"。这句话深深地启悟了我,贾宝玉是一个复杂的多面体,说不得贤、说不得愚、说不得不肖、说不得善、说不得恶……但是其精神世界中有一个核心,就在于"情"。警幻仙子曾说贾宝玉"天分中生成一段痴情",那么这个"情"究竟是什么?他的女儿观中展现出来的对年轻女孩的多情,其本质到底是什么?而这样一个以"情"去观照世间,去碰撞那个"礼法"社会的贾宝玉,到底又有什么样的艺术价值?通过进一步探讨贾宝玉形象的内涵,思考作者曹雪芹塑造人物的用意,从深层次去剖析人物的价值和意义。

明确"怎么讲人物"。

明确了上课的内容后,如何呈现课堂也是我思索的一个问题。整本书阅读的主体是学生,教师要做好引导的角色。因为课时有限,大部分阅读时间依然在课下。教师通过布置任务、阅读作业来引导学生思考,而课堂时间留给学生进行阶段性阅读成果展示。一方面有助于教师及时给学生提供本阶段阅读成果的反馈,另一方面以此为基础,让学生进行交流讨论,深化对该部分内容的理解。

并且,比起讲解内容,讲解阅读方法更为重要,让学生学会举一反三,用学到的方法和经验去解读其他文学名著人物,锻炼学生探究名著、研读名著的能力。在解读贾宝玉时运用了梳理"人际关系图"、静态比较与动态比较相结合的方法来解读人物。学生先梳理贾宝玉的人际关系,比较贾宝玉对不同人的态度和原因,探究贾宝玉的精神世界,而在分析中,学生可以梳理贾宝玉与不同人物之间的情节,从人物关系中看到贾宝玉展现出来的性格特点,明确贾宝玉的情感价值观,事实上贾宝玉的精神世界也是在变化和成长的。《红楼梦》作为一部长篇章回体小说,在时间跨度上写了人物从少年到青年的经历,解读形象可以从动态的角度去思考变化,让学生意识到,人物形象并不是片面的、静止的,而是成长的、变化的。贾宝玉和别人的情感发展实则是双向的,他影响着他人,而他人尤其是那些围绕在他身边的年轻女孩们也影响着贾宝玉。

思考：

（1）课时的安排需要结合学生实际灵活变动

教师在安排单元教学课时内容时，应该灵活根据学生的阅读情况来进行微调，做到"'真'阅读、'真'讲解"，以学生的兴趣之处或阅读过程中产生的困惑和难题为抓手，让学生在阅读中始终保持对《红楼梦》的兴趣，并逐步构建起阅读整本书的经验。

（2）授课内容需要取舍

例如，在讲解贾宝玉形象的动态变化发展这一环节中，原本设想是比较贾宝玉对"年长男性""年轻男性""年长女性""年轻女性"不同的态度变化。然而课堂体量过大，难以在四十分钟内集中呈现，学生没有时间再进一步去思考贾宝玉形象的意义和价值，只能停留在比较分析层面。所以，虽然贾宝玉的形象变化并不仅限于和年轻女性之间，但是课堂上，我们仅以此例去分析，主要是想让学生理解静态和动态相结合的比较方法。

（3）课下阅读形式需要多样化

本堂课要求学生课上课下双向结合来学习，课下的自主阅读和分析至关重要。然而面对厚厚的一本书，有些学生依然感到无所适从，因此教师应当做好引导工作，设计一系列任务或活动来让学生始终保持兴趣。

这堂课是我对整本书阅读授课的一次尝试，还有很多不足和不完善之处，仍需要认真思考。

执笔人：上海市上海中学语文教师方婧

【专家点评要点】

整本书阅读怎样上？在今天的课堂上大家确实有收获。现实意义在《红楼梦》中是蕴含的。"真"与"情"是贾宝玉对待女性的态度。真与伪的冲突，情与理的冲突，贾宝玉在认同年轻女性的同时，对整个传统文化也有冲击力。在某种意义上，思想意义大于实践意义。不管是真理标准的讨论，还是《红楼梦》的意义，都有强烈的现实感。方老师的课具有辩证逻辑,首先她把贾宝玉当作一个发展的形象来看,而不是作为孤立形象来看待。从这个意义上来说,不管是静态也好,动态也好,都坚持了辩证思维,而且她也尽可能地梳理了人物的内部关系。今天聚焦的文本是重要的,也是课程标准特别希望的。读一本长篇小说要有聚焦点,去聚焦关键人物,树立人物在不同维度的发展变化,更全面地看人物,进而思考,这个人物和"我"之间的连接,这是我们读小说的真实钥匙。不仅限于读这一篇或这一本小说,而是要建构阅读整本书的经验。

上海师范大学中文系教授、博士生导师郑桂华

上海师范大学中文系教授兼任中国红楼梦学会副会长詹丹

上海市特级教师、正高级教师乐燎原

三、"《反对党八股》《拿来主义》群文阅读"教学设计与教学思考

执教人：汪妍老师	新课程、新教材内容	高中统编教材《普通高中教科书 语文 必修 上册》第六单元第八课《反对党八股》(节选)、第十二课《拿来主义》。此教材 2019 年 8 月出版,教学内容为第 88～96 页。
教学课时：第 2 课时	教学时间：2020 年 11 月 20 日	教学对象：高一学生

(一)教学设计

【教学目标】

1. 梳理两篇文章的写作思路,即通过批判错误的观点、现象来提出自己的主张。

2. 理解议论文写作具有针对性的特点。

【教学重点】

《反对党八股》八条罪状之间的逻辑关系。

【教学难点】

《拿来主义》四种主义是如何层层递进地提出的。

【教学过程】

1. 导入

本单元的主题是学习之道。除去学习书本的道理之外,更多的

学习来源于生活。今天我们就结合《反对党八股》《拿来主义》两篇文章,学习如何针对生活中的现象、事件来发表自己的观点。

2. 梳理文章思路

(1) 两篇文章分别提出了怎样的主张? 请用文中原句回答。

"要使革命精神获得发展,必须抛弃党八股,采取生动活泼、新鲜有力的马克思列宁主义的文风。"(《反对党八股》)

"我们要运用脑髓,放出眼光,自己来拿。总之,我们要拿来。(《拿来主义》)

(2) 梳理作者的写作思路,思考作者如何一步步提出自己的主张。

① 比较两张结构图,思考两篇文章在整体结构上的相似之处。

小结:两篇文章在结构上的相同之处,即都是通过批判错误观点,来提出自己的主张。

② 在具体批判错误时,两篇文章又采取了怎样的论证思路?

《反对党八股》:摆现象—析原因—谈危害。

《拿来主义》:"闭关主义"的危害—"送去主义"的表现、危害—"送来主义"的表现、危害。

小结:两篇文章都采取了通过批评错误观点来提出自己主张的结构。在具体批评错误观点时,通过先摆现象,接着析原因,谈危害的思路,使自己的批评更有力度。

3. 联系补充材料,思考作者为何采取这样的思路

讨论:为何采取这样的思路? 这种思路的好处在哪里? 我们从中可以获得怎样的收获?

小结:不是单单为提出主张,空发议论,而是针对现实问题发表看法。

《反对党八股》提出了党八股内容、形式两方面的问题,才能有针对性地提出"生动活泼、新鲜有力"的马列主义文风。

《拿来主义》正是指出了错误的外交主张、"拿来"方法,才能有针对性地提出了要"运用脑髓、放出眼光"的方式来"拿"。

针对的不仅是具体的一时一事，而是能从现象讨论中得出具有普遍意义的结论。

《反对党八股》通过纠正文风，声讨党内的主观主义、宗派主义、形式主义的问题。

《拿来主义》通过批判对待外来文化的态度，启发人们关于如何对待文化遗产的思考。

小结：批评现实不是为"杠"而"杠"，批判的目的是要解决问题，有针对性地思考。希望通过这堂课的学习，能让学生既有一双善于发现问题的眼睛，也激活一个仔细分析问题的大脑，更重要的是怀揣一颗洞悉社会、家国的赤诚之心。

4. 课后作业

请用今天学习的思路，对"凡尔赛文学"提出批评，并表达你的主张。

（二）教学思考

《反对党八股》和《拿来主义》同属高中统编教材《普通高中教科书　语文　必修　上册》第六单元。本单元的主题是学习之道。不同于本单元的其他课文，这两篇课文并非直接谈学习的意义或感受，而是重在强调学习的态度与方法，对我们从生活中发现问题、解决问题，从而真正学会学习具有重要意义。

作为群文教学，必然从两篇文章的相同点和不同处入手。因此在确立学习目标之初，我将教学重点放在两篇文章的写作角度上。在对文本的初步阅读中发现，两篇文章均涉及对某一问题的反驳和批评。《反对党八股》一文的题目一目了然，明白作者想要批判的错误对象，而《拿来主义》在行文中也是通过批判对待外来文化的错误方式来提出主张。因此，我将教学目标确定为梳理两篇文章的写作思路，即通过批判错误观点来提出自己主张。同时，在阅读统编版教材的教学指导时,我发现在本单元的学习指导上一直强调议论文的"针对性"问题,即白居易所言"文章合为时而著,歌诗合为事而作"。写作应当针对时代或个人面临的具体问题来发表意见,而不是空发议论。这让我想到网络时代,有相当一部分网民往往是为了反驳而反驳,既不针对具体的事件,也没有掌握好反驳的方法。出于这一目的,我又将教学目的增设一条:理解议论文写作具有"针对性"特点。

确立了教学目标,教学设计就明确了。上中的教学历来强调"高思辨、高立意、高互动"。如何将"三高"融入教学中是教学设计的重点。呼应新教材对写作"针对性"的强调是"高立意",而"高思辨"与"高互动"则是课堂需要着重呈现的。因此在上课前,我设计了一份导学案,让学生在仔细阅读文本的同时能明确方向。两份导学案分别针对相应的教学目标:一是让学生概括观点,并梳理两篇文章的思路,以此思考两篇文章通过反驳、批判错误观点来提出主张的特点。二是补充相关时代背景,让学生明确文章写作的"针对性"问题。课堂围绕学生的导学案展开,让学生对优秀作业充分探讨,以此落实"高思辨、高互动"的要求。

在作业设计上,我力求做到学练结合,引导学生将课堂所学转化为日常的思考方式,设计了针对流行的"凡尔赛文学"现象提出反驳的课后作业,这是当下社会探讨的热点,话题本身是学生熟悉的,也有话可说。相信通过作业写作能将本堂课所学更好地融入日常思考中。

授课过程是成功的,虽然面对的是新环境、新学生,总体推进仍是流畅的,这得益于正式授课前各位教师的倾囊相授,帮助我修改教案,提出了很多切实有用的建议,让我受益匪浅。

在这次上课的实施过程中还有一些问题没有得到解决。比如,学生没有从一开始就通过反驳、批判提出观点,我引导学生发现这一特点花了一些时间,所以之后的问题设置应更清晰。另外,这两篇群文阅读分别涉及难点:《反对党八股》文章太长,学生可能没有时间细读,问题设置得过细很难让学生立刻找到答案;《拿来主义》的思路相对复杂,在时间分配上主要以《拿来主义》的分析为主,也容易出现群文阅读的"群"没有落实到位的问题。不过,每一次课程都是经验的积累,不断地反思改进是公开课的真正目的。相信通过不断实践学生对群文阅读会有更好的体会。

执笔人:上海市上海中学语文教师汪妍

【专家点评要点】

第一,主干问题清晰。群文阅读的"群"需要围绕核心话题形成紧密的结构,主干问题的设置需要清晰明了。汪老师在本堂课主要从文章主张、梳理作者写作思路、为何采取这样的思路三大问题入手,带领学生思考如何针对生活中的现象、事件发表自己的观点,问题链清晰。

第二,善于联系文本进行追问。面对课堂中文本篇幅较长的问题,学生未必能一下子找出答案,需要教师有耐心、善引导,启发学生自己思考问题的答案,而不是将答案直接告诉他们,引导学生不断深入思考、不断探究。

第三,创设课堂教学情境。"双新"背景下强调情境化教学,即创设真实而富有意义的语文实践活动情境。汪老师抓住文章写作的"针对性"问题,创设了教学情境,将学生所学和日常真实生活相联系,学习课文的可学之处,从而让学生基于对不同文本已有一定认识的基础上进行提升。

上海市上海中学语文教研组长、高级教师刘晓惠

四、"《红楼梦》整本书阅读复习课教学"的教学设计与教学思考

执教人：葛璐老师	新课程、新教材内容	高中统编教材《普通高中教科书　语文必修　下册》第七单元"《红楼梦》整本书阅读"。此教材 2019 年出版，教学内容为第 138～141 页。	
教学课时：第 1 课时	教学时间：2021 年 9 月 30 日		教学对象：高三学生

（一）教学设计

【教学目标】

1. 结合宝黛钗爱情发展过程，运用形象分析的基本方法，体悟宝黛钗丰富、立体的形象。

2. 结合所学爱情主题作品，品味《红楼梦》深远的主题意蕴及其超越时代的经典意义。

【教学重点】

梳理 120 回中宝黛爱情发展的线索，标注相关情节，概括宝黛爱情发展的不同阶段；探究宝黛悲剧的原因。

【教学难点】

运用形象分析的基本方法，分析宝黛钗丰富、立体的形象；品味《红楼梦》深远的主题意蕴及其超越时代的经典意义。

【教学过程】

1. 聚焦线索：梳理宝黛爱情发展线索

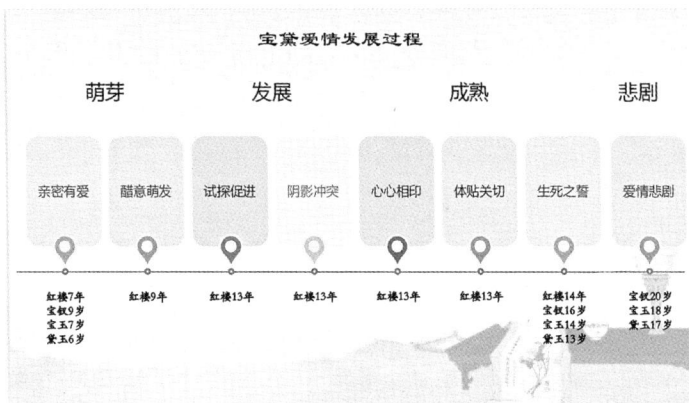

图 1

2. 走进人物：理解宝黛钗的形象

避免两种片面的评价倾向：标签化、扁平化，通过立体思维进入"自身处境"中的人和"人物关系"中的人，从而对人物形象形成更加客观完整的认知。

借助四个过程性分析以避免标签化：

作者评价；情节分析；环境分析；手法分析。

打破四个误区以避免扁平化：

避免先入为主；避免片面；避免孤立；避免静止。

借助方法	形象分析过程	形象概括
作者评价		
情节分析		
环境分析		
手法分析		

3. 悲剧原因探究：宝黛十次"拌嘴—和好"的爱情起伏

总结：

① 贾宝玉和林黛玉的爱情由内生发，但悲剧本质上并非来自内因，而是来自外因；贾宝玉和薛宝钗的关系借助外力，也构成了悲剧，悲剧自内生发。

② 四大家族以贾家为中心的家族联姻，此时就剩"贾"与"薛"

图 2

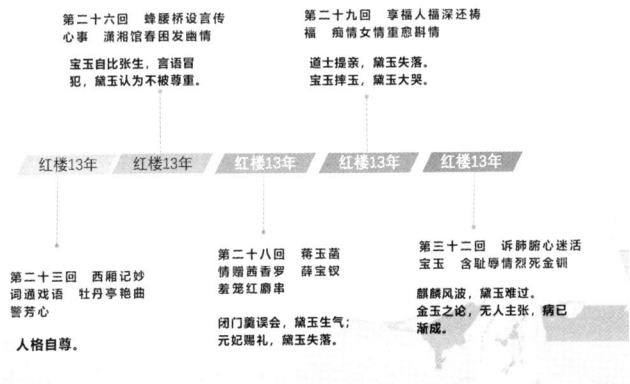

图 3

两族,贾宝玉和薛宝钗的结合是其中重要的一环。《红楼梦》的明线与暗线交织在一起。

③"木石前盟"与"金玉良姻"的悲剧模式在《红楼梦》中具有延伸性。

与"木石前盟"自由爱情关系相似的有:尤二姐和贾琏、尤三姐和柳湘莲、司琪和潘又安、秦钟和智能儿……其结果都是悲剧。

与"金玉良姻"家族联姻关系相似的有:元春加封贤德妃、迎春和孙绍祖、探春远嫁、王熙凤和贾琏……其结果也都是悲剧。

个体悲剧背后具有时代整体性的揭示,体现了《红楼梦》"千红一窟(哭)""万艳同杯(悲)""怀金悼玉"的时代悲剧。

4. 结合《氓》《孔雀东南飞》《牡丹亭》爱情作品,分析《红楼梦》主题意蕴的超越

开放式探究:

(1)儿女真情,现代意识。

(2)尊重女性,同情女性。

(3)世情描摹,社会批判。

(4)美学精神,审美理想。

(5)生命哲思,价值探寻。

(6)个人体验,襟怀笔墨。

5. "聚焦线索与人物"复习方法总结

(1)建立人物小档案:关注重点回目,标注人物的核心事件,梳理人物命运的发展脉络表格。

(2)立体思维理解红楼人物形象。

(3)贯通意识:《红楼梦》整本书的内在贯通意识;《红楼梦》与所学其他作品的贯通意识。

6. 作业

自选《红楼梦》中的"金陵十二钗"之一(黛钗除外),围绕本节课所学方法,自制表格,梳理整本书中相关回目,依据核心事件,梳理人物命运发展脉络,概括人物的形象。

（二）教学思考

高三《红楼梦》复习课与高一、高二课程的区别在于：首先注重课程设计方面文本的整体关联度，通过整体关联引出复习的效果。同时，在课程的难度和深度方面也需要衔接、超越前期所学的程度，需要在学生阅读方法及内容理解两个层面同时加以夯实，起到补充知识体系、提升思维能力的作用。因此，本次课程在教学设计方面围绕这两个大方向进行探索，希望达成两个小目标：一是结合宝黛钗爱情发展过程，运用形象分析的基本方法，体悟宝黛钗丰富、立体的形象；二是结合所学爱情主题作品，品味《红楼梦》深远的主题意蕴及其超越时代的经典意义。

本课程按照"情节""人物形象分析""悲剧探因""主旨理解"的探究过程展开，聚焦宝黛钗爱情的情节线索，根据情节深入分析宝黛的人物形象。在宝黛钗爱情关系中，宝黛两人的十次拌嘴又是分析其感情线索时无法回避的问题，以此深入对宝黛爱情悲剧的探因，最后探究小说的主旨。整个过程符合小说的切入过程，即便是阅读难度巨大的《红楼梦》，学生仍然可以通过基本方法来理解，抓住小说的内核。

教学中，学生是课程的主体，教师在过程中起到"把一匹马带到水边，让他自己觉得口渴"的引导作用。因此，在教学任务的设计上，本课程聚焦学生学情和文本细读来推进。课前的预习是课程本身的重要环节，学生课前围绕两个具体的学习任务进行探究：一是回溯文本，梳理120回中宝黛爱情发展的线索，标注相关情节，概括宝黛爱情发展的不同阶段；二是聚焦文本，深入研读宝黛感情起伏中十次"拌嘴—和好"的回目，探究宝黛爱情悲剧的原因。学生在尝试解决这两个任务的过程中，遇到了一些障碍，如提炼概括有失精准，原因分析流于表面。课堂中会集中解决这些阅读障碍，引导他们思考逐渐深入。

学生对宝黛钗已经形成了一些认知，但是如何避免标签化以及打破形象认识的扁平化,仍然需要回归文本中理解。因此,本课还结合人物形象分析的基本方法,让学生在细读中分析、归纳宝黛钗形象。课堂中,学生通过借助作者评价、情节分析、环境分析、手法分析四个过程性分析来理解人物,根据学生之间不同的答案比照,厘清自己理解过程中存在的先入为主、片面、孤立、静止的误区,避免标签化、扁平化的评价倾向,形成立体的思维,理解"自身处境"中的人和"人物关系"中的人,从而对人物形象形成更加客观完整的认知。

　　《红楼梦》整本书单元任务群中最后一个任务为"体会《红楼梦》的主题",《红楼梦》主题意蕴深远,需要引导学生深入体会小说的思想意蕴,感受经典的魅力。其主题是开放性的,不同的学生所达到的理解程度不同,得出的主题也有深浅。在多元理解中如何基于文本再收缩到核心主题意蕴的理解上面,这是学生理解存在难度的地方。新课改强调"整合"的理念,基于这个理念,本课将高三前期所学《氓》《孔雀东南飞》《牡丹亭》等爱情作品融合,学生展开探讨,对比分析《红楼梦》主题意蕴的超越,最后根据红学研究大家的不同理解,再让学生充分感悟《红楼梦》主题意蕴的丰富性。由于时间关系,这个教学活动的互动时间较少,学生对这几个作品的细致理解仍需深入。

　　本节课聚焦线索与人物,复习过程中主要用了以下方法:(1)建立人物小档案:关注重点回目,标注人物的核心事件,梳理人物命运的发展脉络表格;(2)立体思维理解红楼梦中人物形象;(3)贯通意识:《红楼梦》整本书的内在贯通意识以及《红楼梦》与所学其他作品的贯通意识。这些复习方法不仅适用于本节课所学的相关内容,同样可以拓展到其他小说的整本书阅读中。

　　从学生出发,本课是整本书阅读的一次整合尝试,不仅希望解决学生的学习任务,也希望通过提炼和总结阅读方法为学生提供阅读的工具,引领学生阅读更多的文学作品,从而真正走进文学世界的大门。

执笔人:上海市上海中学语文教师葛璐

【专家点评要点】

葛老师的课堂，引领着听课老师和学生并渐入佳境。收获满满，意犹未尽，值得借鉴。整体设计能抓住关键，由浅入深，以爱情线串起人物分析，到悲剧原因探究，再到对主题意蕴的多向度深入分析，各环节间的逻辑推进有层次，抓住了"牛鼻子"；最可贵的是每个环节都基于学情和对文本细腻的把握，再加上实践后用方法归纳，可以很好地让学生建构起读长篇小说的思维模型，包括整个课堂结构的四步推进，本身就是很好的读长篇的路径，让学生受益；还有重读中引导学生在动态中通过多角度去理解人物形象的方方面面，避免标签化和扁平化，这种意识和做法也能更好地把学生引向真实的文学阅读。

上海市徐汇区教育学院语文教研员上官树红

上海市大同中学语文教研组长任晔

五、《庖丁解牛》的教学设计与教学思考

执教人：方婧老师	新课程、新教材内容	高中统编教材《普通高中教科书 语文 必修 下册》第一单元《庖丁解牛》。此教材 2019 年出版，教学内容为第 8～9 页。
教学课时：第 2 课时	教学时间：2021 年 3 月 23 日	教学对象：高一学生

（一）教学设计

【教学目标】

1. 梳理文本，探究解牛之"技"与"道"之间的关联，掌握本文"养生之理"的深刻寓意，学习中华优秀思想文化传统。

2. 领悟庄周的生命哲学观，思考"循乎天性，顺乎天理"的理想生存姿态在当今时代的意义和价值。

【教学重点】

鉴赏精湛的"解牛之技"，探究深刻的"解牛之道"，理解庄周"养生之理"的寓意，汲取道家先贤的思想智慧。

【教学难点】

以辩证思想和逻辑思维来评价和审视传统文化思想，思考其现实意义和时代价值。

【教学过程】

《庖丁解牛》折射出庄周哲学的博大精深,本文蕴含的寓意颇为深刻,而寓言在流传过程中还会生发新的寓意。归纳本文的寓意,并思考庖丁的解牛之道与"养生"的关系。

1. 以成语疏通文意

分析目无全牛、官止神行、批郤导窾、切中肯綮、新硎初试、游刃有余、踌躇满志、善刀而藏、庖丁解牛等成语的释义,引导学生对照文下注释来疏通文意,明确课文内容。

2. 由言及文,鉴赏"解牛之技"

问题1:与其他故事轻描淡写地略过解牛场面不同,《庖丁解牛》一文中对解牛的过程描绘得非常详尽。请大家阅读课文第一、二段,思考作者是如何描写解牛过程的?

"屠牛吐一朝解九牛,而刀以剃毛;庖丁用刀十九年,而刀如新剖硎。何则? 游乎众虚之间。"①

"宋之庖丁好解牛,所见无非死牛者,三年而不见生牛;用刀十九年,刃若新磨研,顺其理,诚乎牛也。"②

"屠牛坦朝解九牛,而刀可以莫铁,则刃游闲也。"③

明确:

作者在描写解牛场景时手法丰富,描绘详尽。

动作:手之所触,肩之所倚,足之所履,膝之所踦。

声音:砉然,騞然。

比喻:桑林之舞,经首之会。

问题2:如此细腻地描写"宰杀"牛的过程,本应该是十分血腥的,这篇文章中的解牛场景又是怎样的呢?

---

① 出自《淮南子》。

② 出自《吕氏春秋》。

③ 出自《管子》。

明确：

动作：手之所触，肩之所倚，足之所履，膝之所踦——舞蹈化。

声音：砉然向然，騞然——音乐化。

比喻 1：将解牛的动作比喻为"桑林之舞"，《桑林》乃是商朝的乐舞，刻画了庖丁优美和谐的身姿。

比喻 2：将刀声比喻为"经首"，《经首》乃是尧时的乐曲名，刀声符合乐曲的节奏，展现了其独到的节奏感和音乐美。

虽然解牛实际上就是宰杀牛，但是庖丁的解牛却犹如一场艺术的表演一样美好生动。毫不见血腥之感。

问题 3：庄子为何要将杀牛的场景写得这样美好生动呢？

明确：

儒家叙述牛之将死的可怜场景，以此来唤醒"仁道"，而庄子则是为了最大限度地展现庖丁出神入化、炉火纯青的"解牛之技"，而这"解牛之技"是基于庄子所认同的"道"而来的，所以明明是可怕的宰杀过程，在庄子笔下却不闻其惨烈，而是一场技艺臻于顶峰的表演。

解牛场面的生动描写让我们深深地叹服庖丁独到的技艺，也为后文论述"解牛之道"做了自然的铺垫。

3. 由技及道，探究"解牛之道"

问题 4："道"和"技"有什么关系呢？从文中找到描写庖丁"解牛之道"的语句。

明确：

《说文解字》中把"技"解释为"巧"，所谓"巧"者，最大的"巧"乃是以人工夺"天工"，故汉语有"巧夺天工"之说，但一切之"技"毕竟乃是人工之"巧"，难以合于天机、天道。所以"技"之所通，或成一才、成一事、成一艺、成一器。而"道"则大有不同。"道"暗合天理，一"道"通则可旁通于他"道"，无所不通。

庖丁达"道"的方法：依乎天理—因其固然—以无厚入有间。

"依乎天理，因其固然"，庄子非常看重万事万物的自然状态，这里主要是指事物本身所固有的性状,一切事物都有自身固有的性状,这是万物的规律,人力不应该随意干涉。因而《庖丁解牛》中,庖丁能遵循牛本身的性状,根据其骨骼脉络的分布拆解牛,避开大骨,从不莽撞,小心谨慎地循规律而行,方能以无厚入有间,达到一种游刃有余的状态。

问题5:庖丁是如何悟"道"的?

明确:

庖丁经过了三重境界之后才能领悟"解牛之道"。

第一境界:(三年内)"始臣之解牛之时""所见无非牛者"。

第二境界:(三年后)"未尝见全牛也"(目无全牛)。

第三境界:"以神遇而不以自视,官知止而神欲行""依乎天理""因其固然"。

关于第一境界,有学者认为"所见无非全牛"展现了庖丁初解牛时与一般人毫无区别,眼前所见无非就是一头牛的景象。

也有学者认为这样评论太小看庖丁了。"所见无非牛者"其实是一种聚精会神之象。庖丁学解中的头三年,心无旁骛,精力高度集中,达到对外物(除牛之外)无所感知的境界。

而在第二境界时的庖丁动手解牛时"未尝见全牛也",对牛的全身结构完全摸清了,不再把一头牛看成全牛,而是进入结构整体的表面与内部的联结处,勘破表层,直窥本质。虚实之间,找到规律。

十九年后,当庖丁为文惠君解牛时,进入一个异乎前两个境界的崭新境界。"堕肢体,黜聪明,离形去知,同于大通,此谓坐忘。"[①]忘却自己的形体,抛弃自己的聪明,摆脱形体和智能的束缚,与大道融通为一,这就叫"坐忘"。此时庖丁也达到了这个境界,"堕肢体,黜聪明,离形去知"相当于"官知止",而"神欲行"相当于"同于大通"。解放自己的心境,将自身与万物融合,"自我"的退居带来了"天道"之遇,方能洞

---

① 出自《庄子·大宗师》。

悉规律,将之与自身化为一体,掌握并能娴熟地运用。

这三重境界可以概括为从一开始的不解规律,到认识规律,到运用规律。

问题6:在这三重境界中,庖丁解牛的三个阶段一共为十九年,而第一阶段持续了三年。"三"和"十九"这两个数字有特殊的意义吗?

"吾与夫子游十九年矣,而未尝知吾兀者也。"①

"黄帝立为天子十九年,令行天下。"②

明确:"三"和"九"的数字乃是借助历法周期之数,来表达体悟天道的思想。所以三年之数,在庖丁解牛中乃是道之小成,而十九年方为道之大成。可见大道中的规律乃是指万物之本理,天道之自然。

小结:庄子的《庖丁解牛》为我们带来一场盛大的艺术享受,也让我们认识了一位技艺精湛、聪慧谨慎的匠人;一位彻悟事理、合乎大道的哲学家。但是,现在我们所分析的"解牛之道"多是从认识规律的角度去述说,庖丁认清"牛"之天性,顺应规律方能成功。

4. 探究"养生主"和"解牛之道"的关系

寓言在流传过程中会生发出新的寓意,"尊重规律、顺应规律"则是人们对它的崭新解读。但是,庄周当年写作此文,主要是想阐释自己的"养生"之理,追求一种理想的生命哲学观。文惠君曰:"善哉!吾闻庖丁之言,得养生焉。"庖丁在"解牛之道"中蕴含悟出"养生"的道理。

问题7:《庖丁解牛》出自《庄子·养生主》,"养生主"何义?

明确:

"养生主"的意思历来众说纷纭。学者最常见的解读就是把"养生主"中的"主"解释为主旨,即主要原则。认为"养生主"这篇主要谈

---

① 出自《庄子·德充符》。
② 出自《庄子·在宥》。

"养生"之法。此时"养生主"为偏正结构,表示保养生命的主要原则。

"夫生以养存,则养生者理之极也。若乃养过其极,以养伤生,非养生之主。"有学者认为生命须保养才能存在,所以"养生"是根本的问题,如果保养超过了正当的极限,就反而成为"伤生"。

也有学者提出不同的看法,他们认为"养生主"中"主"为主宰的意思,"生主"连读,表示为"生之主宰""真性"之意,"养生主"的意思就是要护养生之主——精神。此时"养生主"为动宾结构,即为"养护生主(精神)"

问题8:庖丁解牛的道理如何表现出"养护生命"或"养护精神"呢?

"吾生也有涯,而知也无涯。以有涯随无涯,殆已!已而为知者,殆而已矣!为善无近名,为恶无近刑,缘督以为经,可以保身,可以全生,可以养亲,可以尽年。"①

督脉为身背之中脉,缘督则意味着顺从自然之中道,无涯是知识的无限性,有涯是生命的有限性。人不应该违反客观的限制,而应该顺从它,这样才能保身,安享天年。

由此可见,庄子的养生思想告诉人们要顺其自然,保养精神,但也要保护身体,两者不可偏废。所以,"养生主"可以理解为"保养生命、保存天性"。但是,以精神为其根本,因为身体容易受到外界诸多牵制,而精神能如庖丁解牛中"以神遇而不以目视"那样,达到一种自然自由的精神状态。

庄子将复杂的社会比作筋脉交错的牛,人世间充满错综复杂的矛盾,应该像庖丁解牛一样,依乎天理,因其固然,以无厚入有间,像躲避牛身上可能使刀口钝折之处一样,躲避那些可能伤害自己的矛盾,顺应环境,犹如庖丁顺着牛身上天然的缝隙解牛一样,游刃有余地处世。这就是庖丁解牛告诉我们的关于"养生"的道理。

---

① 出自《庄子·养生主》。

5. 作业

庄子研究大家陈鼓应老师曾说过：在一个混乱的社会里，庄子为人们设计了自处之道。在他所建构的价值世界中，没有任何的牵累，可以悠然自处，怡然自适……每个人只是急躁而盲目地旋转于"高速"的漩涡中，像是被恶魔赶着，匆匆忙忙地承受随波逐流。

请结合你所学习的《庄子》知识，谈谈你对"诗意地栖居"的看法。

（二）教学思考

本单元我们学习了不少先秦诸子之作。在那样一个礼崩乐坏、朝不保夕的年代，诸子没有放弃对社会、对生命、对自我的探索和反思，正是他们的探索，才有了中国古代第一次思想高峰的诞生。他们的思想也将不断传承，让后世的我们从中获益。

庄子主张无为。在很多文人心中，庄子的哲学贴合了他们内心最隐秘的地方，它在儒家的规矩和礼法之间，给中国文人提供了一块可以"呼吸"的自由空间，它是率性的、自由的，在保全生命的过程中，离不开庄子思想。

本篇课文我通过分析庖丁解牛的三个阶段，由此明确了"解牛之道"所蕴含的尊重规律的哲理。然而"规律"与"养生"有什么关系呢？我把这部分内容留到了第三课时，在讲解完"解牛之道"的哲理后，布置了一个扩展阅读：让学生自行将《庄子·内篇·养生主》阅读完毕。《庖丁解牛》是节选自《庄子·养生主》，《庄子·养生主》中有其他寓言故事，同样说明"养生"的道理，对学生很有启迪。并且我提醒学生注意思考庖丁经历三阶段所用之时间，第一阶段到第二阶段为"三年"，三阶段完成总共为"十九年"，让学生思考"三"与"十九"在天文历法上的深意。

《庖丁解牛》中折射出庄周哲学的博大精深，这则寓言故事不难懂，而其中蕴含的哲理却颇为深刻，更何况寓言在流传过程中还会生发新的寓意,此文亦是如此。从"规律"开始到"天道",最后再得出"养生"之理,逐步融合两种寓意。其中"养生"的道理比较难以理解。

"养生"多是指现今人们保养身体,使身体健康、延年益寿的一种活动。网络上常见如保温杯泡枸杞、太极拳养生等方法,通过各种药材或锻炼来增强体质。庄子也强调"养护生命,保养精神"。然而比起外在的药材和锻炼方法,庄子更强调一种"无为"之法,也就是尊重天地之理,按照万事万物的天性来生活,不去刻意地改变人之本性,改变赤子之心。面对可能使刀钝折的骨头,庖丁选择避开。面对可能损伤身心、改变天性的行为,庄子选择放弃。在庄子看来,后天的诸多行为都是一种对"自然人"的伤害和束缚。

原本最后设想是鼓励学生反思己身,思考庄周"养生"思想的现实意义和时代价值。希望学生在学完本单元后,以先秦诸子思想来叩问自己,理想的社会是什么样的? 理想的人格是什么样的? 我们应当以怎样的姿态立于世间? 不断追思、不断反问,才能让思想的光芒熠熠生辉。但是,这种追问应当建立在对本文充分共情的情况下,因此教师在授课时更需要注重情感交流和沟通协作,而本堂课由于网课所限,很遗憾不能很好地呈现出来。

上海市上海中学语文教师方婧

【专家点评要点】

先秦诸子百家中,对后世的影响最大的莫过于以孔孟为代表的儒家学派和以老庄为代表的道家学派。与"入世"的儒家相比,庄子追求"逍遥",经常表现为一种"游乎尘垢之外"的离世态度。先秦时期庄子道家思想和儒家思想在人生哲学的内涵和实践上构成既相互对立又相互补充的关系,为中国文化丰富发展和自我调节能力的发挥,奠定了最早的精神基础。

本课以《庖丁解牛》这则寓言来探讨庄子的"养生"之道,授课过程由浅入深,娓娓道来。抓住由"技"到"道"的主问题,既能深入探讨抽象深奥的道理,也能落实到文本,使道理的分析不是空中楼阁的漫谈,而是脚踏实地的解读。

　　《庖丁解牛》的寓言在流传过程中产生了不同的含义,其庄子本义的"养生"与现今的"养生"颇有不同,然而依旧可以指导当今学生的思想,丰富他们的学识并丰盈他们的心灵。本节课抓住了数字的细节,以小见大探究数字背后的深意,抓住了学生的兴趣点。在网课的过程中,没有一味讲解,而是以学生的兴趣点和难点作为引子,吸引学生一个个攻克难关,充分考虑了网络教学的特点。

　　　　　　　　　　　　上海市上海中学语文教研组长、高级教师刘晓惠

六、《短歌行》教学设计与教学思考

执教人：昂俞暄老师	新课程、新教材内容	高中统编教材《普通高中教科书　语文　必修　上册》第三单元第七课《短歌行》。此教材 2019 年 8 月出版，教学内容为第 58 页。
教学课时：第 1 课时	教学时间：2019 年 11 月 25 日	教学对象：高一(9)班

（一）教学设计

【教学目标】

1. 掌握诗歌中运用比兴，化用以表达心志的艺术手法。

2. 以意逆志，品味忧思背后的情感内涵，通过知人论世，体悟诗人的人生思考和选择。

【教学重点】

理解"忧"背后，诗歌所蕴含的丰厚情感与诗人的人生思考。

【教学难点】

了解并运用"知人论世，以意逆志"的诗歌鉴赏方法。

【教学预习】

预习作业：预习《短歌行》，阅读背景材料，试写一则曹操人物短评。

【教学过程】

1. 引入

不识英雄真面目,横看成岭侧成峰:学生人物短评预习作业展示。

《短歌行》题解。

2. 涵泳诗歌,赏析情感

(1) 初识英雄,风云之气

学生朗诵诗歌。

(提示注意揣摩情感起伏,读出节奏轻重、抑扬顿挫。)

《短歌行》全诗三十二句,每四句为一章,凡八章。

思考:可以用诗中哪个字作为诗歌的情感基点?

明确:"忧"。

(2) 涵泳诗歌,深入解忧

提问一:忧因何起?

明确:人生苦短之忧。

人生苦短是汉末魏晋的时代主题,是弥漫在中下层民众到皇家贵族中,人们普遍的精神状态。从黄巾起义前后起,整个社会日渐动荡,战祸不已,疾疫流行,死亡枕藉。在这样朝不保夕的社会背景下,人们都作何选择呢? 消沉愁苦、及时行乐、服药求仙……

提问二:何以解忧? 是否有效?

明确:酒,无法解忧。

诗歌中的依据:"何以解忧? 惟有杜康","惟"字:其中蕴藏着深深的遗憾,即真正可以解忧者无法得到,只好以美酒解忧。

第五章再次出现"忧从中来,不可断绝"。

追问:那么,什么才能真正解忧?

明确:贤才。

第三章化用《诗经·郑风·子衿》,化原诗中的男女之情为宾主之情。(情意绵长)

　　第四章化用《诗经·小雅·鹿鸣》,借周天子宴群臣宾客的诗意,来宣示自己热情周到、礼遇贤才的真诚,借助鹿鸣安详的"呦呦"之音,预示自己与贤才的关系,由于志同道合,也会同样和谐。(热烈欢乐)

　　但与贤才齐聚的欢乐是在诗人的想象中存在的,欢乐的虚幻再次引发了悲凉,由此推进至第五章的"忧"。

　　提问三:第五章再次出现"明明如月,何时可掇? 忧从中来,不可断绝"。此处的忧,与首章之忧,有何联系?

　　明确:求贤之忧的背后,正是面对人生苦短的生命局限,诗人深深的焦虑和急迫。因生命短暂,而意欲完成的事业却是宏图伟业,困难重重,内含因果关系。而诗人在急切求才的同时,亦是在提醒贤才,岁月不可盘桓。

(3) 忧思背后的情志

　　明代谭元春评《短歌行》:"少小时读之,不觉其细;数年前读之,不觉其厚。至细,至厚,至奇! 英雄骚雅,可以验后人心眼。"要理解这首诗歌的"厚"和"奇",就需要将其放入时代背景和曹操其人的经历中来看。

　　讨论:借助材料,知人论世,结合自己的阅读感受,谈谈如何理解诗歌所展现的曹操的人生选择?

　　小结:事业的艰难和生命的短促,贤才难求的烦愁和宴饮欢会的酣畅,天下的分裂和统一的愿望等复杂的感情交织其中。情调上一时陡然慨叹,一时深思凄恻,一时热烈欢快,一时雄豪万丈。形式上沉郁顿挫,音韵声调随情感起伏抑扬疾徐变化。时而化用典故,蕴藉深沉;时而仰天长啸,直抒胸臆。

　　《短歌行》所体现的恰恰也是以曹操为代表的"建安文学"的特征:志深而笔长,梗概而多气。

　　最后,在对这首诗歌理解的基础上,学生一起有感情地朗诵诗歌。

【课后作业】

　　陶渊明《归园田居》为我们提供了在那个乱世,在建功立业之外,还有其他的人生选择。借鉴赏析《短歌行》的方法,撰写《归园田居》(其一)的短评;也可以将两者进行比较阅读,撰写文学短评,字数 800 字左右。

(二)教学思考

《短歌行》是统编版高中教材《普通高中教科书　语文　必修上册》第三单元中的教读课文,为沪教版教材中没有的内容。因此在上海地区使用统编版新教材的第一届,我选择《短歌行》开设公开课,既欲对新的教学内容进行尝试,也想在教学实践过程中加深对新课标新教材的理解。

经过反复磨课,我的这节课以第三单元的单元目标中提及的"知人论世,以意逆志"的诗歌鉴赏方法为教学重点。由《短歌行》的诗眼"忧"切入,从"忧因何起?""何以解忧? 是否有效?""忧的内在逻辑"和"忧思背后的情志"几部分展开教学,希望通过涵泳诗歌,让学生体会到这首诗歌在"忧"背后蕴藏的深刻情志,在社会大动荡的时代背景中,作者曹操的人生选择。课后进行回顾,主要有以下一些反思:

首先,从整体设计角度来看,教材中这一课其实还有一首诗歌:陶渊明的《归园田居》(其一),虽然属于自读课文,但与《短歌行》安排在同一课中,其实有编写者的匠心:两首诗歌都是魏晋时期的经典作品,都表达了诗人的人生思考和生命追求。但是,两首诗的语言风格、表达技巧以及诗人的思想情感都有显著差异。若将两者进行比较阅读鉴赏,无论是外在语言形式还是内在思想情感的特点,学生对它们都会有更清晰的感受和认识。并且,对群文阅读的重视也是新教材的一大特点。这节课在处理这个问题时,将对陶渊明诗歌的鉴赏和两首诗歌的比较阅读设计为课后学习任务,虽然也引导学生关注两首诗歌的不同,但推进不够深入,之后对新教材群文阅读的教学尝试可以步子迈得更大。

其次,就教学过程而言,由"忧"串联起来的问题链看起来比较清晰,但在推进到"忧思背后的情志"时,内在的逻辑联系不够紧密,提供给学生的学习支架不足。因此从课堂中学生的表现来看,学生只能借助补充阅读材料进行比较概念化的回答,无法深入课文文本,有切身的体悟。这也引起了我的思考,在语文教学中,教师自身对文本往往有比较准确、深入的感受和理解,问题是如何引导学生通过阅读文本逐渐深化对作品的理解,让学生自己读出来,而不是由教师说出来。这恐怕需要一个精心寻找的切入点,一条逻辑上环环相扣的问题链,以及一些课堂引导的策略和技巧,并且要从真实的学情出发,解决学生真正理解困难的问题。

公开课后,我了解到其他教师的一些教学切入角度,深受启发。例如,有教师从学生的阅读困惑出发:《短歌行》的情感一会儿忧一会儿喜,似乎相互矛盾,如何理解?再结合"建安文学"的特点及诗中典故的解读,让学生明白诗歌情感的复杂性。还有教师精心设计从标点符号角度解读诗歌,让学生通过朗诵充分体会诗人情感。这些都是重点突出、巧妙引导的设计。新教材的教学实践既需要大胆尝试,也同样需要注重语文学科的核心素养,由语言文字的理解上升到深层次的情感认知,而不能浮泛地玩转概念。

执笔人:上海市上海中学语文教师昂俞暄

【专家点评要点】

"文本细读就是从语言出发,再回到语言。"昂老师在本课的教学过程中,将文本细读落到了实处。课堂选择"忧"字为切入点,还原情境,引导学生感受诗人内心的波折,感悟文本中的动人之处。这就让书本上的文字活了起来,重现了诗人鲜活的理想诉求与深入的生命思索。在对诗歌的潜心涵泳中,学生获得了生命的体悟,提升了思维品质,也对语言文字有了更深的领悟。

上海市上海中学调研与评估委员会委员、语文高级教师王家祥

七、"《老子》四章"教学设计与教学思考

执教人：昂俞暄老师	新课程、新教材内容	高中统编教材《普通高中教科书 语文选择性必修 上册》第二单元第五课《老子》四章。此教材 2020 年 3 月出版，教学内容为第 36～37 页。
教学课时：第 2 课时	教学时间：2020 年 10 月 9 日	教学对象：高二(9)班

（一）教学设计

【教学目标】

1. 把握《老子》四章的基本内涵，理解其思想中相反相成的辩证思维。

2. 比较探究儒道"理想人格"典范的差异，体会老子辩证思想的独特价值。

【教学重点】

掌握"有""无""知人""自知""胜人""自胜"等"对待"关系中的辩证思维。

【教学难点】

通过研讨在"理想人格"上，老子与儒家存在差异的原因，认识老子思辨哲学的价值。

【教学过程】

1. 引入

儒家的"理想人格"是"内圣外王"的典范,由内在的心性修养到外在的治平天下,修己以安人,博施而济众。从而立德、立功、立言,获得死后的不朽之名。那么,作为道家的代表人物,老子眼中的"理想人格"又是什么样的呢? 其背后的思想方法又是什么?

2. 在老子眼中,"圣人"是什么样的?

提问:朗读并根据课文,分析老子认为"圣人""有道者"是什么样的?

明确:

(1) 第二十四章

提问:"企者""跨者"有什么特征?

想立得高、行得快,反而达不到目的,由此显示出急功近利的不当。

"四自"的行为与"企者""跨者"有什么共同点?

刻意追求,适得其反。所以这些行为都如同吃剩的食物、身上的肉瘤,多余了反为不美。

小结:圣人不自我显露、不自以为是、不自我夸耀、不妄自尊大,没有急功近利的过分行为。老子用日常生活中"企者不立,跨者不行"的道理进行类比,将前文所举的行为比作"余食赘行",来说明急功近利、刻意拔高的危害。

《老子》中的类似表述:

是以圣人抱一为天下式。不自见,故明;不自是,故彰,不自伐,故有功;不自矜,故长。夫唯不争,故天下莫能与之争。(《老子》第二十二章)

(2) 第三十三章

提问:知人与自知,胜人与自胜,老子认为哪个更重要? 为什么?

自知、自胜更重要。《老子》第十六章"知常曰明",即了解万物运动变化的规律为"明",而"智"在《老子》中常有巧诈意味,故而自知更高明。同样,胜人只是有力好争而已,但自胜才是真正的强。

"不失其所",这个立身的根基是什么?

立身的根基就是前文述及的"自知""自胜""知足""强行"。

小结:人皆有一死,但圣人通过审视自己、坚定自己、克制自己,矢志力行,可以立身长久,身死道存,即"死而不亡"。

(3) 第六十四章

提问:"为之于未有,治之于未乱。"是针对事物的哪个发展阶段而言的?

事物发展的起始阶段,因此要"慎始"。

"慎终"同样重要,为什么?

"合抱之木,生于毫末;九层之台,起于累土;千里之行,始于足下。"因为大、高、远是由小、低、近积累发展而来。如若忽视,则会功败垂成。

但老子认为圣人"慎始慎终"的方式应当是顺应自然,无为无执。

小结:老子通过类比,说明大、高、长都是由小、低、短积累发展而来的,圣人既能洞察先机,防患于未然,又能"慎终"如始,但这种"慎"是顺应自然,无为无执的。

3. 老子"圣人"形象背后的思想方法

讨论材料:

1. 企者不立,跨者不行,自见者不明,自是者不彰,自伐者无功,自矜者不长。其在道也,曰余食赘行,物或恶之,故有道者不处。(《道德经》第二十四章)

15.20 子曰:"君子疾没世而名不称焉。"(《论语·卫灵公》)

2. 知人者智,自知者明。胜人者有力,自胜者强。知足者富,强行者有志,不失其所者久,死而不亡者寿。(《道德经》第三十三章)

1.16 子曰："不患人之不己知,患不知人也。"(《论语·学而》)

12.22 (樊迟)问知。子曰："知人。"樊迟未达。子曰："举直错诸枉,能使枉者直。"(《论语·颜渊》)

3. 其安易持,其未兆易谋;其脆易泮,其微易散。为之于未有,治之于未乱。合抱之木,生于毫末;九层之台,起于累土;千里之行,始于足下。为者败之,执者失之。是以圣人无为故无败,无执故无失。民之从事,常于几成而败之。慎终如始,则无败事。是以圣人欲不欲,不贵难得之货,学不学,复众人之所过,以辅万物之自然而不敢为。(《道德经》第六十四章)

8.17 子曰："学如不及,犹恐失之。"(《论语·泰伯》)

19.7 子夏曰："百工居肆以成其事,君子学以致其道。"(《论语·子张》)

14.38 子路宿于石门。晨门曰："奚自?"子路曰："自孔氏。"曰:"是知其不可而为之者与?"(《论语·宪问》)

18.7 子路曰："不仕无义。长幼之节,不可废也;君臣之义,如之何其废之? 欲洁其身,而乱大伦。君子之仕也,行其义也。道之不行,已知之矣。"(《论语·微子》)

15.5 子曰："无为而治者其舜也与? 夫何为哉? 恭己正南面而已矣。"(《论语·卫灵公》)

15.29 子曰："人能弘道,非道弘人。"(《论语·卫灵公》)

讨论:老子关于"理想人格"的观念与儒家存在鲜明的差异,联系课文第一章,探讨其中的原因。

明确:

课文第一章

提问:三个例子中,"有""无"对应的分别是什么?

老子以车毂、陶器、房屋为喻:车毂除其毂身和汇集之三十根辐,毂之中是空虚无物的,故可以受轴而利转,毂与辐皆为"有"的方面,毂之中则为"无"的方面。由于"无"可受轴利转,才能有车之用。

制作陶器,器壁与器底皆为"有",器腹中空无物,则可为饮食之器也。造室则有顶壁与门窗,其中必有一定的空间,人们才能作为居室之用。

"有""无"是什么关系?

"有"与"无"互相发生,"利"和"用"相互影响。"有"与"无","利"与"用",是相对的,不可拆开的。同时,老子侧重强调"无","有"是有形的框架,是事物的结构,而真正的"用"在于"无"提供的空间。三个例子是关于物理空间的,是自然之理。但"有""无"相反相成的辩证关系贯穿《老子》全书,在社会空间、心理空间也同样适用。比如,艺术领域的留白。

在老子思想中,圣人应遵循顺应"道",这个"道"是宇宙万物运行的规律,即:事物的发展和变化,都是在矛盾对立的状态中产生的。对立的双方互相依存,互相联结,并能向其相反的方向转化。没有"有"也就没有"无",反之亦然。这就是相反相成的辩证思想。老子关于"圣人"的一系列看法,就是建立在对矛盾对立规律的思辨之上的,而儒家的圣人标准是一种道德训诫。因此,黑格尔说"孔子只是一个实际的世间智者,在他那里思辨的哲学是一点也没有的——只有一些善良的、老练的、道德的教训,"但老子"说到了某种普遍的东西,也有点像我们在西方哲学开始时那样的情形"。即儒家是一种"道德哲学",而道家是一种"思辨哲学"。

4. 老子思想方法的价值

提问:联系现实或历史,举例说说老子这种相反相成的辩证思想对我们有什么启示?

明确:"无为"是顺其自然、不强作妄为的意思。老子的观念并非无所作为,也非阴谋权术,相反却蕴含蓄势待发的精神。他关注乱世,希望提供人类安然相处之道,"无为"等观念的提出,正是为了让人克制一己私欲,以消解社会争端的根源。例如,《语文必修下》学过的《促织》："故天子一跬步,皆关民命,不可忽也。"其实也是统治者不可妄为的例子。又如,柳宗元的名篇《种树郭橐驼传》针对繁政扰民的社会问题,以种树"顺木之天,以致其性"为喻,提出治民也要顺应规律,让百姓休养生息。

小结:老子辩证思想的价值

(1)老子认为事物是在对立关系中造成的。因此观察事物不仅要观看它的正面,也应注视它的对立面,两方面兼顾,才能对事物作全盘了解。

(2)老子重视相反对立面的作用,因而看待事物可以具备多元的视角。

(3)老子认为事物发展到某种极限的程度时,会转变成它的反面。这就提醒我们"物极必反",要把握好事物的尺度,保持一种弹性。

5. 课后练习布置

在《五石之瓠》中,庄子同样超越了世俗经验的束缚,从常人认为没有价值的事物中发现价值。请从"老子的陶器"与"庄子的葫芦"出发,写一篇议论文,从思想认识和表达方式上论述两者的异同。

【**板书设计**】

① 不自见—明
　 不自是—彰
　 不自伐—功
　 不自矜—长

② 知人—自知 ⇨ 遵循"道":有无相生、相反相成
　 胜人—自胜
　 死—不亡

③ 小、低、短—大、高、长
　 无为—无败　无执—无失

（二）教学思考

《老子》四章是统编版新教材《普通高中教科书　语文　选择性必修　上册》中第二单元的内容。这个单元选择了包括儒、道、墨在内的先秦诸子的一些经典篇章，集中对先秦诸子散文进行学习。《老子》四章难度较大，一方面，是对学生来说的，老子思想相对于孔子、庄子而言比较陌生；另一方面，《老子》语言简练，同《论语》一样缺少语境，加之极富思辨色彩，对学生的思维水平要求较高。因此，选择这篇课文开设公开课，有较大的挑战性。

我以理解老子思想中的"对待"关系及其蕴含的辩证思维作为本节课的教学重点，在此基础上，引导学生进一步思考研讨老子哲学的思辨性与现实价值。由于学生对孔子思想更为熟悉，并且本单元的前一课已经学习了儒家的代表篇章，我将儒家的"理想人格"与老子眼中的"理想人格"差异作为切入点，设计了"老子眼中的'圣人'什么样？""老子'圣人'标准背后的思想方法是什么？""老子辩证思想有什么启示与价值？"这样的问题链，并补充《老子》一书中如第四十章"反者道之动，弱者道之用。天下万物生于有，有生于无"等其他一些突出体现辩证思想的内容，作为学生研习的支架，以期学生在了解儒家与道家差异的基础上，对老子的思辨智慧有所领悟。

在教学过程中，"老子眼中的'圣人'是什么样的？"这一部分内容从文本出发，加以归纳，推进比较顺利；在"老子'圣人'标准背后的思想方法是什么？"这部分内容，为了帮助学生理解"对待"关系，我以第十一章中"有"与"无"这组关系为例，借助古代车轮、陶器、房屋图片，更为直观形象，另外我又让学生联系实际生活，举出艺术中的留白等例子。在此基础上，学生对老子"无为"思想的认识也能更深入。

高中统编语文教材中高一教材是必修，高二教材是选择性必修。相对于高一教材以学习任务群和人文主题来建构单元，高二教材则是以专题研习来建构单元。就本课文性质而言,高一教材的文言文分布在文学阅读、思辨性阅读和实用类阅读等任务群中,而高二教材则集中在"中华传统文化经典研习"中,更加突出探究性学习。学习与研习虽仅一字之差,但研习的梯度更高,带有一定的研究意味。所以,对《老子》四章的教学不应单纯从文体、语言文字等角度讲解,因为这个单元属于"中华传统文化经典研习"任务群,需要让学生对传统文化之"根"有所认识。在教学设计中需要关注这种梯度差异,更多思考如何引导学生研习,突显专题性、探究性。

执笔人:上海市上海中学语文教师昂俞暄

【专家点评要点】

一位哲人曾说,跟随他人思考,而不要思考他。昂老师或许并未接触过这段话,却用自己的课堂教学切实践行着这一点。昂老师在课堂上先是带领学生思考了老子眼中的"理想人格"是怎样的,后与儒家思想进行比较,探寻老子"圣人"形象背后的思想方法及其价值。如果课堂仅仅停留在第一个环节,那么只是在思考老子思想本身,停留在知识掌握层面上,但当课堂推进到后两个环节时,学生的思维水平才会真正得到提升。因而,在我们的教学过程中,教师不妨多走一步,学生也会走得更远。

上海市上海中学党委副书记、语文正高级教师樊新强

八、《声声慢》教学设计与教学思考

执教人：郭秋媛老师	新课程、新教材内容	高中统编教材《普通高中教科书　语文　必修　上册》第九课《念奴娇·赤壁怀古》《永遇乐·京口北固亭怀古》《声声慢》。此教材于 2019 年出版，教学内容为第 67～68 页。	
教学课时：第 3 课时	教学时间：2021 年 11 月 25 日		教学对象：高一(3)班

（一）教学设计

【教学目标】

1. 第 9 课学习目标：品读本课的三首宋词（苏轼《念奴娇·赤壁怀古》、辛弃疾《永遇乐·京口北固亭怀古》、李清照《声声慢》），感受其不同的风格特点，体会这些词作是如何表现词人不同的思想情感的。

2. 本课时目标：探究李清照《声声慢》表现"愁情"的艺术匠心。

【教学重点】
探究本词中作者表现"愁情"的艺术匠心。

【教学难点】
理解本词在整体构思上的艺术匠心。

【教学过程】

1. 导入

2. 结合学生预习情况引出主问题：探究本词中作者表现"愁情"的艺术匠心

3. 逐句诵读词句，探究每句中作者表现"愁情"的艺术匠心

（1）教师引领，逐句诵读，品读上阕。

总结探究诗词艺术匠心的方法：研读意象、品味词句、体会情感。

（2）结合品读上阕的方法，小组合作探究下阕中作者表现"愁情"的艺术匠心。

（3）回应学生预习中的问题。

4. 总结本词整体构思上的艺术匠心

（1）根据板书呈现总结。

a. 首句十四个叠字从动作、感觉、环境、心理等方面总领全词。"愁情"横向层层递进，纵向层层堆叠，最终归结于"怎一个愁字了得"。

b. 叠字起，叠字收，"愁情"绵延不绝，周而复始。

（2）教师总结："叠"为本词整体构思的艺术匠心。李清照这位千古第一才女正如一位匠人，以文字为砖瓦，一点点堆叠出了这首千古名词。

5. 作业布置

（1）本词中三用"怎"，有人认为"不免重遝。故《词鹄》讥为白璧微瑕"，你怎么看？

（2）尝试从声韵角度探讨本词的艺术匠心。

（3）任选一个角度，写一篇800字左右的文学短评。

（二）教学思考

本节公开课从备课到试讲，再到最终呈现，得到了本组老师的全方位支持,更让我收获了很多关于新课改、新教材和新教法的心得。

在教学设计方面,怎样在解读、讲法上创新是我这次备课的目标。新教材中,本篇课文位于第三单元"生命的诗意",这一单元中有一个教学目标是品味优秀古诗词作品中深刻的意蕴和艺术匠心,因而,我将教学设计的重心放在对本文中构思艺术匠心的探究。

在教学结束后,我主要有两方面的反思和体会。第一,在对新教材的使用和设计方面,新教材侧重单元整体的贯通,但本课在设计上,仍沿用传统的单篇精讲式教学,因而需要继续思考本篇词作与本课其他两首词作的联系,以及与本单元其他几篇课文之间的联系。第二,在执教本课时,我感受到学生在课堂学习中仍然比较被动,在教法上没能充分调动学生的积极性,让课堂成为学生主动探寻知识、碰撞思维、互相激发的阵地。由此,我更加意识到课堂上学生活动的重要性,并将继续努力探寻这些传统课文的新教法。

执笔人:上海市上海中学语文教师郭秋媛

【专家点评要点】

《声声慢》这首词是一篇经典课文,以往的教学多将教学重点放在分析作者表达"愁情"的具体手法和体会作者的浓重愁情上,而本堂公开课重视引导学生对词作整体构思的把握,具有一定的新意。此外,教师在教学过程中,注重了对诗词阅读方法的总结,这是新教材、新课改的背景下值得肯定的。本课仍有很多值得改进和继续思考的地方。比如,如何贯彻新教材中的单元学习任务?如何打通不同时期、不同文体诗词之间的壁垒,以引导学生进行群文阅读?如何设计课堂活动,让学生真正参与、融入课堂学习中?此外,也可以考虑从写作角度,即撰写文学短评的角度切入本课,这些都是可以思考的方向。

上海市上海中学语文教研组长、语文高级教师刘晓惠

九、《沙之书》思辨性阅读课的教学设计与教学思考

执教人：柳怡汀老师	新课程、新教材内容	高中统编教材《普通高中课程标准实验教科书 语文 选修 外国小说欣赏》第八单元阅读篇目《沙之书》。此教材 2007 年出版，教学内容为第 102～104 页。
教学课时：第 2 课时	教学时间：2019 年 4 月 29 日	教学对象：高二(10)班

（一）教学设计

【教学目标】

1. 讨论小说荒诞形式的合理性，理解荒诞形式背后的隐喻义。

2. 结合作者的创作意图，品味《沙之书》这一荒诞形式的艺术表现力。

3. 联系已学知识，加深对小说荒诞形式的认识并掌握解读方法。

【教学重难点】

读懂小说荒诞形式的隐喻义和荒诞背后的艺术真实。

【教学过程】

1. 细读小说，发现《沙之书》的不合理之处。

提问 1： 从文本中看，《沙之书》是一本什么样的书，有什么与众不同之处？

预设：圣书、无限、无序、神秘、粗糙、邪恶……

提问2：上述特点中，《沙之书》有什么矛盾、不合理之处吗？

预设：无限内容——有限书页；神秘圣书——邪恶可怕

2. 讨论学习，探索《沙之书》不合理背后的"理"。

讨论要求：请以六人小组的形式讨论，《沙之书》的矛盾不合理处是否有"理"可循，并给出依据。

预设：讨论交流

小结：荒诞的艺术形式背后有现实生活的隐喻，荒诞的逻辑中寄寓着哲理。

为小说不合理之处寻找"理"，可以从文本、生活、作者创作意图、小说艺术手法等方面寻找依据。

3. 思考拓展，品味《沙之书》的艺术表现力，加深对小说荒诞形式的认识。

提问3：博尔赫斯用《沙之书》这样的荒诞形象，有什么好处？

预设：多重隐喻的丰富性，具象形象表达抽象道理更生动，打通读者对虚幻与真实的阅读体验……

提问4：联系学过的《促织》和《变形记》，哪个读起来更像《沙之书》？两者都是作者虚构了人变虫的情节，有什么差别？

预设：魂化促织——神化，浪漫色彩

　　　　人变甲壳虫——异化，荒谬和超现实

小结：荒诞小说的特点：用怪诞的写作手法来隐喻、象征思索和探讨人类社会与人的生存问题。

本节课的读法：质疑——荒诞形式

　　　　　　　　取证——文本、生活

　　　　　　　　合理推断——作者意图

　　　　　　　　综合分析——多重隐喻、艺术真实

4. 作业

尝试从小说其他角度，如人物、叙事者身上，继续挖掘其荒诞形式背后的真实，写一篇思辨性小论文。

附:《沙之书》讨论任务单

任务	请为《沙之书》看似矛盾不合理之处,寻找合理性,并给出你的依据。(有限——无限,圣书——邪恶)
小组	小组编号: 发言人(　　　　　　　)
依据	(1)提示:细读文本 (2)提示:联系你生活中的经历或发现 (3)提示:联系作者创作意图 (4)提示:联系小说风格和艺术效果 (5)其他依据
观点	

(二)教学思考

2019 年 4 月 29 日,我在上海中学开设了一节区级研讨课,课题是"短篇小说《沙之书》的思辨性阅读"。"思辨性阅读与表达"是新课标核心素养的学习任务群之一,旨在通过发展学生的实证、推理、批判等能力,提高其思维水平和逻辑性。任务群决定了课堂形式和教学目标的达成要以学生探究为中心,而思辨性则对教学文本的选定、教学内容的设置提出了更具方向性的要求。

在文本选择上,我选择了阿根廷作家豪尔赫·路易斯·博尔赫斯的《沙之书》。小说讲述了一个图书管理员意外收获神秘《沙之书》的故事。这本书无始无终,看过的内容会像沙一样消逝,图书管理员痴迷此书,却难以穷尽其秘密,最终在恐惧中将其束之图书馆。《沙之书》虽然是沪教版教材之外的非论说性文本,但颇有解读张力和思辨价值。博尔赫斯擅长虚构和叙事迷宫,这篇小说的叙事就富有矛盾性和荒诞色彩,小说主题多元,能够激发读者从不同角度进行思考和阐释。

从学情来看,学生已经在高一学习过志异小说《促织》,阅读过现代派小说《变形记》,掌握了一定的阅读虚构小说的能力和方法。本文虽未入选沪教版高中语文教材,却是人教版外国小说的阅读篇目,并不超纲。对高二学生而言,有挑战性文本,反而能激发其阅读兴趣和探究欲望。下文将结合我在课堂设置的几个任务环节,谈谈我对"思辨性阅读"教学的理解和认识。

1. 发现"不合理":对小说荒诞形式的质疑

小说在叙事上有诸多疑点,最大的疑点莫过于《沙之书》该如何理解。如若一节惯常的小说赏析阅读课,教学设计则可以围绕《沙之书》的形象和内涵展开。而思辨性阅读的不同之处在于,它不是对文章的审美鉴赏或整体形象的感知。它基于问题意识,求解于科学论证,导向的是多元价值思维和理性分析评价。具体到课堂实践环节,需要引导学生围绕某个问题提出质疑、给出多元意见和理性判断。

一节任务探究课,应该把学生最困惑的问题作为思辨的起点。学生认为《沙之书》最难理解的地方就是其荒诞性:无限、无序、无始无终、内容奇怪。学生在质疑时,已经在有意识地动用事实逻辑和因果逻辑,试图为文本做合理化解释。当发现这些逻辑无法在文本中得到印证,才有了读不懂的困惑。而我们需要帮助学生的,正是打通从质疑到释疑间的关节。有荒诞小说阅读经验的读者知道,荒诞感的产生源于不合理性或非理性的叙事。小说作者往往借这种形式来反思时代、探索人性。换而言之,荒诞的是小说的形式,其思想内核却是有理可循的。这个从不合理性中探寻合理性的过程,是很有思辨探究价值的。

由此,我设计了这堂思辨课的核心问题:小说不合理性的荒诞形式背后是否"理"可循? 本节课的教学目标也围绕对小说荒诞形式的思辨展开,希望借这一节课让学生通过思辨探究,理解荒诞形式背后的隐喻义,品味荒诞形式的艺术表现力,加深对荒诞形式的认识。

在具体的教学过程中,一节 40 分钟的课不可能对小说中所有荒诞不合理性的现象逐一思辨,问题还需具体化。我将课堂核心任务定位在让学生思考《沙之书》本身的矛盾和不合理性之处。学生将书的"不合理性"归纳为"(书页)有限和(内容)无限","(书名)神圣和(读者感知)邪恶"两组对立概念上,进而思考这样不合常理的对立出现在一本书中,是否有"理"可循。

2."理"在何处:多角度寻找证据链

在思辨性阅读环节中,发现问题是最容易的。但想引导学生从不合理中读出"理",殊为不易。从思辨性课堂的任务角度而言,就是让学生学会寻找证据。有学者给出了思维的普适性结构:观点、目的、关键问题、信息、解释与推断、重要概念、假定、意涵。[①]从不合理中发现"理"应该要经历寻找信息、解释与推断甚至假定等复杂思维过程。

我将这一难点设置成课堂讨论的中心环节。每个小组发放任务单,在任务单上标明讨论的问题、学生所使用的依据和提出的观点。从课堂反馈来看,对于荒诞的事物,学生往往首先结合自己的

① 理查德·保罗,琳达·埃尔德.思辨与立场:生活中无处不在的批判性思维工具[M].北京:中国人民大学出版社,2016:93.

生活常识去求解,然后结合文本进行解读。其中常会产生以下两个问题,生活常识对问题认识的局限性,以及寻找文本证据时的跳跃性。这便要求教师在学生广开思路讨论时加以引导,我在处理《沙之书》两组矛盾时,根据矛盾点的不同,采用三种不同方式去引导学生寻找更准确的证据。

(1) 巧寻生活依据,探知作者意图

《沙之书》中第一组"(书页)有限和(内容)无限"的矛盾很抽象,类似哲学命题。文本中借卖书人之口给出的解释仿佛在讲数理与几何知识:"也许是想说明一个无穷大的系列允许任何数项的出现。"(第 17 段),"如果空间是无限的,我们就处在空间的任何一点。如果时间是无限的,我们就处在时间的任何一点。"(第 18 段),学生对文本相关内容不仅有理解难度,也不明白作者意图。此时,不妨从生活依据入手,引导学生发现生活和文本的内在联系。

我在幻灯片上放出一张刚揭秘的黑洞照片,并提问:"照片中的黑洞是有限的还是无限的?"学生们都说是"无限的"。答案显然是对的,未知的黑洞本身就是无限的。我再次提问:"照片是有限的还是无限的?"这次学生们都答"有限的"。黑洞能被人用照片拍下来,显然是用有限的形式表现无限内容的一个典例。学生看完照片后恍悟,进而生发出类似的思考,如一滴水是有限的,里面的水分子是无穷的……

在有了这样的认识后,再引导学生关注文本解释。一个可见的几何体可以细分成无穷的点线面,无穷的时间也具体化为分分秒秒,从这个意义上说,《沙之书》可以承载无限内容,我们的确能从有限中窥见无限。

博尔赫斯用《沙之书》想表现什么?我在课堂上引入他在《论书籍崇拜》一文中的话:"我们是一部神奇的书中的章节字句,那部永不结束的书就是世上唯一的东西;说得更确切一些,就是世界。"让学生联想《沙之书》的意义。学生在讨论中探知《沙之书》是一个象征,博尔赫斯借"书"这个意象和"书与人"的关系,探究的是人与未知、个体和宇宙的关系。

由此,从生活依据,到文本理解,再到作者意图,学生脑海中已经形成了一个逐步深入问题核心的证据链。

(2)用问题链串连文本证据

在理解《沙之书》的"(书名)神圣和(读者感知)邪恶"这一组矛盾时,学生往往很难感受到文本的内在联系。因此我以问题链的形式,来引导学生建立文本联系。

师:请学生找找小说中哪部分写到《沙之书》的邪恶?

生:文章第32、33段。

师:请大家带着感情读一下这两段好吗?

生:(朗读)。

师:通过读文本你们发现,这段对"邪恶"的描绘主要是什么描写?

生:心理描写。

师:是书的内容本身邪恶吗? 邪恶的是什么?

生:不是的,是读书人的内心邪恶。

师:大家联系前面的文本,读书人的内心发生了什么变化?

生:读书人从最开始拿到书的兴奋,到起了穷尽书中秘密的野心,后来在占有书而不能的烦恼中,把怨气撒到了书上。

师:所以大家现在明白,"邪恶感"来自人的占有欲和扭曲变化的内心,这与书的"神圣"并不矛盾。

上述教学片断用5个问题,首先定位文本,其次让学生细读内容和情感,再次引导学生发现作者所强调的是读书人的心理,最后联系上文梳理读书人心理变化的过程,便可以摸索出"邪恶感"的来源,进而探寻到小说荒诞背后的合理性。

3. 联系已学:在比较阅读中思辨荒诞形式的独特性

发现问题和寻找证据后,思辨的脚步还不应停止。作者为什么要用荒诞形式表现上述思考呢？在最后教学环节，我设置了一个思考任务：博尔赫斯用《沙之书》这样的荒诞形象，有什么好处？对于学生而言这个问题很有挑战性。学生不仅要提炼荒诞形式的特点，还要联系所学，进一步思考，相较于其他表现形式，荒诞形式的独特性是什么。我准备了两则材料：

材料一：

"盖将自其变者而观之，则天地曾不能以一瞬；自其不变者而观之，则物与我皆无尽也。"①

"人不能两次踏进同一条河流。"（赫拉克利特）

材料二：

学生学过《促织》中的"魂化促织"和《变形记》中的"人变甲虫"的情节。

材料一中的两句都是学生学过的名言。他们所表达的道理与《沙之书》的思想有相似性。简洁的名言与荒诞的小说在形式上有什么差别呢？问题抛出，学生的探究欲望被激发了，丰富的答案从他们口中蹦出："小说讲道理更形象""含义更多元丰富""更能吸引读者的兴趣"……实际上，荒诞形式的特质便是多重隐喻的丰富性、抽象道理的具象化，打通真实与虚幻的阅读体验，与学生的想法相契合。

材料二是高一学过的两篇课文，我让学生用《沙之书》与《促织》《变形记》进行比较，进而思考志异小说和现代派小说都有"人变虫"的虚构情节，哪个文本读来更荒诞？更像《沙之书》的荒诞形式？学生们异口同声地认同《变形记》更荒诞，更像《沙之书》。探索热情被再次点染，此时需要深入思考，《促织》中使用的"神化"写法让虫具有极强的战斗力，小虫身上背负着"替父抵命"的浪漫悲情色彩。荒诞形式常将事物"异化"，格里高尔变成虫是毫无先兆的，而甲壳虫

---

① 出自苏轼《前赤壁赋》。

形象的怪诞和其背后的隐喻,能让人体会到超现实的荒谬感。这便是荒诞形式与浪漫形式的差别。它的含义更丰富、更多元,而实际上,复杂多元更接近真实的本相。

经过对这两则材料的思考,从外部来审视小说,在知识的联系中去定位荒诞形式的独特价值,学生会从对《沙之书》的思辨解读中收获更多。学生借这一环节,习得了寻找文本证据、自主建立阅读联系、深度挖掘小说主题的读法,读出了荒诞的艺术形式背后有现实生活的隐喻,实现了思维的跃层。

思辨起于质疑,终点却是开放的。余党绪老师曾把思辨性阅读定义为"是理性的阅读,是对话式的阅读,是批判性的阅读。……一种建构性的阅读,帮助学生的精神建构、文化建构以及语言建构"。[①] 这一点我非常认同,思辨起于对问题的发现,但更重要的是对问题的追问、论证和延伸思考。思辨性阅读是有深度和梯度的阅读理解活动,其目标应是引导学生通过思考,建构一种认知框架和思维阶梯。这样,学生不仅能从一个文本的不合理处读出合理性,更能在价值困境、谬误和真理混杂的现实中,做出自己独立的价值判断。

执笔人:上海市上海中学语文教师柳怡汀

【专家点评要点】

柳怡汀老师的这节课抓住荒诞的不合理性,引导学生去思考讨论不合理性背后的合理性,带着学生从这一对矛盾入手,深入地对文本进行释读。整节课以学生为主体,通过合理的任务设置,引导学生主动参与和思辨,进行合作学习,共同发现并解决问题。作为思辨性阅读的研讨课来说,具有示范性。《沙之书》这篇小说有不少晦涩难懂的地方,柳怡汀老师的教学设计思路清晰,抛开枝蔓,抓住

---

① 余党绪.我的阅读教学改进之道:思辨性阅读[J].语文教学通讯,2014(28):32-33.

了文本最突出的矛盾处,打开了学生的思路。柳怡汀老师的上课语言流畅自然,拥有自己的讲课风格。生活中事例的补充和对课文的关联性阅读,拓宽了学生对文本解读的思考空间,有助于进一步掌握荒诞小说的读法。

　　　　　　　　　　　上海市徐汇区教育学院语文特级教师程元

十、《扬州慢》教学设计 与教学思考

执教人：柳怡汀老师	新课程、新教材内容	高中统编教材《普通高中教科书　语文选择性必修　下册》第一单元第四课《扬州慢》。此教材2020年出版,教学内容为第18~19页。	
教学课时：第2课时	教学时间：2020年11月26日		教学对象：高三(10)班

(一)教学设计

【教学目标】

1. 细读品词,分析化用杜牧诗句"今昔对比"与"虚实对照"的作用。

2. 对读词评,辨析化用手法对营造"黍离之悲"词境的利与弊。

3. 总结拓展,提炼分析诗词中化用手法的常见角度与方法。

【教学重点】

辨析化用对营造"黍离之悲"词境的利与弊。

【教学难点】

提炼分析化用手法的常见角度和分析方法。

【教学过程】

导入

上节课读词,我们读到一个特别的地方,《扬州慢》中杜牧诗歌的出现频率很高。姜夔现存八十多首词中,其中九首化用了杜牧的诗歌,占到了词作十分之一。这说明,此类写法"乃非作者无意为之",而已经成为姜夔词中的一个符号。姜夔为何偏爱化用杜诗,化用会对词意和词境营造起到什么作用? 这是我们今天上课一起探索的内容。

环节一:细读品词,分析化用杜牧诗句对于表达"黍离之悲"的作用

提问1:有感情地朗读词作,思考化用杜牧诗句的部分写了扬州的哪些内容,扬州城有何特点?

预设:

化用内容选取了杜牧诗中扬州的美景、美人、美事、美情。体现了扬州繁华、风流、浪漫的名都特色。

提问2:化用在本词中有什么作用?

预设:

化用重在表现与当下景物的对比,从名都到空城,表达了一个南宋人的家国丧乱之悲。

化用自拟杜牧,想象杜牧受到的震惊失落,着重抒情,流露出一个文人对繁华散尽、文化消逝的失落和哀愁。

小结:化用在词中的作用主要是今昔对比和虚实相生。借景物的今昔对比,把名都被践踏,繁华落尽的"黍离之悲"用景语表达。借助虚写,构建了杜牧的扬州城文化记忆,给词中扬州城形象增添了文化意蕴和浪漫性情,借此抒发词人怀古时的哀愁。

环节二:对读词评,辨析化用对表现"黍离之悲"的利与弊

化用作为一种手法自然有其好处,但在表达本词"黍离之悲"时,历代一些词评家却产生了争论,他们的观点分为"化用有利"和"化用有弊"两个阵营。

提问3:学生们怎么看呢? 请大家通过小组讨论的方式,完成任务单,探究词评家的评论角度,给出观点和理由。

学生活动,讨论化用对表现"黍离之悲"的利与弊,完成任务

单,课堂分享。

讨论材料：

化用有利：

俞陛云："下阕过扬州者,以杜牧文词为最著,因以自况,言百感填膺,非笔墨所能罄。'冷月'两句诵之若商声击楚,令人心倒肠回。"

夏承焘："白石纵然提到'豆蔻''青楼'等句,不至于影响或削弱这首词'黍离之悲'的严肃意义。"

唐圭璋："用杜牧之词意,伤今怀昔,不尽欷歔……'二十四'两句,以现景寓情,字练句烹,振动全篇。末句收束,亦含哀无限。"

化用有弊：

王国维："借古人之境界为我之境界者也。然非自有境界,古人亦不为我用。""白石写景之作,如'二十四桥仍在,波心荡、冷月无声'……虽格韵高绝,然如雾里看花,终隔一层。……惜不于意境上用力,故觉无言外之味,弦外之响。"

刘文忠："《扬州慢》大量化用杜牧的诗句和词境,又点出杜郎的俊赏,把杜牧的诗境,融入自己的词境界;但他的追昔,主要怀念的是扬州的风月繁华与风流俊赏。'豆蔻''青楼'多少削弱了严肃的爱国主义主题。"

小结：

1. 分析化用作用与效果的常见角度

手法角度 （俞陛云）

情感角度 （唐圭璋）

主题角度 （夏承焘、刘文忠）

境界角度 （王国维）

2. 辨析化用利弊的方法

化用得好不好,常常要看诗词作者是否具有推陈出新的匠心。利弊分析也并非绝对,我们要综合一首诗词的情感、主题、境界来评价。

手法角度　利：化用语典以简驭繁,精炼表达。

　　　　　　弊：难以构建新意。

情感角度　利：化旧景写新情("二十四桥句")。

　　　　　　弊：不自觉带入对原作者的企慕之情。

主题角度　利：丰富本词的主题。

　　　　　　弊：可能冲淡或削弱想要突出表达的主题。

境界角度　利：代入原作的词境。

　　　　　　弊：对于开拓新的词境有局限性。

化用是读懂诗词的一把钥匙。今天的课,不仅借《扬州慢》的诗句从手法层面感知它的妙用,也探究思辨它对表情达意、词境构建的作用。我们可以从情感、主题、境界等角度去分析它的效果。好的化用,既能让读者心领神会其妙处和文化意蕴,同时也能营造一种浑然一体的意境,给我们品词带来许多韵味和乐趣。

环节三：布置作业,拓展学习

请运用本节课对化用的评析方法,评析下面两首词对杜牧诗句的化用。

满庭芳·山抹微云　秦观

山抹微云,天连衰草,画角声断谯门。暂停征棹,聊共引离尊。多少蓬莱旧事,空回首,烟霭纷纷。斜阳外,寒鸦万点,流水绕孤村。

销魂。当此际,香囊暗解,罗带轻分。谩赢得、青楼薄幸名存。此去何时见也,襟袖上,空惹啼痕。伤情处,高城望断,灯火已黄昏。

雨中花　贺铸

回首扬州,猖狂十载,依然一梦归来。但觉安仁愁鬓,几点尘埃。醉墨碧纱犹锁,春衫白纻新裁。认鸣珂曲里,旧日朱扉,闲闭青苔。

人非物是,半晌鸾肠易断,宝勒空回。徒怅望、碧云销散,明月徘徊。忍过阳台折柳,难凭陇驿传梅。一番桃李,迎风无语,谁是怜才板书设计：

化用　今昔对比：名都之盛——空城之悲、家国之悲、黍离之悲

　　　虚实相生：风流俊赏——深情难赋、怀古幽情

　　　手法、情感、主题、境界

（二）教学思考

语文新课标不仅推动了授课形式的改变，更引领着授课理念的变革。从"语言""思维""审美""文化"的四维目标来看，对任何一类文本的赏读，都要以语言艺术为基础，在此之上凸显审美性、文化性，同时也不能忽视思辨性。

诗词是语言的艺术、文化的载体，也是最能体现汉语之美的文体之一。诗词赏读课应该是最具文学美的课程，但在现实语文课堂中，却容易落入赏析手法的窠臼。诸如修辞手法、抒情手法等，这些手法固然是赏析诗词语言之美绕不开的点，但如果课堂赏析诗词的角度只囿于手法，可能会导致课堂生成变得单一和套路化。如何既能将手法赏析到位，又能开拓学生探索诗词之美的可能性？ 如何在赏析诗词语言之美的同时，既体现审美文化性，又给学生以思维的启迪？ 这成了我在高三语文诗词课堂中遇到的难点。

本课以《扬州慢》为例，将课堂内容聚焦词中的化用手法，旨在通过本课的设计和教法，探寻新课标下古诗词教学的新思路，以及在古诗词教学中贯彻落实核心素养四维目标的新方法。

1. 案例描述

（1）教学设计总体思路

《扬州慢》是高中统编教材《普通高中教科书　语文　选择性必修　下册》第一单元的课文，是南宋词人姜夔见到被金兵铁蹄践踏的扬州城所作，借此来抒发家国沦丧的"黍离之悲"。这首词突出的特点是五处化用诗人杜牧描绘扬州的诗句，营构出晚唐繁华绮丽的扬州与南宋颓败荒芜的扬州的鲜明对比。

本课以化用手法为切入点,针对高三学生设置了有挑战性的任务:借历代词评家对化用的争议在课堂中设置矛盾点,激发学生思辨讨论化用手法的利弊,进而探索本词情感表达的丰富空间。在这一过程中,力求实现新课标核心素养中"语言""思维""审美""文化"四维目标的统一。

(2) 教学过程

环节一:细读品词,分析化用杜牧诗句对于表达"黍离之悲"的作用。

引导学生通过细读,对比姜夔笔下的"荠麦青青""废池乔木""清角吹寒"和杜牧诗中"竹西佳处""豆蔻青楼""春风十里"等意象,探究化用在词作中"今昔对比"和"虚实结合"的双重作用。进一步引导学生思考化用的特点:不仅可化景物意象,还可将原作情感带入词境。由此读出"黍离之悲"中的复杂情感:家国情之外,还有姜夔作为一个文人对繁华散尽、文化消逝的失落哀愁。

环节二:对读词评,辨析化用对于表现"黍离之悲"的利与弊。

本环节以历代词评家对《扬州慢》的评价为课堂讨论材料。一方以王国维、刘文忠先生为代表,认为化用有弊:意境"终隔一层""削弱了严肃的爱国主义主题"。另一方以俞陛云、唐圭璋、夏承焘先生为代表,认为化用有利:"令人心倒肠回""伤今怀昔""不削弱'黍离之悲'"。学生通过小组合作方式完成学习任务:首先提炼出不同词评家做出评价的角度,其次从文本中找到印证词评的证据,最后结合词评,给出自己对化用利与弊的个性见解和理由。

此环节激发学生辩证思考化用的效果:化用语典以简驭繁,精炼表达,能让读者对其妙处和文化意蕴心领神会,而其副作用是常代入原作的情感,给营造浑然一体的词境增添了难度。

环节三:拓展思辨化用的作用,布置作业自主探究。

从《扬州慢》拓展到学生熟悉的其他古诗词中的化用现象,通过构建知识联系,让学生充分理解和探索化用手法表达效果的更多可能性,思考如何才能借化用达到王国维先生所说的"借古人之境界为我之境界"的效果。

最后布置作业,分析秦观、贺铸的诗词中对杜牧笔下扬州的化用,借此对所学知识进行综合运用。

2. 案例分析

化用是文学创作中常用的修辞手法,属于用典的一种。从教学设计来说,分析化用可以切入的角度有多种。在备课和磨课环节,我进行过如下尝试:一是知识探究法。引导学生细读文本,分析本词化用所涉及的多种语言形式:直接袭用、套用句式、杂糅数句、化用意境。二是知人论世法。通过查找杜牧和姜夔的资料,探究姜夔喜爱化用杜牧诗句的原因。三是效果赏析法。通过文本细读,赏析化用的表达效果。

经过课堂实践,上述三种设计均没有达到理想效果。究其原因,还是未能打开学生思路,让诗词赏析课拥有更多开放性与可能性。对诗词手法的赏读如果囿于"答题套路"的知识传授,或者单纯背景知识的输出,对学生来说,是没有挑战性和探索趣味的。这样的课堂会使学生丧失学习乐趣,让诗词的美感降格。

以手法赏析为中心,但课堂内容不一定囿于手法。赏析手法的效果,也不一定就是"好"的效果,也需要考虑这一手法使用的限制和条件。从教学目标来看,诗词阅读并非只能感性理解和审美鉴赏,思辨也有助于深化学生对诗词美感的认识,进而提升课堂的思维含量。基于上述思考并结合教研组老师的建议,我调整了课堂设计,获得了较好的课堂效果。下面分享几点磨课心得:

(1) 化赏析效果为辨析利弊,巧寻"思辨点"

不同的文本,语言张力和阐释空间不同。"诗无达诂",诗词的含蓄朦胧给课堂的多元解读提供了广阔的空间。本课的突破口,便是给手法的赏析找到了一个"思辨点"。

在翻阅了《姜夔资料汇编》《姜白石词笺注》《人间词话》等书之

后,我发现历代词评家对这首词的评价褒贬不一,主要聚焦化用是否"削弱爱国悲情"这一问题。不同的见解背后是不同的文学理念。刘文忠在赏析时主题先行,王国维从"境界说"的视角去观照词境,俞陛云、唐圭璋则紧扣文本分析,从情感和手法鉴赏入手思考。引导学生思考词评中的争鸣,可以打开读词的视野,还能增强学生的学习热情,综合调动文体、作者、情感、主题等读词要素,使学生对化用手法的表达效果有更丰富的认识。

这样的课堂,不仅止步于手法的赏析,在辩证思考这一手法的作用的同时,学生也在读解姜夔在这一技巧上寄托的婉转心曲。《扬州慢》不仅有南宋词作感时伤怀的共性,也有姜夔自己的个性。他终身未仕,词作清空骚雅,抒情表达含蓄委婉,更加个性化。姜夔化用杜牧诗歌,一方面杜牧笔下的扬州是经典,另一方面在于两个文人的同气相求。因此,本词借化用表达的情感,也在家国情和文人情之间摆荡。

(2) 变唯一答案为多元解读,巧设问题链

古诗词的教学,学生的感性认知是必不可少的。这个过程要充分但不能散乱,这就要求教师在学生读解过程中提供有层递性的问题链,既给学生以思考空间,又明确解读方向。本课围绕化用手法,构建了预习作业—课堂赏读—小组学习的问题链,激发学生在自主赏读和感知中碰撞出思维火花,让学生从体悟、自主探究到实现思维跃层。

预习作业问题:《扬州慢》中姜夔为什么喜欢化用杜牧诗句?

课堂赏读问题:对读姜夔和杜牧笔下的扬州城,分别有何特点?

小组学习问题:讨论化用对表现"黍离之悲"是利是弊?

关于第一个问题,学生因知识背景不同会给出个性化答案,第二个问题需要根据文本信息给出分析,第三个问题在此基础上提出思辨要求。学生的思考过程要经历寻找信息、解释与推断,然后上升到对思辨点完善而丰富的认识。上述问题没有唯一答案,目的是让学生充分探索一个问题的多个解答,一个文本的多元解读。

在具体环节,还要将问题细化。引导学生将手法赏析与文本细读、语言鉴赏、情感体会、思维拓展结合在一起。比如,在小组讨论化用利与弊的环节,我引导学生从手法本身、情感、主题、境界等具体角度去分析其效果。

教师:有小组从主题角度对化用的利与弊做了讨论吗?

学生1:我认为刘文忠的看法有问题(刘文忠:"豆蔻""青楼"多少削弱了严肃的爱国主义的主题)。这首词的主题不是爱国主义。扬州是一个富有生活气息的城市,而"豆蔻""青楼"让词境有了温度。城市的生活气息是由百姓组成的。比如,巴黎人民在德军占领后从容不迫地分发玫瑰花,何尝不是一种生活之美呢?

学生2:我不大认同上面同学的想法。其实这是一首爱国词作。张岱的《陶庵梦忆》写于明末,也写了不少对物阜民丰场景的追忆。我认为追怀丧乱不必悲愤慷慨如"国破山河在",愁也可作细流,在铺陈渲染之中将悲寓于无言之中,更添欲说还休的无奈与更深沉的恸。

教师:两位学生的讨论非常精彩,既然化用背后的情感是丰富的,那么爱国词作的表达方式也未必单一。

上述讨论环节推动了学生借助化用,进一步思考本词情感表达的丰富性问题。

将课本讲授转化为情境问题探索,将冰冷的静态知识,转变为鲜活的动态知识。学生在语文课中收获的不仅是《扬州慢》中化用手法的效果,更是一种思维品质的提升。

(3)举一反三式的课堂延展,巧结知识网

课堂拓展也是诗词手法教学中的必要环节。这个环节不必喧宾夺主,却可起到画龙点睛的作用。其一,培养学生举一反三的能力,将所学知识快速运用到新的情境中。本课拓展的方式引导学生跳出《扬州慢》,对化用进行深度思考。我给学生三组例子:首先,借"黄庭坚夺白居易诗"现象(《谪居黔南十首》化用白居易《寄行简》)讨论"化用之弊"。其次,由谢朓在《之宣城郡出新林浦向板桥》中"天际识归舟"一句被后代文人多次化用的现象,讨论化用的经典化过程。最后,通过"天若有情天亦老,人间正道是沧桑"(毛泽东《七律·人民解放军占领南京》)对"衰兰送客咸阳道,天若有情天亦老"(李贺《金铜仙人辞汉歌》)的化用,思考化用在词意和情感上的创新。

其二,构建知识网络,引导学生将本课所学与已有知识建立联系,将一首词的赏读和思辨方法扩展到阅读同类文本中。知识网络的构建我没有放在课堂上去展开,而是在布置课后作业时体现出来的。本节课的作业是:运用本节课分析化用的角度和方法,评析秦观《满庭芳·山抹微云》和贺铸的词《雨中花》对于杜牧诗句的化用。同样是词,同样化用杜牧笔下的扬州诗句,化用的语言形式不同、情感不同、主题不同,效果也不尽相同。在思考过程中,学生可以对本课所学知识进行综合运用。

王国维先生在《人间词话》(删稿)中提到:"最工之文学,非徒善创,亦且善因。"[1]本节课也受此启发,用到的赏析词句的方法仍然依托于过去诗词赏读的经验,并将其化用到课堂中。利用思辨点将其激活,调动学生主动探究的热情,便能让这一化用凸显新意。新课标下的诗词赏读课堂,也要力求转化,从知识型理解型的阅读转化为"一种建构性的阅读,帮助学生精神建构、文化建构以及语言建构"。[2](本文部分内容发表于《现代教学》杂志 2020 年9 月刊)

执笔人:上海市上海中学语文教师柳怡汀

---

①　王国维.人间词话译注[M].湖南:岳麓书社,2008:351.

②　余党绪.我的阅读教学改进之道:思辨性阅读[J].语文教学通讯,2014(28)·7.

【专家点评要点】

柳老师的《扬州慢》一课抓住了化用这一典型手法,但不囿于单纯分析手法,而是巧借历代词评对化用手法的争鸣,引导学生思辨化用效果的利与弊。在以学生为主导的课堂中,激发学生主动思考,不拘泥于给出唯一的答案,使学生在讨论中更为深入地理解词人的创作。在品味杜牧笔下的扬州与姜夔笔下的扬州的古今对话中,掌握赏析化用手法及品鉴词境之美的阅读方法。

这一节课语言优美,课堂气氛热烈,教学设计体现了新课标的理念,对思辨性阅读如何在文学类文本的教学中展开做了较好的尝试。

上海市上海中学语文教研组长、语文高级教师刘晓惠

十一、《改造我们的学习》教学设计与教学思考

执教人：徐承志老师	新课程、新教材内容	高中统编教材《普通高中教科书 语文 选择性必修 中册》第一单元第二课《改造我们的学习》。此教材 2020 年 6 月出版，教学内容为第 7～12 页。	
教学课时：第 1 课时	教学时间：2020 年 11 月 19 日		教学对象：高二(6)班

（一）教学设计

【教学目标】

1. 赏析文章的思想、结构、内容和语言。

2. 以《改造我们的学习》为范本，探析演讲稿评价需要考量的要素。

【教学重点】

1. 指导学生掌握演讲稿评价的要素。

2. 引导学生体味本文特色鲜明的语言风格。

【教学难点】

把握演讲稿评价各个要素之间的关系。

【教学过程】

1. 导入：设置情境，发布任务

导语：高一时我们学过毛泽东的词《沁园春·长沙》，"恰同学少

年,风华正茂",描述的正是你们这样青春昂扬的年华。最近,学校《纵横》校刊打算组织一次以"这才是学生们心中最好的演讲稿"为主题的评选活动。为了让学生们更加客观、全面地进行投票,需要准备一份相对科学的评分量表,特邀学生们作为顾问,参与量表的制订。

联系演讲稿的文体外在要素,评析本文的思想、结构、内容等内在要素。

2. 分组讨论:分享评分角度和理由,对评分角度进行整合提炼

提问:某某学生,你们小组从哪几个角度进行评分呢?(教师对学生的回答进行提炼。)

小结:

下面我们对学生们给出的评分角度进行归并,各小组都提到了诸如思想、结构(思路)、内容、语言、情感、素材、感染性等角度,大家都关注到的角度主要集中在思想、结构、语言上。下面我们先谈谈这篇文章的思想性。

3. 预习作业反馈并提问

小结:我很赞同以上学生们的看法。一篇思想深刻的讲话稿,应该既有现实意义,又具备历史影响,还能兼有哲学高度。

提问:某某学生,刚刚几位学生从现实意义、历史影响、哲学高度等角度评析了本文的思想性,你觉得对一篇讲话稿来说,首先需要考虑哪个角度?

小结:作为对党内干部进行学习作风整治的讲话,首要考虑的,便是能否具有现实的针对性。

我们一起看 PPT,了解一下当时的情况。首先,经过长征后,党内部分干部理论素养不够高,于是党内开展了轰轰烈烈的马克思主义理论学习,但是正如胡乔木回忆的一样,存在理论脱离实际的倾向。其次,王明等人一再以共产国际在华联络人自居,借助共产国际的威势,宣扬诸如"教条主义""经验主义"等罔顾中国实际情况的错误的观点和做法,严重动摇党内思想的统一。因而,用文中的话来说,这篇演讲稿是"有的放矢",对于党内现实问题,有着非常强烈的针对性。

　　提问:相对于一般的议论文,本文作为一篇讲话稿,在思路上更应当考虑什么要素?

　　小结:

　　我们都有听演讲的经验,作为听众,我们没办法像阅读一样反复咀嚼,因而撰写讲话稿的思路应符合常人认识问题的过程,才能有利于听众的接受。这篇文章的思路,很符合我们日常生活讨论问题的基本思维逻辑,那就是提出问题(是什么)、分析问题(为什么)、解决问题(怎么办)。

　　提问:在预习阐述打分理由时,有学生提到文章冗长繁琐,理论太多,你怎么看待这个问题呢?

　　小结:对象是党内宣传干部,从事的是马克思主义理论宣传工作。"钦差大臣""言必称希腊"实有其人,在座的干部们都能明白,意有所指,每个点都有针对性(结合 PPT 内容)。"重要的事情说三遍",演讲是"听"的,不是"看"的,没法回顾,印象深刻。

　　4. 通过语段赏读,评析本文语言的对象性、场合性、目的性等外在因素

　　朱光潜在《谈美》中指出:"比如说做诗文,语言就是媒介。"这种媒介要恰能传出情思,不可任意乱用。

　　(1)朗诵并提问:请学生朗诵 PPT 中的这段选文。

　　这两种人都凭主观判断,忽视客观实际事物的存在,或作讲演,则甲乙丙丁、一二三四地罗列一大串,或作文章,则夸夸其谈地写一大篇。无实事求是之意,有哗众取宠之心。华而不实,脆而不坚。自以为是,老子天下第一,"钦差大臣"满天飞。这就是我们队伍中若干同志的作风。这种作风,拿了律己,则害了自己;拿了教人,则害了别人;拿了指导革命,则害了革命。总之,这种反科学的、反马克思列宁主义的主观主义的方法,是共产党的大敌,是工人阶级的大敌,是人民的大敌,是民族的大敌,是党性不纯的一种表现。

（2）提问：你来说说这段文字呈现的特点，你是如何读出这些特点的呢？（提问朗诵学生。）

（3）我对上面这段文字进行了精简且书面化改写，大家谈谈看，这个改写是否合适。

这两类同志，都忽视了客观实际的存在。他们在写作和演讲时，缺乏实事求是的态度，都自以为是地忽略客观情况。这样的作风，会危害自己，也会危害党和人民。（改写）

小结：总结这段文字特点（生动、严肃活泼、冗长），并指出语言赏析常见角度。

字词运用：俗语和成语混用、口语和书面语混用（自由灵活、严肃活泼、朴实生动、讽刺强烈）。

句式特征：散整结合（有气势又富于变化、避免单调）、长句（周密谨严）、短句（气势）。

修辞手法：排比（强调、气势）、比喻（形象生动）引用。

"麻雀虽小，五脏俱全"，这段文字很有代表性，通过对这段文字的解析，我们课后可以联系全文的语言，再进行全面解读。

提问：

文章中还有类似表达吗？请找找看。

你觉得这篇文章为什么在语言上会呈现这些特点？（引导学生思考这篇文章的写作场合、写作对象、写作目的、作者气质。）

对象：党内宣传干部，所以需要理论性的话语，但是党内干部文化层次都不算太高。

场合：展示亲民随和的党内会议图片。

目的：教育，不是单纯批评，而是惩前毖后，治病救人。

小结：

演讲稿的写作，既要考虑文本内容、语言等内在要素，也要考虑文体特点等外在要素，尤其是语言选择更应考虑。

演讲稿写作语言运用需要考量的要素（文体特征）：演讲者的

身份、意图(党的领导核心、整肃风气),演讲对象的特点、需求(党内干部、统一思想),演讲的场合、时代背景(抗日战争的关键期,党内中层宣传干部会议)。

5. 回归情境任务,探讨演讲稿评分各要素的比例

(1) 小结并组织讨论。

经过讨论,我们已经了解到,一篇演讲稿的成功与否,既与文本内容、语言等内部要素相关,还受到语言环境、对象等外部要素的制约。最后,还有一个困惑,请学生们讨论。如果要制订评分量表,这些要素分数的比例如何分配呢? 请阐述你的理由?

(2) 提问:请说说看,你认为各因素比例如何分配,理由是什么?

(3) 小结:其实,这个问题我也给不出答案,这是一个"仁者见仁,智者见智"的问题。当然,重要的不是给出统一的标准,而是让学生做到理性思考分析问题。

6. 布置课后作业:完成评分量表

(二)教学思考

《普通高中语文课程标准(2017 年版)》,以"学习任务群"为导向对语文教学进行了全新的理念规划。2019 年 9 月,最新版统编本语文教材也开始在上海作为高中教材使用。新的统编本教材,在每个单元中都给出了单元学习任务提示。虽然新教材中每个单元最终能匹配到相应的任务群,但是教材依然是通过主题整合成单元的,每个单元又是由多个单篇文章(学习素材)组合而成的。如何处理好单篇文章教学和单元任务群的关系,成了横亘在教师面前的当务之急。本文试图以《改造我们的学习》公开课教学为范例,分析如何在任务群视域下开展单篇教学。

【案例描述】

《改造我们的学习》这篇文章有几个鲜明特点:

首先,这篇文章如果从任务群角度划归,从内容属性而言,可以划归入"中国革命传统作品研习"任务群,从文体属性而言,则可划归入"实用性阅读与交流"任务群中。

其次,从学情角度来看,这篇文章写于 1941 年,写作的时代距今较为久远,文章涉及的内容,与当今社会有着明显的疏远感,学生在学习过程中缺乏现实认同。

另外,作为延安整风运动时期最为重要的三篇讲话稿之一,这篇文章信息容量很大,又有着较为复杂的历史背景,如何从丰富的内容中选择合适的教学方向并不容易。

考虑到这篇文章的特点,在上公开课前,我先确定的问题是,将这篇文章侧重点放在文章内容还是文本属性。然而无论作出哪种选择都略显片面。经过反复思考和多次试讲,我将授课的重点放在本文的文体属性上,并且通过任务群的设计,将文本内容巧妙地融入其中,实现两者有机结合。

由于本次公开课是我校"中青年教师教学大赛"系列课程中的一节,我校在教学上一直秉持"高立意、高思辨、高互动"的理念主张,这一教学理念,和任务群视域下的教学在表述上虽然不同,但是内涵是共通的。如何通过本节公开课,呈现两者的共通性,也需要细加思量。

最后,作为一篇在革命史上有着重要意义的文章,为了能更全面、客观地对文章进行把握,我查阅了诸如《毛泽东选集》《胡乔木回忆延安整风运动》《苦难辉煌》等文献,从文史两方面进行"补课",从而实现了对这篇文章更准确的把握,为后续授课奠定了知识储备基础。

【案例分析】

1. 设置情境,以任务驱动预习

本文在课前预习环节,我一改常见的预习方式,提前设置情境并发布任务:

考虑到学生经常接触演讲活动,学校《纵横》校刊准备组织一次以"这才是学生们心中最好的演讲稿"为主题的评选活动。校刊主编为了让学生更加客观、全面地进行投选,打算为学生准备一份相对科学的评分量表,特邀你作为顾问,参与量表的制订。

在任务群视域下,预习不应仅停留在单调的文本阅读上,而应以发布任务的方式,驱动学生进行自主、合作、探究式学习。

首先,设置情境,发布学习任务,教师考虑设置的情境是否真实有效,发布的学习任务是否真的是学生们常面临的问题,是否真的能激起学生的学习兴趣。新课标主编,北京师范大学王宁教授曾经这样界定"真实"情境:"所谓'真实',指的是这种语境对学生而言是真实的,是他们在继续学习和今后生活中能够遇到的,也就是能引起他们联想,启发他们往下思考,从而在这个思考过程中获得需要的方法,积累必要的资源,丰富语言文字运用的经验。"思考良久,我最终抓住本文"演讲稿"这一文体属性,将其置于"实用性阅读与交流"任务群中,联系学生常常参加演讲比赛,听演讲的生活实际,发布了演讲稿评分量表这一具体任务。

其次,在发布学习任务时,我们一定要处理好课文与学习任务的关系,虽然课文应当更多地充当学习的素材,但并不表示预习就可以脱离文本,如何将学生对文本的细读和学习任务进行有效关联,将细读文本作为完成任务的重要条件,应当是教师在设置情境发布任务时,最需考虑的问题。要解决这个问题,最终还是要回归到预习作业内容的设计中。为了使学生紧扣文本,我设置了三个预习问题:

（1）梳理文章的行文思路。

（2）请评价本文的核心观点"理论联系实际"。

（3）如果请你为这篇演讲稿进行评分,满分 100 分,你会打几分? 你会从哪几个角度进行评分? 各角度分值各为多少? 请阐述你的评分理由。

在这三个问题中,问题（3）是核心问题,可以理解成一个大情境下的小任务,为了完成这个任务,学生首先需要自主思考探索演讲稿评价的相关角度,然后认真对本文进行细读,给出自己的分数和打分理由。问题（1）主要引导学生对文章整体内容进行把握,问题

（2）则提示学生思考从"思想性"角度进行评分时应当具备哪些依据。三个预习问题相互关联，围绕学习任务设置，而任务的完成，又得依靠学生对文本的深入解读才能实现。

2. 师生联动，营造启发式、合作型课堂

在任务群视域下，课堂教学应当视作是预习的延续，预习中设置的学习任务，在课堂中可以采取师生联动的方式，共同合作，优化学习任务完成方案。在任务群视域下，学生是完成任务的主体，任务的完成应当给学生足够的自主性，课堂中教师更应充当引导者的角色，以合作者的身份参与学生对学习任务的完成过程中，给学生提供方向和方法的启发，师生联动，营造启发式、合作型课堂。

为了更好地营造启发式课堂氛围，教师要慎重对待教学环节的设置。教学环节设置需要考虑以下几个方面：

首先，一堂课中教学环节的数量要严格控制，不宜过少，也不要过多。在《改造我们的学习》一课中，我在教学中安排了如下几个教学环节：

（1）导入：设置情境，发布任务。

（2）联系演讲稿的文体外在要素，评析本文的思想、结构、内容等内在要素。

（3）通过语段赏读，评析本文语言的对象性、场合性、目的性等外在因素。

（4）回归情境任务，探讨演讲稿评分各要素的比例。

在备课之初，我最初设置的教学环节过多，在试讲过程中出现时间不足，节奏过于仓促的问题。后来经过几次调整，最终将课堂教学环节定为以上四个。

其次，在设置教学环节时，教师还应当考虑各个教学环节与学习任务的关系。教学环节的设置，绝不能脱离学习任务，所有教学环节的设计都应当为完成任务服务，否则"任务群"这一理念，只会成为空中楼阁。在这个过程中，如何确立合适的学习任务,是衡量一堂课是否具备"高立意"的重要因素。在《改造我们的学习》教学环节中,环节(1)是导入部分;环节(2)启发学生明晰在制订演讲稿评分量表时,首先需要考虑文本要素;环节(3)启发学生关注文体要素对演讲稿评分同样具有重要价值;环节(4)则是在前两个环节的基础上,引导学生探索演讲稿评分各个要素之间的比例关系。这些教学环节的设计,全部围绕"制订演讲稿评分量表"这一学习任务设置。

在教学环节紧密围绕学习任务开展的同时,必须将教学落实到文本上,在完成学习任务的过程中,把文本作为学习资源,通过对文本进行深入而具有思辨性的解读,提高学生的语文核心素养。《普通高中语文课程标准(2017年版2020年修订)》,将语文学科的核心素养从以下四个角度进行了概述:语言建构与运用、思维发展与提升、审美鉴赏与创造、文化传承与理解。教师在启发学生完成学习任务的过程中,要着力提高学生的语文学科核心素养。

教学环节	联系演讲稿的文体外在要素,评析本文的思想、结构、内容等内在要素。	通过语段赏读,评析本文语言的对象性、场合性、目的性等外在因素。	回归情境任务,探讨演讲稿评分各要素比例。
环节简述	1. 提问:你们小组从哪几个角度进行评分呢? 2. 归并角度并小结。 3. 分享预习作业,并对如何评析"思想性"进行点题。 4. 结合预习作业提问:本文思路的特点及其成因分析。 5. 对本文思想、思路不同意见进行讨论。	1. 朗诵选文后提问:这段文字呈现哪些特点?如何读出这些特点? 2. 结合预习作业进行替换朗诵,并分析替换是否合适。 3. 小结选文语言特点并分析形成原因。	讨论演讲稿评分各因素比例如何分配,并阐述理由。

（续表）

核心素养	审美鉴赏与创造	语言建构与运用	思维发展与提升
学习任务	1. 演讲稿评分角度有哪些？ 2. 演讲稿相关角度的评价如何开展？	演讲稿相关角度的评价如何开展？	演讲稿各个角度之间的比例关系分配。

注：环节(1)导入部分省略。

如上表所示，我在《改造我们的学习》教学过程中，三个核心教学环节在围绕学习任务进行设计的同时，具体教学环节的展开力求落实语文教学的核心素养。教学环节(1)中，对学生预习中的评分角度进行归并后，着重就本文的"思想性"和"逻辑性"进行讨论，教师在这个过程中，通过补充相关的材料，引导启发学生去理性地评价一篇演讲稿的思想水平和思维逻辑，在这个过程中，学生审美鉴赏能力得到了提高。教学环节(2)中，我通过安排学生替换朗诵，引导学生进行语言赏析，在赏析本文语言特点的同时，培养学生语言建构与运用能力。教学环节(3)中，我紧扣"高思辨"理念，设置了一个开放性讨论，虽然我和学生不能就这一问题给出标准答案，但是讨论和分享思路的过程，已经有助于实现"思维提升"这一目标。王宁教授对学习任务群和核心素养的关系有着精彩论述："要保证学生自主学习的有效性，活动一定是语文活动，落脚点一定要在语言文字上，也就是说，最后要回到语文素养上。"由此可见，学习任务群的提出，还是要回归培养学生的语文素养上来。①

最后，教学环节要真正实现"学生是学习的主体"，把以教为主

———————

① 王宁.语文学习任务群的"是"与"非"——北京师范大学王宁教授访谈［J］.语文建设,2019(2)：45-46.

转换为以学为主,构建"自主、合作、探究"的学习方式。我在《改造我们的学习》教学过程中,将大部分课堂时间留给了学生进行学习,同时按小组的方式布置课堂,并且大胆撤去了讲台,力图营造合作型课堂。教师以合作者的身份,参与完成学习任务的过程中,唯一与学生不同的是,教师既是参与者,也是启发者、引导者。只有实现这样的身份转换,才有可能真正激发学生学习主体的潜能,真正实现课堂的有效"高互动",实现以任务驱动学生学习的初衷。

3. 贯穿首尾,以课后作业继续升华学习任务

在任务群视域下,学习任务应当被视作贯穿预习、课堂、课后作业全环节的驱动。预习作业重在通过发布学习任务的方式,驱动学生自主学习;课堂教学则重在针对学生在预习中提出的学习任务解决方案,教师进行启发引导,使学生在课堂中,对方案进行完善;课后练习则应当在课堂和预习的基础上,继续发挥学生的自主性,通过作业的方式,进一步驱动学生主动去对任务解决方案进行再升级,并且在这个过程中,总结出经验,培养语文核心素养。课后作业是请学生制订一份完整的演讲稿评分量表,并对量表设计进行阐释。通过这份作业,和预习、课堂形成完整的任务链。[①]

【小结】

任务群视域下的单篇教学,与我校"高立意、高思辨、高互动"的教学理念高度契合。做到"高立意"有助于学生产生自主学习的兴趣,强调"高互动"能切实使学生转变为课堂的主体,注重"高思辨"则更有利于培养学生的语文学科核心素养。新课标虽然提出了"任务群"这一全新的理念,但是这并不意味着一切都要推倒重来,相反,殊途同归或许才是更好的选择!

执笔人：上海市上海中学语文教师徐承志

---

① 王宁,巢宗祺.《普通高中语文课程标准(2017 年版)》解读[M].北京：高等教育出版社,2018.

【专家点评要点】

徐老师的这堂课,整体构建很不错。他巧妙地将真实的情境引入课堂,在情境中引导学生自主地解决问题,真正落实了"学生是课堂的主体"这一理念。徐老师的课,以任务为导向,以量表制订串联起整堂课,流畅自然,很有想法。这节课的切入点非常巧妙,过去我们更多地关注《改造我们的学习》一文的思想意义,徐老师别出心裁地从演讲稿这一大类入手,将本文作为范本"解剖麻雀",很有启发!这节课还有一个特点很值得关注,徐老师是一位善于调动学生的老师,他课上的提问和引导非常适切,这是见真功夫的,需要长久的教学积累、充分的备课和知识储备才能做到。

上海市教育委员会教学研究室语文教研员范飚

上海市徐汇区语文教研员上官树红

上海市上海中学党委副书记、正高级教师樊新强

上海市上海中学调研与评估委员会委员王家祥

十二、"媒介信息辨识中的思维方法"教学设计与教学思考

执教人：俞诸亮老师	新课程、新教材内容	高中统编教材《普通高中教科书　语文　选择性必修　上册》第四单元《逻辑的力量》学习活动三"采用合理的论证方法"的相关内容。此教材 2020 年出版，教学内容为第 85～88 页
教学课时：第 1 课时	教学时间：2020 年 10 月 22 日	教学对象：高二(6)班

（一）教学设计

【教学目标】

1. 运用辨识媒介信息的逻辑方法，提升媒介信息评判能力。

2. 运用逻辑工具，解决信息表达中的问题。

【教学重难点】

重点："虚拟论敌"的引入在论证评估中的作用。

难点：论证过程中"隐含前提"这一要素，对于评估论证的重要意义。

【教学过程】

1. 导入

回顾 2019 统编版高中教材《普通高中教科书　语文　选择性

必修 上册》第四单元《逻辑的力量》相关内容,明确本课学习重点:媒介信息的辨识,关键在于评估论证的有效性。

2. 结合非形式逻辑经典理论"图尔敏论证评估六要素",探讨预习作业中,作者论证观点的过程是否有效。明确:"隐含前提"的重要性。

3. 借助"评估六要素"理论,对媒介信息"默瑟混乱"进行论证过程评估,并在此基础上自主设计更好的论证方案。

4. 明确"对手观点"在评估论证中的重要性,理解"隐含前提"背后的媒介信息立场。

5. 小结

6. 作业布置

请结合课堂所学,完善方案,完成改写,使媒介信息更具公信力。

学 习 单

请学生分小组,阅读下面这则媒介信息后,完成课堂活动。

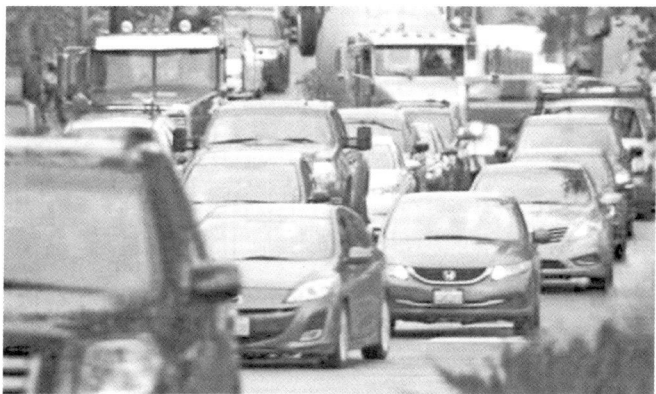

图1 西雅图的汽车在默瑟大街的交通大拥堵中爬行
(图片来源:西雅图科莫新闻)

耗费 7 400 万美元之后,"默瑟混乱"快了 2 秒

西雅图,两秒钟花费了 7 400 万美元。

这笔钱是为了改善默瑟大街(Mercer Street)的交通混乱状况

而拨出的。车道有所增加。信号容量也得到了改善。现在,使用其应用程序追踪司机的 GPS 导航服务提供商通腾(TomTom)表示:在默瑟大街改建工程进行之前,早上通勤高峰期间,车辆通过这条路的平均时间为 7 分 50 秒。

现在,通过默瑟大街的行进时间是 7 分 48 秒。是的,你没看错,减少了 2 秒。

总部设在柯克兰的旅行数据分析公司因里克斯(INRIX),同样拥有使用 GPS 跟踪器的用户,并进行数据分析。因里克斯公司发现,与 2014 年 9 月相比,车辆在 2016 年 9 月通过默瑟大街的时间慢了 45 秒。

当然,汽车更多了。这条公路平均每天比两年前多出 3 万辆车。

对于从埃利奥特大道(Elliott Ave),经由默瑟大街到 1—5 号州际公路的东行通勤者来说,有更多的坏消息。2014 年,埃利奥特大道和 1—5 号州际公路之间的高峰通行时间刚刚超过 7 分钟,而 2016 年这条公路的高峰通行时间几乎为 9 分钟。

将 2014 年 9 月和 2016 年 9 月在默瑟大街上的行进时间进行比较,2016 年 9 月花费的时间比 2014 年 9 月多 45 秒。2015 年的通行时间比 2014 或 2016 年都要糟糕,高峰时间出行,可能会在这条公路上花费近 10 分钟。

① 请你借助表格工具,评估这则新闻的论证过程,填在下方的空白处。

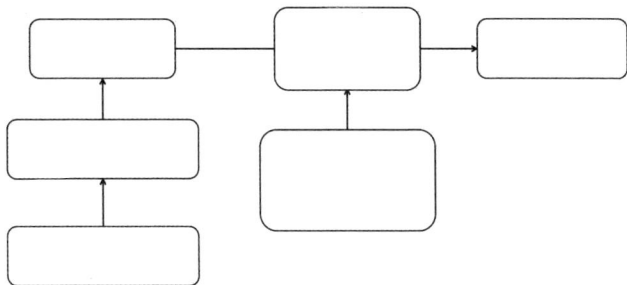

图 2

② 设计一个比原新闻更完善的论证方案。

（注：新方案中"根据""理由""支撑"，也可以是你预估有可能会发生的情况，未必一定需要证实。）

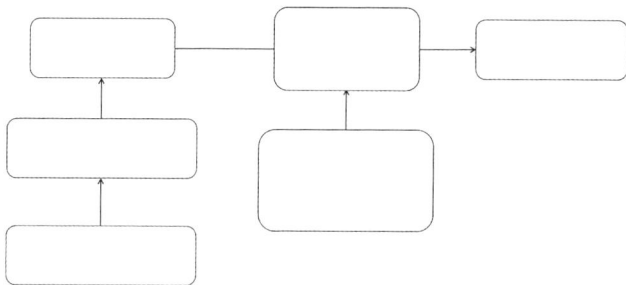

图 3

（二）教学思考

这节课在设计过程中，我参照《普通高中语文课程标准（2017年版 2020 年修订）》，教学过程涉及两项核心素养：一是"语言建构与运用"，即在具体语言情境中，正确有效地运用语言文字进行沟通交流的能力；二是"思维发展与提升"。通过语言运用，获得逻辑思维，辩证思维的发展，促进深刻性、批判性等思维品质的提升。

涉及的课程内容，即学习任务群，主要有"当代文化参与""跨媒介阅读与交流""思辨性阅读与表达""实用性阅读与交流"。其中，"跨媒介阅读与交流"涉及必修，必选和选修三种类型的课程结构。本节课定位为"跨媒介阅读与交流"的选修课程，由教师自主选择教学内容进行课程设计。

设计时，经过考虑，将统编高中教材《普通高中教科书 语文 必修 下册》第四单元《信息时代的语文生活》和《普通高中教科书 语文 选择性必修 上册》第四单元《逻辑的力量》两个单元相结合。之所以做这样的考虑，是出于两个原因：第一，这两个单元都属于活动单元，从单元类型的角度说有相似的地方；第二，这两个单元的单元目标之间有可以衔接的内容。

《信息时代的语文生活》的单元目标包括：了解辨识媒介信息的基本知识、方法，将其运用于生活中，提升思维能力。就这个单元目标的情况来看，因为很多媒介信息背后的观点，涉及的并不只是简单的"真"和"假"的二元对立，而是存在"部分为真"的中间状态。所以，有必要教会学生一些逻辑的方法，对这一类媒介信息的观点进行辨识，对其论证的有效性进行评估。

这一类信息的辨识所涉及的逻辑知识和方法，主要在《普通高中教科书　语文　选择性必修　上册》的第四单元《逻辑的力量》中有所涉及。从这个单元的单元导语来看，每天我们都会接触到海量信息，懂一点逻辑，可以更好地辨识信息，把握事实真相。这似乎也暗示了两个单元上下承接的关系。《普通高中教科书　语文　选择性必修　上册》第四单元有两个单元目标：在辨析逻辑谬误时形成负责任、重证据、会质疑、讲道理的理性态度；在探究论证方法时，敢于用逻辑的工具来解决语言交流中的问题。我将这两项作为设定教学目标时的重要参考。

从教学形态上来说，我主要采取两种手段。一是线上线下相结合的混合式教学，二是设计课堂任务，创设具体情境，让学生从一则跨媒介新闻中，利用英国哲学家图尔敏"论证评估六要素"作为思维支架，来寻找其中的问题。

从课堂小组活动情况看，学生能实时利用互联网搜索需要的相关信息，借助非形式逻辑经典理论"图尔敏论证评估六要素"，反思"耗费 7 400 万美元之后，'默瑟混乱'快了 2 秒"这则新闻的论证过程，并得出相应的结论。

从课堂整个过程完成的情况来看，如果学生完成课堂任务的时间更充分一些，讨论更深入一些，借助互联网搜索相关信息的时间更久一些，那么对这则新闻的反思更为全面，也能得出质量更高的结论。这对课堂每个教学环节的设计都提出了更高的要求，也是我今后努力的方向。

执笔人：上海市上海中学语文教师俞诸亮

【专家点评要点】

在教学内容上，这节课创造性地将统编教材《普通高中教科书　语文　必修　下册》第四单元《信息时代的语文生活》和《普通高中教科书　语文　选择性必修　上册》第四单元《逻辑的力量》两个活动单元相结合，从教学内容选择角度分析可以说是眼光独到。

本节课的教学目标，在于教会学生如何以非形式逻辑的经典理论，对媒介信息的观点进行论证评估，辨识其立场。在课堂上创设情境，以真实的跨媒介信息作为典型案例，要求学生完成课堂学习任务，利用英国哲学家图尔敏"论证评估六要素"，完成对媒介信息的论证有效性评估。经典理论对课堂任务的完成，起到思维支架的作用，让学生在课堂上评估媒介信息的论证过程时，有了理论的武器，不再无的放矢。

在教学方法上，进行学习任务驱动下的线上线下混合式教学，学生利用互联网实时搜寻所需的信息，并在课堂上即时呈现小组合作的成果。学生得出的结论有一定的价值和深度。

从整节课来看，教学目标的设置，教学内容的设定，教学手段的选择，都较为新颖，体现"信息时代的语文生活"之时代特色。

上海市徐汇区教育学院语文教研员上官树红

十三、《复活(节选)》教学设计与教学思考

执教人：周佳老师	新课程、新教材内容	高中统编教材《普通高中教科书　语文选择性必修　上册》第三单元第九课《复活(节选)》。此教材 2020 年出版,教学内容为第 65～70 页。	
教学课时：2 课时	教学时间：2021 年 12 月 2 日		教学对象：高二(2)班

(一)教学设计

【教学目标】

1. 结合语言、心理、细节描写,分析玛丝洛娃和聂赫留朵夫的形象;

2. 分析导致聂赫留朵夫心灵转变的复杂因素;

3. 在比较阅读中分析选文作为聂赫留朵夫心灵转变关键时刻的具体原因;

4. 分析《复活》丰富而深刻的内涵,体会创作者在人物身上寄寓的人性理想。

【教学重难点】

1. 教学重点:分析导致聂赫留朵夫心灵转变的复杂因素;分析《复活》丰富而深刻的内涵。

2. 教学难点：分析选文作为聂赫留朵夫心灵转变关键时刻的具体原因；联系全书或其他作品分析《复活》的内涵。

【教学过程】

第一课时

1. 课堂导入

《复活(节选)》中，玛丝洛娃虽然走出过铁栅栏，但是又走了回去，更别说离开监狱了；聂赫留朵夫虽然开口认罪但没有得到原谅，更别说开始赎罪了。由此看来，这次狱中会面，主人公们好像在原地打转，并没有什么改变。那么，《复活(节选)》真的是主人公心灵转变的关键时刻吗？

2. 心灵转变的表现和原因

(1) 小组交流学历案中有关聂赫留朵夫心灵转变的观点和依据，请2～3个小组进行汇报，其他小组记录、思考、完善，发现新问题、解决新问题。

【预设】

a. 音调变化：表现聂赫留朵夫的赎罪态度从犹豫变为坚定。

b. 激动的泪水：聂赫留朵夫为自己敢于认罪而感动。

c. 心理描写："上帝呀！你帮助我，教教我该怎么办！""这个女人已经丧失生命了。"以前亲切可爱的玛丝洛娃如今变得妖媚世俗，在要钱和请律师的事情上利用聂赫留朵夫，使聂赫留朵夫内心产生动摇。

d. 人称变化、内心剖析：聂赫留朵夫再次坚定自己的赎罪态度。

(2) 教师追问：情绪变化是心灵的变化吗？昭示心灵变化的表现应该是什么？

【理答】结合神态、语言、心理，说明聂赫留朵夫的心理转变表现为：前期，聂赫留朵夫的"复活"只是为了自己感到心安，是自私的；后期，聂赫留朵夫的"复活"是为了帮助玛丝洛娃走出迷雾，恢复本性，是无私的。

【小结】聂赫留朵夫心灵转变受到内力影响,如真情和理想,成为"复活"的基础;受到外力影响,如玛丝洛娃的冷淡,成为"复活"的契机。玛丝洛娃的心理转变表现为:认出聂赫留朵夫后,对其有过热望。但因聂赫留朵夫难以理解玛丝洛娃经历过的残酷,难以站在她的立场上帮她解除痛苦,使热望迅速转为失望。玛丝洛娃只能借助堕落生活的迷雾掩盖生命的本色,彻底绝望。

3. 关键时刻的依据和意义

（1）小组比较:原书中有哪些语段也在刻画聂赫留朵夫的心灵转变? 与选文又有何异同?

【预设】"'你不是尝试过修身,希望变得高尚些,但毫无结果吗?'魔鬼在他心里说。'那又何必再试呢? 又不是光你一个人这样,人人都是这样的,生活就是这样的,'魔鬼那么说。但是,那个自由的精神的人已经在聂赫留朵夫身上觉醒了,他是真实、强大而永恒的。聂赫留朵夫不能不相信他。不管他所过的生活同他的理想之间差距有多大,对一个精神觉醒的人来说,什么事情都是办得到的。……他对自己说这些话的时候,眼睛里饱含着泪水,有好的泪水,又有坏的泪水。好的泪水是由于这些年来沉睡在他心里的精神的人终于觉醒了;坏的泪水是由于他自怜自爱,自以为有什么美德。"课文选段和书中这个选段虽然都有"魔鬼",但是"魔鬼"的建议不同,此处要求不用再试,课文中要求给予钱财;另外流泪都带有自我感动的成分,课文中却更倾向认罪的激动。

（2）教师追问:"那年夏天他到姑妈家去,正好是第一次做这样的事。这次觉醒使他生气蓬勃、精神奋发,而且持续了相当久。后来,在战争时期,他辞去文职,参加军队,甘愿以身殉国,也有过一次这样的觉醒。但不久灵魂里又积满了污垢。后来还有过一次觉醒,那是他辞去军职,出国学画的时候。"聂赫留朵夫有过很多次灵魂的净化,为何选文才是他心灵转变的关键时刻? 为何狱中对话才是他"复活"路上的重要一步?

【理答】a. 思想的改变：选文片段是他首次向玛丝洛娃当面认罪，且反而因玛丝洛娃的冷淡产生精神上的变化：聂赫留朵夫原是一个"兽性"的人，他所寻求的仅仅是他本人的幸福，为此不惜牺牲世界上一切人的幸福。经过这次内心的动摇，他终于成为一个"精神"的人，他所寻求的是对别人也是幸福的那种幸福。

b. 行动的改变，以前聂赫留朵夫"扫除灵魂"的行动只是逃避，现在开始真正为玛丝洛娃奔波，为农民放弃自己的土地继承权。

4. 课堂总结

在托尔斯泰笔下，聂赫留朵夫和玛丝洛娃的心理发展既有动态性，又有复杂性。聂赫留朵夫本沉湎于贵族生活，玛丝洛娃本堕落在媚俗场所，心灵都如一片死寂的湖面。小说中两人在庭审重遇，课文中两人在监狱对话，对方的出现都像一块石头，掉了下来，使湖面产生剧烈变化。经历多次波动，男女主人公或快或慢地完成精神"复活"。

5. 课堂板书

复活(节选)

列夫·托尔斯泰

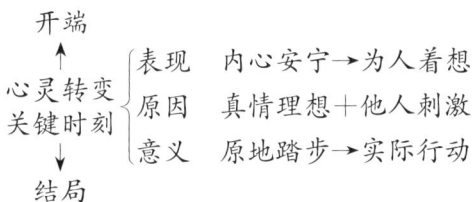

```
          开端
           ↑
          ┌ 表现  内心安宁→为人着想
  心灵转变 ┤ 原因  真情理想＋他人刺激
  关键时刻 └ 意义  原地踏步→实际行动
           ↓
          结局
```

6. 课后作业

小组合作完成学历案第二课时任务，选择议题展开讨论：为什么托尔斯泰要将玛丝洛娃作为开篇人物？或：为什么玛丝洛娃没有和聂赫留朵夫结婚，要与西蒙松结婚？组内分工，记录分析过程（角度、重点、争议等）、分析依据（课文、全书、参考资料等），进行总结，其他组别在留言板上写佐证或质疑。

第二课时

1. 课堂导入

（1）用链式反应观照、复习上节课主要内容：聂赫留朵夫心灵转变的关键时刻。留下思考：经历多次波动，男女主人公或快或慢地完成精神"复活"，而涟漪的扩散，昭示着什么呢？

（2）呈现本节课的两个议题：托尔斯泰对开头和结尾的改动；分发并解读小组合作的课堂记录单，重点关注他组汇报的角度、重点、依据、结论等，及时补充本组的想法和疑惑。

2. 议题一：改变开篇人物的意义

（1）议题描述：托尔斯泰花十年时间完成《复活》的写作。初稿以聂赫留朵夫去姑妈家度假作为开篇；二稿以聂赫留朵夫去法院出席陪审作为开篇；终稿不再从聂赫留朵夫写起，而从玛丝洛娃写起。他曾经在日记中写道："新的《复活》这两天写了不多的几页。我惭愧地回想，它过去的开头是多么下流啊！想到这工作又重新开头，现在我可高兴了。"托尔斯泰为何要改变开篇人物呢？

（2）学生汇报：请一组学生上台进行汇报。汇报人口头阐述分析过程、依据和结论，记录人在黑板上书写关键词句。请相同议题的其他组学生进行补充或质疑，或请不同议题组的学生进行补充或质疑。

（3）教师设疑（根据课堂表现和以下学历案内容）：

其他小组留言板（阅读后进行补充、质疑和提问）	
姓名：学生 1	留言：以玛丝洛娃作为开头，表明作者是以下层百姓为主场而写作，试图脱离贵族阶级。
姓名：学生 2	留言：以玛丝洛娃开篇，从其角度写了社会的黑暗与腐朽，为后文奠定了一个黑暗的社会背景。

(续表)

其他小组留言板(阅读后进行补充、质疑和提问)	
姓名：学生3	留言：以玛丝洛娃作为开篇人物，将当时俄国底层人民所处的社会环境展现给读者，有利于读者感受当时时代的腐朽。
姓名：学生4	留言：以玛丝洛娃受审开头，写她的遭遇和法庭上聂赫留朵夫的神情、心理，能否作为后文插叙两者之间既好又坏的经历的前置的倒叙并起到铺垫作用？

a. 托尔斯泰描写玛丝洛娃的出场易稿二十多次，他要求"人物肖像必须传达出人物精神"。作为出场人物，玛丝洛娃的这段肖像描写有哪些精神特质呢？

定稿第一部第一章节选："一个身量不高、胸脯颇为丰满的年轻女人迈着矫健的步子走出牢门，很快地转过身来，在看守长身旁站住，她里边穿着白上衣和白裙子，外边套着一件灰色长囚衣。（看清残酷的社会现象，识透上层人物的丑恶灵魂）……在那张脸上，特别是由惨白无光的脸色衬托着，她的眼睛显得很黑，很亮。（天真，容易轻信他人花言巧语导致受骗上当），稍微有点浮肿，可是非常生气，其中有一只略为带点斜睨的眼神。她把身子站得笔直，挺起丰满的胸脯。（虽在庭狱之中却无罪，用堕落生活掩盖生命本色。）"可见在托尔斯泰的笔下，玛丝洛娃是人民的女儿，有多重意义。

b. 聂赫里朵夫去姑妈家、聂赫留朵夫出席庭审、玛丝洛娃被众人审议是托尔斯泰写《复活》过程中设定的三种开端。有学生在预习时说以玛丝洛娃作为开篇人物是倒叙，你同意吗？与聂赫留朵夫作为开篇人物对推动情节发展有何不同作用？引导学生分析插叙的作用。

c. 用玛丝洛娃作为开篇人物与聂赫留朵夫作为开篇人物对揭

示小说主题有何不同作用？前者侧重贵族觉醒，后者侧重人民"复活"。

（4）教师小结：托尔斯泰改变开端，体现其关注重点的变化，从关注一部分贵族青年的"复活"，成长到关注整个社会、底层人民的"复活"。读者以玛丝洛娃之眼看到的社会环境虽然肮脏，但开端部分对春天的描写又隐喻着社会的"复活"。

3. 议题二：改变小说结局的意义

（1）议题描述：托尔斯泰在写作《复活》的十年之路中，不仅改了开头，还改了结局。在之前的版本中，玛丝洛娃与聂赫留朵夫结婚。但是现在的版本中，玛丝洛娃选择了政治犯西蒙松，男女主人公各自走向新生活。有人说"男主人公既不可能使女主人公在精神上'复活'，而精神上'复活'了的女主人公不可能和他结婚"。托尔斯泰为何要改变结局呢？

（2）教师引导：学生 1 组的分工任务和学生 2 组的思考路径。

学生 1 组：

- 聂赫留朵夫和西蒙松两位人物性格的比较。
- 两人对玛丝洛娃的感情。
- 玛丝洛娃选择的象征意义。

学生 2 组：

- 聂赫留朵夫的象征和西蒙松的象征意义分别是什么？
- 托尔斯泰对聂赫留朵夫的态度是什么？他笔下的革命者又是一种怎样的形象？
- 怎样才能救俄国？托尔斯泰是怎样想的？
- 玛丝洛娃作出这一抉择的动因是什么？

两组学生都先比较聂赫留朵夫和西蒙松的特点，最后落实到玛丝洛娃选择西蒙松而不选择聂赫留朵夫的象征意义。学生 1 组更关注两位男子对玛丝洛娃的情感，学生 2 组更关注托尔斯泰对两位男子的态度和拯救俄国的方法，两组既有相同之处，又各具特色。

（3）学生汇报：请两组学生分别上台进行汇报。汇报人口头阐述分析过程、依据和结论，记录人在黑板上书写关键词句。请相同议题的其他组学生进行补充或质疑，或请不同议题组的学生进行补充或质疑。

（4）教师小结："复活"的内涵：精神觉醒、独立、无私。"复活"既有个人意义，又有社会价值。

4. 延伸议题：女性复活之路

（1）议题描述：除了《复活》中的玛丝洛娃，不少作家都在观照女性的自我追求。例如，《茶花女》中的玛格丽特也是妓女，为了阿尔芒和他的家庭，她愿意牺牲自我，但伪道德的社会仍然造成了玛格丽特的悲剧命运；《玩偶之家》中的娜拉认清自己的从属地位后，断然出走选择自由，但中国的娜拉——《伤逝》中的子君离家后又回家，无法获得真正的自由；《雷雨》中的繁漪欲冲破封建家庭，做一次困兽的搏斗……这些女性或多或少都想"复活"，有的成功了，有的失败了。结合一位文学作品中的女性，各小组谈谈对"复活"的深层理解。

（2）小组讨论：选择讨论对象，在课堂讨论单中概述本组的主要观点，组间交流时记下他组的精彩发言。

（3）教师小结：女性角色共性：虽堕入社会深渊，但本质善良；差异性：蒙尘后不能走出泥沼各有其因（方式有误、缺少同辈、准备不足、阻力强大等）。可见，"复活"有难度，但有可能性。

5. 课堂总结

（1）学法总结：组内合作、组间交流，丰富认知维度，提高审美能力。

（2）内容总结：托尔斯泰对开头和结尾的改动让读者看到了玛丝洛娃的"复活"过程，更为缓慢波折，但更伟大。用链式反应的泛化作总结：让读者看到作者对俄罗斯社会"复活"的期待。

6. 课堂板书

复 活（节 选）

列夫·托尔斯泰

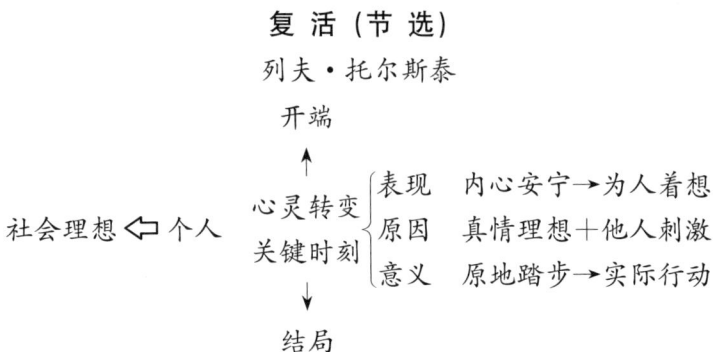

开端

社会理想 ⇔ 个人　　心灵转变　　表现　内心安宁→为人着想
　　　　　　　　　　　关键时刻　　原因　真情理想＋他人刺激
　　　　　　　　　　　　　　　　　意义　原地踏步→实际行动

结局

7. 课后作业

小组合作撰写 1 000 字左右的读书报告,二选一:

(1) 比较聂赫留朵夫与玛丝洛娃的"复活"之路。

(2) 比较其他文学作品中的女性人物与玛丝洛娃的"复活"之路。

(二) 教学反思

1. 从整体单元设计观确定研习目标

基于对该单元任务群的课标分析和对所节选的四篇文本的特点和重点的分析,明确本课文四个教学目标。《复活(节选)》属于"外国作家作品研习"任务群中的小说单元,人文主题是"多样的文化"。教材选编了四篇课文,都是具有较高文化史地位和思想文化价值的名家小说。《大卫·科波菲尔(节选)》《复活(节选)》都是现实主义小说,重在反映社会文化面貌,前者以客观描述见长,后者更注重主观描写与分析。《老人与海(节选)》《百年孤独(节选)》的故事情节更为跌宕变化甚至充满奇幻色彩,具有浓重的象征意味。前者表现精神追求,后者表现人类终极的心灵孤独。四篇课文,分别可以用"成长""转变""硬汉""遗忘"作为专题名进行研习。回到本课,学生仔细阅读课文中聂赫留朵夫的内心剖析后,便可以捕捉到对聂赫留朵夫而言,"复活"意味着没有丝毫私心,追求别人也幸福的那种幸福。但是仅靠课文,学生难以理解和相信玛丝洛娃的"复活",也无法理解"复活"除了有个人层面的价值以外,也有托尔斯泰对俄国社会理想的寄托。因此,第一课时的教学重点是分析导致聂赫留朵夫心灵转变的复杂因素,难点是分析选文作为聂赫留朵夫心灵转变关键时刻的具体原因;第二课时的重点是分析"复活"丰富而深刻的内涵,难点在于联系整本书或其他作品来合作完成研习任务。

2. 依据最近发展区以组织研习准备

上文提及的学情分析和研习目标便是学生最近发展区的现有水平和发展水平。组织研习准备的目的是通过学与教激发学生潜力。讲读课文时,资料的采编者更多是教师;研习课文时,资料的采编者则是学生,老师仅提供建议,如:"在研习过程中,你可以使用批注法和互文法。所谓批注法,就是阅读文本时,紧扣语言、心理、细节,随文批注主人公们的心理变化。所谓互文法,就是分析'复活'内涵时,联系全书以及托尔斯泰其他作品中的类似主题、其他作家的类似主题等资料,进行比较和归纳。推荐阅读的参考书目:罗曼·罗兰《托尔斯泰传》、列夫·托尔斯泰《论创作》、贝其科夫等《论托尔斯泰创作》。自主分析和合作探讨不可分割,你可以和学生共享学习资料"。从讲读到研习的课型变化,是对学生能力提升的肯定与再激发。

之所以布置给学生两个有关改变开头和结尾的议题,其一是基于对节选课文学习方式的考量。学生在第一节课中进行课文细读,分析聂赫留朵夫心灵转变关键时刻的原因与意义,教师在第二课时可以联系整本书阅读与研讨任务群,以篇带本,引导学生阅读整部小说,拓展阅读的广度与深度。其二是基于对引导学生理解"复活"内涵与价值的考量。托尔斯泰在十年间反复易稿,结局大改两次,开头大改三次,甚至玛丝洛娃第一次出场的描写也易稿二十次有余。学生能够分析托尔斯泰自我否定又肯定的过程,就能更好理解这部自传性小说的主旨了。

3. 分析学历案的共性与矛盾以推进研习过程

在批改完学生合作完成的学习任务单后,教师发现,有三组学生选择议题一,他们在以玛丝洛娃开篇是从底层人物的视角反映上层人物的冷漠、社会的丑恶上达成共识,但是在部分表达上不准确,观念有分歧。因此,学生汇报完后,教师利用"留言板"上学生的补充或质疑,解决两个问题:第一,有一组学生认为玛丝洛娃在出场时内心"平淡",教师需要补充玛丝洛娃出场时的描写,通过抓取监狱环境、眼神等与课文相似之处,引导学生准确把握玛丝洛娃是在用堕落的迷雾掩盖生命的本色,这是对残酷经历的逃避而非已经平和淡然。第二,学生在文本叙述顺序上有意见分歧。有学生认为是插叙,有学生认为是倒叙。教师请准确理解的组别说说自己分析的过程和依据,尽可能在课堂上分析出造成观念分歧的原因是概念理解问题还是内容分析问题。总结时紧扣学生发言,"玛丝洛娃是人民的女儿",对改变开篇人物的分析可知托尔斯泰的写作重心不再只是贵族觉醒,而是人民"复活"。

另有三个组的学生围绕议题二展开合作交流。学生在处理复杂问题时既有共性,又有差异性。有两组学生都从分析两个男性角色的性格开始讨论,但一组侧重三人之间的感情关系,另一组更侧重托尔斯泰寄予在结局人物关系变化上的社会理想。教师总结前还可以让在全书其他部分找到印证段落的学生补充依据。经过议题二的讨论,学生对"复活"的内涵产生更深刻的理解。

此外,延伸议题部分,课堂主要围绕阻力和助力的变化展开。有组学生关联《安娜·卡列尼娜》,谈到道德层面的"复活",也看到托尔斯泰本人思想变化在前后期作品中的投射;有组学生关联《雷雨》,指出繁漪没有精神"复活",因为她仍然依赖别人,甚至不惜毁坏自己、毁坏所爱之人;有组学生重点比较娜拉和子君,她们都独立且自由,但因为准备不足,思想动摇再次失败……基于学生们的分析,课堂可以归纳以上角色的共性,也可以认识到"复活"的难度和可能性。

执笔人:上海市上海中学语文教师周佳

【专家点评要点】

本节课厘清单篇文本阅读、群文阅读、整本书阅读与节选阅读的区别,在文本细读的基础上,以篇带本,引导学生阅读整部小说,拓展阅读的广度与深度。作为"双新"课程的一个尝试,初步达到预期目标。作为新教师,日后再处理这类节选课文,可以调动这次公开课的有效经验,为个性化处理文本、整体性观照单元作出持续性努力。

上海市上海中学党委副书记、正高级教师樊新强

这节课从教师讲读式课堂发展到现在的学生研习课堂,周佳老师不断推敲、多次试讲,悉心听取多方意见后找到自己的切入点,达到了预期效果。基于前期充分的准备,课堂上推进两个议题时干练、有效,延伸议题也是点睛之笔,带动学生审美水平的提升和认知视野的扩大。在试讲课中,学生的失误反而活跃了气氛和思维。周佳老师日后可以总结这次公开课准备过程中的经验,继续磨炼在课堂引导过程中的教学机制。

上海市上海中学高二语文备课组长、语文高级教师谭晓东

这篇课文属于"外国作家作品研习"任务群,周佳老师的这节课对研习的目标与要求有了具体的落实。两个主议题,调动了学生研究学习的热情,形式上有组内的合作、组间的交流,内容上有深入的解读、同类型的延展。本节课中有两个可以继续精进的地方:第一是两个主议题的过渡和总结,分而化之还需合流。第二是延伸议题板块的引导。此前,周佳老师和学生探讨了托尔斯泰对博爱的呼唤,但是学生在延伸议题的交流还是侧重爱情。此处可以优化延伸议题的文本选择,继续提高学生对博爱的理解和对社会"复活"的认知。

上海市上海中学语文教研组长、高级教师刘晓惠

历史学科
"双新"教学课例

一、"历史上的疫病与医学成就"
教学设计与教学思考

执教人：陈蔚琳老师	新课程、新教材内容	高中统编教材《普通高中教科书　历史选择性必修 2　经济与社会生活》第十四课"历史上的疫病与医学成就"。此教材 2020 年出版，教学内容为第 80～84 页。	
教学课时：第 1 课时	教学时间：2021 年 4 月 16 日		教学对象：高二(8)班

（一）教学设计

【教学目标】

通过文献史料的分析、归纳和概括，知道人类采取的防疫措施以及中、西医学发展的主要成就，了解疫病对人类文明产生的消极影响，进一步培养学生史料实证和历史解释的能力，引导学生从不同视角认识和理解疫病与人类文明进程的关联。

【教学重难点】

重点/难点：理解疫病与人类文明进程间的关联。

【教学过程】

环节 1：从新冠疫情导入，设问：疫病与人类文明进程之间到底存在怎样的关联呢？

设计意图：由现实情境引发学生对本课核心问题的关注，导入新课。

环节2：出示《山海经》材料和古埃及法老拉美西斯五世的木乃伊图片。

设计意图：通过对神话传说和考古材料的解读，引导学生理解疫病与人类历史一路相伴而行，但人类对疫病始终充满恐惧。

环节3：出示"人类历史上三次鼠疫大流行"表格。

设计意图：通过分析人类历史上出现大规模鼠疫流行的原因，引导学生了解疫病的特征，运用已学知识在新情境中回答问题。

环节4：出示"十四世纪欧洲黑死病的流行"地图、薄伽丘《十日谈》材料、"文艺复兴时期的佛罗伦萨"材料和"历史上的重大疫病"数轴。

设计意图：通过对《十日谈》材料的解读和辨析，提取材料信息，理解文学作品的史料价值。通过对《十日谈》材料和"文艺复兴时期的佛罗伦萨"材料的分析、概括，引导学生理解黑死病的影响，并概括疫病的影响。通过阅读课本相关内容和"历史上的重大疫病"数轴，引导学生围绕观点提出例证。

环节5：出示"中医防治天花"表格和"中医药成就"表格。

设计意图：通过分析材料，引导学生理解疫病的"防"重于"治"。学生完成"中医药成就图表"填写，知道中医药成就对中国乃至世界医学发展的贡献。

环节6：出示"古罗马公共卫生措施"材料、"中世纪防疫措施"材料和"近代西学发展"材料。

设计意图：通过对材料的解读，引导学生理解西医在防治疫病方面取得的成效，理解近代科学技术使西医取得了巨大成就，提升了人类抗疫的能力。

环节7：出示"西医传入中国的事例"材料和屠呦呦发现青蒿素的图片。

设计意图：通过对材料的解读，引导学生理解西医传入到中国疫病防治所产生的影响,理解中、西医融合的意义。

环节8:小组讨论。

设计意图:归纳、总结本课,升华主题。

【结构板书】

疫病:如影相随——肆虐之痛

医学:防治结合——希望之光

(二)教学思考

第十四课"历史上的疫病与医学成就"共分三目,即"历史上的疫病""中医药的成就""西医在中国的传播"。教材所涉及的内容在医学史中也会出现,如何在课堂教学中呈现历史感,而不是把课上成医学知识的普及课,这取决于本节课主旨的设定。基于这一认识,本节课力求将疫病、医学置于人类社会发展、人类文明进步的视野中进行探讨。主旨设定为:疫病的暴发在一定程度上影响着人类历史的发展。在与疫病博弈的过程中,中、西医学的发展和交融,公共卫生的发展,提升了人类战胜疫病的能力,推动了人类文明的进步。围绕疫病与人类文明进程这个主题,本节课的教学难点和重点是理解疫病与人类文明进程间的关联。

围绕教学重点和难点,本节课以新冠疫情导入,将历史与现实紧密结合,引导学生在关注当下新冠疫情的同时更好地审视历史上疫病所带给人类的影响。

本节课立足于"高立意、高思辨、高互动"的教学理念,基于主旨的精选材料,强调过程的问题导向,重视学习过程中对史学方法的运用,着重培养学生史料实证和历史解释的能力。

执笔人:上海市上海中学历史教师陈蔚琳

【专家点评要点】

本节课内容是新的,课有聚焦点,关键点能抓住,让学生了解疫病与人的关系就是人与自然的关系,就是历史。该课明确提出疫病与疾病的不同,疫病有特殊性、传染性。传播与人类文明的关系,人类文明从点到面,从局部到全球(分散到整体);从疫病特殊性切入,有时空性,古代、近代、现代融合分析。

华东师范大学教授余伟民

该节课注重"双新"的探索性,侧重于疫病,体现了关注历史学科核心素养的培养,注重材料运用的规范性(材料有出处)、灵活性(摘编材料,对原始材料进行处理)、严谨性(来源于史料)。

上海市静安区教育学院历史教研员左卫星

二、"全民族浴血奋战与抗日战争的胜利"教学设计与教学思考

执教人：常宇鑫老师	新课程、新教材内容	高中统编教材《普通高中教科书　历史必修　中外历史纲要　（上）》第八单元第二十四课"全民族浴血奋战与抗日战争的胜利"。此教材 2019 年出版，教学内容为第 139～146 页。
教学课时：第 1 课时	教学时间：2021 年 4 月 16 日	教学对象：高一(4)班

（一）教学设计

【教学目标】

通过对历史地图、照片、家书等多类史料的比勘释读，在具体的时空框架下了解全民族浴血奋战的主要史实和英雄人物，认识中国共产党是全民族团结抗战的中流砥柱；了解中国战场是世界反法西斯战争的东方主战场，理解中国以巨大的民族牺牲赢得国际地位的提高；从原因与结果的视角解释抗战胜利，理解抗战胜利在中华民族伟大复兴中的意义，感悟中华民族英勇不屈的精神，激发民族责任感和自豪感。

【教学重难点】

教学重点：理解抗战胜利的原因。

教学难点：认识中国共产党是全民族团结抗战的中流砥柱。

【教学过程】

环节 1：从全面抗战导入本课,出示日军侵华暴行示意图,设问：面对日军汹涌的攻势,中华民族如何应对？

设计意图：构建两课间的联系,设问质疑,引发学生兴趣和思考。

环节 2：出示抗日战争防御阶段形势图、谢晋元家书的图片、四行仓库的弹痕的图片等。

设计意图：教师示范从材料中提取信息,感悟中华民族英勇不屈的精神。

环节 3：学生分组讨论国民党、共产党、民族资本家、知识分子、华侨等抗战的主要史实。

设计意图：学生研读史料,教师点拨,了解民族危亡时刻全民族浴血奋战的事迹。

环节 4：出示华北敌后抗日根据地形势示意图、百团大战形势示意图、左权家书的图片等。

设计意图：师生共释史料,认识中国共产党是全民族团结抗战的中流砥柱,感悟左权英勇报国的英雄气概。

环节 5：出示薛岳手令、戴安澜家书、签订新约的图片和《开罗宣言》的图片等。

设计意图：了解中国战场是世界反法西斯战争的东方主战场,理解中国以巨大的民族牺牲赢得国际地位的提高。

环节 6：出示抗日战争胜利形势图,学生讨论抗战胜利原因。

设计意图：从原因与结果的视角解释抗战胜利,有理有据地表达看法。

环节 7：简述抗战胜利意义,总结升华。

设计意图：理解抗战胜利在中华民族伟大复兴中的意义,激发民族责任感和自豪感。

【结构板书】

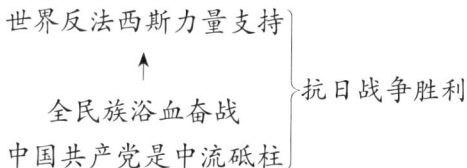

(二)教学思考

在执教《普通高中教科书 历史 必修 中外历史纲要 (上)》第二十四课"全民族浴血奋战与抗日战争的胜利"时,我紧扣"全民族""浴血奋战"与"抗日战争胜利"之间的关系,通过对历史地图、家书等多类史料的比勘和释读,理解抗战胜利的原因和意义,感悟中华民族英勇不屈的精神。以下是我通过本节课实施获得的一些教学思考。

结合课标要求、各目标题和正文内容展开分析,破解标题,确立内容主旨。在抗战中,不仅有正面战场的抗战、敌后战场的抗战,还有沿海工业和高校师生在物质和精神上支持抗战、海外华侨支援抗战,紧扣"全民族"。中国在经济和军事实力极为悬殊的情况下,"全民族"以血肉之躯、怀报国之志英勇作战、顽强抵抗,凸显"浴血奋战"。在全民族团结抗战中,中国共产党始终坚持抗日民族统一战线,发挥了中流砥柱的作用。在抗日战争中,越来越多的人民群众认识了中国共产党,为中国共产党带领中国人民实现彻底的民族独立和人民解放奠定了重要基础,也为第25课的"人民解放战争"做铺垫。

在授课过程中,我力求突出以下亮点:第一,以家书等史料构建历史情境。本课援引谢晋元家书、白雪樵家书、左权家书、薛岳手令、戴安澜家书,几则家书以点带面,覆盖国民党、共产党、华侨等群体,正面战场、敌后战场、东方主战场等主题,突出"全民族"抗战。此外,以家书叙事见人,通过具体人物的经历和情感的流露,让学生感悟他们英勇报国、坚强不屈的精神,凸显"浴血奋战",涵养家国情怀。

　　第二,将学生分为国民党、共产党、民族资本家、知识分子、华侨、国际力量等六组,讨论各自在抗战中的表现。旨在调动学生的参与,激发学生的思考,以学生为主体开展教学。此外,也可帮助学生构建历史情境,更具有历史代入感,不同群体都为抗战作出贡献,凸显"全民族"抗战。

　　第三,按时间顺序整合教材,结合历史地图分析战况,培养时空观念。本课以铁路线为线索讲解日军侵略之路和中国抗争之路,通过地图来讲解工厂和高校内迁之路,通过地图对比来讲解日军的囚笼政策和百团大战,以滇缅公路、驼峰航线为线索讲解国际援助之路,整体以时间线索讲解全民族"浴血奋战"之路。

　　然而,在本节课的教学中依旧存在一些问题。例如,如何切实落实教学难点"认识中国共产党是全民族团结抗战的中流砥柱"?如何更好地把握本单元各课之间的联系? 这些问题还须做进一步思考。

　　　　　　　执笔人:上海市上海中学历史教师常宇鑫

【专家点评要点】

　　正如常老师所讲的那样,在高中统编教材中这一课依然有它的新意,比如说东方主战场的问题,中国的抗战和世界反法西斯战争外部环境的关联度问题,在新教材中会凸显出来。常老师的讲课设计体现了高中统编教材的思路,表达得非常清楚,是很成功的一堂课。

　　常老师的讲课对教材中关键词把握得比较清楚,第一个是全民族的抗战,第二个是东方主战场,第三个是最后的胜利。常老师抓住这些关键词,有一个隐藏在教材内容中的关键词也提出来了,它不是在标题中,而是在教学设计中作为一个教学重点提出来,就是认识到中国共产党是全民族团结抗战的中流砥柱。常老师用"中流砥柱"这个核心概念把其他几个关键词联系起来,教学设计思路非常清楚。对"中流砥柱"这个关键词,教材没有展开分析和充分阐述,需要教师在教学过程中思考怎样把它放进课堂设计中,利用它组织课堂教学的逻辑,并且把这个核心概念凸显出来,这是一个挑战,也是一个难点。

华东师范大学余伟民教授

三、"资本主义国家的新变化" 教学设计与教学思考

执教人:顾琼敏老师	新课程、新教材内容	高中统编教材《普通高中教科书 历史必修 中外历史纲要 (下)》第十九课"资本主义国家的新变化"。此教材 2019 年出版,教学内容为第 114~119 页。
教学课时:第 1 课时	教学时间:2020 年 12 月 3 日	教学对象:高二(5)班

(一)教学设计

【教学目标】

学生知道二战后资本主义国家一系列新变化的基本史实;通过对文献、数据等多种史料的分析释读,梳理资本主义战后经济、社会变化的线索,剖析阶段性特征的成因,学生初步习得在时空中把握历史的通观能力;通过解读新变化之间的逻辑关系,培养学生的辩证思维,理解资本主义的自我改良本质上属于生产关系的局部调整,一定程度上适应了生产力的发展要求,但存在局限性。

【教学重难点】

重点:新变化中"变"在何处?"新"在何处?

难点:如何辩证看待资本主义国家的新变化。

【教学过程】

环节 1:出示材料一,指出"两个必然"并设问。

设计意图：从学生的困惑入手，设置悬念，激发学习兴趣。

过渡：《共产党宣言》论证了资本主义必然灭亡，为什么现实中资本主义国家仍然活跃？

环节2：出示"20世纪历史大事件"时间轴，回顾20世纪上半叶资本主义面临的危机和20世纪下半叶的国际环境。

设计意图：从历史的连续性角度建立新变化与20世纪大事件间的联系，培养时空观念。新变化既延续了对上半叶的反思，又与冷战及二元竞争的时代背景密不可分。

过渡：既然是新变化，"新"在何处？"变"在何处？

环节3：出示"工业革命——20世纪上半叶到二战后"的时间轴，引导学生提取教材信息，归纳战后资本主义在科技领域的"新变化"。

设计意图：通过对比直观把握"新"和"变"。

过渡：科技是第一生产力，生产力的飞跃引发生产关系的变迁。

环节4：指导学生阅读教材"二战后美国、联邦德国、日本就业人口变化表"，分析就业人口、产业结构变化的趋势，对教材"中间阶层"的概念阐释进行文本解读。

设计意图：关注"所谓""不占有生产资料""人口比例 25％～30％"等字样所传达的信息。辩证理解社会结构的多层次化，初步落实唯物史观。

过渡：阶层不同于阶级，战后"中间阶层"增加并未改变生产资料为少数资本家私有的经济基础，从而决定了上层建筑层面，仍需加强对经济的宏观调控来缓解其基本矛盾带来的供需失衡。

环节5：出示材料三、材料四及"1950—1970年主要资本主义国家经济年平均增长率""1968—1975年主要资本主义国家国民生产总值和物价情况"等相关文献、统计、图片史料，教师向学生示范从材料中提取信息，引导学生分析数据。

设计意图：引导学生理解战后资本主义国家在经济体制领域普遍加强了国家干预，并为适应时代要求不断在市场主导与政府调节间寻求平衡。

过渡：经济问题总与民生相伴。战后资本主义国家的社会结构仍以资产阶级和无产阶级的对立为主体，人民的长期斗争迫使资本主义政权介入财富再分配。

环节6：出示材料五、材料六及相关图片、统计史料，学生模仿教师从材料中提取信息并分析数据。

设计意图：引导学生理解战后资本主义国家在社会保障领域，通过实施普惠式福利国家制度，缩小贫富差距，稳定统治秩序，在时代变化中寻求效率和公平间的平衡。

过渡：经济和社会领域的新变化，与当时国内国际形势密不可分。

环节7：出示新变的脉络：二元竞争中的新陈代谢的示意图，教师总结环节5和环节6，梳理战后资本主义经济、社会改良的线索。

设计意图：启发学生理解在二元竞争中，资本主义将计划注入市场，将平等注入自由，通过吸收社会主义因素的渐进改革实现了自我更新。

过渡：上述4个新现象之间，是否存在内在关联？

环节8：出示未完成的思维导图和材料七、材料八等文献史料，师生共释史料，从生产力与生产关系、经济基础与上层建筑的辩证关系角度建立对新变化间联系的认识。

设计意图：感悟新变化的实质是资本主义生产关系的局部调整，政府经济、社会职能的加强，一定程度上突破了私人垄断的局限，适应了现阶段生产力的发展要求，印证"两个决不会"原理，呼应导入设问，强化唯物史观。

过渡：这些改革是否彻底纠正了资本主义的根本缺陷？

环节9：出示教材有关黑人民权运动、女性平权运动、学生反战运动等材料,以及 2008 年金融危机、《2002 年人类发展报告》等图片、文献史料。教师引导,学生讨论资本主义的"变"与"不变"。

设计意图：理解战后资本主义的新陈代谢是维护私有制前提下的局部调整,"变"的是统治手段、政府职能,"不变"的是其剥削本质。再次出示"两个决不会"和"两个必然",锻炼辩证思维,深化内容主旨。

【教学策略】

在环节 8 的教学中,如果学生对"科技新发展促成生产力的飞跃,带来社会结构的多层次化这一生产关系/经济基础的改变,继而引发国家宏观调控、福利国家两项上层建筑的变革"已有充分的理解,教师直接总结提升;如果学生理解不充分,教师点拨学生利用相关材料进行分析。

【结构板书】

板书 1

新变之因

新变之象

新变之困

板书 2

```
生产力 ◄─────────────────────┐
科技新发展 ──► 社会结构多层次化 │ 生产关系局部调整
        国家宏观调控  福利国家 ┘
```

【作业设计】请学生课后搜集黑人民权运动的史实,结合教材的史料阅读,思考战后争取民主权利的高潮对资本主义国家统治政策产生的影响。

【资料附录】

材料一：

资产阶级的灭亡和无产阶级的胜利是同样不可避免的。

——［德］马克思,恩格斯《共产党宣言》

材料二：

20 世纪前期的危机打碎了资本主义长期以来对自身的乐观自信。

——徐蓝《世界近现代史 1500—2007》

材料三：

政府有责任自己采取各种措施——我请求迅速采取行动，制定……充分就业的立法。农业部长……现正在重新审查现行的各项农业计划。我深信，在国会的立法中，对我国的小企业将给予足够的保护和鼓励。依靠联邦资金的投资……

——《杜鲁门致国会的二十一点咨文》

材料四：

繁荣不是依靠政府命令恢复的……我们要……大胆实行减税、削减开支和进行调整性改革……

——《里根主持共和党全国代表大会通过
〈共和党纲领〉》

材料五：

我们决意实施那些伟大的方案……我们的社会主义政策……请看看"国民保险""国民工伤保险"和"国民保健"这三项伟大的社会改革措施吧。

——整理自《艾德礼在工党年会上的演讲》

材料六：

过去对于穷人的援助计划已经失败，这些计划使穷人堕落，使纳税人受骗。……家庭援助计划是以四个基本原则为基础的：鼓励工作和训练的强烈动机；公平地对有工作的贫困家庭提供援助；尊重个人的选择与家庭的责任；提高行政效率以博得纳税人的信任。

——《尼克松关于扩大福利改革建议的声明》

材料七：

作为第一生产力的科学技术……归根结底是现代社会进步的

决定性力量。新的科技革命促进着社会政治体制、经济结构、文化教育的变革……第三次科技革命中的各项技术都是知识密集性、战略性、时效性、风险性强的新技术，没有大规模、多学科的有机配合和国家的统一组织，规划和投资是很难完成的。

　　　　　　　　　　　　——整理自吴于廑，齐世荣《世界史·现代史编》

材料八：

无论哪一个社会形态，在它所能容纳的全部生产力发挥出来以前，是决不会灭亡的；而新的更高的生产关系，在它的物质存在条件在旧社会的胎胞里成熟以前，是决不会出现的……

　　　　　　　　　　　　　　　　——［德］马克思《政治经济学批判》

材料九：

（发达国家内部存在着日益加剧的收入不平等），这在英国和美国表现得最为前后一致和最剧烈。在 1979 年到 1997 年间，实际人均国民生产总值增加了 38%，但是中等之家的收入只增加了 9%。因此大多数所得都被最富裕人口获取，最富裕的 1‰ 家庭的收入增长了 140%，是平均水平的 3 倍。最上层的 1‰ 家庭的收入在 1979年是中等收入家庭的 10 倍，1997 年达到 23 倍。

　　　　　　　　　　　　——联合国开发计划署《2002 年人类发展报告》

（二）教学思考

本节课的教学实践聚焦"新"和"变"的脉络，围绕"资本主义在冷战背景下、二元竞争中的新陈代谢"这一主旨展开，通过文本解读勾连教材内容，以唯物史观重构教学逻辑，并基于主旨精选典型史料、设计问题。

1. 如何立意：单元视野通观核心知识，聚焦标题，确定主旨

主旨是历史课堂的"灵魂"。如何在统编教材纷繁的教学内容中准确抓取核心知识点，提炼教学主旨呢？"双新"视野要求将单课放到单元的语境下，关注本课与前一课的联系及在整个单元中的作用。本

课所属第八单元叙述 20 世纪下半叶整个世界的新变化,前一课叙述重点为冷战(即单元重点),即使在单独讲述资本主义的新变化时也要始终联系冷战及资本主义、社会主义二元竞争的宏观时代背景。从实操层面,本课标题为"资本主义国家的新变化",本单元标题为"20 世纪下半叶世界的新变化",《普通高中历史课程标准》要求"了解第二次世界大战后资本主义国家的变化",重合字眼落在"变化"或"新变化",提示"新"和"变"即本课核心知识点。基于此,教师将本课内容主旨确定为"资本主义在冷战、二元竞争背景下的新陈代谢",将教学重点确定为:在冷战的单元视野下,扣"新"扣"变",通过与此前的对比(纵向)及与二元竞争的国际局势的对照(横向),启发学生厘清 20 世纪下半叶资本主义究竟"变"在何处、"新"在何处。在分析中,教师始终贯彻单元教学意识,铺垫和联系宏观背景,渗透时空观念,使学生理解战后资本主义在与社会主义的竞争中,通过对社会主义因素的汲取,一定程度上实现了自我"蜕变"。

2. 如何选材:紧扣主旨选经典材料,贯穿线索,深化主旨

选材是历史课堂的"肌肉"。要选择哪些材料才能更好地服务主旨、凸显主旨呢? 不仅要基于、围绕、紧扣主旨选材,更应有意识地选取能够贯穿全课、形成首尾对照的经典材料。统编教材提供的既有材料,是编写者精心呈现的、与课程内容高度契合的典型,应首先用足。在大框架的设计上,根据"问题探究"的提示进行补充,以经典作家看似矛盾的两个论断作为贯穿全课的主线。在课程开始时即以"两个必然"为悬念,让学生思考"既然马克思预言资本主义必然灭亡,为什么现在它还是好好的",建构问题意识。厘清"新""变"的表现,并理解其实质是资本主义在冷战背景下的自我改良后,出示"两个决不会"并进行解惑,使学生理解这种生产关系的局部调整在一定程度上适应了现阶段生产力发展的要求,并进一步推动生产力的发展。使学生理解生产力决定生产关系,但这种决定作用并不是单向的,生产关系也对生产力起到能动反作用。在此基础上,以"改革是否彻底纠正了资本主义的根本缺陷"为过渡,通过典型史料的呈现启发学生进一步思考资本主义的"变"与"不变",无论加强国家宏观调控,还是建立"福利国家",本质上只是维护资本主义根本制度前提下的自我完善,"变"的是统治方法、政府职能;"不变"的是资本主义的本质属性。提升学生对资本主义的渐进改革效度的认知,反过来呼应"两个必然",形成首尾对照,深化内容主旨。培养多视角、多层次辩证全面看待问题的思维品质。

3. 如何设问:文本解读重建教学逻辑,层层设问,突破主旨

设问是历史课堂的"骨架"。带领学生分析本课四个子目"新变化"时需要有一定的逻辑顺序,这就要在四个子目中寻找、建构联系。我着重处理"社会结构"的新变化,通过"中间阶层"的概念对文本分析切入,以生产关系/经济基础层面的"社会结构复杂化"勾连生产力层面的"科技新发展"与上层建筑层面经济领域的"国家宏观调控"及社会领域的"福利国家"之间的关系。

科技是第一生产力,"科技新发展"(第三子目)促成生产力的飞跃,引起"社会结构的多层次化"(第二子目),"中间阶层"人数增加,符合唯物史观"生产力决定生产关系"的规律。此时问题产生了,因为社会结构同时也是经济基础,而"国家宏观调控"(第一子目)和"福利国家"(第四子目)都属上层建筑改革。教师在此处设问:既然经济基础层面出现了新变化,按说阶级矛盾随"中间阶层"的增加趋于缓和,按"经济基础决定上层建筑"的规律,何以还要在上层建筑层面加强国家政权对经济和社会的干预呢?

似乎无法解释的逻辑瓶颈,往往是突破主旨的关键。为解决疑问,教师启发学生进行文本解读,通过对"中间阶层"概念的推敲,在唯物史观的指导下重新建构出一种尚能自洽的逻辑,即本课的教学逻辑:"中间阶层"不占用生产资料,占总人口数不到1/3,他们的增加并没有改变生产资料私有制,因此资本主义的基本矛盾及由其引发的供需失衡和贫富分化依旧严重,正是这样的经济基础决定了在上层建筑领域的改革仍有迫切性,顺利过渡到对"国家宏观调控"和"福利国家"的分析。由于理论推演有一定难度,教师应设计层层递进的问题链,通过有层次、有启发性的问题一步步推导提示,使学生易于理解和把握。

执笔人:上海市上海中学历史教师顾琼敏

【专家点评要点】

提出基于单元主旨的教学落实可以从以下三方面入手。第一,从单元把握课能高屋建瓴,通过对一个单元的研究来找准一节课的定位,体现统整意识。第二,单元是落实核心素养的基本单位,循序渐进。第三,单元教学彰显集体智慧。该课基本实现了以下三点,即单元规划,主旨立意;内容统整,问题串联;文本解读,突出关键。建议借助时代特征、文化模型分析十九课,十九课由教师教学示范,二十课请学生模仿来实现知识迁移。

上海市教育委员会教学研究室历史教研员、特级教师於以传

要想把非常多的知识点和概念统整于一节课中,教学设计需要紧扣单元主旨和单元目标展开,课堂教学需要充分体现"高思辨"和"高互动"。顾老师的课紧扣"新变化",层次清晰,贯穿唯物史观。俞颖杰老师的课非常"接地气",史料翔实,思路清晰。建议把《中外历史纲要(下)》中第八和第九两个单元构建成一个单元群,进一步突出单元主旨的通感力度,关注"人类命运共同体"这一时代主题。

上海市历史特级教师李峻

课堂设计能整体把握单元与课的关系,实现了单元目标一致且分课达成的效果。教学内容相互关联,突出"变化","资本主义国家的新变化"偏重政府干预。教学设计环环相扣,且有很强的思辨性。

上海市历史特级教师凤光宇

数学学科
"双新"教学课例

一、"向量的数量积"教学设计与教学思考

执教人：王永庆老师	新课程、新教材内容	沪教版教材《普通高中教科书　数学　必修　第二册》第八章第二节"向量的数量积"。此教材 2020 年出版，教学内容为第 105～111 页。
教学课时：第 2 课时	教学时间：2021 年 4 月 16 日	教学对象：高一(6)班

(一)教学设计

【教学目标】

1. 回忆平面几何中的常见研究对象；

2. 掌握向量的模、数量积等运算；

3. 探究平面几何中一些研究对象的数量积表示；

4. 体会向量运算的重要作用和教学价值。

【教学重点】

探究平面几何中一些研究对象与数量积的关系。

【教学难点】

探究的方向和探究成果的论证。

【教学过程】

1. 阅读与表征

在平面几何中，"点 G 为三角形 ABC 的重心"，这是我们描述 G

点位置的一种自然语言,在学习了平面向量的线性运算后,则可以通过用一个向量等式 $\overrightarrow{GA}+\overrightarrow{GB}+\overrightarrow{GC}=\vec{0}$ 来表达上述问题。例如,在三角形 ABC 中,若 D、E 分别为 AB、AC 的中点,则 $DE \parallel BC$ 且 $DE=\dfrac{1}{2}BC$,这是三角形中的中位线定理,可用向量等式 $\overrightarrow{DE}=\dfrac{1}{2}\overrightarrow{BC}$ 表示。

再举两个新教材中的例子。

上节课我们学习了向量的数量积,从物理学中的"功"抽象出定义 $\vec{a}\cdot\vec{b}=|\vec{a}|\cdot|\vec{b}|\cos\theta$。本节课,我们对平面几何中常见的数学对象,探究其与向量的数量积之间的关系。

2. 探究与发现

问题:数学是研究数量关系和空间形式的科学。在平面几何中,研究的内容主要包括哪些?

预设结果:

线段长度、角度(与之相关的余弦定理)、点到直线的距离、面积等(数量);

两直线垂直与平行(重合)、点关于直线的对称点等(位置);

正三角形、矩形等(图形)。

【探究任务】对上述结果分别探究其数量积表示(任务说明:为使结果简洁对称,允许添设必要的向量,如 $\vec{a}$、$\vec{b}$ 及它们中的某个单位向量,用含数量积的代数式表示数学研究对象,以下图例作为参考。)

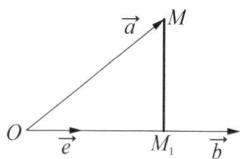

图 1

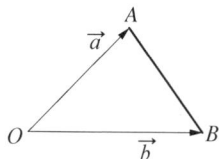

图 2

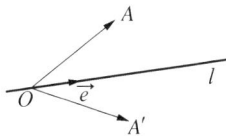

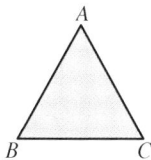

图 3   图 4   图 5

属别	研 究 对 象	数量积表示形式
数量	1. 线段长度	$\lvert \vec{a} \rvert = \sqrt{\vec{a} \cdot \vec{a}}$
	2. 角度	$\cos \theta = \dfrac{\vec{a} \cdot \vec{b}}{\lvert \vec{a} \rvert \lvert \vec{b} \rvert} = \dfrac{\vec{a}^2 + \vec{b}^2 - (\vec{a} - \vec{b})^2}{2 \lvert \vec{a} \rvert \lvert \vec{b} \rvert}$
	3. 点到直线的距离（见图 1）	点 O 到直线 MM_1 的距离 $\lvert \vec{a} \cdot \vec{e} \rvert$；点 M 到 $\vec{e}$ 所在直线的距离 $\lvert \vec{a} - (\vec{a} \cdot \vec{e}) \cdot \vec{e} \rvert$
	4. 面积（见图 2）	$S = \dfrac{1}{2} \lvert \vec{b} \rvert \lvert \vec{a} - (\vec{a} \cdot \vec{e}) \cdot \vec{e} \rvert$ $= \dfrac{1}{2} \sqrt{\lvert \vec{a} \rvert^2 \lvert \vec{b} \rvert^2 - (\vec{a} \cdot \vec{b})^2}$
位置	5. 两直线的垂直与平行（重合）	垂直：$\vec{a} \cdot \vec{b} = 0$；平行：$\vec{a} \cdot \vec{b} = \pm \lvert \vec{a} \rvert \cdot \lvert \vec{b} \rvert$
	6. 点关于直线的对称点（见图 3）	$\vec{a}$ 关于 $\vec{e}$ 对称的向量 $\longrightarrow \vec{a} = 2(\vec{a} \cdot \vec{e}) \cdot \vec{e} - \vec{a}$
图形	7. 正三角形（图 4）	$\vec{a} \cdot \vec{b} = \vec{b} \cdot \vec{c} = \vec{c} \cdot \vec{a}$
	8. 矩形（见图 5）	$\vec{a} \cdot \vec{b} = \vec{b} \cdot \vec{c} = \vec{c} \cdot \vec{d} = \vec{d} \cdot \vec{a}$

部分探究展示：

【探究成果】 求证：ABC 为正三角形的充要条件是 $\vec{a} \cdot \vec{b} = \vec{b} \cdot$

$\vec{c} = \vec{c} \cdot \vec{a}$.

证明：设 $\overrightarrow{AB} = \vec{a}$，$\overrightarrow{BC} = \vec{b}$，$\overrightarrow{CA} = \vec{c}$.

必要性：若 ABC 为正三角形，则 $|\vec{a}| = |\vec{b}| = |\vec{c}|$，故 $\vec{a}^2 = \vec{b}^2 = \vec{c}^2$，由 $\vec{a} + \vec{b} + \vec{c} = \vec{0}$，

故 $\vec{a} \cdot (-\vec{b} - \vec{c}) = \vec{b} \cdot (-\vec{a} - \vec{c}) = \vec{c} \cdot (-\vec{b} - \vec{a})$，化简得，$\vec{a} \cdot \vec{b} = \vec{b} \cdot \vec{c} = \vec{c} \cdot \vec{a}$.

充分性：若 $\vec{a} \cdot \vec{b} = \vec{b} \cdot \vec{c} = \vec{c} \cdot \vec{a}$，得 $\vec{a} \cdot (-\vec{b} - \vec{c}) = \vec{b} \cdot (-\vec{a} - \vec{c}) = \vec{c} \cdot (-\vec{b} - \vec{a})$，

又 $\vec{a} + \vec{b} + \vec{c} = \vec{0}$，则 $\vec{a}^2 = \vec{b}^2 = \vec{c}^2$，从而 $|\vec{a}| = |\vec{b}| = |\vec{c}|$，

所以，ABC 为正三角形。

3. 课堂总结与作业布置

（1）本节课探究了平面几何中常见研究对象的数量积表示，使学生了解数学对象的不同表征及其转换是数学问题解决的关键环节；

（2）通过本节课的探究，使学生进一步了解了向量既是代数研究对象，也是几何研究对象，是沟通几何与代数的桥梁；

（3）通过本节课的探究，掌握了平面几何中常见对象的数量积表示，使学生加深了对诸多数学对象的理解。

作业 （选做）如图 6 所示，已知点 O 是三角形 ABC 的外心，且 $|\overrightarrow{AB}| = m$，$|\overrightarrow{AC}| = n$，能否用 m，n 表示 $\overrightarrow{AO} \cdot \overrightarrow{BC}$？

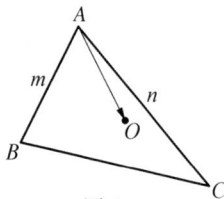

图 6

如果将外心 O 换成重心、内心、垂心呢？以 2 至 3 人为一小组，分别尝试探究与设计。

（对某些不确定的情况，请对条件进行适当增设和重构。）

（二）教学思考

《普通高中数学课程标准(2017 年版 2020 年修订)》关于必修与选择性必修课程中设置了"数学建模与数学探究活动"，是综合提升

数学学科核心素养的载体。课程标准建议教师应整体设计、分步实施建模与探究活动。

本节课是基于沪教版教材《普通高中教科书　数学　必修　第二册》第八章第二节"向量的数量积"的一次探究活动,意图引导学生发现和提出问题,积累"四能"经验,养成独立思考与合作交流的习惯。

考虑到新课程标准的要求,我结合向量兼具的代数与几何双重内涵,开设了以"探究平面几何中常见研究对象的数量积表示"为主题的探究课,培养学生从不同角度认识问题的素养,培养探究精神。

通过这节课的教学,我有以下几点反思:

1. 通过用向量的线性运算描述重心概念、中位线定理,三条线段是否能拼接成三角形这一判断,以及描述三角形相似的分配律以说明向量是重要的表达语言,让学生迅速进入向量场景并回忆向量的线性运算及性质。在学习了向量的数量积运算后,引导学生进一步用数量积来表示平面几何中的一些常见研究对象,经过这节课大家的思考和讨论,我发现学生能回忆初中的平面几何内容,并且类比是清晰明确的。同时,课堂上的小组讨论,让学生各抒己见,作为探究教学的重要方式,培养了学生的表达能力。

2. 探究任务的界定。若没有任何说明或界定,学生对这样的问题难以进入数学的情境之中,其表现可能就是学生没有方向或感到一头雾水,在本节课的磨课过程中已经证实了这一点。这次的探究实践表明:探究任务应充分考虑学生的实际水平,不同水平的学生设计的探究任务难度或提示的程度不应相同,这也体现了新课程以学生发展为本的基本理念。

例如,本节课中,探究出的结果一定要有数量积形式,只能使用直线、线段上的向量(或单位向量),考虑到向量的模能较为方便地用数量积表示,因此可以使用向量的模等。

3. 探究任务的分配。本节课将探究活动设计成三个任务,依据探究难度的不同安排不同的学生组数,单位向量是课本中较少参与运算的,数量投影、投影向量又是学生新学习的知识,因此,对学生是否能顺利探究出"点到直线的距离""点关于直线的对称点"心存疑问;学生对面积公式是否有多角度思维? 正三角形除了有 $\vec{a}^2 = \vec{b}^2 = \vec{c}^2$ 外,学生是否还能探究出其他结果? 学生是否能自己提出一个命题,并进行充要性证明都存在较大的变数。这是探究课教学的难点所在,而在这节课的教学中,学生从几何角度给予了很好的证明,这也说明直观的东西是学生所熟悉和擅长的。而对矩形的数量积表示这一探究作为预留的一个内容,根据教学实际灵活掌握。

4. 本节课教学内容来源于新教材,但这节课并不仅是一节知识讲授课。例如,其中的一个面积公式来源于新教材《数学必修第二册》例题;矩形的探究来源于教材的一道习题等,这样的探究课形式对学生提出了较高的要求,对教师也提出了一定的挑战。

"人多力量大",学生是通过小组活动进行探究的,我的这节课也是团队共同讨论出来的,感谢华东师范大学鲍建生教授,市教研室黄华、方耀华老师的建议和意见,感谢冯校长、况亦军老师、严江华老师及组内多位老师的帮助。

执笔人:上海市上海中学数学教研组长王永庆

【专家点评要点】

王老师"探究平面几何中常见研究对象的数量积表示"这节精彩的展示课,体现了上海中学数学课堂教学的特点,我们感受到了上海中学在"双新"背景推进下的数学课堂实践和教学研究,也看到了王老师的数学功底和优秀的教学素养,值得我们大家借鉴和学习。

王老师的这节课,不是一节简单的知识构建课,而是可以看作为一节复习课和问题解决的课,也是建立数学之间联系的课,他的这节课具有以下一些特点:

1. 课题设计立意高。对于向量的运算如何进行复习,本节课从另一个角度用向量运算的关系式表达几何中的特定意义,与几何挂钩,开辟了新的思考和实践;从导入的向量的线性关系式,引出了向量的线性关系式与几何中的定义、定理、判定及运算法则等建立关联,使学生感受到向量不仅是可以运算,而且运算的结果具有一定的几何意义和特点的含义,揭示了向量的本质特征;另外这样的跨界设计其实也是一种以单元视角设计教学的思考,设计立意很高。

2. 教学素材源于本(教材)。王老师所教学的材料和素材主要来源于教科书,都是学生已经学过和做过的问题,王老师将其进行开发重组,发现和挖掘了其内在的功能;课堂教学中至少有四处问题源于教材;我认为这是具有示范作用的;我们的数学课堂教学是需要使用教科书中的所有材料和素材,而且需要仔细研究、细细琢磨的,是需要我们去深刻理解教材的,也是可以通过教师个体以及团队深入思考并进行二次开发的。王老师对教学素材的处理,并不是从变式的角度,而是从建立与几何的关联,建立结构角度帮助学生理解向量及其运算的本质。

3. 课堂教学重探究。课程教学改革关键看课堂,关键是教学方式的变革,也就是组织方式、活动方式和认知方式的变化;我们看到组织方式已改为小组合作与个体学习相结合的组织方式,这种组织方式,使学生的交流成为可能,也为探究问题、讨论问题、互动交流提供了合作学习环境;在课堂上我们可以看到学生通过观察、思考、讨论、表达、听讲、探索、分享等丰富的活动进行数学学习,活动方式变得丰富;高中数学的教学由于教学内容、教学进度以及教学难度等因素,教师更愿意以讲授为主,但学生更多的认知方式是接受式,而本节课中通过组织方式、活动方式的变化,带来了认知方式的变化,我们可以看到本节课采用互动式与探究式等多种认知方式进行数学学习,王老师更多采用的是探究式教学方式。探究式教学也有几种模式,第一种是教师探究,学生观看后再模仿;第二种是教师引导学生探究;第三种是学生自主探究。我们看到王老师课堂上采用的方式是：从教师引领式的探究到学生自主探究，有层次地推进。留出足够的时间，让学生自主探究和合作交流，有效促进学生真正的数学学习。

4. 素养培育求创新。如何培育数学学科核心素养是我们当下数学教育优先考虑的问题，王老师在这节课上所关注的是学生的数学思维，如何能促进学生有效的数学思考，我们看到：让学生自主经历探究的过程，经历建立知识之间关联的过程，经历发现问题、提出问题以及分析和解决问题的过程，学会用数学的眼光观察世界、用数学的语言表达世界、用数学的思维思考世界。后续学生所探究的问题，是从无到有、从有到优的过程，从某种意义上讲是创新，对个体来说也是创造。这样具有开放的问题设计为学生打开了自由驰骋的空间，提升了学生的数学核心素养以及创新意识，若能长期坚持一定会促进学生数学核心素养的更高发展。

这节课使我们看到上海中学历来在课堂教学中所提倡的"三高"，即"高立意、高思辨、高互动"的课堂，同时，我们也感受到在当下倡导学科育人、立德树人，数学核心素养培育的大背景下，上海中学的数学教师所作的课堂教学再塑，包括单元视角、结构化、演绎式、关联性、技术辅助等。

这节课也给了我们很多的启发：（1）数学教材是要使用的，如何用好教材、如何挖掘教材中素材的内涵，做好二次开发，深层次的理解是需要教师进一步思考和研究的；（2）探究式教学是有效落实数学学科核心素养的重要途径之一；（3）只有教师的课堂教学方式改善了，学生的数学学习才有更大的发展，学生的数学学习和研究的潜力才会有更大的发挥。

　　　　　　　上海市教育委员会教学研究室数学教研员黄华

二、"体验数学建模——以'红绿灯管理'为例"教学设计与教学思考

执教人：郭子瑜老师	新课程、新教材内容	沪教版教材《普通高中教科书　数学必修　第四册》第一部分《数学建模活动案例》第一课"红绿灯管理"。此教材2020年出版，教学内容为第6～8页。
教学课时：第1课时	教学时间：2019年12月	教学对象：高三(7)班

（一）教学设计

【教学目标】

1. 能够在熟悉的生活情境中，发现问题并转化为数学问题，了解数学问题的价值与作用。

2. 借助已学的数学知识，选择合适的数学模型表达所要解决的数学问题，建立模型、求解模型，并能根据问题的实际意义检验结果，完善模型，解决问题。

3. 在小组活动的建模过程中，学生能有意识地用数学语言表达现实世界，感悟数学与现实之间的关联。能够提高团队合作、实践的能力，提高数学建模核心素养，增强创新意识和科学精神。

【教学重点】

将实际问题转化为数学问题，合理建立数学模型。

【教学难点】

确定主要影响问题的因素,数学模型的选择及如何改进模型以解决问题。

【教学过程】

上海市徐汇区百色路和龙川北路的路口是地理位置非常重要的交叉路口,东有上海市植物园、西有上海市上海中学,是许多教师、学生上班上学的必经之路,然而该路口常年堵车。另外,在这个交叉路口的西北方,徐汇区南部医疗中心作为徐汇区"十二五"期间重要推进的公共项目之一,正在实施建设中。可以想象,不久的将来对道路交通的要求必然提高。红绿灯作为交通的指挥棒,在城市交通中发挥着重要的作用,那么作为上海中学的学生,我们怎样判断该路口的红绿灯设置是否合理呢? 若不合理,又该如何解决这一问题呢?

下表为教师在早高峰时段收集到的数据:

表1   早高峰时段的路口红绿灯时间

方 向	东西方向	南北方向
红灯持续时间(秒)	59	57
绿灯持续时间(秒)	57	59

表2   早高峰时段的路口车流量情况

东西方向车流量(辆/分钟)	20
南北方向车流量(辆/分钟)	49

构建模型

路口红绿灯的变换通常是有周期性的。在一个周期内,先是东西方向绿灯,东西方向车辆可以行驶,南北方向红灯,车辆必须等待。然后信号灯转换,东西方向红灯,车辆等待,南北方向绿灯,车辆通行。考察交通路口的红绿灯设置问题,首先要明确如何确定一个合理的设置目标呢?

【模型一】

设置目标:所有车辆在交叉路口的滞留时间的总和最短时,各方向红灯持续时间的比率。

确定影响滞留时间的因素有哪些?

例如:车流量、行人及非机动车的影响、车辆启动时间……

模型该如何假设?(简化问题。)

假设 1:不允许超车,两辆车并排同向行驶,车辆不能转弯;

假设 2:不考虑路口行人和非机动车辆的影响;

假设 3:忽略黄灯的影响;

假设 4:两个方向的车流量是均匀、稳定的;

假设 5:将交通信号灯转换的最小周期取作单位时间 1。

建立模型

由前面的分析,一个周期内通过该路口车辆的总滞留时间记为 T,则:

$T=$ 东西方向车辆等待时间+南北方向车辆等待时间+等候车辆的启动时间。

下面进行参数假设:

记单位时间内从东西方向到达十字路口的车辆数为 h_1,从南北方向到达十字路口的车辆数为 h_2。在一个周期内,假设东西方向红灯、南北方向绿灯的时间为 r_1,那么在该时间段内,东西方向绿灯、南北方向红灯的时间为 $1-r_1$。假设车辆的启动时间为 r_2 个单位时间。

则,在一个周期内东西方向行驶的车辆的等待时间为:

$$h_1 r_1 \cdot \frac{r_1}{2} = \frac{h_1 r_1^2}{2} \qquad (1)$$

南北方向行驶的车辆的等待时间为：

$$h_2 \cdot (1-r_1) \cdot \frac{(1-r_1)}{2} = \frac{h_2 (1-r_1)^2}{2} \qquad (2)$$

在此周期内所有车辆的总启动时间为：

$$r_2 \cdot [h_1 r_1 + h_2 \cdot (1-r_1)] \qquad (3)$$

由(1)(2)(3)式得，在此周期内所有过此路口车辆的总滞留时间为：

$$T = \frac{h_1 r_1^2}{2} + \frac{h_2 (1-r_1)^2}{2} + r_2 \cdot [h_1 r_1 + h_2 \cdot (1-r_1)]$$

$$= \frac{h_1 + h_2}{2} r_1^2 - [h_2(1+r_2) - h_1 r_2] r_1 + r_2 h_2 + \frac{h_2}{2} \qquad (4)$$

这样，该数学模型为：求 r_1，使(4)式定义的总滞留时间 T 达到最小。

计算求解

由(4)式，T 是关于 r_1 的一元二次函数，对其配方得：

$$T = \frac{h_1 + h_2}{2} \left[r_1 - \frac{h_2(1+r_2) - h_1 r_2}{h_1 + h_2} \right]^2$$

$$+ \frac{(2r_2^2 + 4r_2 + 1)h_1 h_2 - r_2^2(h_1^2 + h_2^2)}{2(h_1 + h_2)} \qquad (5)$$

由(5)式得：当

$$r_1 = \frac{h_2(1+r_2) - h_1 r_2}{h_1 + h_2} \qquad (6)$$

时，T 达到最小值

$$T_{\min} = \frac{(2r_2^2 + 4r_2 + 1)h_1h_2 - r_2^2(h_1^2 + h_2^2)}{2(h_1 + h_2)} \qquad (7)$$

检验模型

由统计数据,取一个周期,即 116 秒为单位时间,$r_1 = 59$ 秒,$h_1 = 20 \times \dfrac{116}{60} \approx 38$,$h_2 = 49 \times \dfrac{116}{60} \approx 94$,启动时间估计为 2 秒,即 $r_2 = \dfrac{2}{116} \approx 0.017\,2$. 代入(6)式可得:$r_1 = \dfrac{94 \times 1.017\,2 - 27 \times 0.017\,2}{38 + 94} \approx 0.72$(时间单位)$\approx 83.45$ 秒,所以南北方向绿灯时间最佳为 83.45 秒,东西方向绿灯时间最佳为 32.55 秒。

这里的 r_1 是建立在 $h_2(1 + r_2) - h_1 r_2 > 0$ 的前提下取得的,在实际中是合理的假设,如在适当长的单位时间内,启动时间 r_2 为比较小的数。

特别指出,如果忽略启动时间 r_2,那么最佳方案为

$$r_1 = \frac{h_2}{h_1 + h_2}, \quad 1 - r_1 = \frac{h_1}{h_1 + h_2}$$

东西方向与南北方向的绿灯持续时间之比,等于东西方向与南北方向车流量之比,这与我们日常的生活经验完全一致。因此,我们在建立模型时所作的简化假设是合理的。

【思考】如果考虑一个周期内平均车辆的滞留时间 $(\overline{T})$ 呢?

由模型一,不难发现:

$$
\begin{aligned}
\overline{T} &= \frac{T}{h_1 r_1 + h_2 \cdot (1 - r_1)} \\
&= r_2 + \frac{\dfrac{(h_1 + h_2)}{2} r_1^2 - h_2 r_1 + \dfrac{h_2}{2}}{(h_1 + h_2) r_1 + h_2} \\
&= r_2 + \frac{[(h_1 + h_2) r_1 + h_2]}{2(h_1 + h_2)} + \frac{\dfrac{3h_2^2}{2(h_1 + h_2)} + \dfrac{h_2}{2}}{(h_1 + h_2) r_1 + h_2} - \frac{2h_2}{h_1 + h_2}
\end{aligned}
$$

此时,$\overline{T}$ 是关于 r_1 的耐克函数,则 $\overline{T}$ 的最小值为:

$$\overline{T}_0 = r_2 + \frac{\sqrt{4h_2^2 + h_1 h_2} - 2h_2}{h_1 + h_2}$$

此时东西方向红灯、南北方向绿灯的持续时间为:

$$r_1' = \frac{\sqrt{4h_2^2 + h_1 h_2} - h_2}{h_1 + h_2} \qquad\qquad (*)$$

由统计数据,一个周期(116 秒)内,$r_1 = 59$ 秒,$h_1 = 20 \times \frac{116}{60} \approx 38$,$h_2 = 49 \times \frac{116}{60} \approx 94$,启动时间估计为 2 秒,即 $r_2 = \frac{2}{116} \approx 0.017\,2$。则代入($*$)式可得:$r_1' \approx 0.78$(时间单位)$= 90.75$ 秒,所以南北方向绿灯时间最佳为 90.75 秒,东西方向绿灯时间最佳为 25.25 秒。

【模型二】

设置目标:东西方向、南北方向绿灯时间内的通行车辆数不少于车流量,即求出绿灯持续时间内可通行的最大车流量。

模型假设

设 x 轴表示车辆行驶的道路,原点 O 表示交通灯的位置,x 轴正方向是汽车行驶的方向,以绿灯开始亮为起始时刻。

假设汽车由绿灯开始亮到 t 时刻为一个先做匀加速直线运动,再做匀速直线运动的过程,并设 a 为汽车的加速度,v^* 为城市道路行驶车辆的最高速度。

假设每辆车的长度、相邻两车的间距均一致,分别记为 l_1、l_2。

假设车辆的启动时间为 r_2。

模型建立

设 $s_n(t)$ 为红灯前等待的第 n 辆车在启动后 t 时刻位于 x 轴的位置,设第 n 辆车于 r 轴的初始位置为 $s_n(0)$,则

$$s_n(0) = -(n-1)(l_1 + l_2) \qquad (8)$$

汽车由启动到速度达到 v^* 的时间为 $\dfrac{v^*}{a}$，此时行驶的路程为：

$$s_{n\text{加速}} = \frac{1}{2}at^2 = \frac{1}{2}a\left[\frac{v^*}{a}\right]^2 = \frac{v^{*2}}{2a} \qquad (9)$$

此后匀速直线运动的行驶路程为：

$$s_{n\text{匀速}} = v^* * \left[t - \frac{v^*}{a} - nr_2\right] \qquad (10)$$

所以：$s_n(t) = s_n(0) + s_{n\text{加速}} + s_{n\text{匀速}}$

$$= -(n-1)(l_1 + l_2) + \frac{v^{*2}}{2a} + v^* * \left[t - \frac{v^*}{a} - nr_2\right]$$

经调查：$l_1 = 3m$，$l_2 = 1m$，$v^* = 7m/s$，$a = 2m/s^2$，$r_2 = 2s$.

则：$s_n(t) = -4(n-1) + 12.25 + 7(t - 3.5 - 2n)$，

设 $s_n(t) = 0$，即第 n 辆车通过红绿灯路口时，得

$$n = \frac{7t - 8.25}{18} \qquad (**)$$

由于南北方向为双车道，那么南北方向绿灯持续的 59 秒内，可通过车辆数约为 $n = 2 \times \dfrac{7 \times 59 - 8.25}{18} \approx 44$ 辆。东西方向绿灯持续的 57 秒内，可通过车辆数约为 $n = \dfrac{7 \times 57 - 8.25}{18} \approx 21$ 辆。而实际情况，59 秒内，南北方向车流量为 48 辆；57 秒内，东西方向车流量为 19 辆。那么南北方向绿灯时间内通行车辆数少于车流量，因此，红绿灯设置不合理。

课后作业：

除了改变红绿灯时间，是否还有其他更好的方案呢？比如，设置左转红绿灯，设置潮汐车道，多路口红绿灯设置问题……希望学

生们课后调查并思考。

(二) 教学思考

《普通高中数学课程标准(2017年版)》(以下简称《标准》)指出："通过高中数学课程的学习,学生能有意识地用数学语言表达现实世界,发现和提出问题,感悟数学与现实之间的关联;学会用数学模型解决实际问题,积累数学实践的经验;认识数学模型在科学、社会、工程技术诸多领域的作用,提升实践能力,增强创新意识和科学精神。"

我根据《标准》的要求及学生已有的数学基础,尊重教材而又不拘泥于教材,对上教版《普通高中教科书　数学　必修　第四册》中的课题进行了改编,将其变成学生熟悉的生活情境。从学生的生活经验出发,让学生亲身经历将实际问题抽象成数学模型并进行解释与应用的过程,使学生获得对数学的理解,同时在思维能力、情感态度与价值观等多方面得到提升和发展。在此次教学实践中,我进行了反思,数学建模的教学存在着许多值得深思的地方。

1. 问题、情境驱动探究

问题是科学研究的出发点,没有问题就不会有解释问题和解决问题的思想、方法和知识,也就难以激发学生的求知欲。因此,对本节课的第一个环节"情境与问题",我对教材中第一部分的第一节"红绿灯管理"进行了改编,赋予其真实的情境。众所周知,"红绿灯管理"是对交叉路口实施交通管理的常用方法,将这一课题的背景变成学生熟悉的校门口,一方面让学生对学校周边的交通现状、规划有所了解,另一方面也方便教师与学生对不同时段的交通拥堵情况进行统计。实践发现,学生有主动参与的积极性,而且在课堂中形成了一种"研究问题"的气氛。这一调整充分发挥了学生的主体性,倡导了学生动手实践、自主探究、深入交流。

爱因斯坦曾说讨:"提出一个问题往往比解决一个问题更为重

要。"在本节课的教学中遇到的首要问题是,学生往往在数学建模中不会对实际问题进行抽象分析。试讲之初,我在介绍了红绿灯设置的重要性后便直接设问:"如何合理地设置交通路口的红绿灯呢?"而学生会出现如下回答,"调整红绿灯的时长,让路口不出现拥堵""通过的车辆尽可能多"……学生对"合理设置"的理解大多停留在用自然语言表述的能力水平,如何更好地将自然语言过渡为数学语言,给出明确的研究目标,对学生而言是有难度的。针对这一问题,需要教师在常规的数学课堂教学中,有意识地选择合适的教学内容,模仿实际问题中建立数学模型的过程,以这种方式处理教材中常规的学习内容,为学生用实际问题来建立模型奠定基础。比如,在常规教学中,介绍"削菠萝"的数学建模活动案例,通过这一案例实现两个目的:其一,展示数学建模活动大致上有哪些基本环节;其二,如何编写一份数学建模活动的研究记录。再如,组织学生观察路口交通状况,同时教师为学生提供了目前东西、南北两个方向的红绿灯持续时间、车流量等数据,通过案例、数据等资料为学生的研究打开思路。

2. 重视分析建模的数学思维过程,给学生适当的指导

学生普遍感到数学建模难度大,最重要的原因是数学建模的思维方式与学生长期以来的数学知识学习有明显差异,这个运用所学的数学知识解决问题的过程完全不同于以往的讲例题、做习题,有的学生甚至不知道确定研究问题后该如何寻求所谓的"已知条件"。如何让学生突破"只有教师提出问题"这一思维习惯,初步形成发现和提出问题的意识? 在此次教学实践过程中,我发现,将各有所长的学生进行分组,充分讨论是十分必要的。《标准》指出:"提倡独立思考、自主学习、合作交流等多种学习方式,激发学习数学的兴趣,养成良好的学习习惯,促进学生实践能力和创新意识的发展。"在讨论的过程中,我将学生讨论中认为可能影响车辆在交叉路口的滞留总时间的所有因素逐一列举。比如,车流量、行人及非机动车、黄灯时长、车辆转弯、车辆的启动时间、超车、两车并行、车辆加速度、城市最高行驶速度、车长、车距……在教师的启发下,各组学生将上述因素对本组设置目标的影响程度从高到低进行排序、筛选,进一步完成模型假设、建立模型等关键步骤。

我采取"以问题引领—引发数学的思考—营造自主、交流、探究学习"的教学方式,改变数学建模就是"解复杂的应用题"的固有思维,使学生在学习过程中品味学习数学的乐趣,在探究中感受数学应用的价值。在数学建模教学中,教师需要适当给学生指导。如果全部交给学生,学生可能无法完成建模过程;如果指导过多,又可能会限制学生的思路,有偏向传统应用题的倾向。因此,教师应根据课题情况,将数学建模的活动过程变成一个学生为主体的自主探究过程,教师是参与者,也是提携者,但不是策划者和指挥者。

在数学建模的教学过程中,我发现仍存在一些问题:

1. 完善自身知识结构,提高自身数学建模能力

作为教师,不仅需要认识到数学建模教学的重要性,还需要做一个有心人,在日常教学活动中,积累数学建模素材和资料,钻研有关数学建模的课题,提升自身的数学建模能力,这样才能在课堂教学中提高设问质量,提升指导水平。例如,在本节课的授课过程中,有学生提出将"求解当保证两边车辆都能全部通过时,红绿灯时长分别最短"作为研究目标,在模型计算时,需要根据统计数据进行拟合,这时就需要教师了解相关知识、使用相关软件,否则难以给予指导和点评。还有的组用到了微积分、物理中的加速度与位移等知识,这些都对教师的知识和经验积累提出了很高的要求。因此,教师应有紧迫感,完善自己的知识结构,涉猎相关领域的知识,甚至完成一些课题,和学生一起进行数学建模。

2. 教学资源缺乏,教师指导的科学性有待提高

在教学实践过程中,除了教科书和教学参考书外,其他资料都需要教师自行寻找。那么在这些资料中,是否具备一定的科学性、

严谨性? 目前,大学生数学建模的资料是相对丰富的,那么如何进一步完善中学生的数学建模资源呢? 因此,对数学建模教学资源的认识应该走出"仅依靠教科书和教学参考书上课"的误区,应多积累刊物、网站、校内外数学建模资源,不断完善信息资源。

执笔人:上海市上海中学数学教师郭子瑜

【专家点评要点】

《普通高中数学课程标准(2017 年版 2020 年修订)》凝练了学生必须具备的六项数学核心素养:数学抽象、逻辑推理、数学建模、直观想象、数学运算、数据分析。其中,数学建模是对现实问题进行数学抽象,用数学语言表达问题、用数学方法构建模型解决问题的素养。数学建模的过程主要包括:在实际情境中从数学的视角发现问题、提出问题、分析问题、建立模型,确定参数、计算求解,检验结果、改进模型,最终解决实际问题。"数学建模活动与数学探究活动"与"预备知识""函数""几何与代数""概率与统计"并列为高中数学课程的五项学习主题,规定在必修课程和选择性必修课程中分别安排 6 个学时和 4 个学时用于"数学建模活动与数学探究活动"。

郭老师依据课标要求以及学生已有的数学基础,恰当地制订了本节课的教学目标:(1)能够在熟悉的生活情境中,发现问题并转化为数学问题,了解数学问题的价值与作用。(2)借助已学的数学知识,选择合适的数学模型表达所要解决的数学问题,建立模型、求解模型;并能根据问题的实际意义检验结果,完善模型,解决问题。(3)在小组活动的建模过程中,学生能有意识地用数学语言表达现实世界,感悟数学与现实之间的关联。提高团队合作、实践能力,提高数学建模核心素养,增强创新意识和科学精神。

为了将教学目标落到实处,郭老师在教学活动进程中,注重从学生实际出发,设计了可操作的教学环节,通过问题链不断激发学生的主动性和创新性,较好地将教学目标落实到学习的每一环节。

本节课体现了新课标的理念,具体体现为:

（1）体验数学源于生活。每个小组提出的问题均源于生活，在解决这些问题的过程中，方法是多样的，途径是多渠道的，结论是不唯一的。源于生活的话题，易引起学生的关注，激发学生的学习热情，从而产生学习动机，使学生感悟到数学与生活的联系及基本数学知识学习的必要性，充分体现在学生已有知识范畴内创设问题情境，立意新颖，使学生的认知能力与知识的掌握相伴而行。

（2）设计恰当的师生互动探究活动。恰当地设计师生互动探究活动，使学生通过数学观察问题、思考问题，从形象直观中生成解决问题的智慧，既符合学生思维水平，又不失思考价值。

（3）较好体现了合作与交流的课程理念。现代教学观提倡学生在已有的知识、经验和文化背景的基础上建构知识，通过合作交流的学习方式，实现优势互补，从而促进知识的建构。教师不仅引导学生对生活中的现象进行观察和联想，而且倡导学生在合作交流中提炼数学问题，鼓励学生勇于发表自己的见解。使学生在宽松、平等、和谐的课堂氛围中，与他人开展交流互动。同时在师生交流中完善对数学的深刻理解，使学生的思维穿梭于问题之间。

上海市上海中学数学特级教师、正高级教师况亦军

三、"对数函数的图像与性质"
教学设计与教学思考

执教人：蒋威老师	新课程、新教材内容	沪教版教材《普通高中教科书　数学必修　第一册》第四章第三节"对数函数的性质"。此教材 2020 年出版，教学内容为第 95～101 页。（有视频）	
教学课时：第 2 课时	教学时间：2020 年 11 月 25 日		教学对象：高一（3）班

（一）教学设计

【教学目标】

1. 经历对数函数定义的形成过程和具体的对数函数作图，了解对数函数的基本要素，感受对数函数图像的变化特点。

2. 理解对数函数的图像与性质，掌握对数函数单调性。

【教学重难点】

掌握一般的对数函数的图像与性质。

【教学过程】

1. 创设情境 引入课题

我们已经学过了幂函数和指数函数。我们知道，在 $a^b = c (a > 0, a \neq 1)$ 中，幂函数研究的是，固定指数 b、c 如何随着底数 a 的变化而变化；指数函数研究的是，固定底数 a、c 如何随着指数 b 的变化而变化。一个自然的问题是,如果固定底数 a、b 是随着 c 的变化而变化的,为此,将 $a^b=c$ 化为对数式 $b=\log_a c$,本节要研究的问题就是,变量 b(记为 y)是如何随着变量 c(记为 x)的变化而变化的。

2. 形成概念 理解辨析

与幂函数和指数函数类似,我们可以定义对数函数。

当底数 a 固定,且 $a>0$,$a\neq1$ 时,x 以 a 为底的对数 $y=\log_a x$ 确定了变量 y 随变量 x 变化的规律,称为底为 a 的对数函数。

[**问题 1**] 在对数函数的定义中,底数 a 为什么要满足" $a>0$,$a\neq1$ "?

我们知道,在对数 $\log_a N$ 的定义中,要求 $a>0$,$a\neq1$,故在对数函数的定义中,也要求 $a>0$,$a\neq1$。

[**问题 2**] 对数函数的定义域是什么?

由对数的定义可知,对数函数的定义域是 $(0,+\infty)$。

例 1. 求下列函数定义域:

(1) $y=\log_a(x^2-4x-5)$,其中常数 $a>0$,$a\neq1$;

(2) $y=\ln\dfrac{2x-1}{x+1}$.

解:(1)由 $x^2-4x-5>0$ 得,$x>5$ 或 $x<-1$,故该函数的定义域为 $(-\infty,-1)\cup(5,+\infty)$;

(2)由 $\dfrac{2x-1}{x+1}>0$ 得,$x>\dfrac{1}{2}$ 或 $x<-1$,故该函数的定义域为 $(-\infty,-1)\cup\left(\dfrac{1}{2},+\infty\right)$。

3. 描点作图 提炼性质

(1) 对数函数的图像

通过学习幂函数与指数函数的图像,我们已经知道如何通过列表—描点—连线的方式作山函数的图像。请学生类比指数函数的作图过程,选择具有代表性的底数 a 作出对数函数的图像。

示例如下:

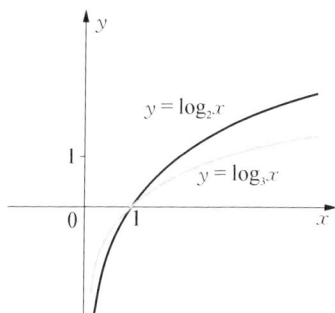

图 1

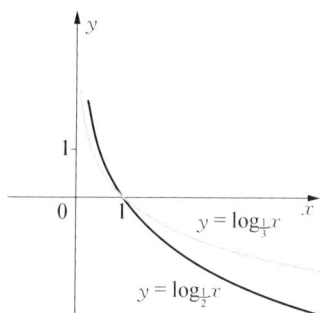

图 2

(2) 观察对数函数的图像,归纳对数函数的性质

通过观察对数函数图像,我们可以得到对数函数的如下特征:

a. 由于对数函数的定义域为 $(0,+\infty)$,且 $\log_a 1=0$,所以对数函数的图像位于 y 轴右侧,且都经过点 $(1,0)$;

b. 由 $\log_{\frac{1}{a}} x=\dfrac{\log_a x}{\log_a \frac{1}{a}}=-\log_a x$ 得,函数 $y=\log_a x$ 与 $y=\log_{\frac{1}{a}} x$ 的图像关于 x 轴对称;

c. 当 $a>1$ 时,对数函数 $y=\log_a x$ 在区间 $(0,+\infty)$ 上是严格增函数;当 $0<a<1$ 时,对数函数 $y=\log_a x$ 在区间 $(0,+\infty)$ 上是严格减函数。

为了证明这个结论,首先需要证明下列定理:

对数的基本不等式:当 $a>1$,$N>1$ 时,$\log_a N>0$。

证明:我们知道,$N=a^{\log_a N}$。假设 $\log_a N\leqslant 0$,则由幂的运算和幂的基本不等式得,$N\leqslant 1$,与 $N>1$ 矛盾。

对数函数的单调性的证明:当 $a>1$ 时,设 $x_2>x_1>0$,则 $\dfrac{x_2}{x_1}>1$,由对数的基本不等式得,$\log_a \dfrac{x_2}{x_1}>0$,而 $\log_a \dfrac{x_2}{x_1}=$

$\log_a x_2 - \log_a x_1$，故 $\log_a x_2 > \log_a x_1$，即 y 随 x 的增大而增大，这就说明当 $a > 1$ 时，对数函数 $y = \log_a x$ 在 $(0, +\infty)$ 上是严格增函数。

当 $0 < a < 1$ 时，设 $x_2 > x_1 > 0$，则 $\dfrac{x_2}{x_1} > 1$，$\log_a x_2 - \log_a x_1 = \log_a \dfrac{x_2}{x_1} = -\log_{\frac{1}{a}} \dfrac{x_2}{x_1}$，有对数基本不等式 $\log_{\frac{1}{a}} \dfrac{x_2}{x_1} > 0$，$\log_a x_2 < \log_a x_1$，即 y 随 x 的增大而减小，这就说明当 $a < 1$ 时，对数函数 $y = \log_a x$ 在 $(0, +\infty)$ 上是严格减函数。

4. 例题讲解 巩固新知

例 2. 比较下列各式的大小

(1) $(\lg x)^{1.7}$ 和 $(\lg x)^2$，其中 $x > 1$。

(2) $\log_a c$ 和 $\log_b c$，其中 $0 < a < b < 1 < c$。

解：(1) 当 $1 < x < 10$ 时，$0 < \lg x < 1$，则 $(\lg x)^{1.7} > (\lg x)^2$；

当 $x = 1$ 时，$\lg x = 1$，则 $(\lg x)^{1.7} = (\lg x)^2$；

当 $x > 10$ 时，$\lg x > 1$，则 $(\lg x)^{1.7} < (\lg x)^2$.

(2) 由 $0 < a < b < 1 < c$，所以 $\log_c a < \log_c b < 0$，因此 $\dfrac{1}{\log_c a} > \dfrac{1}{\log_c b}$，即 $\log_a c > \log_b c$。

例 3. 不考虑空气阻力，火箭的最大速度 v（单位：km/s）和燃料质量 M（单位：kg）、火箭（除燃料外）的质量 m_0（单位：kg）之间的关系是 $v = 2\ln\left(1 + \dfrac{M}{m_0}\right)$。问当燃料质量至少是火箭质量的多少倍时，火箭的最大速度才能超过 8 km/s。（结果精确到 0.1 倍。）

解：考虑不等式 $2\ln\left(1 + \dfrac{M}{m_0}\right) > 8$，即 $\ln\left(1 + \dfrac{M}{m_0}\right) > 4 = \ln e^4$，由 $y = \ln x$ 是严格增函数，得 $1 + \dfrac{M}{m_0} > e^4$，即 $\dfrac{M}{m_0} > e^4 - 1 \approx 53.6$。

因此，当燃料质量至少是火箭质量的 53.6 倍时，火前的最大速

度才能超过 $8\,\mathrm{km/s}$。

5. 知识探究

如果指数函数的底数 a 大于 1,当自变量 x 增大时,指数函数 $y=a^x$ 增长得非常快,称为"指数爆炸"。那么对数函数的增长速度又有什么特点呢?

利用计算器,填写下列表格,探究函数 $y=\ln x$ 与函数 $y=\sqrt{x}$ 在 $(0,+\infty)$ 上的增长速度。

表 1

x	0.5	1	10	25	100	400	2 500	10^4
$\ln(x+1)-\ln(x)$								

表 2

x	0.5	1	10	25	100	400	2 500	10^4
$\sqrt{x+1}-\sqrt{x}$								

思考 1:表格中的数据所反映出的函数 $y=\ln x$ 与函数 $y=\sqrt{x}$ 的增长速度有什么特点?

思考 2:请在网格纸中作出函数 $y=\ln x$,$y=\sqrt{x}-2$ 的函数图像,并结合你所得到的结论判断函数 $y=\ln x$ 与函数 $y=\sqrt{x}-2$ 的图像在 $(0,+\infty)$ 上有多少个交点?

6. 课堂小结

本节课主要学习了以下内容:

(1) 对数函数的概念及其定义域;

(2) 对数函数的图像特性;

(3) 对数函数的性质。

我们将本节课所学的对数函数的图像与性质制成下列表格:

表3

$y = \log_a x$	$a > 1$	$0 < a < 1$
图像		
图像特征	(1) 图像都在 y 轴右侧，无限趋近于 y 轴，但永不相交。	
	(2) 过点 $(1，0)$。	
	(3) 由左至右图像上升。	(3) 由左至右图像下降。
函数性质	(1) 定义域为 $(0，+\infty)$。	
	(2) 当 $x = 1$ 时，$y = 0$。	
	(3) 在 $(0，+\infty)$ 上是严格增函数。	(3) 在 $(0，+\infty)$ 上是严格减函数。

（二）教学思考

本节课是上教版普通高中教科书《普通高中教科书　数学　必修　第一册》第四章第三节"对数函数"。本节课有以下两个教学目标：一是了解对数函数的基本要素，感受对数函数图像的变化特点；二是理解对数函数的图像与性质，掌握对数函数单调性。

为了实现这两个教学目标，本节课首先从对数的定义出发，再通过与指数函数类比进而引入对数函数。这样的引入符合认知规律，并且能让学生更深刻地理解对数函数定义中底数 a 为什么要满足" $a > 0，a \neq 1$ "，及对数函数的定义域为何是 $(0，+\infty)$ 这两个知识点。

为了让学生进一步感受对数函数的图像变化特点,教师在课堂上设计了两个教学活动。活动一:安排六至七名学生为一个小组,每个小组的学生各自选取不同的底数 a 并借助计算器在网格纸上作出对数函数 $y=\log_a x$ 的函数图像。在各小组学生都完成作图后,以小组为单位交流彼此作出的函数图像,并总结对数函数的图像特征。在活动中,学生通过作图以及小组讨论分别总结出底数 $a>1$ 和 $0<a<1$ 时两类对数函数的图像特点。部分小组甚至能总结出对数函数图像以 y 轴为渐近线和具有凹凸性的特点。教师在课堂上提供舞台让学生尽情发挥自己的才能时,他们所展示的创造性和潜力是惊人的。同时在课后,教师也鼓励学生对这些超出课本的函数特征作进一步探究,让学生的思维飞得更远。

活动二:探究函数 $y=\ln x$ 与函数 $y=\sqrt{x}$ 的增长速度。在教学实践中学生能迅速完成两张表格的填写,并能从表格中的数据分析出函数 $y=\ln x$ 的增长速度先快于 $y=\sqrt{x}$ 后慢于 $y=\sqrt{x}$。但是,学生的结论中没能定量地分析出表格中后五列的数据所反映的两个函数的增量分别近似为 $\dfrac{1}{x}$ 和 $\dfrac{1}{2\sqrt{x}}$。通过反思,教师觉得在活动设计时可加以改进,先分别研究两个函数增长速度的特点,然后再将两个函数放在一起进行比较,让学生对增长速度这个问题思考更全面、更深入。在探究思考 2 中提出的问题时,有一小部分学生能挖掘这两个函数应该有两个交点,而大部分学生只能通过作出的部分函数图像判断出只有一个交点。教师通过引导让学生思考两个函数图像没画出的部分会有什么变化趋势,进而让学生判断出还有第二个交点。教师再结合作图软件进行演示,让学生将数据变化规律同图形变化规律统一在一起。在课堂活动的落实过程中,学生的课堂表现往往和课堂活动的预设有一定的偏差,这时教师要能进行适当的引导以保证课堂活动的顺利进行并实现教学目标。

本节课主要通过课堂活动让学生自主探究对数函数的性质。课堂活动就是在课堂上给学生提供一个和知识对话的平台,让学生在活动中积累经验,收获知识。影响课堂教学的因素是复杂的、多变的,因此设计精彩课堂活动也是艰巨的。只有不断打磨,反思才能打造有生命力的课堂,才能促进学生的终身发展。

执笔人:上海市上海中学数学教师蒋威

【专家点评要点】

对具有良好数学领悟能力的上海中学学生而言,在具备了对数及指数函数等知识基础后,要掌握对数函数的概念以及相关基本性质,即使没有教师的指导,学生也没有难以克服的困难。

针对这样的学情,蒋老师执教的"对数函数图像与性质"一课,在注重基础知识落实的同时,特别重视学生对学习过程的深度参与,在介绍基础知识的过程中强调学生是知识探究的主体,注重引导学生通过自主探究发现和提出与对数函数相关的问题并借助已经掌握的数学基本方法解决问题。

教师的教学设计对学生探究活动有比较准确的预设,对学生可能遇到的障碍构想了合理的指导预案,既能给学生以思考的启示,又避免直白地指向问题的结果。学生探究问题的设计敢于突破习惯,将对数函数与幂函数作为比较研究的对象。由此,引领学生在比较广泛的范围内关注和思考函数并将学生的注意力延伸到未来的导数学习上。尽管教学内容中还包含不少学生首次接触的陌生知识点,但是因为设计了较为合理而自然的逻辑链条,学生在教师的指引下还是能较流畅地完成了学习过程,基本达成了教师预设的教学目标。

上海市上海中学数学特级教师、正高级教师况亦军

四、"平均值不等式及其应用"教学设计与教学思考

执教人：佘毅阳老师	新课程、新教材内容	沪教版教材《普通高中教科书 数学 必修 第一册》第二章"等式与不等式"中第二、三节"基本不等式及其应用"。此教材2020年出版，教学内容为第46～48页。
教学课时：第1课时	教学时间：2021年10月14日	教学对象：高一(2)班

（一）教学设计

【教学目标】

1. 理解算术平均值与几何平均值的概念，理解并运用平均值不等式。

2. 掌握平均值不等式运用的基本条件以及平均值不等式的取等条件，能应用平均值不等式证明一些简单的不等式与求最值的问题。

3. 通过例题中题目的证明与求最值的问题，感受平均值不等式应用中配项的方法，提升学生证明问题的思想能力，培养学生证明的严谨性与逻辑推理等素养。

【教学重难点】

算术平均值与几何平均值的概念、平均值不等式的使用条件与取等条件、平均值不等式的应用。

【教学过程】

1. 概念引入

(1) 平均值的几何引入

如右图所示,在三角形 ABC 中,$\angle C$ 是直角,M 是斜边 AB 的中点,作 $CH \perp AB$,并设 $AH = a$,$BH = b$,试用 a、b 表示 CH 与 CM,并比较它们的大小。

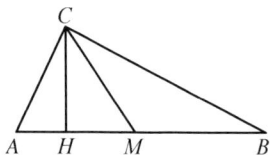

解:$CH = \sqrt{ab}$,$CM = \dfrac{a+b}{2}$.

设计意图:体会数形结合的想法,以此引入算术平均值与几何平均值,并给出平均值不等式的一个几何解释。

(2) 算术平均值与几何平均值的定义

对于正实数 a 与 b,定义它们的

算术平均值:$\dfrac{a+b}{2}$,

几何平均值:$\sqrt{ab}$。

试使用代数方法证明:

$$\frac{a+b}{2} \geqslant \sqrt{ab}。$$

并求等号成立条件。

证:$\dfrac{a+b}{2} - \sqrt{ab} = \dfrac{1}{2}(\sqrt{a} - \sqrt{b})^2 \geqslant 0.$ 从而,$\dfrac{a+b}{2} \geqslant \sqrt{ab}$,

当且仅当 $\sqrt{a} = \sqrt{b}$,即 $a = b$ 时,等号成立。

设计意图:梳理基本概念,强调正实数在定义中的必要性。体会类比的重要思想,强化把新内容化归为已学内容的化归思想。

(3) 常用不等式

对实数 a、b,有以下不等式成立:

$$ab \leqslant \left(\frac{a+b}{2}\right)^2,$$

当且仅当 $a = b$ 时,等号成立。

证:$\left(\frac{a+b}{2}\right)^2 - ab = \left(\frac{a-b}{2}\right)^2 \geqslant 0,$

当且仅当 $a = b$ 时,等号成立。

设计意图:课本上的一个定理,与平均值不等式类似,可用于求解一些最大值或最小值的问题。此不等式与平均值不等式最大的不同之处在于,它不要求 a 与 b 都是正实数,而是对一切实数均成立。

2. 概念应用

例题 1:已知 $x > 0$,证明:$x + \frac{1}{x} \geqslant 2$,并求等号成立条件。

证:因为 $x > 0$,所以 $\frac{1}{x} > 0$,从而由平均值不等式得:

$$x + \frac{1}{x} \geqslant 2\sqrt{x \cdot \frac{1}{x}} = 2\sqrt{1} = 2,$$

当且仅当 $x = 1$ 时,等号成立。

设计意图:使用一个课本上的例子,展示平均值不等式的运用。

例题 2:已知 $a > 3$,求 $a + \frac{1}{a-3}$ 的最小值。

证:$a + \frac{1}{a-3} = a - 3 + \frac{1}{a-3} + 3,$

由于 $a > 3$,所以,$a - 3 > 0$,$\frac{1}{a-3} > 0$,所以,

由平均值不等式得:

$$a-3+\frac{1}{a-3}+3 \geqslant 2\sqrt{(a-3)\cdot\frac{1}{a-3}}+3=5,$$

当且仅当 $a=4$ 时,等号成立。

设计意图：将已有的项进行一定的加减,从而可以得到一个常数型的几何平均值,以此解决问题。

例题 3：已知正实数 x、y,满足 $x+2y=1$,求 xy 的最大值。

（解法一）

解：由常用不等式得：

$$xy=\frac{1}{2}\cdot x\cdot(2y)\leqslant\frac{1}{2}\cdot\left(\frac{x+2y}{2}\right)^2=\frac{1}{8},$$

当且仅当 $x=2y$,即 $x=\frac{1}{2}$,$y=\frac{1}{4}$ 时,等号成立。

（解法二）

解：由于 x、y 都是正实数,所以 $x>0,2y>0$,

由平均值不等式得 $1=x+2y\geqslant 2\sqrt{x\cdot(2y)}=2\sqrt{2xy}$,

从而,$xy\leqslant\frac{1}{8}$,

当且仅当 $x=2y$,即 $x=\frac{1}{2}$,$y=\frac{1}{4}$ 时,等号成立。

（解法三）

解：由 $x+2y=1$,得 $x=1-2y$,

从而,$xy=(1-2y)y=-2y^2+y=-2\left(y-\frac{1}{4}\right)^2+\frac{1}{8}\geqslant\frac{1}{8}$,

当且仅当 $y=\frac{1}{4}$,即 $x=\frac{1}{2}$,$y=\frac{1}{4}$ 时,等号成立。

设计意图：不同于最小值的问题,在求最大值问题时,使用课本上的常用不等式,而且需要进行系数上的配项。此题也有使用二次函数,或者直接对条件 $x+2y=1$ 使用平均值不等式的解法。并通过小组讨论的形式,展示同一问题的不同做法。

例题 4:已知实数 x,满足 $0<x<3$,求 $\dfrac{1}{x}+\dfrac{1}{3-x}$ 的最小值。

(解法一)

解:由常用不等式得:

$x(3-x) \leqslant \left(\dfrac{x+(3-x)}{2}\right)^2 = \dfrac{9}{4}$,当且仅当 $x=3-x$,即 $x=\dfrac{3}{2}$ 时,等号成立,

从而 $\dfrac{1}{x}+\dfrac{1}{3-x} = \dfrac{(3-x)+x}{x(3-x)} = \dfrac{3}{x(3-x)} \geqslant \dfrac{4}{3}$,

当且仅当 $x=\dfrac{3}{2}$ 时,等号成立。

(解法二)

解:待定系数法,待定一个系数 $\lambda>0$,

由于 $0<x<3$,得 $\dfrac{1}{x}>0$,$\lambda x>0$,$\dfrac{1}{3-x}>0$,$\lambda(3-x)>0$,

从而,由平均值不等式得:

$$\dfrac{1}{x}+\lambda x+\dfrac{1}{3-x}+\lambda(3-x) \geqslant 2\sqrt{\dfrac{1}{x}\cdot(\lambda x)} + 2\sqrt{\dfrac{1}{3-x}\cdot[\lambda(3-x)]}$$
$$= 2\sqrt{\lambda}+2\sqrt{\lambda}$$
$$= 4\sqrt{\lambda},$$

当且仅当 $\dfrac{1}{x}=\lambda x$,$\dfrac{1}{3-x}=\lambda(3-x)$,即 $x=\sqrt{\dfrac{1}{\lambda}}$,$3-x=\sqrt{\dfrac{1}{\lambda}}$ 时,等号成立。

此时,注意到 $x+(3-x)=3$,从而解得 $\lambda=\dfrac{4}{9}$,

故 $\dfrac{1}{x}+\dfrac{4}{9}x+\dfrac{1}{3-x}+\dfrac{4}{9}(3-x) \geqslant \dfrac{8}{3}$,

于是 $\dfrac{1}{x}+\dfrac{1}{3-x}\geqslant\dfrac{4}{3}$，

当且仅当 $x=\sqrt{\dfrac{1}{\lambda}}$，$3-x=\sqrt{\dfrac{1}{\lambda}}$，即 $x=\dfrac{3}{2}$ 时，等号成立。

设计意图： 解法一展示了常用不等式在分母上的运用，从而也可以将常用不等式运用于求解最小值的问题。解法二展示了运用平均值不等式的方法来求最小值，在加法配项上，使用待定系数法，以此来满足等号成立的条件。

例题 5：已知 $a>b>0$，求 $a+\dfrac{1}{a+2b}+\dfrac{1}{a-b}$ 的最小值。

解：令 $u=a+2b$，$v=a-b$，则由 $a>b>0$，知 $u>v>0$。

此时，$a=\dfrac{u+2v}{3}$，$b=\dfrac{u-v}{3}$，

则 $a+\dfrac{1}{a+2b}+\dfrac{1}{a-b}=\dfrac{u+2v}{3}+\dfrac{1}{u}+\dfrac{1}{v}$

$$=\left(\dfrac{u}{3}+\dfrac{1}{u}\right)+\left(\dfrac{2v}{3}+\dfrac{1}{v}\right),$$

由于 $u>v>0$，得 $\dfrac{u}{3}>0$，$\dfrac{1}{u}>0$，$\dfrac{2v}{3}>0$，$\dfrac{1}{v}>0$，

从而，由平均值不等式得

$$=\left(\dfrac{u}{3}+\dfrac{1}{u}\right)+\left(\dfrac{2v}{3}+\dfrac{1}{v}\right)$$

$$\geqslant 2\sqrt{\dfrac{u}{3}\cdot\dfrac{1}{u}}+2\sqrt{\dfrac{2v}{3}\cdot\dfrac{1}{v}}$$

$$=2\sqrt{\dfrac{1}{3}}+2\sqrt{\dfrac{2}{3}}$$

$$=\dfrac{2\sqrt{3}+2\sqrt{6}}{3}。$$

当且仅当 $\dfrac{u}{3}=\dfrac{1}{u}$，$\dfrac{2v}{3}=\dfrac{1}{v}$，即 $u=\sqrt{3}$，$v=\dfrac{\sqrt{6}}{2}$，即 $a=\dfrac{\sqrt{3}+\sqrt{6}}{3}$，$b=\dfrac{2\sqrt{3}-\sqrt{6}}{6}$ 时，等号成立。此时，a、b 满足条件 $a>b>0$。

设计意图：体现了将其中的某一项拆分成两项，并分别与其他项运用平均值不等式求出最小值，也体现了换元简化问题的想法。

3. 课堂总结

(1) 数学知识

两个正实数 a、b 的算术平均值：$\dfrac{a+b}{2}$。

两个正实数 a、b 的几何平均值：$\sqrt{ab}$。

平均值不等式：$\dfrac{a+b}{2}\geqslant\sqrt{ab}$，以及等号成立的条件 $a=b$。

常用不等式：$ab\leqslant\left(\dfrac{a+b}{2}\right)^2$，以及等号成立的条件 $a=b$。

平均值不等式与常用不等式的应用前提。

平均值不等式应用中的加法配项要求乘积是一个常数，并且取等时，能满足题目中已有的条件。

常用不等式应用中的乘法配系数，要求和是一个常数。

(2) 思想方法

类比的思想，化归的思想，数形结合的想法。

（二）教学思考

在本课中，我顺利地完成了本节课的教学目标。在讲述例题时，引入学生的小组讨论，让小组间学生互相交换他们对同一问题的不同解法。例题的难度设置具有一定的递进性，逐步加深了学生对平均值不等式的理解和应用,让学生在学习解题方法的同时,强调过程的书写与平均值不等式应用的前提条件。

本课虽然完成了教学目标,但也有需要进一步提升的地方:

对同一问题的多种解法,应当强调哪一种方法是本节课新学习的知识与方法,让学生学习掌握并运用新的定理。

在讲解例题、板书例题解答的过程中,没有叙述解答的过程,导致板书解答过程中有一些冷场。

在选择学生回答问题时,应鼓励学生说出他们对问题的想法。

在所有例题的最后,应当设置一道有难度的思考题,以此激发学生对挑战难题的积极性。

应当再多预留一两分钟用于课堂总结,课堂总结有一些仓促。

针对这些问题,我在之后的教学任务中会将教学设计得更严密、更科学,更精确地把握各部分的时间。努力提高自己的教学素养,提高自己的教学语言表达能力,更多地激发学生自主探索数学问题的兴趣、能力与想法。

执笔人：上海市上海中学数学教师佘毅阳

【专家点评要点】

"平均值不等式及其应用"的教学设计体现了概念学习的探究式特点,侧重在掌握知识基础上的学习方法与学习能力培养,体现了本校"高立意、高思辨、高互动"的教学理念。佘老师在教学中不仅关注了新课标新教材倡导的学生主体、学生发展、有效课堂的理念,而且充分体现了概念课的教学理念特点。

创设情境,提出问题,进而引入数学概念。在此过程中充分调动学生的积极性和主动性,从具体到抽象,建立数与形之间的联系,帮助学生加深对数形结合思想方法的认识。

在引导学生形成概念、提炼概念中,通过一系列问题链,有效引导学生自主思考、逐步加深对平均值不等式的理解,注重"体验过程的直观性、定义提炼的概括性、语言阐述的严谨性"。

掌握概念、运用概念的过程中注重使用"整体到局部"的思想方法,以针对学生的认知特点。从阶段与层次性方面入手,通过小组探究、一题多解等方式,实现理解的深刻性与运用的灵活性、创新性。

上海市上海中学数学备课组长郭子瑜

五、"指数函数的定义与图像"
教学设计与教学思考

执教人：王栩晨老师	新课程、新教材内容	沪教版教材《普通高中教科书 数学 必修 第一册》第四章《幂函数、指数函数与对数函数》第二节"指数函数"。此教材2020年出版,教学内容为第86~87页。	
教学课时：第1课时	教学时间：2020年11月16日		教学对象：高一学生

（一）教学设计

【教学目标】

1. 能从具体的实例感受指数函数的应用价值,理解指数函数的概念。

2. 会作出具体的指数函数的图像。

3. 能建立相应的指数模型,解决和解释现实生活中的有关问题,初步培养数学建模的意识。

【教学重点】

指数函数的定义与图像。

【教学难点】

利用从特殊到一般的方法归纳指数函数的图像特征。

【教学过程】

1. 创设情境,引入课题

2005 年 1 月 6 日《文汇报》载当日我国人口数达到 13 亿,图 1 为该报提供的我国人口数的统计数据。

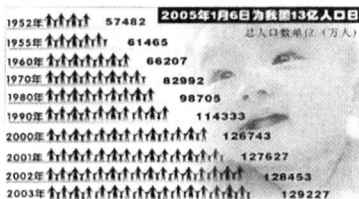

根据表中数据,我们能否发现它的变化规律?

图 1

年份	人口数(万)	年增加量	年增长率
2000	126 743	/	/
2001	127 627	884	0.006 975
2002	128 453	826	0.006 472
2003	129 227	774	0.006 026

根据表中数据,我们发现:$\dfrac{2001 \text{年人口数}}{2000 \text{年人口数}} \approx 1.006$,$\dfrac{2002 \text{年人口数}}{2001 \text{年人口数}} \approx 1.006$,$\dfrac{2003 \text{年人口数}}{2002 \text{年人口数}} \approx 1.006$。

结果表明,这三年中我国人口的年增长率约为 $1.006 - 1 = 0.006$,是一个常数。

从 2000 年起,人口数的变化规律可以近似描述为:

1 年后,人口数是 2000 年的 1.006^1 倍;

2 年后,人口数是 2000 年的 1.006^2 倍;

3 年后,人口数是 2000 年的 1.006^3 倍;

……

x 年后,人口数是 2000 年的 1.006^x 倍。

如果设经过 x 年后的人口数为 2000 年的 y 倍,那么 $y=1.006^x[x\in[0,+\infty)]$,这是一个函数,其中指数 x 是自变量。

设计意图:本节课从人口数模型入手,引入指数函数的概念,让学生体会指数函数具有"底数固定,幂随着指数的变化而变化"的特征。数学知识在实际生活中有着广泛的应用,通过真实情境打通知识内容与生活世界的壁垒,让学生感受指数函数的应用价值,从而激发学生的学习兴趣和求知欲。同时,培养学生获取有价值信息并进行定量分析的意识和能力,提升数据分析这一核心素养。

2. 形成概念 理解辨析

当底数 a 固定,指数用变量 x 代替,研究幂 a^x 随 x 变化而变化的规律,即用 $y=a^x$ 来描述 y 与 x 之间的关系,就得到了指数函数。

为了保证对所有的实数 x,a^x 都有意义,我们首先假设 $a>0$,又因为如果 $a=1$,a^x 就恒等于 1,这种极为特殊的情况不必专门研究,因此我们还要假设 $a\neq1$。

于是,我们得到了**指数函数的定义**:

当底数 a 固定,且 $a>0$,$a\neq1$ 时,等式 $y=a^x$ 确定了变量 y 随变量 x 变化的规律,称为底为 a 的指数函数。

因为对所有实数 x,a^x 都是有意义的,所以指数函数的定义域是全体实数。

3. 例题讲解 巩固新知

例题 1:(1) 若幂函数的图像经过点 $(4,16)$,求该幂函数的表达式;

(2) 若指数函数的图像经过点 $(4,16)$,求该指数函数的表达式。

解:(1) 因为幂函数 $y=x^a$ 的图像经过点 $(4,16)$,所以 $16=4^a$,解得 $a=2$,

因此幂函数的表达式为 $y=x^2$。

(2) 因为指数函数 $y=b^x(b>0$ 且 $b\neq1)$ 的图像经过点 $(4,16)$,所以 $16=b^4(b>0$ 且 $b\neq1)$,解得 $b=2$,

因此指数函数的表达式为 $y = 2^x$。

设计意图：例题 1 旨在通过待定系数法，求指数函数和幂函数的函数表达式。通过指数函数与幂函数形式的对照，加深学生对指数函数概念的理解。

例题 2：如果我们以 2005 年 13 亿人作为基准，假设人口数增长率维持在当时的水平，请利用计算器估算：我国会在哪一年人口数达到 14 亿？

解：设经过 x 年后的人口数为 14 亿，

由题意可知，$\dfrac{14}{13} = 1.006^x$，解得：$x = \log_{1.006} \dfrac{14}{13}$，$x \approx 12.39$。

因此，根据该模型估算，我国大约会在 2017 年人口数达到 14 亿。

事实上，2019 年末，中国大陆总人口数才达到 140 005 万，因此，2020 年 6 月 11 日为我国 14 亿人口日。

设计意图：例题 2 旨在帮助学生回顾指数、对数运算之间的相互转化，为后续学生独立完成思考题做铺垫。同时，通过对真实情境的深入学习，将主题教育与知识本体有机融合，贯彻本教材"立德树人，课程育人"的特点。

例题 3：作出指数函数 $y = 3^x$ 的大致图像。

x	3^x
-2	$\dfrac{1}{9}$
-1	$\dfrac{1}{3}$
0	1
1	3
2	9
...	...

指数函数 $y = 3^x$ 的图像必经过下列点：

$$\left(-2, \frac{1}{9}\right)、\left(-1, \frac{1}{3}\right)、(0, 1)、(1, 3)、(2, 9)$$

再使用计算器多采集一些点，可以粗略地作出其图像，如图 2 所示。

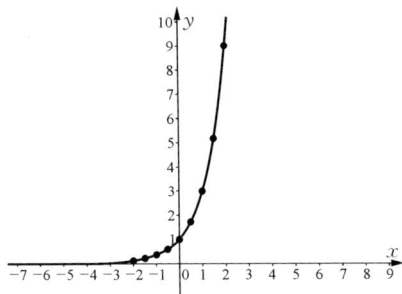

图 2

课堂练习：分别作出指数函数 $y = 2^x$ 及 $y = \left(\frac{1}{2}\right)^x$ 的大致图像。

x	2^x	$\left(\frac{1}{2}\right)^x$
-2	$\frac{1}{4}$	4
-1	$\frac{1}{2}$	2
0	1	1
1	2	$\frac{1}{2}$
2	4	$\frac{1}{4}$
...	...	...

指数函数 $y = 2^x$ 的图像必经过下列点：

$$\left(-2, \frac{1}{4}\right)、\left(-1, \frac{1}{2}\right)、(0, 1)、(1, 2)、(2, 4)$$

而指数函数 $y = \left(\dfrac{1}{2}\right)^x$ 的图像必经过下列点：

$$(-2, 4)、(-1, 2)、(0, 1)、\left(1, \dfrac{1}{2}\right)、\left(2, \dfrac{1}{4}\right)$$

再使用计算器多采集一些点，它们的图像如图 3 和图 4 所示。

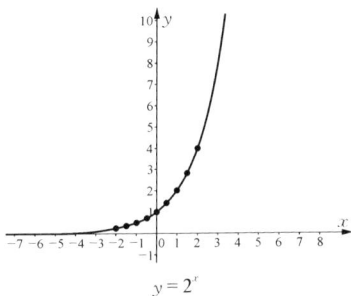

图 3

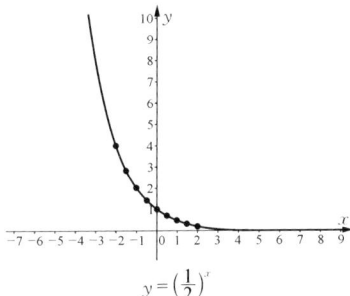

图 4

设计意图：例题 3 和课堂练习旨在研究指数函数的定义和图像。引导学生复习作图的步骤为：列表—描点—连线，类比幂函数图像的分析方式，通过对具体图像的直观描述，让学生感受指数函数图像的大致特点，为下一节研究指数函数的性质做铺垫。

若将幂函数 $y = x^2$ 与指数函数 $y = 2^x$ 画在同一平面直角坐标系中，我们会发现它们的图像有 3 个交点，并且在 x 足够大时，$y = 2^x$ 的增长速度要远快于 $y = x^2$，且呈"爆炸性"增长，我们称之为"指数爆炸"。

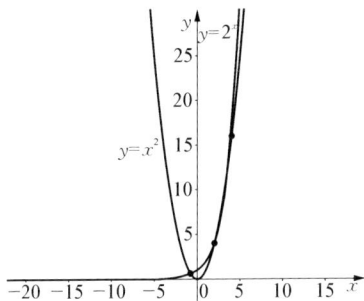

图 5

思考：

基本再生数 R_0 与世代间隔 T 是新冠疫情的流行病学基本参数。基本再生数是指一个感染者传染的平均人数，世代间隔是指相邻两代间传染所需的平均时间。在新冠疫情初始阶段，可以用指数模型：$I(t)=e^{rt}$（e 为无理数，$e \approx 2.718\,28$）描述累计感染病例数 $I(t)$ 随时间 t（单位：天）的变化规律，指数增长率 r 与 R_0，T 近似满足 $R_0 = 1 + rT$。有学者基于已有数据估计出 $R_0 = 3.28$，$T = 6$。

（1）求出指数增长率 r；

（2）在新冠疫情初始阶段，假设某一时刻 t_0 的累计感染病例数为 $I(t_0)$，大约经过（　　）天累计感染病例数会翻倍。（已知 $\ln 2 \approx 0.69$）

解：（1）因为 $R_0 = 1 + rT$，$R_0 = 3.28$，$T = 6$，所以 $3.28 = 1 + 6r$，解得 $r = 0.38$。

（2）设经过 t 天累计感染病例数会翻倍。

则 $\dfrac{e^{r(t_0+t)}}{e^{rt_0}} = 2$，即 $e^{rt} = 2$。

两边同时取对数，得 $rt = \ln 2$，

所以 $t = \dfrac{\ln 2}{r} \approx \dfrac{0.69}{0.38} \approx 1.8$。

因此，大约经过 1.8 天累计感染病例数会翻倍。

设计意图： 本题旨在让学生体会指数增长，初步感受指数爆炸的含义。在建立流行病例模型后，利用该模型对未来作出预测，以便采取有效措施并及早进行干预。

4. 课堂小结

知识内容：

1. 当底数 a 固定，且 $a > 0$，$a \neq 1$ 时，等式 $y = a^x$ 称为底为 a 的指数函数。

指数函数的定义域是全体实数。

2. 指数函数的图像

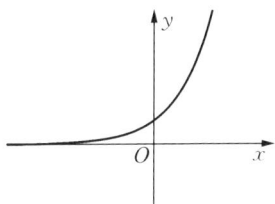

图 6

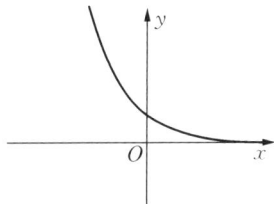

图 7

3. 指数函数的简单应用

数学素养：

1. 通过类比，将研究幂函数的图像及性质的方式，用于指数函数的图像及性质的研究；

2. 通过人口模型、流行病例模型，进一步认识数学的应用价值，树立用数学解决现实问题的意识，初步培养数据分析和数学建模的核心素养。

5. 课后作业

［基础练习］

教材：练习 4.2(1)；习题 4.2 A 组 1,2,3;B 组 2。

［能力拓展］（选做）

请上网搜索某地区在一段时间内的疫情实时数据，并且尝试找一个合适的指数模型来描述它的增长趋势。

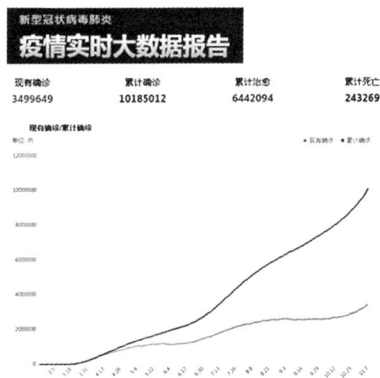

图 8

（二）教学思考

本节课是上教版《普通高中教科书　数学　必修　第一册》第四章第二节"指数函数"的第一课时。本套教材将幂、指数与对数的运算从函数的标题下独立出来,形成了第三章《幂、指数与对数》,将其归到"几何与代数"主题下。同时,教材注重"从特殊到一般"的认识论规律,在函数主线部分,没有从给出函数的一般定义入手,而是先让幂函数、指数函数、对数函数作为特殊出现,然后再提出函数的一般概念。因此,本节课的设计注重对这两个教学内容和方式的改变。

本节课在学了上一章《幂、指数与对数》和幂函数的定义及图像的基础上,介绍指数函数这一基本的初等函数的定义和图像,建立起初高中函数学习之间的桥梁,为学习下一章《函数的概念、性质及应用》奠定基础。此外,指数函数的知识与我们的日常生活、科学研究有着紧密的联系,因此学习本节内容有着广泛的现实意义。

确立了教学目标,教学设计就相对明确了。恰逢第七次中国人口普查,学生对人口增长速度有一定了解和兴趣。从2019年下半年开始的新冠疫情也让学生真切地感受到流行病暴发初期的增长速度惊人,借此帮助学生更好地理解指数函数的应用价值。

授课过程总体是成功的,整体推进也较为流畅,这得益于在正式授课前老师的倾囊相授。因为是跨校、跨年级上课,区教研员严江华老师、徐冬林老师和我们组内况亦军老师、王永庆老师多次听课,提出了十分宝贵的意见,吴坚老师和刘丽霞老师在繁忙的工作中仍然抽空帮助我修改教案,提出了很多切实有用的好建议,让我受益匪浅。

执笔人:上海市上海中学数学教师王栩晨

【专家点评要点】

本节课是市中青年教师教学比赛课,针对新教材内容:指数函数的定义与图像,为函数进一步的学习提供特殊案例,也是新教材"从特殊到一般"的理念体现。

王栩晨老师的教学目标明确,从知识、技能到素养、情意,非常清晰地构建了教学的整个过程,提供了教师教学和学生学习的方向。在教学过程中,针对学情的不同情况,因材施教,让学生在"第七次中国人口普查"这一情境中感受到了指数"爆炸",体现了教学的功力。

王老师通过人口模型、流行病例模型,进一步让学生认识到数学的应用价值,树立用数学解决现实问题的意识,培养了数据分析和数学建模的数学核心素养,这是符合新教材特点的"高立意"的设计,也使得这节比赛课充满了数学应用的味道,让学生意识到数学就在身边,应用数学便能了解生活的事实。

王老师通过使用信息技术让学生直观感受指数函数的图像特点,教学中遵循从易到难、从直观到抽象、从教师引领到学生自主探究的教学规律,在帮助学生掌握知识的同时,培养学生的合作和自主探究精神,让学生掌握学习方法,从"学会"到"会学"期间需要经历的种种数学过程,培养了学生的研究能力,也遵循了新教材注重知识发生发展的教学理念。

上海市上海中学数学教研组长、高级教师王永庆

六、"超几何分布(一)"教学设计与教学思考

执教人：刘琴老师	新课程、新教材内容	沪教版教材《普通高中教科书　数学　选择性必修　第二册》第七章第三节"常用分布"。此教材 2020 年出版，教学内容为第 99～100 页。
教学课时：第 2 课时	教学时间：2021 年 4 月 16 日	教学对象：国际部高二 IB 班

（一）教学设计

【教材分析】

本节内容是讨论超几何分布的分布表达式和期望。超几何分布是生活中常见的分布模型，在很多场景中都有应用。本节课是接着二项分布给出的，学生可以深入探讨二项分布与超几何分布的区别与联系。

【学情分析】

本节课的授课班级是上海中学国际部高二 IB（国际文凭课程）班的学生，学生学习了排列、组合和二项分布，了解二项分布的期望与方差，知道如何利用排列组合的方式求解不放回抽样的概率，但不知道超几何分布的概念，也不了解超几何分布的数字特征。学生具有一定的统计思维，但利用组合数的概念证明超几何分布的期望是难点，学生有惧怕情绪。因此，本节课内容具有比较

研究的性质。

【教学目标】

1. 通过对实际情境和问题的分析研究,了解二项分布与超几何分布的区别和联系。

2. 通过对不同变式的研究,归纳总结超几何分布的分布列,促进数学思维发展,养成程序化思考问题习惯。

3. 通过猜测—计算器模拟—R 语言大数据模拟—严格证明的过程探索并推理超几何分布的期望,养成通过数据思考问题的习惯,积累依托数据探索事物本质、关联和规律的活动经验。

【教学重点与学习难点】

教学重点:超几何分布的分布列及期望的探究过程。

学习难点:证明超几何分布的期望。

【教学过程】

1. 情境问题

某商场为了吸引更多的顾客,特地在"双 11"时举行抽奖活动,顾客从装有 10 只球(4 只黄球,6 只白球)的箱子里随机抽取 2 只球,若都是白球,则不中奖;若有一只黄球,则中二等奖,奖励购物券 100 元;若有 2 只黄球,则中一等奖,奖励购物券 200 元。每位顾客只能参与一次,商场提供给顾客两种选择:

1) 采用放回抽样的方式,即每次取球后放回,充分混合后再抽第二次。

2) 采用不放回抽样的方式,即每次取球后不放回,从剩余的球中再抽第二次。

[问题 1] 如果你当天恰好在现场,你会采用哪种抽样方式? 为什么?

[问题 2] 如果你是商场总经理,你希望顾客采用哪种抽样方式? 为什么?

设计意图：从实际情境出发，引导学生将实际问题用数学语言表达，并以单元的视角，提出研究超几何分布的必要性，激发学生探索的兴趣。

简化问题：已知袋中有 10 只球（4 只黄球，6 只白球），从中随机抽取 2 次。

1）若每次抽取后放回，设抽到黄球的个数为 X，求 X 的分布列。

2）若每次抽取后都不放回，设抽到的黄球个数为 Y，求 Y 的分布列。

$$P(X=0)=C_2^0 \cdot 0.4^0 \cdot 0.6^2$$
$$P(X=1)=C_2^1 \cdot 0.4^1 \cdot 0.6^1$$
$$P(X=2)=C_2^2 \cdot 0.4^2 \cdot 0.6^0$$

$$P(Y=0)=\frac{C_4^0 C_6^2}{C_{10}^2}$$
$$P(Y=1)=\frac{C_4^1 C_6^1}{C_{10}^2}$$
$$P(Y=2)=\frac{C_4^2 C_6^0}{C_{10}^2}$$

X	0	1	2
$P(X)$	0.36	0.48	0.16

$E(X)=0 \cdot 0.36+1 \cdot 0.48+$
$2 \cdot 0.16=0.8$

Y	0	1	2
$P(Y)$	0.33	0.53	0.13

$E(Y)=0 \cdot 0.33+1 \cdot 0.53+$
$2 \cdot 0.13=0.8$

【变式 1】若袋中有 10 只球（4 只黄球，6 只白球），从中随机抽取 5 次且都不放回，设抽到的黄球个数为 Y，求 Y 的分布列。

设计意图：在不放回抽样的情形下，黄球个数 Y 的取值会受到取球个数和袋中原有黄球个数限制，故设计此变式，引导学生讨论 Y 的取值，为进一步抽象概括做准备。

引导讨论：

1）抽到的黄球个数 Y 可能的取值是多少？

（引导学生讨论 Y 的最大可能取值是原有黄球个数和抽取球个数最大。）

2) 对应不同取值的概率是多少？

（引导学生在数字改变的情况下进一步探索超几何分布的分布列。）

$$P(Y=0) = \frac{C_4^0 C_6^5}{C_{10}^5}$$

$$P(Y=1) = \frac{C_4^1 C_6^4}{C_{10}^5}$$

$$\therefore P(Y=k) = \frac{C_4^k C_6^{5-k}}{C_{10}^5}$$

$$P(Y=2) = \frac{C_4^2 C_6^3}{C_{10}^5}$$

$$k = 0, 1, \cdots, 4$$

$$P(Y=3) = \frac{C_4^3 C_6^2}{C_{10}^5}$$

为什么？

$$P(Y=4) = \frac{C_4^4 C_6^1}{C_{10}^5}$$

2. 抽象概括

［问题 3］如果将实际问题中的具体数据变成字母，是否可以抽象出超几何分布的分布列？

【变式 2】若袋中有 N 只球（M 只黄球，$N-M$ 只白球），从中随机抽取 n 次且都不放回，设抽到的黄球个数为 Y，求 Y 的分布列。

设计意图：从具体的数字到抽象的表达，是形成理性思维的过程，利用熟悉的情境进行抽象概括，为一般情境下的抽象定义奠定基础。

［问题 4］如果不用球作为背景，能否进一步抽象出超几何分布的定义？超几何分布：

设 N 个元素分为两类，其中 M 个属于第一类，$N-M$ 个属于第二类。从中按不重复抽样取 n 个，令 Y 表示这 n 个样品中第一类的元素个数，则 Y 的分布称为超几何分布（Hypergeometric Distribution）。

记作 $Y \sim H(n, M, N)$

且 $P(Y=k) = \dfrac{C_M^k \, C_{N-M}^{n-k}}{C_N^n}$，$k=0$，$1$，

2，$\cdots$，m，$m=\min\{M, n\}$

$n \leqslant N$，$M \leqslant N$，n，M，N 为正整数。

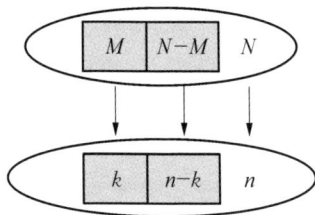

Y 的分布列如下：

Y	0	1	2	...	$m-1$	m
$P(Y)$	$\dfrac{C_M^0 \, C_{N-M}^n}{C_N^n}$	$\dfrac{C_M^1 \, C_{N-M}^{n-1}}{C_N^n}$	$\dfrac{C_M^2 \, C_{N-M}^{n-2}}{C_N^n}$	...	$\dfrac{C_M^{m-1} \, C_{N-M}^{n-m+1}}{C_N^n}$	$\dfrac{C_M^m \, C_{N-M}^{n-m}}{C_N^n}$

3. 归纳猜想

[问题 5] 在我们的情境问题中，我们讨论过，顾客会根据自己对奖励与否或奖励金额的偏好进行选择，但从商场经理的角度而言，两种选择所需要发放的购物券金额是一样的，这一结论是由两种分布的期望所支持的。放回抽样，X 表示抽到的黄球的个数，则 X 服从二项分布 $B(n, p)$，期望是 $E(X)=np$；不放回抽样，Y 表示抽到的黄球个数，则 Y 服从超几何分布，超几何分布的期望是什么？

设计意图：鼓励学生大胆猜想，试图找到超几何分布与二项分布的期望的相关性。

4. 模拟实验

[问题 6] 为了验证我们的猜想是否可行，试图证明之前，我们还可以用什么样的方式进行探究？

设计意图：鼓励学生用不同的方式进行探究，可以是实物模拟，也可以是图形计算器生成随机数进行模拟，更鼓励学生用大数据模拟的方式验证猜想 $E(Y) = n \cdot \dfrac{M}{N}$ 成立的可能性。

——实物模拟(从袋中摸球)；

——图形计算器生成随机数进行模拟(具体操作如图 1 所示);

——用大数据模拟的方式(学生编写的 R 语言程序,具体操作如图 2 所示)。

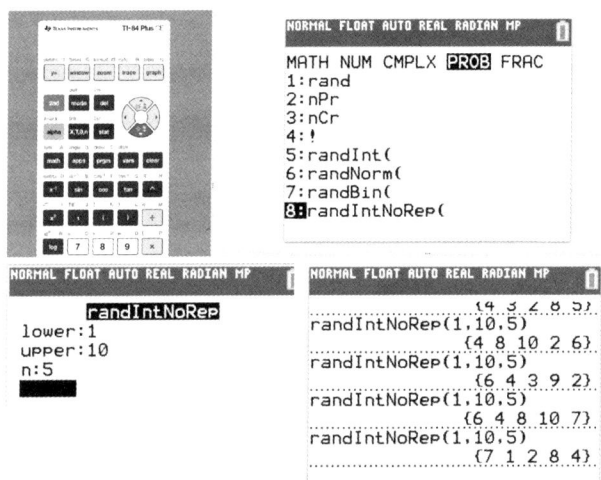

图 1   图形计算器生成随机数模拟抽样

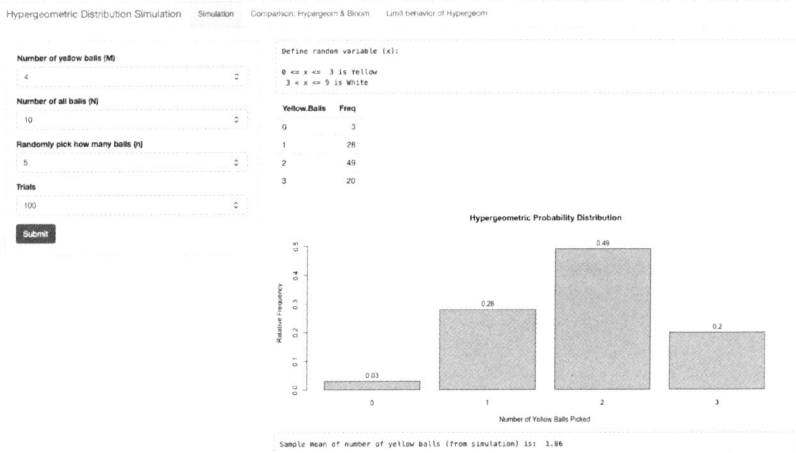

图 2   R 语言程序生成随机数模拟抽样

5. 推理证明

[问题 7] 经过模拟探究后,应该严格地推理证明。

设计意图: 对猜想的严格证明可通过组合数的展开进行,但计算比较繁琐,若利用组合数的性质,一方面使证明过程更加简洁;另一方面加深学生对组合数性质的理解。

引理 1:$k\,C_M^k = M\,C_{M-1}^{k-1}$。

引理 2:$C_M^0\,C_{N-M}^n + C_M^1\,C_{N-M}^{n-1} + C_M^2\,C_{N-M}^{n-2} + \cdots + C_M^m\,C_{N-M}^{n-m} = C_N^n$。

第一步:引理 1:$k\,C_M^k = M\,C_{M-1}^{k-1}$。

引理 2:$C_M^0\,C_{N-M}^n + C_M^1\,C_{N-M}^{n-1} + C_M^2\,C_{N-M}^{n-2} + \cdots + C_M^m\,C_{N-M}^{n-m} = C_N^n$。

严格证明:

$$C_N^n = \frac{N!}{n!\,(N-n)!}$$

$$kC_M^k = k \cdot \frac{M!}{k!\,(M-k)!} = \frac{M!}{(k-1)!\,(M-k)!} = M \cdot \frac{(M-1)!}{(k-1)!\,(M-k)!} = M \cdot C_{M-1}^{k-1}。$$

对概率思想的理解:

一个班有 M 位同学	
从中选出 k 位同学参加运动会入场式表演	并从 k 位同学中选择一位作为负责人
C_M^k $\cdot$	C_k^1 $= C_M^k \cdot C_k^1 = kC_M^k$
选一位同学作为负责人	从其余 M-1 位同学中选 k-1 位同学一起参加运动会入场式表演
C_M^1 $\cdot$	C_{M-1}^{k-1} $= C_M^1 \cdot C_{M-1}^{k-1} = MC_{M-1}^{k-1}$

$$kC_M^k = MC_{M-1}^{k-1}$$

第二步：证明 $E(Y) = n \cdot \dfrac{M}{N}$

因为：

Y	0	1	2	...	m−1	m
$P(Y)$	$\dfrac{C_M^0 C_{N-M}^n}{C_N^n}$	$\dfrac{C_M^1 C_{N-M}^{n-1}}{C_N^n}$	$\dfrac{C_M^2 C_{N-M}^{n-2}}{C_N^n}$	...	$\dfrac{C_M^{m-1} C_{N-M}^{n-m+1}}{C_N^n}$	$\dfrac{C_M^m C_{N-M}^{n-m}}{C_N^n}$

由期望的定义：

$$E(Y) = 0 \cdot \frac{C_M^0 C_{N-M}^n}{C_N^n} + 1 \cdot \frac{C_M^1 C_{N-M}^{n-1}}{C_N^n} + 2 \cdot \frac{C_M^2 C_{N-M}^{n-2}}{C_N^n}$$
$$+ \cdots + m \cdot \frac{C_M^m C_{N-M}^{n-m}}{C_N^n}。$$

由引理 1：$k\,C_M^k = M\,C_{M-1}^{k-1}$，将所有分子的前半部分乘法简化如下：

$$E(Y) = 0 \cdot \frac{C_M^0 C_{N-M}^n}{C_N^n} + 1 \cdot \frac{C_M^1 C_{N-M}^{n-1}}{C_N^n} + 2 \cdot \frac{C_M^2 C_{N-M}^{n-2}}{C_N^n} + \ldots + m \cdot \frac{C_M^m C_{N-M}^{n-m}}{C_N^n}$$
$$= \frac{1}{C_N^n}(1 \cdot C_M^1 C_{N-M}^{n-1} + 2 \cdot C_M^2 C_{N-M}^{n-2} + \ldots + m \cdot C_M^m C_{N-M}^{n-m})$$
$$= \frac{1}{C_N^n}(M C_{M-1}^0 C_{N-M}^{n-1} + M C_{M-1}^1 C_{N-M}^{n-2} + \ldots + M C_{M-1}^{m-1} C_{N-M}^{n-m})$$

进一步提出共同项，得到：

$$= \frac{M}{C_N^n}(C_{M-1}^0 C_{N-M}^{n-1} + C_{M-1}^1 C_{N-M}^{n-2} + \cdots + C_{M-1}^{m-1} C_{N-M}^{n-m})。$$

提问：此时括号中的求和是多少？

引导学生从分布列的性质讨论起，得到

引理 2：$C_M^0 C_{N-M}^n + C_M^1 C_{N-M}^{n-1} + C_M^2 C_{N-M}^{n-2} + \cdots + C_M^m C_{N-M}^{n-m} = C_N^n$。

思考：如下分布列

Y	0	1	2	$\cdots$	$m-1$	m
$P(Y)$	$\dfrac{C_M^0 C_{N-M}^n}{C_N^n}$	$\dfrac{C_M^1 C_{N-M}^{n-1}}{C_N^n}$	$\dfrac{C_M^2 C_{N-M}^{n-2}}{C_N^n}$	$\cdots$	$\dfrac{C_M^{m-1} C_{N-M}^{n-m+1}}{C_N^n}$	$\dfrac{C_M^m C_{N-M}^{n-m}}{C_N^n}$

思考：所有概率的和是多少？（学生已经了解分布列的性质，能够回答和为 1。）

即：

$$\frac{C_M^0 C_{N-M}^n}{C_N^n} + \frac{C_M^1 C_{N-M}^{n-1}}{C_N^n} + \frac{C_M^2 C_{N-M}^{n-2}}{C_N^n} + \cdots + \frac{C_M^m C_{N-M}^{n-m}}{C_N^n} = 1。$$

将分母移到右边，得到：

$$C_M^0 C_{N-M}^n + C_M^1 C_{N-M}^{n-1} + C_M^2 C_{N-M}^{n-2} + \cdots + C_M^m C_{N-M}^{n-m} = C_N^n。$$

思考：在我们的证明过程中，括号中的和是多少？

如图 3 所示，学生能快速了解，我们要求的和等价于从 $N-1$ 个元素中取出 $n-1$ 个第一类元素的所有情况，故可以得到：

$$= \frac{M}{C_N^n}(C_{M-1}^0 C_{N-M}^{n-1} + C_{M-1}^1 C_{N-M}^{n-2}$$
$$+ \cdots + C_{M-1}^{m-1} C_{N-M}^{n-m})$$
$$= \frac{M}{C_N^n} \cdot C_{N-1}^{n-1}。$$

利用组合数的定义，学生能快速完成余下的证明过程，如下：

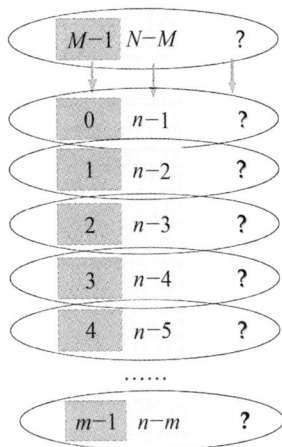
图 3

$$= M \cdot \frac{(N-1)!}{(n-1)!\,(N-n)!} \cdot \frac{n!\,(N-n)!}{N!}$$

$$= M \cdot \frac{\cancel{(N-1)!}}{(n-1)!\,\cancel{(N-n)!}} \cdot \frac{n!\,\cancel{(N-n)!}}{\cancel{N!}\,N}$$

$$= M \cdot \frac{\cancel{n!}\,n}{\cancel{(n-1)!}\,N}$$

$$= n \cdot \frac{M}{N}。$$

6. 总结归纳

（1）超几何分布与二项分布关系（如图 4 所示）：

1）当 N 足够大时,放回和不放回抽样对概率的影响很小,超几何分布逼近二项分布；

2）利用 R 语言探究两者之间的关系（如图 5 所示）。

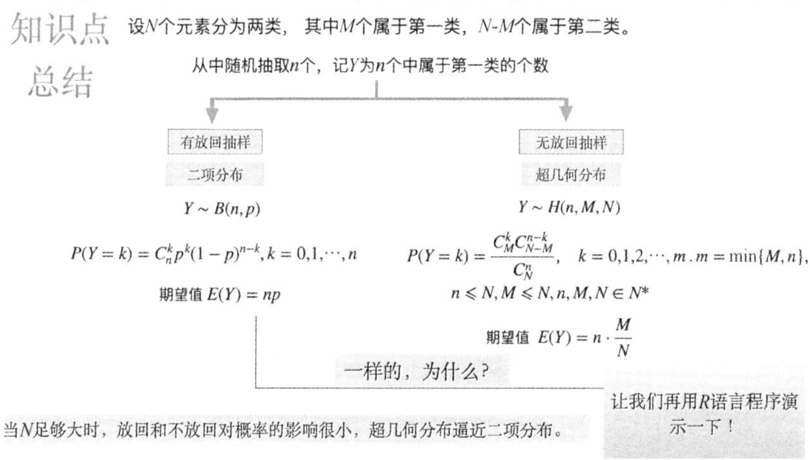

知识点
总结

设 N 个元素分为两类，其中 M 个属于第一类，$N\text{-}M$ 个属于第二类。

从中随机抽取 n 个，记 Y 为 n 个中属于第一类的个数

有放回抽样	无放回抽样
二项分布	超几何分布

$Y \sim B(n,p)$　　　　　　　　　　　$Y \sim H(n,M,N)$

$P(Y=k) = C_n^k p^k (1-p)^{n-k}, k = 0,1,\cdots,n$　　$P(Y=k) = \dfrac{C_M^k C_{N-M}^{n-k}}{C_n^n}, \quad k = 0,1,2,\cdots,m.\, m = \min\{M,n\},$

期望值 $E(Y) = np$　　　　　　　　　　$n \le N, M \le N, n, M, N \in N^*$

期望值 $E(Y) = n \cdot \dfrac{M}{N}$

一样的，为什么？

让我们再用 R 语言程序演示一下！

当 N 足够大时，放回和不放回对概率的影响很小，超几何分布逼近二项分布。

图 4　二项分布与超几何分布的知识点总结

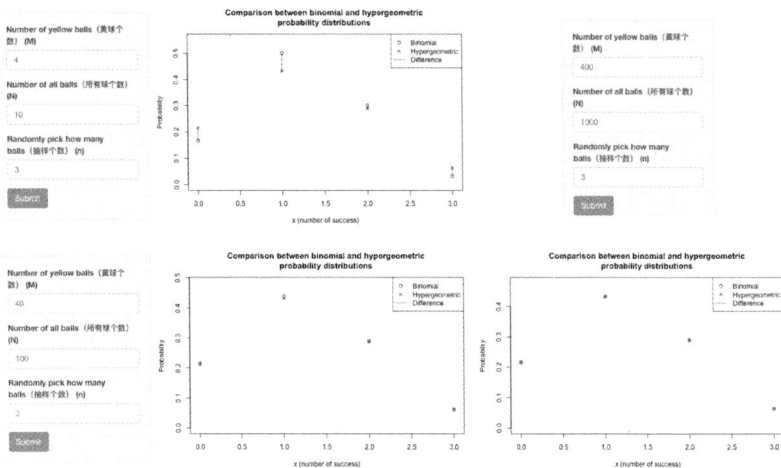

图 5　随着 N 的不同,超几何分布与二项分布的取值比较

（2）探索方法总结

观察—猜想—模拟—大数据模拟—严格证明的过程非常重要。

本节课的设计从单元的角度,从实际情境出发,结合二项分布提出超几何分布的概念及其均值的探索与研究,培养学生从情境中抽象出数学概念、命题、方法和体系的能力。

本节课的设计大胆利用统计与概率的密切联系,从统计的角度鼓励学生进行超几何分布的研究,并利用统计的思想完成规范化的证明,形成规范化思考问题的品质,养成严谨求实的科学精神。

本节课的设计注重数字化学习的引导,利用图形计算器、R 语言等工具模拟随机过程,帮助学生探索。

本节课的设计注重统计课程的完整性,引导学生完整地经历观察、猜想、模拟、证明的过程。

7. 巩固练习和作业

[基础题]

（1）一批产品共 20 个,其中有 5 个是不合格品,重复抽取 4 个,求其中有一个不合格品的概率。

（2）某人射击一次击中目标的概率为 0.6,经过 3 次射击,此人有两次击中目标的概率为_____。

（3）一袋中有大小相同的 4 只红球和 2 只白球,给出下列结论:

1）从中任取 3 只球,恰有一只白球的概率是 $\dfrac{1}{3}$。

2）抽取后放回,取球 6 次,每次任取一球,恰好有两次白球的概率为 $\dfrac{80}{243}$。

3）抽取后不放回,取球 2 次,每次任取一球,则在第一次取到红球后,第二次再取到红球的概率为 $\dfrac{2}{5}$。

4）抽取后放回,取球 3 次,每次任取一球,则至少有一次取到红球的概率为 $\dfrac{26}{27}$。

则其中正确的命题序号是_____。

[综合应用题]

（4）随着互联网信息技术的发展,网络购物已经成为许多人消费的一种重要方式,某市为了解本市市民的网络购物情况,委托一家网络公司进行网络问卷调查,并从参与调查的 10 000 名网民中随机抽取了 200 人进行抽样分析,得到下表所示数据。

1）现从所抽取的女性网民中利用分层抽样的方法再抽取 5 人,从这 5 人中选出 3 人赠送网络优惠券,求出选出的 3 人中至少有两人是经常进行网络购物的概率。

	经常进行网络购物	偶尔或从不进行网络购物	合计
男性	50	50	100
女性	60	40	100
合计	110	90	200

2) 将频率视作概率,从该市所有参与调查的网民中随机抽取 10 人赠送礼物,设经常进行网络购物的人数为 X,求 X 的期望和方差。

[提高题]

(5) 有兴趣的学生可以对超几何分布的方差 $D(\eta) = n\dfrac{M}{N}\left(1 - \dfrac{M}{N}\right)\dfrac{N-n}{N-1}$ 进行证明。

(6) 一批产品共 30 件,其中有 5 个是不合格品,在公司将产品运送至商家前,决定进行抽样检验,针对下列问题,判断所求分布是否是二项分布或超几何分布,并求解概率:

1) 抽取后不放回样品,随机抽取 3 件,恰有 2 件不合格品的概率。

2) 抽取后放回样品,随机抽取 3 件,恰有 2 件不合格品的概率。

3) 抽取后放回样品,随机抽取 3 件,其中至少有 2 件不合格品的概率。

4) 抽取后不放回样品,抽取 3 件,其中至少有两件不合格品的概率。

5) 从中逐个抽检,不放回样品,则第三个抽检的样品是第一个不合格产品的概率。

6) 从中逐个抽检,不放回样品,则第四个抽检的样品是第二个不合格产品的概率。

（二）教学反思

1. 课程设计缘由

超几何分布，相识却不相知，这是我在准备这堂课的过程中最大的感受。选择这一课题的第一个原因是概率统计在现实生活中的重要性。随着大数据时代的来临，AI 的快速发展对概率统计知识和概率统计思维方式的需求日益增加。国际部 AP 统计课程和 IB 相关课程的教学给我们提供了一定的知识和经验的积累，在教与学中我们非常重视探索、猜测、模拟的过程，帮助学生从具体实例到抽象结论的过渡。

在统计课程中，我们会学习基于伯努利实验的二项分布和几何分布，对于超几何分布不提具体的定义，只是作为古典概型的一种；在准备课程的过程中，与 IB 数学教师也进行多次的沟通和探讨，IB 数学课程在 IB 大纲修改之前会明确提到超几何分布的概念，对我准备这堂课的帮助很大。

从国内的数学课程标准和教材方面看：

"通过具体实例，了解超几何分布及其均值，并能解决简单的实际问题。"这是《普通高中数学课程标准（2017 年版 2020 年修订）》中选择性必修课程，主题三"概率与统计"部分的要求。

人教版数学教材有"二项分布与超几何分布"这一节课，使用全国教材的教师比较熟悉这部分内容，上海二期课改教材中没有这部分内容，故上海地区教师对这部分内容比较陌生，但新的课程改革中，超几何分布将是上海高中《普通高中教科书　数学　选择性必修第二册》第七章第三节"常用分布"第二课时的内容。所以借这次"双新"展示的机会向大家展示了这一堂课，希望能带来一些启迪和回顾。

选择这节课的第二个原因是超几何分布是生活中常见分布模型，在很多场景中都有应用，如产品抽样检查与信号冲击响应系统等。研究超几何分布与二项分布的联系和区别可以帮助学生理解不同的抽样方法和极限的概念。

2. 课程设计理念

本节课的设计主要考虑以下四个方面：

（1）情境与问题

通过对实际情境和问题（中奖游戏）的分析研究，了解二项分布与超几何分布的区别和联系。

（2）抽象与归纳

通过对不同变式的研究，抽象归纳、总结超几何分布的分布列，促进数学思维发展，养成程序化思考问题的习惯。

（3）猜测与探究

通过猜测—计算器模拟—R 语言大数据模拟—严格证明的过程探索并推理超几何分布的期望，养成通过数据思考问题的习惯，积累依托数据探索事物本质、关联和规律的活动经验。

（4）推理与证明

在证明的过程中采用组合数的性质，一方面使证明过程更加简洁，另一方面加深学生对组合数性质的理解。

3. 课程设计创新点

（1）课程设计过程中比较有特色的是 R 语言程序的辅助功能，共有两项：一项是模拟抽样并求均值。另一项是直观研究当 N 足够大时，超几何分布接近于二项分布的情况。希望这样的程序不仅能给学生直观的感受，更能给同行带来新的方法。

（2）课程设计中的第二个创新点是概率与统计的结合，从统计的角度提出对概率问题的研究，利用统计的思维对组合数的性质进行说明，并进一步证明超几何分布的期望。

执笔人：上海中学国际部数学高级教师刘琴

【专家点评要点】

该节课设计情境巧妙，在商场抽奖背景下，通过摸球活动提出概率问题的本质，概率没有确定答案，是决策的依据，决策是根据人的不同而不同的,根据人的个性而确定采用不同的方案。在现实背景下帮助学生做出决策。研究超几何分布与二项分布的期望是一样的,期望是平均数,是一般人的想法,期望相同只是一个参考,每个人仍可以有自己的选择。概率与统计的结合,不同于传统的概率课程,传统课程概率和统计是分开授课的,但事实上,概率与统计是有机结合的。R 语言、计算器的使用帮助大数据处理,打破传统的一块黑板无法处理大数据的缺陷。

华东师范大学教授鲍建生

    该节课选择超几何分布内容教学是一次挑战,对教师而言是陌生的,而且超几何分布的概念理解比较难。本堂课有几个点特别好:一是二项分布与超几何分布对比教学,是一种研究方式,研究不同点,寻找共同点。可能数年后学生会忘记超几何分布这个知识内容,但探究方法,用数据说话的方式会给学生留下深刻印象。二是借助技术的活动体验。学生有学具:图形计算器,又借助 R 语言程序辅助大数据探索,上课采用直接投屏的方式,提高数学课堂教学的有效性。三是统计课程的完整性。专家一直认为统计是没有逻辑证明的,但本节课学生完整地经历了观察—猜想—模拟—证明的过程,教师用恰当的引导指引学生完成期望的证明。

上海市教育委员会教学研究室数学教研员黄华

英语学科
"双新"教学课例

一、"Unit 1 *Scientists* 第 1 课时" 教学设计与教学思考

执教人：王荷老师	新课程、新教材内容	上外版教材《普通高中教科书　英语选择性必修第二册》Unit 1 *Scientists* 中 Reading A *Saving Xizang One Seed at a Time* 的相关内容。此教材 2021 年出版，教学内容为第 3～5 页。	
教学课时：第 1 课时	教学时间：2021 年 5 月 20 日		教学对象：高二(2)班

（一）教学设计

【教学目标】

本课为本单元的第一课时，经过该课时的学习，学生能通过分析作者呈现钟扬主要事迹的手法和原因，推断文章的写作目的，理解人物专栏文章的语篇特征；学生能通过分析钟扬应对挑战的行为和他对科研工作的态度，推断其身上所反映出的优秀精神品质；学生能通过评价文章标题和钟扬在西藏进行的工作，认识到科学家工作的社会意义。

【教学重难点】

学会归纳以人物贡献、人物特点和人物经历为主要内容的人物专栏介绍类语篇的文体和语言特征；能通过人物的行为和言语分析

科学家身上的精神品质,推断作者的情感态度;能对课文标题进行深入反思和解读,诠释科学家工作带来的社会意义。

【教学过程】

Pre-reading

Ⅰ. Interactive activity 1: The brainstorming of different types of scientists. (T for teacher; Ss for students)

---

* T: Ask Ss to brainstorm and name as many types of scientists as possible.

* Ss: List the types of scientists they can think of.

Purpose: To get Ss to be familiar with the topic of scientists and activate their vocabulary about different types of scientists.

Guided Question:

What do you know about the different types of scientists?

Ⅱ. Interactive activity 2: A basic understanding of biologists' work.

---

* T: Ask Ss to observe the picture on Page 2~3 and guess what type of scientist the man in the picture might be.

* Ss: Observe the picture, guess and explain the type of scientist the man in the picture might be.

* T: Encourage Ss to describe the work a biologist involved in in terms of his job duties and working conditions.

* Ss: Talk about what they know about the work of a biologist.

Purpose: To activate Ss' prior knowledge about biologists and help them get ready to read the text.

Guided Questions:

1. What type of scientist might the man in the picture be?

2. What do you know about the work a biologist involved in?

III. Interactive activity 3: Some basic facts about Zhong Yang.

> * T: Ask Ss to answer the questions about Zhong Yang's work and his contributions on their preview worksheets.
> * Ss: Answer the questions about Zhong Yang's work and his contributions in simple sentences.
>
> **Purpose: To encourage Ss to locate some basic information concerning Zhong Yang in the corresponding paragraphs and help them to be familiar with the biologist.**

Guided question:

Who is Zhong Yang?

While-reading

IV. Interactive activity 4: The global reading of the text.

> * T: Ask Ss to identify the author's purpose in writing the text and then skim to find the other aspects of Zhong Yang mentioned in the text.
> * Ss: Conclude the author's purpose in writing the text based on their first reading before class and skim to find out the other aspects of Zhong Yang introduced in the text.
>
> **Purpose: To help Ss understand the author's purpose in writing the text and grasp the highlight of the text, i. e. the challenges Zhong encountered in his scientific research.**

Guided questions:

1. What is the author's purpose in writing the text?

2. What other aspects about Zhong Yang are covered in the text?

Ⅴ. Interactive activity 5: The in-depth reading of the challenges Zhong Yang faced.

* T: Ask Ss to read the text carefully again and sort out all the key information about the challenges Zhong Yang faced in his research.

* Ss: Read the text carefully and underline all the key information about the challenges Zhong encountered in his research.

* T: Ask Ss to work in pairs and discuss the details about those challenges that impresses them most and think about why these details are impressive.

* Ss: Share the details they find most impressive with their partners and explain the reason.

* T: Encourage Ss to summarize how the author makes these details vivid and impressive.

* Ss: Summarize in their own words how the author makes these details vivid and impressive.

Purpose: To guide Ss to focus on the major challenges Zhong Yang faced and analyze the author's choice of key facts to vividly demonstrate these challenges.

Guided questions:

1. What were the challenges Zhong Yang encountered when he worked in Xizang?

2. Which detail of the challenges impresses you most? Why?

3. In what way does the author make these details vivid and impressive?

Ⅵ. Interactive activity 6: The analysis of Zhong's attitude towards his scientific work.

* T: Have Ss found out Zhong Yang's attitude towards his work in Xizang in the text?

> * Ss: Underline the key phrases and sentences in the text indicating Zhong Yang's attitude towards his work.
>
> **Purpose: To encourage Ss to identify Zhong Yang's attitude towards his scientific work from his quotes.**

Guided question:

How did Zhong Yang view his scientific work in Xizang?

VII. Interactive activity 7: The exploration of Zhong Yang's qualities.

> * T: Encourage Ss to discuss in pairs and explore the qualities in Zhong Yang as a scientist and educator based on what he did and said in Xizang and how he overcame the challenges at work.
> * Ss: Have a discussion with their partner about Zhong Yang's positive qualities, note down all the keywords in the form of adjectives on their worksheets and find out all the supporting details in the text.
>
> **Purpose: To encourage Ss to think analytically and explore the qualities in Zhong Yang based on what presented in the text.**

Guided question:

What qualities do you think Zhong Yang had as a scientist and educator?

VIII. Interactive activity 8: The understanding of the author's feeling and attitude.

> * T: Have Ss deduce how the author might feel about Zhong Yang and his work.
> * Ss: Try to identify the author's attitude towards Zhong Yang and his work and to support their opinion with evidences from the text.

> **Purpose**: To help Ss to understand the author's admiration for Zhong Yang through his approach to key facts, i.e. Zhong's deeds and words in the face of challenges during his work.

Guided question:

How does the author feel about Zhong Yang and his work in Xizang?

Post-reading

Ⅸ. **Interactive activity 9: A further exploration of the title of the text.**

> * T: Have Ss discuss and think about the reason that the title of Reading A *Saving Xizang One Seed at a Time* is better than three other possible titles given by the teacher. Ask them to discuss and conclude the implied meaning of the word "seed" in the title.
>
> * Ss: Discuss the four titles given in groups of four and reflect on why the original one stands out among all the possible titles. Conclude the implied meaning of the word "seed" in the title.
>
> **Purpose**: To encourage Ss to think critically about the meaning of the title and fully grasp the significance of Zhong Yang's work, that is, to plant the seeds of hope not only for Xizang but also for the future generations by collecting physical seeds and promoting education in science.

Guided questions:

1. What can we learn from the title of the text?

2. Why do you think the original title stands out among all the possible choices?

Ⅹ. **Interactive activity 10: A conclusion of the textual features of the text.**

> * T: Encourage Ss to recall how the author introduces Zhong Yang's deeds to save Xizang in the whole text and to summarize the characteristics of a feature article.

>   *Ss: Generalize the characteristics of a feature article by understanding how the author introduces Zhong's scientific endeavor in the text.
>
> **Purpose: To get Ss ready for the assignments of this period by helping them fully understand the characteristics of a feature article and the author's purpose in writing it.**

Guiding question:

What are the characteristics of a feature article and the author's purpose in writing it?

Ⅺ. Assignments.

1. Observe the photo on Page 4 and evaluate whether it is useful and catchy enough to give you a better idea of Zhong Yang. Write down your opinions on your worksheet in a few sentences.

2. Decide on one scientist that interests you and write a paragraph of 60 words about him or her. You should cover the following information in your writing:

① The name and the type of the scientist;

② One key fact revealing his or her personal qualities.

Use the following checklist as a guideline while writing the paragraph. Tick each box after you finish your writing.

CHECKLIST

☐ Is my choice of fact proper enough to reflect the scientist's qualities?

☐ Does the paragraph include vivid and concrete details?

☐ Is my narrative clear, coherent and grammatically correct?

（二）教学思考

本节课作为单元整体教学设计的第一课时,是一堂阅读课,教学内容为新教材《普通高中教科书　英语　选择性必修第二册》第一单元 *Scientists* 的主课文 *Saving Xizang One Seed At A Time*，授课群体是高二学生。本节课的教学目标旨在希望学生通过该课时的学习，了解主人公钟扬的生平事迹，梳理他在工作中面临的种种挑战，分析他对科研工作的态度，推断他身上所反映出的优秀品质，最终认同科研工作的社会价值和意义。

　　以往的阅读课教学存在一种通病，即教学活动环节多，学生需要在四十分钟内对课文内容从初步阅读理解到深入分析，把握文章重点，并最终形成自己的态度观点，这就容易造成课堂教学节奏过快，留给学生阅读思考的时间不够充分，从而导致学生无法真正锻炼自己的思维能力。为了有效达成教学目标，我在正式授课前设计了课文预习学案，学案中的问题主要包括钟扬的工作背景、工作内容及主要成就，方便学生带着问题预习课文。在正式上课时，我简短导入课文话题后随堂检查学案作业，在较短的时间内带领学生完成了课文的初步阅读，并启发学生思考课文的写作目的，为接下来的深入阅读做准备。

　　在深入阅读阶段，我引导学生走进文本，重点寻找钟扬工作中遇到的种种困难以及他对科研教育工作的态度和看法。在充分理解事实细节的基础上，学生们分小组讨论课文中最令他们感动的细节，在不断的讨论中，学生对主人公的了解逐渐加深，并能在随后的讨论环节对钟扬的优秀品质进行全面精准的概括。

　　在大活动阶段，学生需要结合前期对钟杨科研工作的全面理解，重新思考课文标题的内涵。为了激发他们的思考热情，我提供了另外三个备选标题，让学生思考为什么原标题 *Saving Xizang One Seed At A Time* 是最佳选项。学生分组讨论，非常活跃，从各个角度阐述他们对标题中关键词的解读，最终他们意识到钟扬的工作是为西藏的明天播种了希望的种子，也更认同科研工作的社会意义。

总体而言,这堂阅读课的教学流程进行得比较顺利,学生课堂上参与度较高,基本上达成了最初的教学目标,是我对新教材单元教学设计的一次有益尝试。

执笔人:上海市上海中学英语教师王荷

【专家点评要点】

王荷老师的这节阅读课高效地达成了教学目标,通过引导学生总结分析写作目的入手,抽丝剥茧地帮助学生理解语篇的写作主题、写作内容、写作手法、篇章结构和语言特征,并进一步走近语篇主题中的人物:钟扬,和他的事业与工作,他的态度与精神品质。本课最大的亮点在于王老师引导学生对文章标题的解读。不同于一般阅读课在课堂一开始就引导学生通过阅读标题预测语篇内容,王老师在本课最后,即学生对语篇有了深入理解的背景下,引导学生回到课文开头解读标题的内涵和外延,并引出课文的语篇类型及特点,既帮助学生学习了语篇知识,又锻炼了学生的逻辑思维。

上海市上海中学高级教师李萍

二、"Unit 1 Scientists 第 2 课时"教学设计与教学思考

执教人：李萍老师	新课程、新教材内容	上外版教材《普通高中教科书 英语 选择性必修第二册》Unit 1 *Scientists* 中 Reading A *Saving Xizang One Seed at a Time* 的相关内容。此教材 2021 年出版，教学内容为第 4～5 页。
教学课时：第 2 课时	教学时间：2021 年 5 月 24 日	教学对象：高二(2)班

（一）教学设计

【教学目标】

本课为本单元的第二课时，学生在进行该课时的学习中，能通过教师的作业讲评，掌握人物专栏文章的语篇特征；能通过学习 *challenge, coincide with, hardship, persist, be home to, inspire, cultivate, more than, benefit, worth, the tip of the iceberg* 等词汇和短语，通过匹配人物事迹、辨别人物态度和总结人物精神品质，分析人物引言；能运用相关词汇和短语口头表达对科学家的工作及其意义的理解。

【教学重难点】

从"事迹""态度"和"精神品质"三个方面来分析科学家的引言，并理解科学家的工作及意义。

【教学过程】

Pre-reading:

Ⅰ. **Interactive activity 1: The language features of the feature article. (T for teacher; Ss for students)**

---

* T: Help Ss go over the language features of a feature article by commenting on Ss' second assignment of the last period — a paragraph describing one important fact of a scientist of the Ss' interest, and help Ss recall the writing purpose of a feature article about a famous figure.

* Ss: Go over the language features of a feature article and understand the writing purpose of a feature article about a famous figure.

Purpose: To help Ss recall the language features and the writing purpose of Reading A.

Guided Question:

What are the language features of a feature article?

Ⅱ. **Interactive activity 2: The multimodal features of the feature article.**

---

* T: Help Ss go over the multimodal features of a feature article by commenting on Ss' first assignment of the last period — comments on the picture on Page 4, and help Ss understand the typical features of the picture included in a feature article about a famous figure.

* Ss: Go over the multimodal features of a feature article and understand the typical features of the picture included in a feature article about a famous figure.

Purpose: To help Ss recall the multimodal features of Reading A.

Guided Question:

What are the multimodal features of a feature article?

While-reading

Ⅲ. Interactive activity 3: The method of analyzing a person's quote.

> * T: Enable Ss to analyze one of Zhong Yang's quotes by encouraging them to identify the deed(s), attitude and qualities reflected in the quote.
>
> * Ss: Analyze one of Zhong Yang's quotes by identifying the deed(s), attitude and qualities reflected in the quote.
>
> **Purpose: To enable Ss to analyze a person's quotes.**

Guided question:

How can we analyze a person's quote?

Ⅳ. Interactive activity 4: The analysis of Zhong Yang's quotes.

> * T: Ask Ss to analyze three of Zhong Yang's quotes by identifying the deeds, attitude and qualities with reference to Reading A.
>
> * Ss: Analyze three of Zhong Yang's quotes by identifying the deeds, attitudes and qualities with reference to Reading A and note down keywords in the worksheet.
>
> **Purpose: To enable Ss to apply the method of analysis of a person's quotes.**

Guided question:

What about Zhong Yang do his quotes reveal?

Three of Zhong Yang's quotes:

1. Scientific research itself is a challenge to humans, but challenges always coincide with opportunities.

2. Tibetan students have an amazing natural laboratory on their doorstep, but I found they are just not that interested in science as far as I can tell. I want to inspire students and cultivate a

scientific spirit among them as there are still places in Xizang that have not been explored.

3. I have never regretted being a scientist. Imagine what you do today will benefit many people, even after you die. Everything difficult is worth the price.

Ⅴ. Interactive activity 5: The analysis of Quote 1.

---

*T: Help Ss analyze the quote by encouraging them to talk about the challenges of collecting seeds and the opportunities they coincided with, and conclude Zhong Yang's attitude and qualities revealed in the quote. (***Target vocabulary: challenge, coincide with, hardship, persist, be home to.***)

* Ss: Analyze the quote by talking about the challenges of collecting seeds and the opportunities they coincide with and conclude Zhong Yang's attitude and qualities revealed in the quote.

Purpose: To help Ss understand the target vocabulary by analyzing the quote.

Guided question:

What were the challenges Zhong Yang faced and the opportunities they coincided with?

Board design:

	deeds	attitudes	qualities (answers may vary)
Q1	challenges＝hardships persist in doing sth coincide with be home to	challenging work with opportunities	optimistic wise

Ⅵ. Interactive activity 6: The analysis of Quote 2.

* T: Help Ss analyze the quote by encouraging them to talk about what Zhong Yang did as an educator and the significance of improving education in Xizang, and conclude Zhong Yang's attitude and qualities revealed in the quote. (*Target vocabulary: inspire, cultivate, more than.*)

* Ss: Analyze the quote by talking about what Zhong Yang did as an educator and the significance of improving education in Xizang and conclude Zhong Yang's attitude and qualities revealed in the quote.

Purpose: To help Ss understand the target vocabulary by analyzing the quote.

Guided question:

Why was Zhong Yang devoted to improving education in Xizang?

Board design:

	deeds	attitudes	qualities (answers may vary)
Q1	challenges=hardships persist in doing sth coincide with be home to	challenging work with opportunities	optimistic wise
Q2	inspire cultivate more than	a meaningful job	passionate caring helpful

Ⅶ. Interactive activity 7: The analysis of Quote 3.

* T: Help Ss analyze the quote by encouraging them to talk about the reason why Zhong Yang never regretted being a scientist, and conclude Zhong Yang's attitudes and qualities revealed from the quote. (*Target vocabulary:*

benefit, *worth*, *the tip of the iceberg*.)

　　*Ss: Analyze the quote by talking about the reason that Zhong Yang never regretted being a scientist and conclude Zhong Yang's attitudes and qualities revealed in the quote.

　　Purpose: To help Ss understand the target vocabulary by analyzing the quote.

Guided question:

Why did Zhong Yang never regret being a scientist?

Board design:

	deeds	attitudes	qualities (answers may vary)
Q1	challenges=hardships persist in doing sth coincide with be home to	challenging work with opportunities	optimistic wise
Q2	inspire cultivate more than	a meaningful job	passionate caring helpful
Q3	the tip of the iceberg	beneficial work a worthwhile/rewarding cause	loving responsible confident

Post-reading

Ⅷ. Interactive activity 8: The understanding of scientists' work.

　　* T: Encourage Ss to discuss in pairs and express their understanding of scientists' work by using the target vocabulary wherever appropriate.

> * Ss: Discuss in pairs and express their own understanding of scientists' work by using the target vocabulary wherever appropriate. Report to the class the understanding in complete sentence later.
>
> **Purpose: To encourage Ss to share their understanding of scientists' work by using the target vocabulary wherever appropriate.**

Guided question:

What is your understanding of scientists' work?

Ⅸ. Assignments.

1. Finish Ex. I and Ex 2 in Vocabulary Focus on Page 7 and Page 8.

2. Choose a quote of the scientist of your choice. Write a reflection on your choice in about 60 words by answering the following questions:

➤ What deeds of the scientist match the quote? Give one example to illustrate it.

➤ What does/did the scientist think of his/her work?

➤ What quality/qualities of the scientist can be concluded?

➤ Why do you choose this quote for the scientist of your choice?

(二) 教学思考

本课从上一课时的作业讲评出发,帮助学生深入理解"人物专栏"这一语篇类型的语言特征,并通过鼓励学生深入阅读语篇,引导学生熟悉文中钟扬的事迹与引言,分析、总结钟扬的态度和精神品质。学生运用教师示范的引言分析方法进一步解读钟扬的其他引言,在一遍遍阅读课文、匹配言行的过程中,深入理解目标词汇的意义和内涵,分析钟扬的工作态度和精神品质,总结科研工作的特点,并表达自己对科研工作的理解。

本课基本完成了既定的教学内容,并从后续作业的反馈中可知学生本课教学目标的达成度较高。学生能运用目标词汇完成课文概述,并能运用课上学到的人物引言分析方法,分析一则自选的科学家引言,体会该科学家的态度和精神品质。

本课作为本单元的第二课时,帮助学生通过深入阅读主阅读语篇,构建主题词汇语义网,在理解与表达的过程中深入词汇内涵,巩固词汇学习的成果,提高学生的语言能力。本课通过引导学生深入了解钟扬的科研工作、科研态度和科学家品质,理解科学家这一群体的精神文化,理解科学家及科研工作的特点,提高学生的文化意识。本课通过示范人物引言分析的方法,帮助学生独立分析人物引言,匹配言行,分析态度,总结品质,提升学生的思维品质。本课鼓励学生实践、应用引言分析的方法,并在师生互动和生生互动的过程中完善对人物的理解,提高学生的学习能力。

就课堂教学过程来看,本课师生互动的设计还有待提高,教师提问可以更精炼,以提高互动效率。另外,课堂小组讨论的活动较少,需要后续改进设计。

执笔人:上海市上海中学英语教师李萍

【专家点评要点】

李老师的这节词汇课聚焦单元主课文的深入阅读和词汇学习,高效地完成了本节课的教学目标。在课堂教学活动中,李老师首先带领学生梳理了"人物专栏"文章的多模态特征和写作目的,引导学生关注人物的行为和语言这两方面的人物分析维度,进而鼓励学生走进语篇,从人物的生平事迹、观点态度和精神品质三个层面层层剖析钟扬的引言,并指导学生充分运用所学词汇来表达自己对科学工作的价值和意义的看法。李萍老师的整堂课设计脉络清晰且不落俗套,能创造性地将词汇学习和文本分析进行深度融合,给学生提供了大量深入思考和充分表达的机会，有效地提升了学生的思维活跃度。整节课凸显英语教学设计的"高立意"和"高互动"，是一堂极具思维深度和创新意识的词汇课。

上海市教育委员会教学研究室综合教研员唐文洁

三、"Unit 1 *Scientists* 第 3 课时" 教学设计与教学思考

执教人：冯悦老师	新课程、新教材内容	上外版教材《普通高中教科书　英语选择性必修第二册》Unit 1 *Scientists* 中 Grammar in Use：*-ing / -ed* forms 4 — used as predicatives 的相关内容。此教材 2021 年出版,教学内容为第 8～9 页。	
教学课时：第 3 课时	教学时间：2021 年 6 月 4 日		教学对象：高二(2)班

（一）教学设计

【教学目标】

本课为本单元的第三课时,学生通过阅读词汇聚焦练习 I 以及完成语法运用练习 I,在语境中辨识 *-ing / -ed* 形式作表语,并通过比较 *-ing / -ed* 形式在单句中的不同语法成分,掌握其作表语的基本格式;能通过查阅字典,分辨 *-ing / -ed* 形式作表语的语用区别,并破除常见的语用误区;能恰当运用 *-ing / -ed* 形式作表语评价科学家及其工作和精神品质,表达情感态度和观点,并总结科学家的共同特点。

【教学重难点】

指导学生通过查阅字典,理解 *-ing / -ed* 形式作表语的语用区

别,并能在口头和书面表达中恰当使用 *-ing* 和 *-ed* 形式作表语。

【教学过程】

Ⅰ. Interactive activity 1: The summary of Reading A.

(T for teacher; Ss for students)

> * T: Comment on Ss' first homework of the last period — a summary of the feature article. Draw Ss' attention to the *-ing* form modifying Zhong Yang's work ("challenging") and the *-ed* form reflecting Zhong Yang's scientific qualities ("devoted"). Find the common feature of *-ing* and *-ed* forms — both are derived from base forms.
>
> * Ss: Observe *-ing/-ed* forms in context and conclude their common feature in form.
>
> **Purpose: To encourage Ss to identify *-ing/-ed* forms in context and conclude their common feature through observation.**

Guided question:

What do *-ing* and *-ed* forms have in common?

Ⅱ. Interactive activity 2: *-ing/-ed* forms (present/past participles) used as predicatives.

> * T: Introduce the format of *-ing/-ed* forms (present/past participles) used as predicatives and help Ss to understand the format by comparing the different grammatical functions *-ing/-ed* forms (present/past participles) serve.
>
> * Ss: Understand *-ing/-ed* forms used as predicatives by comparing the different grammatical functions *-ing/-ed* forms (present/past participles) serve.
>
> **Purpose: To help Ss understand the format of *-ing/-ed* forms (present/past participles) used as predicatives.**

Guided question:

What is the format of *-ing*/*-ed* forms (present/past participles) used as predicatives?

Ⅲ. Interactive activity 3: The pragmatic function of *-ing*/*-ed* forms (present/past participles) used as predicatives.

> * T: Guide Ss to distinguish *-ing* forms and *-ed* forms used as predicatives in expressing opinions and feelings.
> * Ss: Identify and understand the difference between *-ing* forms and *-ed* forms used as predicatives in expressing opinions and feelings.
>
> **Purpose: To help Ss understand different pragmatic functions of *-ing*/*-ed* forms (present/past participles) used as predicatives.**

Guided question:

What are the pragmatic functions of *-ing*/*-ed* forms (present/past participles) used as predicatives?

Ⅳ. Interactive activity 4: *-ing*/*-ed* forms (gerunds) used as predicatives.

> * T: Encourage Ss to understand the format of *-ing* forms (gerunds) used as predicatives by comparing the different grammatical functions of *-ing* forms (gerunds).
> * Ss: Compare the different grammatical functions of *-ing*/*-ed* forms (gerunds).
>
> **Purpose: To help Ss understand the format of *-ing*/*-ed* forms (gerunds) used as predicatives.**

Guided question:

What is the format of *-ing* forms (gerunds) used as predicatives?

V. Interactive activity 5: The invalidity of the first assumption.

* T: Inspire Ss to think whether all the verbs have *-ing* or-*ed* forms used like adjectives. Guide Ss to consult the dictionary, make an assumption and test it. Guide Ss to find evidence to substantiate the claim that not all verbs have *-ing* or-*ed* forms used like adjectives.

* Ss: Test the assumption by using dictionaries. Exchange notes and ideas.

Purpose: To enable Ss to study *-ing*/*-ed* forms by using dictionaries.

Guided question:

Do all the verbs have *-ing*/*-ed* forms that can be used like adjectives?

VI. Interactive activity 6: The invalidity of the second assumption.

* T: Guide Ss to find evidence to substantiate the claim that not all *-ing* or-*ed* forms can be used as predicatives.

* Ss: Test the assumption by using dictionaries. Exchange notes and ideas.

Purpose: To help Ss to think critically when using *-ing*/*-ed* forms.

Guided question:

Can all the *-ing*/*-ed* forms be used as predicatives?

VII. Interactive activity 7: The invalidity of the third assumption.

* T: Guide Ss to find evidence to counter the claim that the *-ing* form can only describe the experience, while the *-ed* form can only represent

feelings. Introduce compounds with *-ing*/*-ed* forms. Remind Ss that there are exceptions to grammatical rules.

* Ss: Test the assumption by consulting the dictionary. Exchange notes and ideas.

Purpose: To help Ss to think critically when using *-ing*/*-ed* forms.

Guided questions:

1. Can the *-ing* form only describe the experience?

2. Can the *-ed* form only represent feelings?

Ⅷ. Interactive activity 8: Reflection on the work and qualities of the scientist of choice.

* T: Guide Ss to make a poster of the scientist of their choices and comments on the scientist, their works and their qualities, ect. by using *-ing*/*-ed* forms where appropriate.

* Ss: Make a poster of the scientist of their choices, exchange ideas with group members, and express opinions and feelings by using *-ing*/*-ed* forms where appropriate.

Purpose: To help Ss express opinions and feelings by using *-ing*/*-ed* forms.

Guided questions:

1. What do you think of his/her experience as a scientist? Are there any details to support your point of view?

2. What do you think of him/her as a scientist/a person? Are there any details to support your point of view?

3. Can you comment on the scientist of your choice by using complete sentences? What's your feelings of him/her? What can we learn from him/her?

Ⅸ. **Interactive activity 9: Reflection on common features of scientists in general.**

> * T: Guide Ss to identify common features of scientists in general.
>
> * Ss: Identify common features of scientists in general through group discussion.
>
> **Purpose: To help Ss examine and assess common features of scientists in general.**

Guided questions:

1. Do scientists in general have anything in common?

2. What do you think of the qualities of scientists in general?

Scientists are a group of _____ people. They deal with _____ (work) all the time. They feel _____ because _____. In general, their _____ (deeds/words) shed(s) light on _____.

Ⅹ. **Assignments**

1. Complete Exercises Ⅱ and Ⅲ in Grammar in Use (P9) in the textbook.

2. Read the passage and write at least three sentences by using *-ing*/*-ed* forms of the given words to express your feelings of and opinions on Zhong Yang. The sentences should include effective supporting reasons and details.

Late Professor Honored for Devotion to Work

Zhong Yang, a biologist who spent much time and effort on education and biology research, was honored as an "Excellent Party Member".

Zhong was famous for spending 16 years to assist Xizang's

development. He collected about 40 million plant seeds to build a genetic bank of plants that grow exclusively in the Qinghai-Xizang Plateau, and helped to develop education of ecology in Xizang.

At an early age, Zhong developed a curious attitude to learning. In 1979, Zhong, who was then 15, joined a class for gifted students at the University of Science and Technology of China, and he studied radio electronics. After graduating, Zhong was assigned to the Chinese Academy of Sciences' Institute of Botany in Wuhan, as the institute was building a computer laboratory.

Zhao Bin, Zhong's close friend, couldn't understand Zhong's decision to move to Wuhan. "But he was confident in the job," Zhao recalled. "He said he had spent only three years to learn about radio electronics at the university, but he had more time to learn botany in his life."

Zhong took an interest in botany so that it became his life's career. His approaches to research differed from those of other botanists because of his academic background, Zhao said. In 2000, he became a deputy director of the Institute of Botany.

But he resigned the position and left for Shanghai for a professorship at Fudan University because he had been dreaming of being a teacher like his parents. Zhong treated every student like "a seed of hope". Zhao. Xu Yiqin, a former student, said Zhong's classes were quite instructive and he was always the navigator when they conducted research in the wild and he made sure the roads were safe.

1) (devote)

2）（impress）

_____

3）（inquire）

_____

4）（confuse）

_____

5）（interest）

_____

6）（inspire）

_____

3. Write a paragraph in about 60 words of your feelings of and opinions on the scientist of your choice. Use details from the important fact or the quote you have chosen to support your viewpoints and use -*ing*/-*ed* forms where appropriate. Assess your writing with the checklist.

CHECKLIST

☐ Do I present my feelings of and the opinions on the scientist clearly?
☐ Do I use details to support my viewpoints?
☐ Do I use -*ing*/-*ed* forms appropriately?
☐ Do I make grammatical errors?

（二）教学思考

本单元第三课时的课堂实践带给我很多思考，总结如下：

1. 课时设计重难点突出

教学重点是-*ing* 形式和-*ed* 形式作表语在语用方面的区别，即在表达观点和情感时的区别。教学难点是灵活运用-*ing*/-*ed* 形式评价科学家对待工作的态度、个人品质,及表达对科学家的情感态度。

2. 课时设计基于三维动态语法观

语法教学并非独立于语篇学习,而是以语篇为依托,在语境中呈现语法知识,在语境中指导学生观察-ing/-ed 形式的形式、意义和使用。遵循以语言运用为导向的"形式—意义—使用"三维动态语法观。语法参与传递语篇的主题意义,即科学家面临的挑战、取得的成就及其精神品质等。例如,本节课第一个活动通过分析阅读语篇 A 的一篇概要,带学生回顾文本,并在语境中呈现教学内容 -ing/ed 形式作表语。考虑到学生已有的知识包括-ing/ed 形式作定语、状语和补语,很快引导到-ing/ed 形式表语的语法形式、意义和语用功能。又如,在引导学生运用语法知识时,设计了三个层层递进的活动:一是以小组讨论形式,并借鉴提供的语言支架对钟扬的工作、贡献和精神品质进行评价,拓展关于-ing 形式和-ed 形式的词汇语义网;二是教师努力创设接近真实世界的交际语境——学校即将举行科技节,需征集关于科学家的海报,激发学生在语境中根据表达的需要灵活运用-ing 形式和-ed 形式表达情感、观点和意义。设计要求醒目、简洁,内容包括科学家姓名、名言,及评论科学家个人品质、工作、名言的关键词,鼓励学生使用-ing/-ed 形式;三是教师引导学生发现并总结科学家工作的共性及在探索科学中展现出共同的精神品质,对此表达情感态度,进行评价。三个活动对学生的要求逐步提升,在学习理解阅读语篇 A 之后,学生在教师创设的情境中应用实践、迁移创新,促进自身语言知识学习、语言技能发展、文化内涵理解和多元思维发展,对科学家精神品质有了更深刻的思考。

3. 巧用字典培养学生学习策略

本节课教学内容难度不高,一大挑战来自如何将略显单薄的语法点讲深讲透,让学生积极参与探索过程。高中英语课程倡导学生自主学习、合作学习、探究学习等学习方式,因此教师设计了借助字典,证明或证伪假设的活动。首先,引导学生观察并总结-ing／-ed形式上的不同,即由动词原形演变而来,词形变化的路径更清晰;接着,教师提出几条关于-ing 形式和-ed 形式作表语在语用方面的假设,学生以小组学习方式,分工查阅字典,验证或证伪假设。在探究式学习实践中,学生加深对语法知识的理解,促进批判性思维的发展,为进一步操练语言结构做铺垫。

　　总之,课时设计要基于六要素整合、指向学科核心素养发展的英语学习活动观。在主题意义引领下,教师引导学生在语境中观察、理解语法结构的形式和意义,通过实践性的语法学习活动,理解并运用语法知识。根据学生思维逐步发展的特点,设计丰富多样的活动,让学生在不同形式的语言实践中操练语法,内化和迁移语法知识,提升语法技能。

执笔人:上海市上海中学英语教师冯悦

【专家点评要点】

　　本课时主要融入高中阶段的-ing／-ed 形式语法教学,通过课本字词讨论,带领学生了解-ing／-ed 形式作表语的语意,分辨两者作表语时的区别。在课堂中,授课教师有效指导学生通过查阅字典,对假设进行证实或证伪,培养学生的自主探究能力。最后,授课教师借助介绍科学家的语境,启发学生运用-ing 形式和-ed 形式,以口头和书面形式评价科学家及其工作和精神品质,表达情感态度和观点,并总结科学家的共同特点,感知崇高的科学精神。在本课时中,授课教师备课充分,灵活机动针对学生在课堂中的错误进行有效纠正,顺利完成教学目标。

上海市教育委员会教学研究室综合教研员唐文洁

四、"Unit 1 *Scientists* 第 4 课时" 教学设计与教学思考

执教人：方维芊老师	新课程、新教材内容	上外版教材《普通高中教科书 英语 选择性必修第二册》Unit 1 *Scientists* 中 Listening，Viewing and Speaking 的相关内容。此教材 2021 年出版，教学内容为第 10～11 页。	
教学课时：第 4 课时	教学时间：2021 年 5 月 26 日		教学对象：高二(2)班

（一）教学设计

【教学目标】

本课为本单元的第四课时,在该课时学习中,学生能通过听广播节目和看视频节目了解五位科学家及各自主要成就;能通过分析霍金的引言及其所反映的情感变化,理解苦难与成功的关系,归纳霍金的精神品质;能借助图片和笔记复述相关科学家的简介;能互相推荐科学家组建完成单元大作业的合作小组。

【教学重难点】

第一,挖掘霍金对病痛的情感态度转变,结合引言分析苦难与成功的关系,进一步领会霍金所展现的科学家品质。第二,边看边记录视频中重点图片的相关信息,并依据图片和笔记内容以小组合

作形式完整复述科学家的人物简介。

【教学过程】

Ⅰ. Interactive activity 1: Comments on students' previous assignments. (T for teacher; Ss for students)

---

* T: Make comments on one piece of writing from Ss in terms of the use of predicative and supporting details that help illustrate the student's evaluation of the scientist's qualities.

* Ss: Appreciate the paragraph.

Purpose: To offer Ss feedback and consolidate what Ss have learned from the previous lessons.

Guided question:

How can we evaluate the scientist's qualities?

Ⅱ. **Interactive activity 2: Making predictions.**

---

* T: Ask Ss to predict the content of the radio program based on its name and text type.

* Ss: Predict the main idea of the radio program based on its name and text type.

Purpose: To activate Ss' prior knowledge of Hawking.

Guided questions:

1. What do you know about Steven Hawking?

2. What may be included in a radio program about a scientist?

Ⅲ. **Interactive activity 3: Global listening.**

---

* T: Play the radio program and ask Ss to complete the outline in Task 1 on the worksheet. Then have Ss exchange notes to check their understanding.

* Ss: Listen to the radio program and complete the outline in Task 1 on the worksheet. Exchange notes with group members to discuss their answers.

Purpose: To enable Ss to have an overall understanding of the introduction and find the main idea based on the outline.

Guided question:

What is the main idea of the radio program?

Ⅳ. Interactive activity 4: Careful listening.

* T: Play the radio program again and ask Ss to identify some key information.

* Ss: Listen to the introduction again and fill in the blanks of Task 2 on the worksheet.

* T: Check the answers. Play the section regarding Hawking's attitudes toward his physical sufferings several times and ask students to write down the exact sentences that Hawking wrote.

* Ss: Retell the quotes of Hawking.

Purpose: To guide Ss to grasp the major details of the radio program.

Guided questions:

1. What were Hawking's major contributions?

2. What were Hawing's sufferings?

3. What were Hawking's reactions to his sufferings?

Ⅴ. Interactive activity 5: Understanding Hawking's emotional transition.

* T: Ask Ss to read the quotes in proper tones to feel Hawking's emotional transition and express their understanding with the supporting details from the introduction.

* Ss：Read the quotes in proper tones，experience and analyze the emotional transition。Express and share their understanding with the supporting details from the introduction。

Purpose：To help Ss dig deeper into the introduction。Hawking's own words，to understand his emotional transition and to pave the way for the following discussion。

Guided questions：

1. What is your understanding of Hawking's emotional transition?

2. What deeds are in accordance with Hawking's attitudes?

Ⅵ. **Interactive activity 6：Discussing the relation between suffering and success。**

* T：Ask Ss to discuss Exercise Ⅳ on Page 10 based on the previous activities。

* Ss：Discuss in groups the relationship between suffering and success，share and express their understanding。

* T：Lead Ss to appreciate the qualities of Hawking as a scientist。

* Ss：Discuss and summarize Hawking's qualities in groups。

Purpose：To guide Ss to understand the relationship between suffering and success and meanwhile further appreciate Hawking's qualities。

Guided questions：

1. What is the relationship between suffering and success?

2. What qualities in Hawking are reflected?

Ⅶ. **Interactive activity 7：Making predictions。**

* T：Ask Ss to complete Exercise Ⅱ on Page 10 based on their previous knowledge and predictions。

* Ss：Match the scientists with the descriptions in advance.

Purpose：To help Ss gain a general idea of the TV program and predict the possible content.

Guided question：

What is the contribution of each female scientist?

Ⅷ. **Interactive activity 8：Getting the main idea and answering the questions.**

* T：Ask Ss to try to answer the questions in Exercise Ⅲ on Page 11 first and then play the video.
* Ss：Watch the video and check the pre-written answers. Answer the question of Exercise Ⅲ listed on Page 11.

Purpose：To make sure that Ss understand the main idea of the TV program and can find some details related to the questions.

Guided question：

What is the contribution of each female scientist?

Ⅸ. **Interactive activity 9：Noting down important details.**

* T：Play the video again and ask Ss to take notes beside each picture in Activity 3 on the worksheet.
* Ss：Watch the video again and note down some key information.
* T：Ask Ss to exchange notes in pairs and add some notes if necessary.
* Ss：Exchange notes and help each other make the notes more complete.

Purpose：To help Ss obtain important details about each female scientist from the video.

Guided question：

What are important facts?

Ⅹ. Interactive activity 10: Retelling the introductions.

> * T: Offer each group several pictures about one scientist from the video. Guide each group to retell the introduction to one scientist, and later share their introductions with the whole class.
>
> * Ss: Each group retells the introduction to one scientist with each member retelling the information related to one given picture. The last student needs to add one more sentence to express the group's opinion of the scientist.
>
> **Purpose: To help Ss to be more familiar with the scientist in question and encourage them to share their understanding and opinion of the scientist.**

Guided questions:

1. What did the scientist do?

2. What is your opinion of the scientist?

Ⅺ. Interactive activity 11: Understanding the requirements of the final project of the unit.

> * T: Introduce the group project and elaborate on the requirements.
>
> * Ss: Understand the project and make notes when necessary.
>
> **Purpose: To familiarize Ss with the final project of the unit and its requirements.**

Guided question:

What is the final project of the unit?

Ⅻ. Interactive activity 12: Learning and using useful expressions about "recommendation".

> * T: Present useful expressions regarding "recommendation" and encourage Ss to form groups for the final project by using those expressions to recommend the scientist(s) they want to include in their final project.

* Ss: Learn the useful expressions and try to form groups for the final project by using those expressions to recommend or ask for the recommendation of the scientist(s) they want to include in the final project.

Purpose: To encourage Ss practice the useful expressions about recommendation and try to form groups for the final project of the unit.

Guided question:

Which scientist(s) do you want to include in your final project of the unit?

XⅢ. Assignments.

1. Group work: Decide the scientists your group wants to include in the final project.

Step 1:

For each group member: Gather facts that reflect the qualities of the scientist that you want to recommend, and recommend the scientist to your group using the useful expressions learned in class.

Step 2:

For each group: Use the organizer provided to note down the decision-making process. Then work in groups to write a paragraph of 60 to 80 words explaining the common features of all the chosen scientists.

2. Read Reading B carefully and complete the table in Exercise Ⅱ on Page 13.

(二) 教学思考

本课时主要处理教材提供的视听素材,并介绍单元大活动,进而操练相关句型,为小组内推荐科学家做准备,在单元的整体推进中起到关键作用。本课时内容丰富,模态多元,活动多样,因而要求节奏紧凑,衔接得当,利用模态转化、模态协同,在提升学生语言能力的基础上培养学生的高阶思维能力。回顾本课时授课情况,已达成如下重点目标,其中对音视频素材的处理和利用、各项活动的设计和过渡对今后的视听说课有借鉴意义。

第一,通过对音频素材的挖掘,引导学生领会霍金所展现的科学家品质。在听前预测环节,学生基于广播节目的名称和语篇类型,准确预测节目会涉及的内容和主旨。在第一遍泛听的过程中,学生通过 task 1 形成对该广播节目的总体认识,并基于提纲了解语篇的结构特征。在第二遍精听的过程中,学生结合 task 2,获取、梳理语篇的所有主要细节,感知霍金对待病痛的态度,凸显了他的个人品质。随后,学生在反复精听霍金对苦难的态度转变这一重点部分的同时写出完整原句,自我代入霍金遭遇的不幸,用合适的语气、语调和语速演绎引言,切身体会霍金的情感变化。其后,学生在问答交流中分享个人解读,并找出语篇中的事实依据来支持先前呈现的情感态度,通过这些微活动深入挖掘语篇传递出的信息,这有助于分析霍金身上的科学家品质。在探寻情感态度变化的原因后,学生分组探讨教材内的问题,即苦难与成功的关系,进一步领会科学家品质,理解这些品质对从事科学研究起到的积极影响。

在广播节目的课堂活动中,学生以初始听觉模态为基石,借助表格的视觉模态直观了解语篇结构与重点,再通过带有感情地朗读引言感知情感变化,由此深入解读文本,结合细节提炼霍金的精神品质,从而进一步分析苦难与成功的关系,领会科学家品质。听觉、视觉与情感的交融使得素材更为立体,由浅入深地推动学生从被动吸收到主动思考,提升思维品质。

第二,通过对视频素材的处理,帮助学生借助图片和笔记复述相关科学家的简介。在听前预测活动后,学生对视频内容形成初步印象,在观看过程中将更多注意力用于"看"细节,而非"听"大意,深入观察视频中的图片素材,构建起图片与介绍内容的基本联系。接着,学生带着问题观看节目主体部分,了解四位科学家对各自领域的贡献,并回答相关细节问题。随后,学生在第二遍观看过程中尽量完整地记录图片所对应的信息,以用于下一个环节的复述活动。本活动不仅通过口语练习检测了边看视频边记笔记的课堂实际效果,巩固课堂所学,还结合了上一个课时的重点学习内容,即表达评价,更是锻炼了组内分工合作的能力,这也符合单元任务所提出的要求。

在电视节目的课堂活动中,观看视频涉及听觉信息与视觉信息的互补;截取的静态图片从视觉上凸显重点,引导学生以视觉模态的笔记留存相关听觉信息,而复述活动再次以视觉和听觉相结合的形式巩固学习成果。三组多重模态反复加强意义构建,学生不仅能从中总结科学家品质、内化主题意义,更能在"看懂"素材后,在思辨课时进一步"理解"素材,甚至"批判"素材,达成更深层次的思维培养目标。

本课时达成了既定的教学目标,在细节处理方面还能进一步提高。首先,在介绍单元大活动环节应以学生为主体,设置环节让学生分组自行研究评分表,在交流重点的同时由教师明确相关要求。其次,在推荐环节,可打破课堂空间限制,让学生在教室里自由走动,寻找感兴趣的科学家,并自动形成小组。

执笔人:上海市上海中学英语教师方维芊

【专家点评要点】

本课时设计流畅,对素材的处理详略得当,通过新颖的活动充分挖掘了多模态语篇的深层意义,借助"加强情感体验"和"提升批判性思维"两个抓手引领学生"深入语篇""超越语篇",培养高阶思维,符合核心素养所提出的要求。

上海市教育委员会教学研究室综合教研员唐文洁

五、"Unit 1 Scientists 第5课时" 教学设计与教学思考

执教人：孙依静老师	新课程、新教材内容	上外版教材《普通高中教科书 英语 选择性必修第二册》Unit 1 Scientists 中 Reading B Rosalind Franklin 的相关内容。此教材2021年出版，教学内容为第12~13页。
教学课时：第5课时	教学时间：2021年5月27日	教学对象：高二(2)班

（一）教学设计

【教学目标】

本课为本单元的第五课时，在该课时的学习中，学生能通过与人物专栏文章进行比较，掌握人物传记的语篇特征和主要内容；能通过分析作者对词汇、句子结构和修辞方法的选择，辨认作者的情感；能通过分析富兰克林应对困难时展现出的精神品质和诠释成为科学家对她的意义，解读她对科学的热爱。

【教学重难点】

分析作者的遣词造句，判断作者的情感；概括科学家的精神品质并理解成为一名科学家对富兰克林的意义。

【教学过程】

Pre-reading

Ⅰ. Interactive activity 1: The layout of a biography of a scientist.

(T for teacher; Ss for students)

---

* T: Ask Ss to compare the layout of a feature article with that of a biography and encourage them to think about what text type this passage is and what they'd like to include in a biography

* Ss: Compare the layout of a feature article with that of a biography and think about the type of writing and brainstorm different parts of a biography

Purpose: To lead-in to the biography of Rosalind Franklin and to help Ss have a basic understanding of the layout of a biography.

Guided question:

What would you like to include in a scientist's biography?

Ⅱ. Interactive activity 2: The Dark Lady of DNA (1).

---

* T: Ask Ss to think about why Franklin was called "the Dark Lady of DNA" and what the word "dark" means.

* Ss: Think about the questions and share their understandings

Purpose: To encourage Ss to recall what they read in Reading B and get them ready for the understanding of Rosalind Franklin's difficulties as a female scientist.

Guided questions:

1. Why was Rosalind Franklin called "the Dark Lady of DNA"?

2. What does the word "dark" mean?

Ⅲ. Interactive activity 3: Rosalind Franklin's life and career.

---

* T&Ss: Check the preview assignment: Exercise Ⅱ on Page 13.

Purpose: To encourage Ss to recall Rosalind Franklin's life events.

Guided question:

What did Franklin do at different stages of her life?

While-reading

Ⅳ. Interactive activity 4: Undying passion for science.

> * T: Ask Ss to read the first paragraph and identify Franklin's outstanding quality as a scientist.
>
> * Ss: Read the first paragraph and identify Franklin's outstanding quality as a scientist.
>
> **Purpose: To help Ss capture Franklin's most outstanding quality.**

Guided question:

What carried Franklin through all the difficulties she encountered?

Ⅴ. Interactive activity 5: Difficulties Franklin faced as a female scientist.

> * T: Ask Ss to scan the text and find specific difficulties Franklin encountered during her course of career.
>
> * Ss: Scan the passage and find specific difficulties Franklin encountered.
>
> **Purpose: To help Ss understand various difficulties Franklin encountered as a female scientist so as to better appreciate her undying passion for science and her various qualities.**

Guided questions:

1. What difficulties did she encounter as a female scientist?

2. What qualities did she display in overcoming these difficulties?

Ⅵ. Interactive activity 6: The famous image.

> * T: Ask Ss to scan Paragraph 5 to find out the breakthrough Franklin made and think about its importance.

* Ss：Scan Paragraph 5 for the breakthrough Franklin made and think about its importance.

Purpose：To help Ss understand the significance of Franklin's contribution so as to better understand the unfair difference between men and women in science and prepare students for such later tasks as identifying the author's feelings.

Guided questions：

1. What's Rosalind Franklin's contribution to science?

2. What's the importance of her scientific research?

Ⅶ. Interactive activity 7：Culture Link：Nobel Prize Fast Facts.

* T：Ask students to guess what Nobel Laureate means and in which area Crick and Watson were awarded the Nobel Prize.

* Ss：Take a guess and check the culture link for answer.

Purpose：To familiarize Ss with some basic facts about the Noble Prize.

Guided questions：

1. What does Nobel Laureate means?

2. In which area were Crick and Watson awarded the Nobel Prize?

Ⅷ. Interactive activity 8：The Dark Lady of DNA (2).

* T：Ask Ss to check their previous understandings of the reason for Franklin's being called "the Dark Lady of DNA" and the meaning of the word "dark".

* Ss：Check their previous understandings.

Purpose：To help Ss better empathize with Franklin's unfair treatment.

Guided question:

Do you have different or further understanding of the reason for her being called "the Dark Lady of DNA" or the meaning of the word "dark"?

Ⅸ. Interactive activity 9: The author's feelings.

> ﹡T: Ask Ss to identify how the author feels about the difficulties Franklin faced as a female scientist and find evidence from the text to support their answers by analyzing the author's choice of words, the sentence structures and figures of speech.
>
> ﹡Ss: Read carefully for the author's feelings and find evidence.
>
> **Purpose: To help Ss identify the author's feelings and further appreciate Franklin's achievements and qualities.**

Guided question:

How does the author feel about Franklin's difficulties and the unfair differences?

Post-reading

Ⅹ. Interactive activity 10: To be a scientist.

> ﹡T: Ask Ss to have a group discussion and write down their understandings of what "to be a scientist" means to Rosalind Franklin in complete sentences based on the biography and two of her quotes.
>
> ﹡Ss: Have a discussion in groups of six, write down their understandings and present them to the whole class.
>
> **Purpose: To encourage Ss to think deeply with the help of Franklin's deeds in the biography and her words and better understand Franklin's passion and qualities.**

Guided question:

What does "to be a scientist" mean to Rosalind Franklin?

Ⅺ. Assignment.

Suppose, by some miracle, Franklin were informed that her contributions were finally recognized. She decided to write a letter to provide encouragement and suggestions for women who've been courageous enough to follow her steps. Students are expected to write a letter of about 80 words in the tone of Franklin. The letter should include:

1. Her feelings of being recognized;

2. Her suggestions for female scientists.

Students may find the following checklist helpful.

CHECKLIST

☐ Do I bear my readers (female scientists) in mind when writing this letter?

☐ Does the letter convey Franklin's feelings which are consistent with her personality?

☐ Can the suggestions provided in my letter reflect Franklin's qualities?

☐ Is my letter clear, coherent and grammatically correct?

(二) 教学思考

本课为本单元的第五课时,旨在引导学生通过比较人物报道,概括人物传记的文体特征;通过分析作者的遣词造句,判断作者的情感;通过理解科学家面对的困难,分析科学家应对困难的态度,概括科学家的精神品质。首先,请学生思考人物传记应包含的内容,接着通过与人物报道的比较,概括人物传记的文体特征,包括标题的拟定、图片的选择和主要内容。其次,教师引导学生梳理富兰克林作为一位女性科学家遇到的困难,分析她应对困难的态度,理解她的主要成就,从而概括她的精神品质,进一步理解她对科学的热爱。最后,学生基于对文章的理解和补充的富兰克林的引言,分小组谈谈自己对"成为一名科学家对富兰克林的意义"的理解,并在全班分享小组的理解。

整堂课下来,各个环节相对流畅,三个教学目标也基本达成。其中,寻找人物传记的文体特征时,能够通过比较灵活的提问"If you're going to write a biography for a scientist, what will you include in it?"引导学生得出人物传记的几个要素。在分析作者情感时,当学生找到了原文中相应的句子,但无法总结出作者对科学家的情感态度是 admiring 时,教师也能用较灵活的方式,将情境转移到学生身上,通过提问"If I say you are an extremely talented student, how do I feel for you?"不仅活跃了课堂气氛,也顺利引导学生回答出关键词。最后,总结科学家精神品质,让学生理解科学家对科学的热爱时,能够引导不同小组的学生发言,在不同小组学生观点相互碰撞时,将课堂气氛推向高潮。总体上,课堂中各环节流畅,学生参与度较高,板书层次清楚、条理分明,课堂气氛较为活跃。

此外,课堂注重综合运用多模态素材,除语篇本身的多模态素材外,能根据不同的互动学习任务制作相关的 PPT 课件页面,对语篇进行多模态解读,辅助与促进教学目标的达成。其中,比较用心的一点是贯穿整个 PPT 的颜色设计。在讨论富兰克林遭遇不平等对待时,所有的人物图像均为黑白照片,到了 Post-reading 环节,讨论她的贡献和成就在 21 世纪得到认可时,PPT 开始使用彩色的人物图像。本节阅读课的人物图片借助颜色在语篇层面的作用,对文字媒体的意义进行补充和强化,深化学生对语篇内文化现象的理解。

当然,课堂也难免存在一些疏漏和失误之处。比如,在分析文章时,出现几次口误和人称代词 he 和 she 使用混乱的情况;课堂的个别指令和引导语不够明确,导致学生思考时找错了方向,增加了该活动环节的用时;分析作者情感上没有更加侧重方法上的引导,因此学生在寻找时,用时较长,且角度相对单一。这些都是在日后的教学设计和课堂实践中需要进一步锻炼和打磨的。

执笔人:上海市上海中学英语教师孙依静

【专家点评要点】

整体设计合理,各个活动之间衔接非常流畅,教学目标的达成度高。教师亲和力高,能活跃课堂气氛,虽是阅读课,却一点都不沉闷。课堂板书设计层次清楚、条理分明,随着课堂活动的推进逐步生成。值得一提的是,教师课堂应变能力强,能针对学生的回答给出即时的反馈,并用灵活的方式逐步引导学生回答,避免课堂上产生尴尬气氛。

上海市教育委员会教学研究室综合教研员唐文洁

六、"Unit 1 *Scientists* 第 6 课时" 教学设计与教学思考

执教人：方维芊老师	新课程、新教材内容	上外版教材《普通高中教科书 英语选择性必修第二册》Unit 1 *Scientists* 中 Critical Thinking 的相关内容。此教材2021 年出版，教学内容为第 14 页(有涉及前面教学内容)。
教学课时：第 6 课时	教学时间：2021 年 5 月 28 日	教学对象：高二(2)班

(一) 教学设计

【教学目标】

本课为本单元的第六课时,学生在该课时的学习中,能通过回顾钟扬、霍金和富兰克林所面对的困难和他们的应对,梳理三位科学家的精神品质;能通过将科学家所遇到的困难根据其类型分类,并梳理相应的精神品质,理解科学家的工作和所应具备的精神品质;能通过分享自身科学探索的经历,发现自己或同伴身上所具备的科学家品质;能通过讨论单元大作业评价量规中的具体细节,理解单元大作业的要求。

【教学重难点】

概括困难的类型,分析科学家所需的重要品质,理解人人皆具备科学家品质。

【教学过程】

I. Interactive activity 1: Comments on students' previous assignments. (T for teacher; Ss for students)

* T: Summarize Rosalind's feelings of being recognized and her suggestions for female scientists based on students' writing assignments.
* Ss: Read the words and phrases listed on the slide to learn about classmates' ideas.

Purpose: To provide Ss with more possible answers to help them deepen their understanding of the difficulties facing Rosalind.

Guided questions:

1. What might be Rosalind's reactions to being recognized?

2. What might be Rosalind's suggestions for female scientists to follow?

II. Interactive activity 2: The Scientist Assembly: Q&A session.

* T: Ask students to have a role play to review the difficulties, responses and qualities of Zhong Yang, Stephen Hawking and Rosalind Franklin.
* Ss: Discuss the three scientists' difficulties, responses and qualities in the form of an interview. Fill in the "Major points" column of Table 1 on the worksheet to note down the rehearsal of the interview.
* T: Invite one group to present the interview.
* Ss: One group act it out while the other groups complete Table 1 (Comments).
* T: Ask students to make comments on the interview or offer additional information.
* Ss: Comment on the interview or add some key information concerning the three scientists' difficulties, responses and qualities.

Purpose: To help Ss have a general review of what has been learned in the previous lessons.

Guided questions:

1. What are these scientists' difficulties, responses and qualities?

2. Does the interview convey all the key information?

Ⅲ. Interactive activity 3: Major obstacles and important qualities.

---

* T: Ask Ss to categorize the difficulties into major obstacles and brainstorm more major obstacles with examples. Discuss the qualities needed to deal with the major obstacles and provide reasons.

* Ss: Categorize the difficulties into major obstacles in groups and brainstorm more major obstacles with examples. Discuss the qualities needed to deal with the major obstacles and give reasons. Complete Table 2 and Table 3 on the worksheet.

Purpose: To help Ss generalize the major obstacles scientists may encounter and conclude the qualities needed to deal with the major obstacles.

Guided questions:

1. What are major obstacles scientists may encounter?

2. What qualities are needed to deal with the major obstacles?

Ⅳ. Interactive activity 4: Who can be scientists?

---

* T: Ask students to think about what kinds of scientists the three scientists represent and brainstorm more kinds of people after watching the video.

* Ss: Discuss the kinds of scientists the three scientists represent and brainstorm more kinds of people after watching the video.

Purpose: To help Ss understand the kinds of people who can be scientists.

Guided question:

Who can be scientists?

Ⅴ. Interactive activity 5: I see the scientist in you.

* T: Ask students to tell stories of themselves or those around them that reflect scientists' qualities with a concrete example.

* Ss: Share stories and provide evidence (specific examples).

Purpose: To help Ss realize that everyone can have scientist's qualities and identify the qualities in themselves or their peers.

Guided question:

What are the stories that can reflect scientists' qualities?

Ⅵ. Interactive activity 6: Rubric for the final project.

* T: Ask students to read the rubric carefully and mark some important words or phrases.

* Ss: Read the rubric and find the key points.

* T: Invite some students to point out the key words or phrases. Explain some new words and the detailed requirements for the booklet when necessary.

* Ss: Share what they have found important and ask questions if they are confused.

Purpose: To familiarize Ss with the rubric for the final project.

Guided question:

What makes an excellent booklet?

Ⅶ. Assignments.

1. Write a paragraph in at least 60 words to introduce a personal experience of encountering difficulties in your scientific exploration.

2. Discuss the rubric in groups and start to design the final project.

（二）教学思考

本课时对前几个课时的内容进行了总结和提炼，引导学生从三位科学家出发，归纳概括出在科学探索过程中存在的典型困难，深入理解相关品质对克服困难所起到的作用。此外，本课时完成"联系自我"的过渡，让学生认识到科学家精神广泛存在于每个人身上，为后续写作板块做铺垫。"思辨课"是新课型，无框架可循，授课难度较大，但课程设计更为灵活。基于此次实践探索，有如下几点体会。

第一，充分利用教材提供的素材即可开展较有深度的思辨活动。在过往课堂中，教师较为依赖补充资源，希望通过额外的素材进一步激发学生思考。实际上，教师更应挖掘课本素材中有探讨价值的片段，设计合理的问题，引发学生的深层思考。以视听说课时中使用的视频素材为例。从理解角度看，学生可探讨制作这则电视节目的意图何在，对应的小男孩图片起到何种作用。节目最后一段向观众传递了"人人皆可成为科学家"这一观点，而小孩的形象恰恰说明人人都可以从小开始培养相关素养，具备成为科学家的可能。基于此，学生从各类科学家自然联系到自身，关注个人的科学探索经历和精神，深入认识本单元的关键问题，给自我更多启发与要求，同时能顺利过渡到写作课时，学习如何描写个人探索科学的经历。从批判性角度看，学生可就素材的选取问题各抒己见，如：作为一个介绍女科学家的视频，为何最后使用了小男孩的形象而不是小女孩的形象？你如何看待这部分的素材选取，你认为这种处理是否恰当？如果由你为这个视频加一个结尾，你会选取哪些素材？你会如何制作？经过上述开放性问题的探讨或辩论，学生深入理解多模态语篇在选材上的内在逻辑，锻炼批判性思维，在今后的学习中会有意识地主动关注和利用各类多模态资源。

第二，相关教学理论能有效指导课程设计，应不断学习、实践。

在备课前,组内集体学习了 UbD(Understanding by Design)理论。该理论指出理解是教学和评估的中心,学生需通过 big idea(大观念)理解学习内容并迁移学习结果,能达成该目标的有效课程应"以终为始"开展设计,因而需通过逆向设计来规划课程单元,从预期结果出发,倒推 essential questions(关键问题),再据此设计相关的课堂活动。基于此,原本无从下手的思辨课在启发下逐渐成形。一开始的口语活动帮助学生进行热身,学生通过角色扮演回顾了先前了解的三位科学家遭遇的困难和可贵的品质。接着,学生总结困难类型,并发散思维,通过头脑风暴和讨论,补充更多困难类型,完成从个别具体科学家到全体科学家的概括。随后,借助对视频结尾的探讨过渡至个人,进而分享事例,为写作任务奠定基础。各项活动串联紧密,整个过程一气呵成,有效达成了设立的教学目标。

第三,思辨课比其他课型更需要教师循循善诱。本课时对学生的思维要求较高,教师要善于观察学生的反应,关注小组交流环节的进展和产出,在学生思维受限时及时抛出例子或通过一系列提问主动引导学生进一步分析,为学生搭好脚手架。

执笔人:上海市上海中学英语教师方维芊

【专家点评要点】

本课时设计新颖,活动形式多样,在总结前几个课时的学习内容基础上层层深入,步步引导。学生不仅能从几个科学家入手总结概括几个代表性群体及其在追求科学道路上所面临的困难,也能由此过渡到自身,发现自己身上的科学家品质,切身体会"人人都可成为科学家"。教师善于提问引导,课堂探讨气氛活跃,能激发学生的深度思考。

上海市教育委员会教学研究室综合教研员唐文洁

七、"Unit 1 *Scientists* 第 7 课时" 教学设计与教学思考

执教人：赵祺老师	新课程、新教材内容	上外版教材《普通高中教科书 英语选择性必修第二册》Unit 1 *Scientists* 中 Writing 的相关内容。此教材 2021 年出版，教学内容为第 15~16 页。
教学课时：第 7 课时	教学时间：2021 年 5 月 31 日	教学对象：高二(2)班

（一）教学设计

【教学目标】

本课为本单元的第七课时，学生在该课时的学习中，能通过比较学生作业与范例语篇，理解描述性写作的目的与特点，以及感官细节和对话在描述性写作中表情达意的作用；能运用感官细节和对话，润色同伴作业；能通过细节，在科学探索个人经历的描述性写作中表达情感、态度与品质。

【教学重难点】

在写作中运用感官细节和对话展现作者的情感态度和科学品质。

【教学过程】

Ⅰ. Interactive activity 1: Reviewing homework.
(T for teacher; Ss for students)

> ˙ T: Ask Ss to read and comment on one peer's essay from the homework for the last period. Remind Ss of what qualities the scientists aforementioned possess. Motivate Ss to explore the author's attitudes to science in his / her essay and his / her ways to demonstrate those attitudes.
>
> ˙ Ss: Make comments on one peer's essay from the homework for the last period. Recall the previous learning outcomes, and share their perceptions of the author's attitudes to science in essay. Reflect on how to polish the peer's essay.
>
> **Purpose: To help Ss review the importance of details in writing and reflect on one peer's essay from the homework for the last period.**

Guided questions:

What does the sample essay tell you about the author's attitudes towards science?

Ⅱ. Interactive activity 2: Grasping the effects of sensory details and dialogues.

> ˙ T: Introduce the purpose and feature of descriptive writing by relating descriptive details in Reading A. Guide Ss to understand the effects of sensory details and dialogues by comparing the sample passage with the less vivid one. Help Ss categorize sensory details by relating keywords with their types.
>
> ˙ Ss: Grasp the purpose and feature of descriptive writing by recalling descriptive details in Reading A. Understand the effects of sensory details and dialogues by comparing the sample passage with the less vivid one. Categorize sensory details by relating keywords with their types.
>
> **Purpose: To introduce Ss descriptive writing and its major features, and to enable Ss to understand the effects of sensory details and dialogues in descriptive writing.**

Guided questions：

1. How does the sample essay convey the attitudes and feelings of the author?

2. What are the effects of sensory details and dialogues?

3. How can we demonstrate one's attitudes and qualities in a descriptive writing?

Ⅲ. **Interactive activity 3：Analyzing the polished version of the homework aforementioned.**

＊ T：Have Ss read a polished version of the peer's essay. Ask students to use the table in Step 2 on Page 16 in the textbook to analyze the details employed in the new version and evaluate their effects.

＊ Ss：Analyze the details in the polished version based on the table in Step 2 on Page 16 in the textbook. Evaluate the effects of the details and share with their peers their opinions.

Purpose：To help Ss evaluate the use of sensory details in a descriptive essay.

Guided questions：

1. How does the polished essay convey the attitudes and feelings of the author compared with the original version?

2. How can we demonstrate one's attitudes and qualities in a descriptive writing?

Ⅳ. **Interactive activity 4：Discussing how to polish students' own pieces of homework.**

＊ T：Ask Ss to discuss in pairs how to use sensory details and dialogues to polish the homework of the partner，and help Ss make conclusions after their discussion.

> * Ss: Brainstorm and discuss the possible ways to employ sensory details and dialogues to improve the original version. Share their own opinions with the whole class later.
>
> **Purpose: To help Ss conclude ways of applying sensory details and dialogues to demonstrate the feelings and qualities of the author.**

Guided question:

How can the author's feelings and attitudes be demonstrated vividly?

Ⅴ. Interactive activity 5: Polishing homework.

> * T: Introduce Ss to an essay revising checklist. Emphasize the use of sensory details and dialogues to reflect the author's feelings and attitudes and demonstrate the qualities of a scientist. Encourage Ss to cooperate and polish their partner's homework.
> * Ss: Add sensory details, dialogues and other details wherever appropriate to polish their partner's homework.
>
> **Purpose: To encourage Ss to apply sensory details and dialogues to writing.**

Guided question:

How can details be used to reflect the author's attitudes and demonstrate the qualities of a scientist?

> **CHECKLIST**
> ☐ Do I present a personal experience of exploring science?
> ☐ Do I use sensory details or dialogues to enable the readers to experience the event?
> ☐ Do I arrange the details appropriately?
> ☐ Do I use a variety of vocabulary?

（续表）

☐ Do I use varied sentence structures?

☐ Do I make grammatical errors?

☐ Does my voice reflect my feelings about the event?

Ⅵ. Interactive activity 6: Evaluating polished homework.

* T: Encourage Ss to comment on their essays polished by their partners and essays polished by other students. Encourage Ss to provide suggestions for further improvement.

* Ss: Comment on their essays polished by their partners and essays polished by other students. Provide suggestions for further improvement.

Purpose: To help Ss appreciate and evaluate the effects of details in descriptive writing.

Guided question:

How can descriptive essays demonstrate the qualities of a scientist?

Ⅶ. Assignments.

1. The science society in your school is celebrating its 4th anniversary next month. You are asked to write one of your most impressive personal experiences of exploring science in about 100 words. It could be a scientific lecture you attended, an experiment you did in school or at home, a visit to a science and technology museum, a science game you played with friends, etc.

2. Prepare for the presentation of the final project.

The Requirement of the Presentation

Present the booklet you have created. Your presentation should last no more than 10 minutes and should respond to the following questions:

1）What is the title of the booklet? Why did you decide on this title?

2）What type of scientist did you decide on? Who are the four scientists of your choice? Why did you make such choices?

3）Among all the eight facts，which is the most impressive one that reflects the scientist's qualities and why?

4）Among all the four quotes，which is the most impressive one and why?

5）What do you think of each scientist? Use one word for each scientist to make comments.

6）What is your reflection on your learning of this unit and your experience of designing the booklet?

（二）教学思考

思维品质的培养包括批判性思维和创造性思维。思维品质可以和更多具体的课型相结合，有效利用特定课型培养学生的特定思维品质。我们可以利用新教材的单元设计模式,把思维品质的提升纳入课时设计和单元设计中,使其在英语课堂中循序渐进,不断发展。

在上外版《普通高中教科书 英语 选择性必修第二册》第一单元第七课时写作课(描述性写作)的课例中,我将提升学生批判性思维和创造性思维融入课堂设计中,在课堂实践中为培养学生思维品质步步铺垫,再结合课堂讨论和写作实操。在课堂中,学生的批判性思维和创造性思维得到充分发展,在写作课的作文产出中得以体现。

根据教学实践,本次写作课教学过程整体顺畅,教学目标基本达成。通过这堂四十分钟的课程,学生能有效吸收描述性写作的写作框架,把握描述性写作中的感官细节写作,如在记叙个人经历中加入对所看、所听、所闻、所触,以及对话等多角度细节,丰富内容层次,增强作文的表现力和感染力。

此外,在本课时中,学生通过同伴互评互改的方式,在课堂情境中针对作文进行批判性思考,尝试给学生提出合理的改进建议。在修改讨论部分,学生充分沟通,为润色作文进行铺垫,在过程中学会给出和采纳建议。在修改作文的过程中,学生学会客观看待作文并发挥创造性思维,展现自己的想法和创意。

同时,本节写作课尚有诸多不足。

在感官细节的讲解环节,授课材料可以更多元化,利用更多的图片和动图,或者更好地设计互动提问,可以使这一环节的教授更加生动多彩,同时给学生提供发挥创造性思维的空间。

在润色作文环节,可以给学生提供更多的时间用于充分思考和写作。实际教学中这一部分时间较为紧张。部分学生尚未修改完毕。

在润色后的讨论环节,利用实物投影仪给全班投影作文,由于课堂时间太紧张,未能让学生充分仔细阅读作文,后续讨论的展开稍显仓促,基于本节课的教学实践,在今后写作课的展开要点和注意事项上,我争取在课堂内容充分铺垫后,把更多的课堂时间留给学生思考和讨论,进一步发展学生的思维品质。

执笔人:上海市上海中学英语教师赵祺

【专家点评要点】

写作课通过比较两篇学生习作,引入话题,引导学生关注感官细节和对话对刻画细节的作用,为后续写作任务做铺垫。教师通过创设情境,指导学生用恰当的语言书面构建关于科学探索经历的描述性文章,并启发学生思维,欣赏普通人身上展现的科学家品质。完成习作后的学生互评、教师评价和修改,对学生改进和提高起促进作用。

上海市教育委员会教学研究室综合教研员唐文洁

八、"Unit 1 *Scientists* 第 8 课时" 教学设计与教学思考

执教人：赵祺、方维芊老师	新课程、新教材内容	上外版教材《普通高中教科书　英语选择性必修第二册》Unit 1 *Scientists* 中 Further Exploration 的相关内容。此教材 2021 年出版,教学内容内容为第 17 页。	
教学课时：第 8 课时	教学时间：2021 年 6 月 2 日		教学对象：高二(2)班

(一)教学设计

【教学目标】

本课为本单元的第八课时,学生在该课时的学习中,能通过回顾单元大作业和作业展示要求,以及讨论作业展示评价表的细节,理解单元大作业展示的评价标准;能通过运用作业展示评价表,评价同伴的单元大作业展示;能在小组中分享对单元大作业完成过程的反思。

【教学重难点】

根据展示评价表评价同伴的展示,并表达观点和建议。

【教学过程】

Ⅰ. Interactive activity 1: Comments on homework.

(T for teacher; Ss for students)

---

* T: Give Ss feedback on their homework. Comment on their homework and offer suggestions. Help Ss to review and reflect on the effects of sensory details and dialogues on writing a descriptive essay.

* Ss: Review their own homework and learn from others' homework.

Purpose: To comment on Ss' homework.

Guided question:

How should we effectively use sensory details and dialogues to polish the descriptive essays?

Ⅱ. Interactive activity 2: Review of the requirements of the final project.

---

* T: Activate Ss' knowledge about scientists and their stories of exploring science. Guide Ss to review the rubric for the booklet and the requirements of the presentation. Offer tips for delivering the presentation. Provide Ss with the evaluation sheet and encourage them to understand the standards of evaluation through group discussion.

* Ss: Review the rubric for the booklet and the requirements of the presentation, and the tips for delivering the presentation. Read the evaluation sheet and understand the standards of evaluation through group discussion.

Purpose: To help Ss get ready for the presentation and the evaluation of their peers' presentations.

Guided questions:

1. What are the requirements of the booklet and the presentation?

2. How are the presentations evaluated?

Evaluation Sheet

Evaluation of Group _____ **'s Presentation**

Group members: _____

Directions: Circle your choices and complete the sentences.

1) I find the title **impressive/less impressive** because _____.

2) I **am/am less** clear about their choices of scientists and their reasons because _____.

3) I find the fact they presented **impressive/less impressive** because _____ _____.

4) I find the quote they introduced **impressive/less impressive** because _____.

5) I **am/am less** clear about their opinion of each scientist because _____ _____.

6) I find their reflection **inspiring/less inspiring** because _____ _____.

7) I find their visual aid **appealing/less appealing** because _____ _____.

8) There is more I would like to say about this presentation.

_____

_____

_____

_____

Ⅲ. Interactive activity 3: Presentation and comment.

* T: Ask each group to present their final project by using visual aids. Have Ss comment on their peers' presentations based on the evaluation sheet.

---

    * Ss：Groups take turns to give a presentation. Assess their peers' presentations based on the evaluation sheet.

    Purpose：To help Ss learn to present booklets, assess and reflect on their performance.

Guided question：

How do you comment on your classmates' presentations?

Ⅳ. Interactive activity 4：Reflection.

---

    * T：Have Ss reflect on their process of making the booklet and the presentation and share their reflections with their group members. Have them report their ideas to the class later.

    * Ss：Reflect on their process of making the booklet and the presentation and share the reflections with their group members. Report their ideas to the class later.

    Purpose：To help Ss develop their ability to analyze, think critically and reflect on the lessons learned.

Guided question：

What is your reflection on making and presenting the booklet?

Ⅴ. Assignment.

Reflect on your performance in Unit One and write a reflective note in about 60 words based on self-assessment.

（二）教学思考

上外版《普通高中教科书　英语　选择性必修第二册》第一单元第八课时 Further Exploration(深度探索)是该单元的最后一节课。前七课时探讨了科学家的品质、如何体现科学家的品质,在思维品质层面做好了铺垫,同时在听、说、读、写、看等方面提高了学生的语言知识和学习能力。本节课着重学生展示交流单元成果——学生自制手册。在学生展示前,教师先提供评价标准,6组学生上台进行限时展示,介绍手册的立意、内容、设计、小组分工合作等。展示后由学生互评,给出建议,再由教师评价。多组展示后教师引导学生进行组间比较,每组的手册内容和展示都能体现科学家不同的科学品质,进而加深学生对"科学精神"的理解。最后由手册展示引至单元内容总结,升华主题,为作业 self-assessment 单元自我评估做铺垫。

在课程设计中,我再次将提升学生批判性思维和创造性思维融入课堂设计中。在课堂中,学生的批判性思维和创造性思维得到充分发展,在本节课的学生展示和学生互评中得以全面展现。

根据教学实践,本次探究课教学过程整体顺畅,教学目标基本达成。通过这堂四十分钟的课程,每组学生通过团队合作的方式,向全班学生展现小组项目产出的作品,展现本单元所学知识与情感。每组学生展示后,学生们能够开展有效的问答和互评环节,形成良好的生生互动。

此外,在课时中,学生们的课题作品体现了整个单元的所学、所想、所感,通过创意凝练出作品,在过程中锻炼了创造性思维;在学生互评环节,学生们根据要求对作品和展示进行讨论、评价和打分,锻炼了批判性思维。

同时,本节课尚有诸多不足。

对学生展示的要求可以提前布置得更加清晰明确,进而确保各组学生的展示形式和质量。同时,在评价环节可以设计更多的提问,起到抛砖引玉的作用,启发在座学生的思路,也可以使评价环节的氛围更为活跃。

基于本节课的教学实践,我对单元总结"深度探索"课时有了更深刻的认知,对未来的课时设计和单元整体规划大有裨益。

执笔人:上海市上海中学英语教师赵祺、方维芊

【专家点评要点】

　　学生们制作的全彩手册风格迥异,有纯手绘手册、有杂志风范手册、有思维导图式手册。课堂展示精彩纷呈,感染力强。通过制作全彩手册的活动,学生不仅将本单元内容融会贯通,探究并报告中国科学家的生平、事迹、名言、贡献等,更对科学家的精神品质有了更深刻的认识。教师在整节课中的作用是穿针引线,一颗颗明艳的珍珠串成一串。教师还引导学生慧眼识珠,以检查列表为载体,用学生评价的方式检查全彩手册展示是否达到预期,这样的体验也有助于学生课后反思并改进自己的作品。作为贯穿本课的评价工作,检查列表清晰明确,易于使用,今后学生还可尝试自创评价列表。同时,作为本单元最后一课,教师还可以指导学生写反思笔记评价和反思本单元的学习情况。

上海市教育委员会教学研究室综合教研员唐文洁

九、"Unit 2 *Art and Artists*" 教学设计与教学思考

执教人：周清飞老师	新课程、新教材内容	上外版《普通高中教科书　英语　必修第三册》Unit2 *Art and Artists* 中 Reading B *Banquet Speech* 的相关内容。此教材 2021 年 1 月出版，教学内容为第 30～31 页。
教学课时：第 6 课时	教学时间：2021 年 4 月 16 日	教学对象：高一(10)班

（一）教学设计

【单元目标】

By the end of this unit，students are able to：

1. Discuss artists and their works.

2. Discover the symbolic meanings and cultural messages of artworks.

3. Analyze and compare artists' social influences through their works.

4. Listen for details，emphasize important words in speaking，and use the general-specific pattern in writing.

【课时目标】

By the end of this period，the students are expected to：

1. Have a general idea of the speech to empathize with the author's multiple feelings.

2. Comprehend the core intention of the speech while acquiring basic comparison techniques.

3. Compare and think critically to gain an insight into the literary nature of songs.

【教学重难点】

1. To comprehend the core intention of the speech;

2. To explore the literary nature of songs.

【教学过程】

Teaching procedures

Ⅰ. Pre-reading

Brush up on the song lyricsstanzas, rhetorical questions and themes.

Ⅱ. While-reading

Global reading

Occasion, target audience and intention of the speech (skimming).

Strategy reflection—adapted reading skills for a speech in the letter form Further reading.

Multiple feelings conveyed in the speech (sorting).

Core intention of the speech and its development (sorting & analyzing).

Strategy building—basic skills in comparison: topic, focus and points, etc.

Perception of the citation of Shakespeare (sorting & analyzing).

Ⅲ. Post-reading

Critical thinking—Can songs be literature? (comparing &

analyzing).

Ⅳ. Assignments

Read aloud the text over and again, and try to empathize with the author's feelings.

Are Bob Dylan's songs literature? Write a paragraph of comparison in about 100 words by using the research results in class.

（二）教学思考

今天展示的课堂语篇来自上海外语教育出版社《普通高中教科书 英语 必修第三册》的第二单元,单元主题为 *Art and Artists*.

本单元属于"人与社会"主题群下的"艺术与文学"主题语境,旨在培养学生通过本单元的学习能按照指定框架谈论和分享艺术作品,并对其艺术价值进行评价;能挖掘艺术作品中蕴含的象征意义和作品所传递文化信息;能对艺术家或艺术作品进行比较分析,探讨艺术家的社会价值和热门文化现象等。

本单元所选的 Reading A 和 Reading B 风格迥异,Reading A: *People's Artist* 是中国传统艺术家齐白石从平凡到伟大的艺术生涯、代表作品和艺术成就的介绍。先生的艺术风格和成就是早有定论的事实。Reading B 是 2016 年诺贝尔文学奖获得者美国著名音乐人 Bob Dylan 的获奖感言,演讲稿 *Banquet Speech* 经过删节改编,但基本传递了原文的语篇结构、情感表达和思想内涵。

Bob Dylan 连续十年被诺贝尔文学奖提名,十年陪跑并不让人看好。可想而知,Bob Dylan 获得 2016 年诺贝尔文学奖的消息一经发布,就引发了全球文化界的震动,各路评论家褒贬不一,甚至有人批判:诺贝尔文学奖不是瑞典达人秀,This is the Nobel Prize for Literature, not Sweden's got talent;还有人评论:诗歌是神秘而美妙的存在,歌曲是神秘美妙但不同的存在。A good poem is a mysterious and wonderful thing. A good song is a mysterious and wonderful but different thing. 批判者对于这届文学奖很不以为然。我在网上输入 Controversy about Bob Dylan's Nobel Prize，找到了近 10 万条的结果。可见，这一文化事件的思辨价值非常高。

编者选择 Banquet Speech 作为本单元 Reading B，既有文学和艺术价值，符合单元主题语境，又有极高的思辨价值，有助于培养学生的思维品质和思辨能力。材料的选择完全符合新课标英语学科核心素养，对学生语言能力、文化意识、思维品质和学习能力的综合培养很有价值。

纵览演讲稿全文，作者以虔诚的态度受奖，表达了自己对诺贝尔文学奖的尊重，以及对历位诺贝尔文学奖获得者的敬仰。作者谦逊而冷静地回顾了自己的艺术生涯，回应外界的质疑。演讲中，他把自己和莎士比亚进行了一番比较，既让人耐人寻味又让人疑窦丛生。这成为文本最有挑战的一个思辨要点。这个思辨问题结合话题本身的思辨性成为本文最大的挑战。

下面我从课堂环节设计的意图作简单介绍：

Ⅰ. 读前环节

通过第六课时 Bob Dylan 代表作品 blowing in the wind 的歌词回顾，学生为文本的阅读和后面的思辨环节进行情感和认知铺垫。

Ⅱ. 读中环节

整体阅读阶段，学生通过灵活调整 skimming 策略获取讲稿的基本信息，即演讲的场合和要旨等。在这个过程中学生可以培养灵活的运用阅读策略的能力。

Further reading 以情感为主线，学生需要捕捉作者传达的意图信息。课堂设计突出作者的主要意图，引导学生捕捉作者讲稿的核心主旨 core intention。

课堂贴合文本特征，呈现 comparison 的基本要素，为第七课时的 Analyzing and Comparing 进行铺垫。在教师的引导下,学生深入文本,思考作者引用莎士比亚进行对比的目的和合理性。这个开放性问题有助于提高学生的思维品质。

Ⅲ. 读后活动直接抛出问题: Are songs literature?

课堂通过 critical thinking 打开学生思维格局,欢迎学生提出不同观点,引导学生从对文本的思考升华为对文化现象的批判。为了规避偏见,课堂引入辩论的机制。

课后作业的设置呼应读中环节的情感主线,学生需要在课后延续课堂的思辨过程,并以作文的形式呈现出来。

思辨拓宽思维的深度和广度。"如果一节课没有冲突,没有争论,没有辨析,没有感悟,那就不是一个好课堂,不能完成从知识到素养的飞跃。"(《普通高中"双新"实施撬动育人方式变革》,张绪培)在指导学校英语辩论队的几年中,辩论也逐渐融入我的日常教学中。

授课班级是年级里的特色班,语言能力和思辨能力突出。话题讨论是日常阅读课中经常设置的环节。此外,我们会事先征集不同议题,每周选取其中一个议题,安排 4 位学生抽签选中正反方,事先立论成稿,每周五用一堂课时间,进行 2 对 2 演讲比赛,并进行演讲后全员参与的自由辩论。这极大地活跃了学生的思维,而语言渐次成为一种思维的工具。在语言能力和思辨意识支撑下的课堂辩论完全符合学科核心素养,成为课堂立德树人的最佳手段。

每一堂公开课都凝聚着教研团队的智慧,对教师而言都能收获成长。本课设计参考市级专家关于单元设计的讲座,得到市、区教研室专家的指导。

执笔人:上海市上海中学英语教师周清飞

【专家点评要点】

周老师的这堂课体现了青年教师应有的学识、专业、风范和技巧,各方面都是很成功的。我认为也符合活动的主题,即探讨新课程新教材如何落地，如何进一步发展。我们暂时跳开这一堂课来思考，为什么要进行新课程和新教材的建设。上海市二期课改所取得的成就被广泛认可，恰恰是新时代和新变局对我们构成新的挑战，提出新的课题。如果我们以过去的方式来面对现在的学生群体，那么这一代孩子就"没有未来"，我们必须把现在和未来联系起来，就必须进行课程改革。

仅仅把握好知识与技能、过程与方法、情感态度与价值观，是远远不够的，我们还需要关注三维目标的融合。从我们的考试评价来看，基本上只能看到知识与技能，对比核心素养要求，还需要文化内涵和思维的深刻。

我们在语言使用过程中，思维的逻辑性在哪里？结论从哪里来？有没有在不同的文化、不同的语言体系、不同的场景甚至不同的年代之间进行比较？有没有形成反思？有没有让学生具备一种建构力？"乌鸦喝水"故事中的乌鸦，是不是一定需要再去搬石块？

面对这一代学生，我们需要对课程的性质进行重新审视。培养学生举一反三、具有知识迁移的能力，这应该是课程目标。教材的结构、内容的范畴和呈现方式，尤其是由教转为学、以学来定教、以教来定评、以评来促学，从这些角度重构教学，正是"双新"的意义。

我们教育的这一代孩子，他们出生在数字时代，对信息的寻找、比较、把控比很多教师都要强。对他们来说，知识的源泉是互联网，从这个意义上看教育工作者需要与学生一起进步。这些有助于教师理解课程的本质和内涵。

在教学过程中，我们一定要整合观念，千万不要把这堂课看作阅读课，阅读只是手段，难道我们没有在听，没有在看，没有在说吗？不管是义务教育还是高中教育，不要把我们的课堂人为划分成听力课、阅读课、写作课、会话课、翻译课，我们希望整合提升学生综合交流的能力，而且在高中阶段我们更加要强调 interaction。尤其是高中，千万不要把我们的教学变成一个"先学后做"的过程，我建议把它做成"做中学,学中做"的过程。

学生已经有相当的基础,他们带着 prime knowledge 进行各层面互动。做和学可以尝试先做后学,先学后做,整合同步,循序渐进。

展示课固然能观察到很多东西,但我希望能随时进入一个常态化的课堂。

今天的展示是一个新的开端,因为"双新"展示是对课标的具体解读和呈现,我们的观念、我们的想法也在推进"双新"的过程中同步发展。我们制定的目标是面向 2035 的教育,OECD 已经明确地提出了"面向 2030 的核心素养 2.0 版本",明确把变革能力放在很重要的位置,这些是教育工作者需要共同思考的问题。

上海外国语大学教授梅德明

观摩周老师的授课和说课,我们可以看出周老师有很强的单元教学设计意识。这堂课实现了单元教学目标提及的几点,如理解艺术家创作的主旨,了解同类事物对比的基本策略,应用对比的策略,尝试用批判性思维发表观点等。

这堂课是从本单元上一课时 Listening and viewing 的歌曲回顾引入的,让学生在歌词中感受 Bob Dylan 歌词创作的特点,领悟作者通过歌曲传递的反战信息。这堂课同时也为下一个课时 critical think 所需的对比策略的运用做了非常好的铺垫。此外,这堂课也为本单元写作教学,即运用对比策略进行说明说理奠定了基础。

新教材中,每单元中每一堂课都不是孤立的,只有把每堂课的作用发挥好,才能更有效地实施我们的教学。在这堂课上,我们看到教师让学生对 speech 这一类素材特征进行概念化概括,他教给学生的不是读一篇文章,而是读一类文章。一个 speech 无论形式怎样,结构如何,它总要传递给听众或观众一件事或一个道理。因此,对语篇类型的把握能帮助学生实施阅读任务。

在听课过程中,我问自己这样一个问题:教师为什么特别关注

multiple feelings of the speaker? 这些 feelings 的探讨有什么样的意义? 通过这堂课我们看到了,在演讲者表达的众多情感中,最重要的或最让人纠结的是 surprise,或 doubt: 我到底该不该获奖?

Are my songs literature? 这个问题就是本篇课文的核心问题,也是这篇课文的一个难点。周老师是如何带着学生去突破这个核心问题的呢? 我想在他的阅读教学设计中,特别关注语言技能,从一开始的获取信息,观察识别作者不同的情感到找到它的核心 doubt。第二个层级就是处理信息要通过比较和分析回答"我的歌到底是不是文学",比较分析的过程自然是本课的难点,而这种比较策略,也是学生之前没有学过的。

教师在课堂上补充了比较策略,让学生通过理性的方式去理解演讲者所要表达的主旨。在输出信息的环节,教师也特别关注学生的建构、评判以及利用自己对文本的理解表达具有创新性的想法。上海中学的学生在课堂上的思维是十分活跃的,理解非常到位。这堂课的整体设计,让我们看到了单元主题语境、语篇类型、语言知识、学习策略都在行云流水般地进行着,让我们看到了新课标下课堂阅读的最好示范。

这堂课上,我们没有看到传统阅读课上对文本细致的逐段评估,因为这是 Reading B,不是主阅读文章,结合资优生的学情,这篇文章教师所设定的重点就是通过对比理解文本,运用比较策略,帮助学生更好地去理解作者想要表达的一些想法。尽管 Reading 在整个单元中很重要,但是我们需要因材施教,看我们想要落实的重点在什么地方。

回到这篇文章的核心问题"Are my songs literature?",作者能不能通过这篇讲稿,通过和莎士比亚的比较去找到能说服自己的答案,有一位男生非常出彩。他说,"Songs can enrich a lot of people." 这段话在 Bob Dylan 的答谢词中是有的: It is my songs that are the vital center of almost everything I do. They seem to have found a place in the lives of many people throughout many different cultures. 他也说到 Shakespeare 从来没有问过自己这样一个问题 Are my songs literature? 那么为什么要和 Shakespeare 比较?

其实他有过另外一篇对获得诺贝尔奖的答谢辞,我找到了当中一些句子,希望能帮助我们寻找答案。他说:"Our songs are alive on the land of the living, but songs are unlike literature. They are meant to be sung not read. The words in Shakespeare's play were meant to be acted on the stage just at as Lyrics in songs are meant to be sung but not read on the page. And I hope some of you get a chance to listen to these lyrics, the way they were intended to be heard." 无论艺术的形式是什么,无论他在什么样的舞台上展演,最终他是在传递 thoughts。

Bob Dylan 在他的 closing 环节说:"Ultimately for providing such a wonderful answer." 他回答了"Are my songs literature?",他认为自己值得这样的一个奖项。今天学生表达的想法是通过品读文章的字句去体会的,还是他们日常认知的结果? 我想今天可能更多的是在老师的指引下获得的。

我们可以做得更好的是让学生真正沉下心来阅读这些文字,去品味文字传递的意义、传递的文化。如果这些文化意义伴随着策略和技巧存在于我们日常的英语课堂中,那么立德树人培养学生核心素养的目标才能真正在我们平时的课堂中得以呈现。

上海市英语特级教师金怡

十、"Unit 3 *Healthy Lifestyle*" 教学设计与教学思考

执教人：刘飞凤老师	新课程、新教材内容	上外版教材《普通高中教科书　英语　必修第三册》Unit 3 *Healthy Lifestyle* 中 Reading A *Take charge of your health* 的相关内容。此教材 2021 年出版，教学内容为第 36～37 页。
教学课时：第 1 课时	教学时间：2021 年 5 月 12 日	教学对象：高一(4)班

（一）教学设计

【教学目标】

By the end of this period，the students will be able to：

1. Express their understandings of a healthy lifestyle based on their daily experience.

2. Identify the purpose of the passage and its structure.

3. Raise their awarenesses of developing a healthy life and learn how to achieve a healthy lifestyle through different measures.

【教学重难点】

教学重点：学会辨识文章的写作目的和文章架构，概括段落大意，说明主题句的位置和作用，提升学生引领健康生活的意识。

教学难点：识别为传递意义而选用的主要词汇和语法结构，学会用说明文常用的诠释、举例子、列数据等说明方法。

【教学过程】

Steps	Students' activities	Purposes
Pre-reading	Learn about the definition of health by WHO.	To lead students into the topic of the text.
	Think about what makes a healthy life and possible obstacles to a healthy lifestyle.	To activate students' ideas of a healthy lifestyle.
While-reading	Skim and scan the passage.	To lead students to identify the purpose and structure of the passage.
	Find out the main idea for each paragraph in the body part.	To guide students to find the topic sentence and supporting details.
	Finish the exercises and answer the questions in relation to each suggestion in the passage.	To facilitate students' understanding of each measure taken to take charge of health.
Post-reading	Match each quote with each subheading and figure out some new dimensions concerning living a healthy life.	To strengthen students' cognition of different measures expressed in famous quotes and learn more ways of taking charge of health.
	Put forward targeted measures to overcome obstacles to a healthy life.	To reinforce students' understanding of how to live a healthy life based on what they've learned.
Assignment	Write a 120-word essay in which students are supposed to reflect on their obstacles to a healthy life based on their daily experience and put forward some targeted and practical measures for themselves.	

（二）教学思考

这是我进上中以来的第二堂公开课，我总结了如下几点心得体会。

第一，课前准备。教学设计之前，对于课型和教学文本我都进行了充分的考虑，这一次不同于上一堂的视听课，我决定开一堂阅读课。我和带教老师进行了详细探讨，她给了我非常专业的建议。认真进行教学设计后，我将教案反复修改并给带教老师和备课组长审阅，在和他们的探讨中发现问题、分析问题。确定了教案后，我开始在同年级不同班级进行磨课，及时发现教学内容、教学活动和教学环节在实践中可能存在的问题，以便针对性地解决各种问题。我前后试讲了三次，感谢我的带教老师和备课组长参加每次磨课，并且都给我非常细致具体的建议。每次磨课后或多或少都有问题，从教学内容到教学互动活动的安排，我都进行了相应的调整。在这个过程中我越来越多地学会如何真正做到发挥学生课堂的主体地位，对阅读课型也有了更深的认识。教师在课前做好充分的专业准备，同时善于把握学生的熟悉度和认识度，深入培养教与学之间的默契，让学生不断进步。

第二，熟悉环境。这次公开课仍然是在录播教室进行的，课前我花时间在录播教室模拟了正式的步骤和程序，一方面是为了确保硬件设备没有问题，另一方面也是缓解紧张感。

第三，针对教学活动和任务的设置，相比第一次公开课，我觉得这次更从容了。我对学生有了更深的认识，对课堂也更为熟悉。在磨课时，最初设置的教学任务较为复杂，从磨课班级学生完成任务的反应来看，完成教学任务的效果不够理想，在一次次磨课后，我把活动任务修改得更加贴合学生的学习特点。另外，在评课时有教师提到教学内容整体来说四平八稳，创造性不够，在今后的备课中，我还需要加强研修，多总结，多向前辈学习，提升教学能力。

执笔人：上海市上海中学英语教师刘飞凤

【专家点评要点】

本节公开课紧密围绕新课标新教材展开。刘飞凤老师设计的教学框架完整,教学目标明确,教学设计完整,教态自然,与学生互动程度较高。

基于"双新"背景,立足单元主题,在今后的教学过程中可更多地注重单元主题整合思维的应用,着重发挥本节内容在单元教学中的作用,如在设计教学纲要时,在立足单元视角的前提下,要思考安排的教学活动是否能更好地为单元教学服务。

本节公开课是基于新教材的一堂阅读课,刘飞凤老师对新教材运用得当,教学思路清晰、教学设计合理,前后设计的教学问题相互照应,以文章为线,连接起整节课的思路,设计严谨。

有待改进的地方是教学过程中可更多地锻炼自己创设以学生为主体的互动探究式课堂,进一步提升教学效果,深度挖掘学生对知识的理解,引导学生加强核心素养的落实。

上海市上海中学教学处主任、高级教师树骅

这堂公开课严格落实新教材背景下的主题语境和单元语境,课堂流程很顺畅,刘老师充分考虑学情,在基于文章主题的基础上,根据学生的实际学习情况拓展教学活动,体现出对课型和学情的较为充分的把握。在互动过程中善于引导学生思考,充分发挥学生主体地位。

需要注意的是在引导学生活动的过程中要增强临场应对能力,加强板书设计,结合不同课型和教学主题设计,确保板书的高质量。新教材实施时间不长,不同课型的教学方法也在不断摸索中,在今后的教学中可以适当拔高立意,在课程教学活动形式和启发式问题的安排上加强创新,以教带学,丰富落实学科核心素养的教学手段和活动。

上海市上海中学英语教研组副组长、高级教师李萍

十一、"Unit 4 *Life with a Robot Dog*" 教学设计与教学思考

执教人：杨一树老师	新课程、新教材内容	上外版教材《普通高中教科书　英语必修第三册》Unit 1 *Life with A Robot Dog* 的相关内容。此教材 2021 年出版，教学内容为第 52～53 页。
教学课时：第 1 课时	教学时间：2021 年 5 月 26 日	教学对象：高一（1）班

（一）教学设计

【教学目标】

By the end of this class，students are expected to：

1. Develop important reading skills to identify the main ideas of the passage.

2. Figure out descriptions that convey the author's feelings and infer about the reasons behind their change.

3. Share experience with technological products，and reflect on issues of human-machine relationship.

【教学重难点】

Identify the author's feelings and infer about the reasons behind their change; reflect on issues of human-machine relationship.

【教学过程】

Multi-media，a worksheet，and the blackboard.

Stages	Learning Activities	Purposes
Pre-reading	**Lead-in：** 1. Watch the video clip：*A Day of Aibo*. 2. Express their feelings about the robot dog.	● To lead students into the topic. ● To activate students' ideas of robot pets.
While-reading	**Global Reading：** 1. Read the title and predict the genre of the passage. 2. Figure out the main idea of each paragraph by skimming the text. **Close Reading：** 1. Sort out the author's feelings. 2. Reason out why the author's feelings have changed，and infer about the author's intention. **Further exploration：** Answer the following questions： 1. What might block humans from forming a true emotional connection with the robot? 2. The author thinks that even though robots may have many impressive features，they cannot satisfy our desires for true emotional connection. Do you agree with him? Why?	● To identify the structural features of the passage. ● To quickly grasp the main idea and some specific information of the passage. ● To have a deeper understanding of the text.

（续表）

Stages	Learning Activities	Purposes
Post-reading	**Group Discussion：** Share their experience with AI-powered products by analyzing how it may influence human life in both positive and negative ways.	• To encourage dialectical thinking in weighing the issue. • To facilitate fluency and appropriateness of speaking. • To provoke thoughts on human-machine relationship.
Assignment	Share their experience with AI-powered products by analyzing how it may influence their life in both positive and negative ways. Write a paragraph of about 60 words based on the discussion in class.	

（二）教学思考

高中阶段的英语教学中，阅读课既是教学重点，也是教学难点。阅读一篇文章不是为了单纯回答几个问题或解决某个语言问题而进行的。通过阅读课，培养学生掌握阅读技巧，运用阅读策略，从而提高语言的运用和交际能力才是最终目的。因此，针对本次阅读教学的开展，我作出如下反思：

1. 培养学生阅读兴趣

阅读教学要坚持以学生为主体，教师是作为指导学生、引导学生的角色，要注意指令明确，并给学生预留深度思考的空间，切勿为了教学环节的推进，频繁打断学生的回答。另外，在与学生互动的过程中，要多用与学生生活有关或熟悉的实例，对教学内容进行情景化创设，有利于提高学生对课堂的兴趣，为学生参与课堂创造积极条件。

2. 阅读策略的指导

授之以鱼，不如授之以渔，与其带着学生读，不如教会学生自己读。现代教育更加注重培养学生的自我发展能力，这对任课教师提出了更高要求，不仅要教学生"学会"，还要教学生"会学"。在阅读过程中应鼓励学生根据不同的语篇类型、阅读目的和阅读要求，采用不同的阅读策略，快速、准确地获取文章信息，由浅入深、由表及里、由抽象到具体地品读文章。还要帮助学生树立整体思维，从整体上把握文章脉络，而不仅仅停留在字词或单句。

3. 有效的课堂提问

英语阅读教学的课堂提问，普遍存在一问一答多，独立思考少，尖子生回答多，中下游学生回答少，直接公布答案多，思辨过程少等问题，如何提出问题、提好问题考验着任课教师的教学智慧。在设计问题时，一是要围绕教学目标和内容设计不同梯度的问题；二是设计的问题要难易适中，符合学生认知水平和个性特点；三是问题之间应科学系统、逻辑井然；四是表述应该凝练扼要，突出重点和难点。只有通过有效的课堂提问，才能培养学生思维品质，引导学生思维纵深发展。

执笔人：上海市上海中学英语教师杨一树

【专家点评要点】

此节课呈现了新课标背景下的英语课堂教学，让学生在实践中体会，在课堂中取得实效，让学习自然而然地发生，是"双新"方案实施背景下关于高中英语阅读课堂教学所做出的积极探索。

基于"双新"背景，教师在未来教学工作中应进一步落实单元整体设计观念，提升教学效果。教学设计是针对单元整体以及本单元内各板块间的联系，将阅读篇目和其他部分进行整合，使其互为补充。借助主阅读文章的学习铺垫，激活学生的思维，形成核心素养。

上海市上海中学教学处主任、高级教师树骅

十二、"Unit 2 Zoos"教学设计与教学思考

执教人：徐莎老师	新课程、新教材内容	上外版教材《普通高中教科书　英语　必修第二册》Unit 2 Animals 中 Reading A Zoos: Cruel or Caring 的相关内容。本教材为 2020 年出版，教学内容为第 20～22 页。
教学课时：第 1 课时	教学时间：2021 年 12 月 20 日	教学对象：高一(8)班

（一）教学设计

【教学目标】

本课为本单元第一课时，学生在本课时学习中，能够通过辨识基于汉堡模型展开的议论文文体和文本结构，厘清观点和事实的逻辑关系，分析文本写作目的和文本特征；能通过根据上下文线索推断不熟悉单词的含义，构建关于动物园之辩的"词汇-语义"网，并在英语口语实践中运用相应的表述；能结合文本观点，同情动物园中的动物，思考动物福利并提出动物保护的可能举措。

【教学重难点】

教学重点：梳理议论文的结构特征，利用上下文线索推测语义，描述动物的生活环境和可能的感受，在讨论中思考动物权益并提出观点。

教学难点：关注文体特征,结合文本论点论据从动物视角权衡动物园利弊,深入思考如何保障动物权益。

【教学过程】

Pre-reading

Ⅰ. Activity 1: Lead-in.

(T for teacher; Ss for students)

> * T: Present a video clip about trips to a zoo and pictures of zoo animals. Encourage Ss to describe visitors' feeling and that of zoo animals.
>
> * Ss: Watch a video clip and describe visitors' feeling. Observe pictures of zoo animals and guess their possible feelings.
>
> **Purpose: Introduce Ss' to the topic, arouse their interest and encourage them to empathize with animals.**

Guided Questions:

1. Do you love animals?

2. How do visitors in the clip feel in the zoo?

3. How do animals probably feel in the zoo?

While-reading

Ⅱ. Activity 2: Focus on the title.

> * T: Show Ss the title *Zoos: Cruel or Caring* and conduct a poll about Ss' own ideas. Guide Ss to identify the text type and predict the author's opinion.
>
> * Ss: Read the title, and show their stand by raising opinion cards. Identify the text type and guess which word the author will choose.
>
> **Purpose: Prepare Ss for an argumentative text.**

Guided Questions:

1. Which side will you take, cruel or caring?

2. What kind of text is it?

3. Can you guess which word the author will probably choose?

Ⅲ. **Activity 3: The Hamburger Model.**

---

* T: Introduce the Hamburger Model and ask Ss to figure out its application in the text by skimming for the author's opinion on the worksheet.

* Ss: Learn about the components of a Hamburger Model essay, check prediction and identify author's opinion by skimming.

Purpose: Help Ss' confirm the text type, understand its structure and writing purpose and enhance skimming skills to have a general understanding of the text.

Guided Questions:

1. What's the author's opinion?

2. Where can you find it?

Ⅳ. **Activity 4: Detailed reading —— Paragraph A.**

---

* T: Guide them to think about the organization of an introductory paragraph. Encourage Ss to read Paragraph A and generalize the main idea, remind them to pay attention to context clues for "establishments" and circle them out.

* Ss: Read Paragraph A and think about the function of the first sentence, get the main idea and find context clues for "establishments".

Purpose: Help Ss learn about the basic layout of an introductory paragraph and use context clues to understand unfamiliar words.

Guided Questions：

1. What is the function of the first sentence?

2. What is the "debate" about?

3. How do you understand the word "establishments?"

V. Activity 5：Detailed reading —— Paragraph D.

* T：Lead Ss to read Paragraph D and locate supporting evidence. Encourage them to carry out the poll again after reading the passage in detail and ask for effective evidence. Remind them to notice the restatement in the concluding paragraph.

* Ss：Read Paragraph D and find evidence supporting the author's opinion and raise opinion cards to show ideas.

Purpose：Help Ss reflect on author's opinion as well as the effective evidence and know about the organization of a concluding paragraph.

Guided Questions：

1. Why are "zoos a good thing overall"?

2. Do you agree with the author? Why or why not?

VI. Activity 6：Detailed reading —— Paragraphs B and C.

* T：Guide Ss to read Paragraph B and C and scan for key evidence for "cruel" and "caring", figure out the meaning of "replicate", encourage them to think about animal welfare and how to help endangered species and remind them that a body paragraph comprises a claim and supporting evidence.

* Ss：Work in pairs and write down key words for evidence on the worksheet, think about the different life animals live in zoos and in the wild, find context clues for "replicate" and propose actions to help animals.

Purpose：Help Ss deepen their grasp of each claim, employ context clues to understand unfamiliar words, know about concerns and benefits brought by zoos and increase their willingness to protect animals.

Guided Questions:

1. How is animals' life in zoos different from that in the wild?
2. What does animal welfare involve?
3. Why can a trip to zoos be educational?
4. What attempts do zoos make to take care of animals?
5. If you were a polar bear, where would you live and why?

Post-reading

Ⅶ. Activity 7: An Interview: Will You Escape from the Zoo?

> *T: Create a scenario where some animals are plotting to escape from the zoo. Encourage Ss to work in groups and prepare an interview targeted at zoo animals about their willingness to escape and life in zoos. Invite one group to present it in front of the whole class.
>
> *Ss: Decide on respective roles in groups of four and act out an interview.
>
> **Purpose: Help Ss to think in zoo animals' favor and practice expressions covered previously in the oral English context.**

Guided question:

Are your ready to voice for zoo animals?

Ⅷ. Activity 8: Review and reflection.

> *T: Summarize the main idea of the text based on the Hamburger Model.
>
> *Ss: Review the claims, evidence and structure of the debate.
>
> **Purpose: Reflect on the content learned and stimulate their care about animals.**

Guided question:

What should be taken into account to balance concerns and

benefits in relation to the zoos?

IX. Assignment.

Write an essay from the viewpoint of a zoo animal in 70 - 90 words on "Escape from the zoo" in accordance with the Hamburger Model.

Board Design

Debate over Zoos	
Cruel	**Caring**
* **Concern over** {no hunt **animal welfare** {unhappiness **Natural habitats**→**cages**　little space * **a different life unfit**　climates/seasons	**Educational** {Learn/support(fund)→ **experience** {endangered 　　　　　{conserve species **Replications** {toys→boredom **of natural habitats** {heated tanks→ 　　　　　　{temperature
good	

（二）教学思考

本课为单元整体教学的第一学时,主题语境为"人与自然",主题群为"环境保护",单元阅读 A 语篇类型为议论文,从作者和友人动物园参观的背景出发,针对"动物园是好是坏"的辩题展开议论。本文结构清晰,开篇立论,中间两段对比论证,最后重申观点、首尾呼应。语言简洁,论据细节使用对比、因果关系衔接词,逻辑通顺、对比强烈,阐述了动物在动物园的生存状况以及人们对此不同的观点和感受。

本次授课对象为上海中学高一数学班,学生对动物和自然环境具有较强的兴趣。他们的听读写能力较为突出,有一定的词汇储备量,但在口语表达方面还需要教师创设练习情境,加以鼓励引导。

同时,学生往往注重对语言材料内容的理解,对阅读技巧、语言逻辑关系、文本结构的关注还需要教师的指导。

为了更好地创设以学生为主体的项目式学习氛围,我在课前进行了大量的资料收集和整合的工作,力求能激发学生对英语学习的浓厚兴趣和强烈愿望。我通过视频和图片进行导入,为学生设置情绪对比,引导学生与动物共情。在学生通过阅读标题、识别文体和猜测作者观点后,我鼓励学生放置观点卡表明在辩论中的观点,能尝试从身临其境的崭新视角理解人与动物的关系。考虑到本文是目前高一教材中第一篇议论文,本节课引入 the Hamburger Model 帮助学生在略读中验证猜测,有效厘清文本结构,为细读文本做铺垫。在穿插进行的问答环节中也需要注意两点:一是问题一定要具体、指令要清晰,不可过多、过难。二是设问过程要对学生的回答有合理的心理预期,灵活引导学生给出理想答案。

依托议论文体特征(首段背景+话题、中段论点+论据、结尾复述),我引导学生深挖文本时尝试调整阅读顺序,先读首尾 A、D 两段,再聚焦主体 B、C 段。在阅读过程中,学生不仅能使用上下文线索推测语义、提炼作者的观点,还能发现首尾段落功能。我鼓励学生通过再次举起观点卡来展现他们对动物权益产生的思考,在问答中,学生的观点转变也为关注文章 B、C 两段论据的有效性做好了准备。细读 B、C 段时,我设计了学生结对合作学习,在 T 形表格中罗列 Cruel 和 Caring 两方论点的关键论据,并结合学生回答进行板书。在此过程中,学生能关注并理解因果、对比等逻辑关系,通过代入思考"北极熊"的选择,深入理解分析动物生存环境面临的困难和动物保护中的挑战,能表达自己的观点和情感。

考虑到学生口语、书面能力提升的学习需求和强烈表达意愿,我设计了读后大活动"是否逃离动物园"的采访,采访人为爱护动物的高中生,受访者为园区动物,鼓励学生通过角色扮演表达动物的呼声,通过回顾动物园生活利弊来佐证动物是否应逃离,在创设情境中表达学生个人观点,同时进行本课学习内容的复现。课后作业为针对"是否逃离动物园"主题,以动物口吻写一篇 70—90 字的议论文,参考 the Hamburger Model 引导学生将学习内容迁移到写作练习,表达对动物保护的持续关注和对动物福利的思辨。

整体而言,本课教学过程环环相扣,基本达成教学目标,学生在课堂上既能把握课文要点和结构特征,还能在引导中适时进行迁移拓展。印象深刻的是在思考"北极熊何处去"的过程中,学生提到了全球气候变暖现象,在教师引导下思考了人类活动可能给动物生存带来危险,结合活动中对动物权益的思考,让学生强化保护动物的责任感和主人翁意识。

执笔人:上海市上海中学英语教师徐莎

【专家点评要点】

从教学设计角度来看,徐老师深挖教材,从文本特点和语言入手,根据学生学情设计教学内容;整体构思较好,设计的教学任务由浅入深、从易到难,形式新颖、内容丰富,符合教学对象的认知水平和学习能力。学生不仅复现所学知识,还能体现对动物的关爱与共情。在教学过程中,徐老师引入 the Hamburger Model 和通过问答串接展现板书的环节条理清晰,能帮助学生准确到位地理解文本、关注文章中有关动物园的对立观点和关键词。通过辨析文本论点和理解观点事实的逻辑关系,学生能形成自己对动物保护的观点,并在拓展问题"为北极熊寻找合适居住点"中代入动物角色,理解濒危动物野外生存面临的挑战。读前的举牌亮观点和读后环节的采访活动形式新颖、颇具亮点,学生能积极为动物发声,进一步提升他们的思维品质和关爱动物的责任感。整体而言,这节阅读课教学目标明确、重难点把握得当、课堂设计结构合理,达成了教学目标。本课强化了学生的阅读技巧和语言积累,在针锋相对的论点中思辨判断,思考并坚持保障动物权益的正确价值观和责任感,让学生在兴趣盎然的情境中快乐学习,学生英语学科核心素养得到提升。同时,建议在最后的大活动设计 checklist,方便小组展示时,其他组能进行针对性评价,效果会更好。

上海市上海中学英语教研组副组长、高级教师李萍

十三、"Unit 4 *Future Living*" 教学设计与教学思考

执教人：牛子杰老师	新课程、新教材内容	上外版教材《普通高中教科书 英语 选择性必修第一册》Unit 4 *Future Living* 第五课时 Reading B *2050* 的相关内容。此教材于 2021 年出版,教学内容为第 60~61 页。
教学课时：第 5 课时	教学时间：2021 年 11 月 29 日	教学对象：高二(6)班

(一)教学设计

【教学目标】

本课时为本单元的第五课时,在该课时的学习中,学生通过分析作者对 2050 年生活的描述,总结 2050 年不同生活方面的特征,并由此理解作者对未来生活不同方面的担忧;通过分析作者的遣词造句,推断作者对 2050 年生活的情感态度;通过评价作者对未来生活的描述,表达对未来生活的畅想。

【教学重难点】

通过作者的遣词造句推断作者的情感态度;从作者对未来生活的描述理解他对现实问题的焦虑。

【教学过程】

Pre-reading

Ⅰ. Interactive Activity 1: Warm up.

(T for teacher; Ss for students)

T: Guide Ss to listen to a recording and ask them to describe the voice and guess the speaker.

Ss: Listen to the recording, describe the sound, and make a guess at the speaker.

Purpose: To help Ss have an interest in the text by creating a scenario about the future life.

Guided question:

Who might the speaker be? How do you know that?

Ⅱ. Interactive Activity 2: Life in 2050.

T & Ss: Check the preview assignment: Exercise I on Page 61.

Purpose: To help Ss recall the author's description of the life in 2050.

Guided question:

What will the future life be like?

While-reading

Ⅲ. Interactive Activity 3: Features, Major Concerns and the Feelings.

T: Ask Ss to read Paragraphs 1 and 5 - 7 in details. Guide them to conclude the features and the author's major concern about the future robot housekeeper by circling the keywords.

　　Ss: Read Paragraphs 1 and 5 - 7 in details, circle the keywords and conclude the features and the author's major concern about the future robot housekeeper.

　　T: Encourage Ss to identify the author's feelings about the future robot housekeeper by underlining clues in language.

　　Ss: Underline the keywords and sentences in the text indicating the author's attitude towards the future robot housekeeper and conclude the author's feelings about it.

　　T: Divide Ss into groups, have them read the respective paragraphs and ask them to write down the features and the author's major concerns about other aspects of the future life.

　　Ss: Read the respective paragraphs and hold a group discussion to find out the features and the author's major concerns about other aspects of the future life. Write down the keywords of the features and the author's concerns on the worksheets with supporting details.

Purpose: To help Ss understand the features and conclude the author's feelings and concerns about different aspects of life in 2050 by analyzing the author's description of the future life and the language features.

Guided questions:

1. What are the features of the future life?

2. What are the author's feelings and concerns about the future life?

Board Design:

Aspects	Features (Answer may vary)	Major Concerns (Answer may vary)
future robot housekeeper	reliable humanlike emotionless	lack of interaction in society

（续表）

Aspects	Features (Answer may vary)	Major Concerns (Answer may vary)
future food	planned controlled invariable	overpopulation
future jobs	accurate helpful jobless	high demand for jobs high rate of unemployment
future buildings	identical	lack of variety
future environment	inside polluted	environmental issues

Post-reading

Ⅵ. Interactive Activity 4: Overall Attitude.

> T: Encourage Ss to use one word to summarize the author's overall attitude toward future life. Invite Ss to share their answers to the whole class.
>
> Ss: Brainstorm one word to summarize the author's overall attitude. Share their opinions with the whole class later.
>
> **Purpose:** To encourage Ss to share their attitude towards the future.

Guided question:

What is the author's general attitude towards future life?

Ⅴ. Interactive Activity 5: Discussion.

> T: Encourage Ss to discuss in pairs and talk about whether they agree with the author's attitude toward the future life and tell the reasons.

Ss: Discuss in pairs. Share their opinions on whether they agree with the author's attitude toward the future life to the whole class.

Purpose: To encourage Ss to share their attitude towards the future.

Guided question:

Do you think the author's description of the life in 2050 will be a reality? Why or why not?

Ⅵ. **Assignment.**

Write a letter to respond to the author's concern and provide the solution to one of the problems the author was worried about. You are expected to write a letter (about 80 words) to the author. The letter should include:

1. Your response to the author's concerns;

2. The solution to one of his concerns.

CHECKLIST

☐ Does my letter provide the possible solution to the problem?
☐ Do I express my feelings with the proper use of the literary device?
☐ Is my letter clear, coherent and grammatically correct?

(二) 教学思考

本节课是一堂阅读课,教学内容为《普通高中教科书 英语 选择性必修第一册》第四单元 *Future Living* Reading B *2050*。授课对象为高二学生。选择性必修阶段的英语阅读与必修阶段的阅读教学相比,对学生语言能力的要求更大,思维品质的要求也更高。这就要求教师在进行阅读课的教学设计时,设计好问题链,使学生能通过一个个问题,逐渐从浅层阅读向深层阅读前进,最终激发高阶思维品质,推动思维品质这一核心素养落地。

教师在本课的前 25 分钟,对课文进行了结构化分析,并通过小组活动让学生对未来生活的食物、就业、建筑等方面的特征进行概括总结,并结合作者的写作内容反思作者对未来生活的担忧。学生能通过小组活动较好地对特征进行概括总结,并有所反思作者的担忧之处,教学目标基本达成。

在本课结尾,教师为学生创设情景,让学生置身于 2050 年,思考自己对作者描述的 2050 年生活的情感态度。由于事先为学生描述了生活场景,帮助学生代入场景,课堂气氛一下子就活跃了起来,学生也会在课堂中各抒己见,在重读文本后,发现文本中矛盾的地方,并且在课堂中予以指出。这都说明教师的情景创设合理,激发了学生文本阅读及思考的兴趣,也指导了教师在未来的教学中一定要注重让学生与文本引起共鸣。

执笔人:上海市上海中学英语教师牛子杰

【专家点评要点】

牛老师的这节阅读课,通过学生分组阅读,概括未来食物、职业、建筑及环境的特征,并根据作者的遣词造句推断作者的情感与忧虑。最后,教师为学生创设情境,鼓励学生评价作者对未来生活的描述,并引导他们表达自己对未来生活的看法或畅想。同时,在教学过程中也能深入思考"双新"的特点及要求,立足单元视角来进行文章的教学。课后作业也紧紧围绕课堂内容,使学生将课堂上的想法通过写作的形式表达出来,作业设计为学生在下一课时进一步学习本单元写作策略"使用事例作为支撑细节"做了铺垫。

上海市上海中学英语教研组副组长、高级教师李萍

物理学科
"双新"教学课例

一、"狭义相对论简介"教学设计与教学思考

执教人：杨炯老师	新课程、新教材内容	沪科版教材《普通高中教科书 物理 必修 第二册》第八章《牛顿力学的局限性与相对论初步》第二节"相对论初步"。此教材 2021 年出版，教学内容为第 92～96 页。
教学课时：第 1 课时	教学时间：2021 年 4 月 16 日	教学对象：高一(4)班

(一)教学设计

【教学目标】

1. 了解狭义相对论两个基本原理,使学生形成现代物理的物质观念、运动观念。

2. 认识时间和空间的相对性,强化学生的证据意识,进一步发展科学论证能力。

3. 了解时间膨胀以及长度收缩。

【教学重难点】

狭义相对论时间膨胀以及长度收缩。

【教学过程】

本设计在课堂引入时,从学生熟悉的生活情境出发,采用《西游

记》中的"天上一日、地下一年"的说法。相比难懂的相对论,神话故事更容易让学生接受。而后介绍贯穿整节课堂的狭义相对论的两个基本原理:相对性原理和光速不变原理。特别是其中的光速不变原理,学生可能之前在科普读物上有所涉及,但该原理与伽利略速度变换不一致,学生需要通过一定的示例学会如何去使用该原理。爱因斯坦的火车思想实验是得出"同时性的相对性"的关键,为了让学生更加容易接受,把此思想实验改编成猜拳比赛,谁先出拳的游戏,基于两个基本原理,通过三个小组的讨论,得到与常识相悖的结果。

在此过程中,学生锻炼了小组合作能力,在合作中既能坚持观点又能修正错误;通过基本原理,分析问题,发现其中规律,形成合理的结论。引导学生在"同时性的相对性"基础上,定性得到时间膨胀与长度收缩的结果,完善学生的相对论时空观。

教学流程图如图1所示。

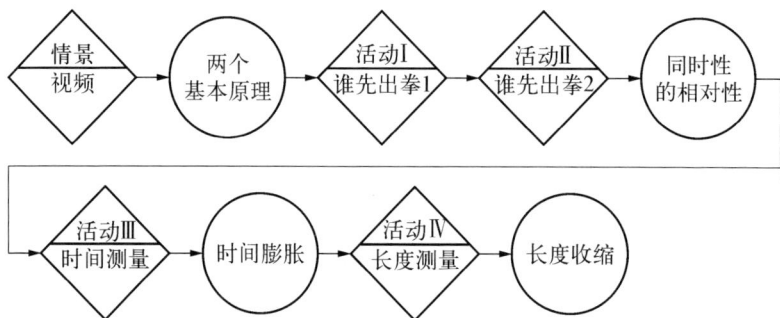

图1　教学流程图

流程图说明

情景:视频展示。播放电视剧《西游记》"天上一日、地下一年",引入课堂内容。

活动Ⅰ：思想实验。指导学生如何通过狭义相对论基本原理来分析谁先出拳的问题。

活动Ⅱ：学生分成三组讨论谁先出拳。对 B 组学生要求较高，需要想到相对运动后才能得到正确结果。

活动Ⅲ：时间测量。通过光信号发出和接收，在不同参照系中时间的差异得到时间膨胀的结论。

活动Ⅳ：长度测量。通过一个定点测量时间，从而可以测量物体的长度，结合之前的时间膨胀得到长度收缩的结果。

教学活动情况记录：

1. 设计合适的填空，让学生学会使用光速不变原理来分析"同时性的相对性"问题。

活动Ⅰ：谁先出拳 1

如图 2 所示，车厢的中间位置放置光信号源，某时刻光信号发出，男孩或女孩接收到光信号后出拳。

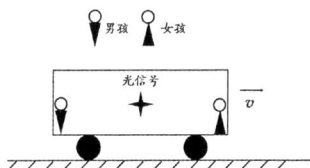

图 2

若站在车厢内观测，男孩或女孩相对于你_____（选填"向左运动""向右运动"或"静止"），光信号从发出到接收，传播的距离_____（选填"男孩大""女孩大"或"一样大"）。

由光速不变原理，观测结果：_____。

若站在地面上观测，男孩或女孩相对于你_____（选填"向左运动""向右运动"或"静止"），光信号从发出到接收，传播的距离_____（选填"男孩大""女孩大"或"一样大"）。

由光速不变原理，观测结果：_____。

结论：相对某个惯性系，两事件同时发生，相对另一个惯性系，两事件_____（选填"同时"或"不同时"）发生。

1. 猜拳比赛，谁先出拳

若站在车厢内观测，男孩或女孩相对于你 ~~静止~~ （选填“向左运动”“向右运动”或“静止”），光信号从发出到接收，传播的距离 ~~一样大~~ 。（选填“男孩大”“女孩大”或“一样大”）。

由光速不变原理，观测结果：~~两人同时出拳~~ 。

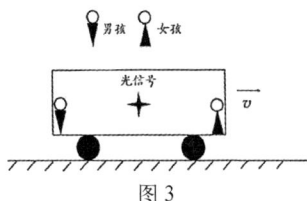

图3

若站在地面上观测，男孩或女孩相对于你 ~~向右运动~~ （选填“向左运动”“向右运动”或“静止”），光信号从发出到接收，传播的距离 ~~女孩大~~ （选填“男孩大”“女孩大”或“一样大”）。

~~一样大，女孩大~~

由光速不变原理，观测结果：~~两人同时出拳 男先~~ 。

结论：相对某个惯性系，两事件同时发生，相对另一个惯性系，两事件 ~~不同时~~ （选填“同时”或“不同时”）发生。

图3　活动Ⅰ学生情况记录

　　大部分学生通过独立思考、互相讨论可以得到正确结论。容易出错的是以地面参照系的观测结论，从图9-3所示的学生情况记录中发现：若光信号传播的距离是女孩大，则观测结果两人出拳有先后；若观测结果两人同时出拳，则光信号传播的距离一样大。在我引导后，各位学生开始慢慢接受反常识的结论。

　　2. 加强学生对“同时性的相对性”的理解，创新地改变问题的形式，从观测结果反推参照系的选取。

　　活动Ⅱ：谁先出拳2（俯视图如图4所示）

　　男孩、女孩的中间位置放置光信号源，某时刻光信号发出，男孩或女孩接收到光信号后出拳。

　　A：地面

　　B：向右匀速行驶的车厢内

　　C：向左匀速行驶的车厢内

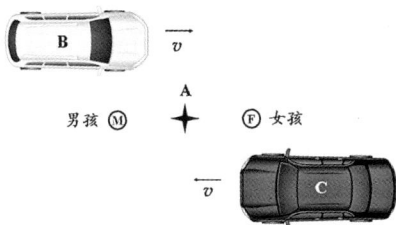

图4

观察者	观测结果	参照系
甲	同时出拳	
乙	男孩先出拳	
丙	女孩先出拳	

2. 谁先出拳 2（俯视图如图 5 所示）

A：地面
B：向右匀速行驶的车厢内
C：向左匀速行驶的车厢内

观察者	观测结果	参照系
甲（√）	同时出拳	A
乙	男孩先出拳	C
丙	女孩先出拳	B

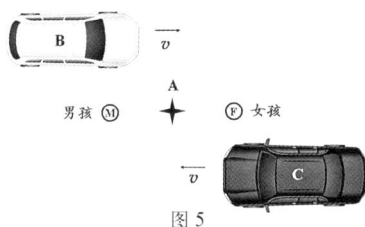

图 5

活动 I 后，学生在活动 II 都能得到正确的答案，我还让不同组的学生（分别为甲、乙、丙观察者）去说明理由。有了之前的铺垫，学生会仿造活动 I 的思考方式进行回答，从而达到掌握本节重点内容"同时性的相对性"的目标。

3. 绘制光路图，定性了解时间膨胀。

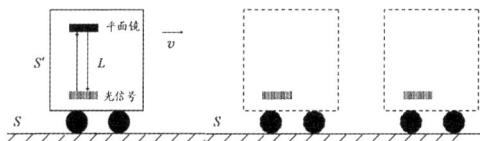

图 6

活动 III：时间测量

如图 6 所示，车厢（S' 系）相对于地面（S 系）以速度 v 向右运动。光信号从发出到接收，在 S 系中会观察到怎样的光路？

S' 系所用时间 $\Delta t'$，S 系所用时间 Δt，试定性比较 $\Delta t'$ 和 Δt 的大小关系。

3. 时间测量

如图7所示，车厢（S'系）相对于地面（S系）以速度v向右运动。光信号从发出到接收，在S系中会观察到怎样的光路？S'系所用时间$\Delta t'$，S系所用时间Δt，试定性比较$\Delta t'$和Δt的大小关系。

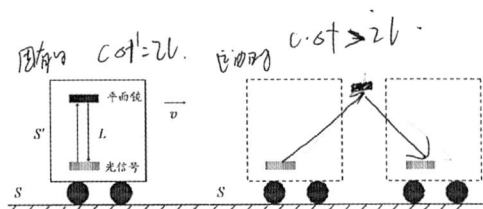

图 7

钟慢效应的光路图对初学者来说有一定难度，如果能顺利画出，学生可以得到时间膨胀的结论。所以在设计时，我对车厢系的光信号发出和接收制作了动画，在学案上画了光信号发出和接收两个状态的车厢位置（地面系观察），引导学生回忆光的直线传播特性。而有了光路图后，就可以利用光速不变的原理得到钟慢效应的结果。

4. 长度测量的另一种方法（与教材不同，由速度与经过某点的时间得到长度）。

杆 $A'B'$ 相对车厢静止。

如图 8 所示，地面（S 系）测量：$L = v(t_2 - t_1)$，车厢（S'系）测量：$L' = v(t'_2 - t'_1)$。哪个参照系测量的是固有时？由钟慢效应的性质，试定性比较 L 和 L' 的大小关系。

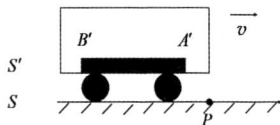

图 8

4. 长度测量

杆 $A'B'$ 相对车厢静止

如图9所示，地面（S 系）测量：$L = v(t_2 - t_1)$，车厢（S'系）测量：$L' = v(t'_2 - t'_1)$。哪个参照系测量的是固有时？由钟慢效应的性质，试定性比较 L 和 L'的大小关系。

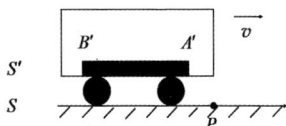

图 9

尺缩效应　物体沿运动方向的长度会缩短。

静长最大

$$\frac{t_2 - t_1}{\sqrt{1 - \frac{v^2}{c^2}}} = t'_2 - t'_1$$

在活动Ⅲ中引入的两个概念：固有时和运动时，学生在活动Ⅳ中就要去做比较。两者的差异是对某一特定事件，"固有时"是在同一地点进行测量，"运动时"是在不同地点进行测量。这些概念的不断使用，加深学生对狭义相对论本质的理解。

我们利用钟慢效应直接得到尺缩效应，让学生建立起完整的相对论时空观：时间是相对的，长度也是相对的。当然在 $v \ll c$ 的情况下，我们还是会回到经典物理的范畴，所以我们平时生活中并不会感知钟慢效应、尺缩效应。

（二）教学思考

1. 为什么会选择这个内容进行展示

2021年9月上海使用新教材、新课程。新版高中《普通高中教科书 物理 必修 第一册》的部分和我们现有的教学内容几乎完全一致；《普通高中教科书 物理 必修 第二册》增加了"平抛"和"相对论"部分，"平抛"在上海老教材中也有所涉及，"相对论"在以前教材里是不要求的。而现在"相对论"作为必修的内容，实际上要求每个学生都要掌握，所以我这次选择这部分内容进行展示。因为"相对论"的时空观远离学生生活，这部分内容想要师生互动非常困难，我翻阅了很多资料，包括国内各类教材，科普读物甚至漫画书。

2. 本节课的内容是如何选择的

新版课程标准要求：（1）知道牛顿力学的局限性，（2）了解长度收缩效应和时间延缓效应，正常上课两个课时。在试讲过程中，我不仅要考虑学生的接受程度，而且教学内容也发生了很大变化。考虑用新课标后，每学期增加了不少新的知识点，课时比较紧张，所以在做本节课设计时，打算在一节课中把狭义相对论时间和空间的效应全部讲完。

从内容角度来说，光速不变原理是这节课的主角，我们需要让学生知道这是游戏规则，并且按照这个规则得到相应奇特的结果,知道光速不变原理和使用光速不变原理是不同的。所以我们在活动 I:谁先出拳 1 中的学生学案上设计了很多填空,让学生了解大体的分析思路,学会如何使用光速不变原理。另外考虑到教材中都是静态图片,学生不容易理解,我们也制作了一些简单动画。

这样就得到了"同时性的相对性",我的个人感觉只有理解了"同时性的相对性",时间膨胀、长度收缩才能理解,所以我们又设计了活动 II:谁先出拳 2,这个活动把问题关注到参照系上,相比之前的问题要求更高,在试讲过程中,第二组学生可能会有困难,其中一个步骤:就是以 B 车或 C 车为参照系,男孩或女孩相对会车运动,这个问题想明白了,"同时性的相对性"就有了。

接着是钟慢效应,很多学生第一次看到钟慢效应的光路图是不太理解的,所以上课时主要由我带着学生把图看明白。两个时间的差异比较容易得到,还强调了固有时和运动时,要看相对论是否掌握,本征测量和非本征测量特别关键,包括双生子佯谬等问题都是需要知道的。

尺缩效应需要用到前面的钟慢效应结果,所以我们在学案中给了提示,让学生得到动长和静长间的关系。希望通过这节课,学生能建立起相对论的时空观,课后能独立看懂教材相关内容。

3. 教学中的难点如何突破

相对论的分析思路、语言体系是学生尚不熟悉的,所以我采用先填空、后让学生组织语言进行回答,整体课堂效果很好,但是使用光速不变原理、转换参照系还是有难度的,如果这部分内容弄清楚了,后续的时间膨胀、长度收缩容易理解。

4. 专家点评后的感想

两位专家点评得非常到位,王校长提到这节课的师生互动还不够,确实,这节课目前只能做思想实验,用动画做展示,相信会有更多物理教师想到更好的解决方案。蒋教授提到希望更多地讲解牛顿时空观以及马赫的一些质疑,我们之前也考虑过,如果讲了这些内容,这节课的其他内容可能就讲不完了,以后我们在教学时也可以进行尝试。

执笔人:上海市上海中学物理教研组长杨炯

【专家点评要点】

这个内容很难讲,也很有挑战性,其意义有两方面,一是要培养学生的质疑精神。二是培养学生的创新意识,这个是课程素养中最特殊的地方。

本节课做得非常好,但有提高的地方,可以讲两个原理,但教师把第一个原理回避掉了,其实讲一个轮船匀速运动时,所有的物理现象都等同。你不会说在轮船上跳远,由于船一动你跳得更远了,这个就给学生点了相对性原理,而不是回避它。实践是检验真理的唯一标准,这个时候又回到素养的培养了。我觉得可以再展开一点。此外在讲的过程中,最后要讲的时间跟空间实际上是一个东西,在某种测量的惯性系中,它更多表现的是时间;在另一个测量的惯性系,它更多表现的是空间,所以时空是关联的。

复旦大学教授蒋最敏

我对今天的课有了一些新的认识。想从两方面谈我的感受。一个是从新课程角度来谈,新课程"新"在哪里,它的教学内容有一些更新和补充;另一个是它的育人方式也有所转变,如何在教学中体现核心素养,同时也非常强调"评价",如何在评价中促进学生发展,或者说增值性评价。两节课给我的感受是在这些方面都做了非常好的探索。

教师的评价可能会更多地从内容角度来判定,所以我刚才跟朱校长说,假如我们现在来观察课堂,从内容上来讲现在学的东西很多也很复杂,但事实上我们现在的评价也不再是从内容角度出发。我们可以看学生的思维、物理的观念等能力素养,而评判的方式也会多样化。

在这个过程中,怎样拓宽我们的教学时空,一定是从评价角度。我们不应再单纯地看学生会不会这个公式,学生能不能把 Δt 和 $\Delta t'$ 算出来,而是考虑在这个基础上学生可以有不同的学习要求和展现。

　　　　　　　　　　　　　　　　上海市物理特级教师王铁桦

二、"探究铅笔划痕的电阻及影响它的因素"教学设计与教学思考

执教人：张东升老师	教学内容	人教社教材《普通高中教科书　物理　必修　第三册》第十一章《电路及其应用》第二课"导体的电阻"。此教材 2018 年出版，教学内容为第 57～61 页。
教学课时：第 2 课时	教学时间：2021 年 4 月 16 日	教学对象：国际部 10 年级

（一）教学设计

【教学任务分析】

1. 单元教学任务分析

普通高中《普通高中教科书　物理　必修　第三册》第十一章《电路及其应用》包含三节内容，分别是电源和电流，导体的电阻以及串、并联电路。《普通高中物理课程标准（2017 年版 2020 年修订）》中，对本单元的课程内容要求如下：

（1）观察并能识别常见的电路元器件，了解它们在电路中的作用，会使用多用电表。

（2）通过实验，探究并了解金属导体的电阻与材料、长度和横截面积的定量关系，会测量金属丝的电阻率。

2. 课时教学任务分析

"电路及其应用"第二节"导体的电阻",电阻在日常生活中,有着广泛的应用,与生活和科技发展紧密相连。新教材引入电阻课程,为了减小输电线上电能的损耗,人们尽量把输电线做得粗一点,因为导体的电阻与导体的长度、横截面积有关。

学生在学习本节内容之前,已经学习了电阻的定义,闭合电路欧姆定律,熟悉了各种仪器的操作方法,如:电压表、电流表、多用电表、滑动变阻器等。

本节课为"导体的电阻"第二课时,主要进行电阻概念的建立及影响电阻大小因素的探究。在本节课的教学过程中,应注重引导学生建构物理模型的过程。在探究影响电阻大小因素的过程中,引导学生分析猜想影响电阻大小的相关因素,并应用相关知识进行科学推理和论证,得到电阻的表达式。最后,引导学生对比分析各个因素之间的关系,使学生更好地体会物理模型和现实世界的差异。

【教学目标】

1. 物理观念认识

通过电阻实验来加深对物理观念的理解,从物理学视角解释和解决日常生活中的实际问题。

2. 科学思维培养

建立研究电阻的新模型,根据已经掌握的知识,科学实验和科学推理。

3. 科学探究意识

选取变量(自变量、因变量)及控制变量、制订实验方案、选择实验器材、采集数据、处理数据、得出结论和误差分析。

【教学重点和难点】

1. 重点:通过铅笔划痕实验,探究并了解导体的电阻与材料、长度和横截面积的定量关系,会测量铅笔划痕的电阻率。

2. 难点:通过建立模型,应用电阻率解决日常生活中的实际问题,如应用电阻法测量薄膜的厚度。

【教学资源】

1. 学生用器材:多用电表(6),LED(若干),干电池 9 V(6);铅笔划痕(若干);导线若干;直尺;坐标纸,A3 纸;电脑(预装好 Excel 软件)。

2. 教学用课件:探究铅笔划痕的电阻及影响它的因素 PPT。

【教学设计思路】

本设计在课堂引入时,采用复习已经学过的电阻知识点,根据前一节实验探究课所布置的作业,以设计铅笔划痕、设计数据采集表格和实验方案为切入点,以每组之间的交流为开端。

贯穿整个课堂的学生实验为教材中的测定电阻率实验,学生自己动手操作,观察并研究,小组讨论并基于实验现象得出一定的结论。学生通过观察,在教师的引导下建立导体模型、设计实验、选择实验器材、设计数据采集表格、处理数据、得出结论,在这个过程中,锻炼了学生的实验探究能力、小组合作能力、从现象归纳并提炼结论的能力。引导学生思考,让学生体会建构物理模型的过程,以便理解电阻概念;明确研究问题,引导学生合理猜测影响电阻大小的因素,并引导学生利用电阻率知识构建模型。

最后,通过讨论、对比分析,引导学生讨论一些物理现象:

是否可以用电阻法测出薄膜的厚度?

是否可以用设计的铅笔划痕点亮 LED?

【教学流程及流程说明】

1. 教学流程图

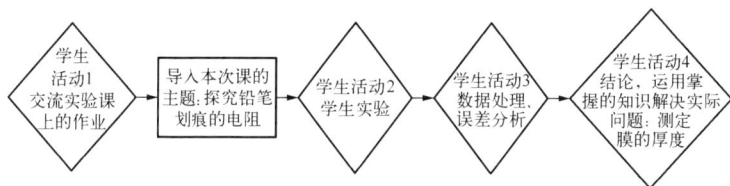

2. 流程图说明

情景Ⅰ：复习上一节物理实验预习课的内容，通过小组交流所设计的铅笔划痕和数据采集表格为切入点，引入本次课内容。

活动Ⅰ：学生实验，采集数据，处理数据。

活动Ⅱ：学生讨论。

学生通过实验数据来探究影响铅笔划痕电阻和划痕长度的关系。

活动Ⅲ：学生讨论。

学生通过控制变量，数据处理得出铅笔划痕电阻和划痕宽度的关系。

3. 教学主要环节

本设计可分为四个主要教学环节。

第一环节：通过小组交流，引入教学主题。

第二环节：指导学生实验，采集数据。

第三环节：探究变量之间的关系、画变量之间的图、误差分析及得出结论。

第四环节：建构物理模型，运用学过的知识点解决实际问题。

【教学过程】

1. 引入

讨论实验预习课，小组交流布置的作业，引入实验操作课。

2. 实验研究

测定给定型号铅笔划痕的电阻，探究影响它的因素。

3. 探究影响铅笔划痕电阻的因素

明确研究问题，科学猜测影响铅笔划痕电阻大小的可能因素。

结合实验观察及所学知识，猜想铅笔划痕和与这些因素之间可能的关系。

4. 互动实验

用自制铅笔划痕点亮 LED。

5. 总结、作业布置

（二）教学思考

1. 利用数字化实验，将理论知识点"可体验化"，有效化解物理教学难点

教材中的电阻概念是一个理论知识点，学生能想象电阻这个实物，但是大部分学生不能理解影响电阻大小的因素，所以对影响电阻大小因素的理解缺乏实验支撑，对电阻大小的理解只能停留在表面和死记硬背的基础上。

本教学设计借助数字化实验，将一个传统的定性实验拓展为定量实验，通过这个"可体验化"的实验，使学生轻而易举地理解了电阻和导体长度及宽度的关系，这是从传统的定性实验无法获得的认知。尽管通过习题，学生也能分析得到相关的认知，但缺乏了"可体验化"的观察的事实性和经验的支撑，学生的理解缺乏实验基础而显得空洞，在知识应用上也显得力不从心。

2. 利用数字化实验，将理论知识点"可体验化"，促进学生对物理概念的深度理解

本教学设计的数字化实验的教学功能不局限于电阻大小的"可体验化"，更立足于将探究过程和相关知识"可体验化"。通过数字化实验中测得的电阻和长度、宽度的数据图线的可视化，学生可以从这些图形中理解电阻和长度、宽度的关系，这是传统的定性实验所不具有的功能。

本教学设计中多次、循序渐进地使用数字化实验，将概念的内涵和本质逐渐"可体验化"，顺应了学生的思维螺旋式上升过程，既不拔高教学要求，也不增加学生的学习负担，又突出了教学的重点，同时化解了教学难点。利用数字化实验在帮助学生从定性和定量角度深层次地理解概念内涵的同时又能提升学生对实验数据和图像分析和处理能力。

3. 利用数字化实验,将理论知识点"可体验化",体现物理学科核心素养

数字化实验主要是从具体的实验数据分析归纳出实验结论,侧重于实验过程中的探究过程和思维能力的培养。这对实现核心素养有很大帮助。核心素养的提升是普通高中新课程新教材"双新"的实施重心。以学生为中心、问题为基础,学生在课堂实践中完成体验、分析、反思、总结的思维训练环节,从而构建并提升综合素养能力。

执笔人:上海中学国际部物理教师张东升

【专家点评要点】

这节课给我印象特别深,尤其是张老师在调动学生思维、提问、动手方面做得特别好,但是还有提升的空间。比如,学生测量时总是有误差,该误差的来源是什么,学生发现误差后,教师会问学生如何解决,培养学生的观察和思考能力,铜片压电阻时和铜片压的松紧有关;可以用一根铅笔线测电阻,铜片可以压不同部分,激发学生的创造性思维,而不是限制他的思维;最后教师根据掌握的知识问学生如何估算铅笔的电阻,通过构建模型,这样来就更完美了。

复旦大学教授蒋最敏

新课程强调核心素养、教学内容、育人方式、评价方式,本次课在这些方面都做了探索。

这节课具有比较研究的性质,选择参考了多个国家的课程标准,包括 IB、AP、A-Level 等。本节课体现了深度学习或者说项目学习,深度学习要有活动和体验,活动和体验就是要有项目,每个活动都有主题,先让学生学电阻定律,然后运用电阻定律来探究实际问题,体现学生的学科素养,它是围绕实验,但不只是简单地围绕实验,学生在整个过程中得到了历练,评价、内容不一样。

第二个环境,教育方式不一样,做实验时学生进入角色比较快,科学素养表现比较好。

上海市物理特级教师王铁桦

化学学科
"双新"教学课例

一、"难溶电解质的沉淀溶解平衡"教学设计与教学思考

执教人：黄峰老师	新课程、新教材内容	沪科技版教材《普通高中教科书 化学选择性必修 1 化学反应原理》第三章第四节"难溶电解质的沉淀溶解平衡"。此教材 2021 年出版,教学内容为第 75～79 页。
教学课时：第 1 课时	教学时间：2021 年 4 月 16 日	教学对象：高二(4)班

（一）教学设计

【教学目标】

通过碳酸钙的溶解性实验,认识到难溶性盐在水中存在溶解平衡,培养学生的变化观念与平衡思想。

通过沉淀生成、溶解的探究实验,明确 Q 与 K_{sp} 大小与平衡移动方向的关系,并由此判断平衡移动的方向,理解溶度积规则,进一步发展学生的微粒观、平衡观。

通过沉淀转化的实验探究,认识化学反应的本质,运用 Q 与 K_{sp} 的关系分析理解沉淀转化的实质,培养学生的"证据推理与模型认知"和"科学探究与创新意识"。

通过"溶洞是如何形成"的任务探究分析,形成基于平衡理论解

释沉淀生成或溶解,解决生产生活中的实际问题,学生形成科学态度与社会责任意识。

【教学重难点】

利用 Q 与 K_{sp} 的大小关系判断平衡移动的方向,并利用 Q 与 K_{sp} 的大小关系得出沉淀转化的条件。

【教学过程】

情境线	问题线	活动线	素养线
溶洞的形成。	碳酸钙绝对不溶吗?	实验1:测蒸馏水中加入碳酸钙的电导率变化。	科学态度与社会责任。
同位素示踪。	溶解不再发生还是存在平衡?	分析讨论如何验证存在沉淀溶解平衡。	宏观辨析与微观探究。变化观念与平衡思想。
工业废水除重金属离子;锅炉除垢。	沉淀如何生成?沉淀如何溶解?	实验2:碳酸钙饱和溶液中加碳酸钠溶液和水。	证据推理与模型认知。
锅垢中硫酸钙转化为碳酸钙后除去。	沉淀如何转化?	实验3:氯化银和碘化银的转化。	科学探究与创新意识。

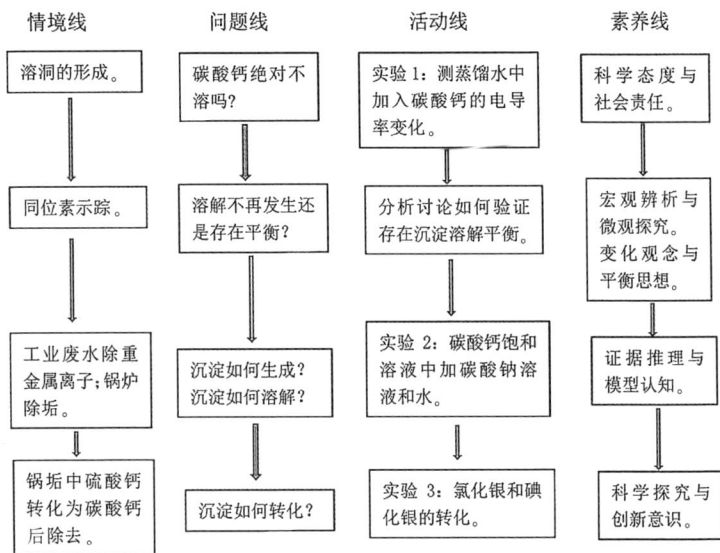

【学习任务1】难溶电解质在水中存在沉淀溶解平衡。

【评价任务1】诊断学生对实验数据的分析能力,诊断学生微粒观和平衡观的素养水平。

表1

教　学　活　动	设　计　意　图
引入 观看视频:溶洞是怎样形成的?	给出真实情境素材,激发学生学习兴趣,并引导学生多关注生活中的化学问题。

(续表)

教 学 活 动	设 计 意 图
提问：碳酸钙绝对不溶吗？ 实验1：电导率传感器测定蒸馏水中加入碳酸钙粉末后电导率的变化。 实验结论：碳酸钙不是绝对不溶。	通过溶解性实验的验证，从微观粒子的角度认识难溶物质的溶解性，发展学生对水溶液中微观粒子间相互作用的认知，培养学生宏微结合的学科素养，并初步诊断学生实验数据分析的能力水平。
电导率不变，此时溶液处于什么状态？如何验证存在沉淀溶解平衡？ 学生讨论，给出验证方案。	进一步发展学生从微观角度解释宏观现象的微观认识水平，建立溶解沉淀平衡概念。
沉淀溶解平衡的定义及符号表示。	运用微观结构图式描述物质及其变化的过程。

【学习任务 2】用 Q 与 K_{sp} 相对大小判断沉淀的生成与溶解。

【评价任务 2】诊断学生的实验操作能力、方案评价能力和归纳总结能力，诊断学生的"证据推理与模型认知"素养水平。

表 2

教 学 活 动	设 计 意 图
结合化学平衡知识，学会书写沉淀溶解平衡常数表达式，引出溶度积常数。	旧知识是新知识的依托，建立新旧知识的联系，有利于巩固原有知识，便于理解新知识点。
K_{sp} 为平衡时的离子幂乘积，引出任一时刻的离子幂乘积 Q 的概念，分析 Q 与 K_{sp} 的关系。	进一步理解沉淀溶解平衡时溶液中离子浓度的关系。
如果平衡体系中改变 Q，平衡会如何移动？ 实验(1)饱和碳酸钙溶液中加入 2 mol/L 的碳酸钠溶液。 实验(2)碳酸钙悬浊液中加水。 分析比较 Q 与 K_{sp} 的相对大小，判断沉淀的生成与溶解。	深入探讨 Q 与 K_{sp} 相对大小与沉淀生成、溶解的关系，为理论推理提供事实证据，培养学生的证据意识。

（续表）

教 学 活 动	设 计 意 图
思考：Na_2CO_3 溶液和 $CaCl_2$ 溶液等体积混合，一定生成碳酸钙沉淀吗？ 得出溶度积规则。	使学生从微粒观和平衡观角度分析水溶液中平衡，提高学生的微观认识水平，并初步建立根据 Q 与 K_{sp} 的相对大小判断平衡移动方向的认知模型。

【学习任务3】探究氯化银和碘化银沉淀的转化，并利用 Q 与 K_{sp} 相对大小得出沉淀转化的条件、解释溶洞的形成。

【评价任务3】诊断学生的实验探究能力和运用溶度积规则解决问题的能力。

表 3

教 学 活 动	设 计 意 图
提问：沉淀能转化吗？ 试剂：0.1 mol/L NaCl 溶液，0.1 mol/L $AgNO_3$ 溶液，0.1 mol/L KI 溶液。 学生根据方案完成探究实验，观察和记录实验现象。	发展学生合作能力，培养学生的实践能力和探究精神。
学生汇报实验结果，得出实验结论。	诊断学生分析实验现象，归纳总结的能力。
学生解释沉淀转化的方向。	诊断学生利用 Q 与 K_{sp} 的相对大小解释平衡移动方向的能力水平。
从沉淀溶解平衡移动的角度解释溶洞的形成过程。	前后呼应，根据上面的实验分析解释真实情境，诊断学生用所学知识解决实际问题的能力。

教 学 活 动	设 计 意 图
结尾：回顾学过的内容,观察自然界、生活中的现象或查阅资料,看看还有哪些可以用沉淀溶解平衡来解释的现象,以后继续探讨。 结语：物质之间的反应千变万化,我们要知其然,还要知其所以然,更要能调控和运用它们,创造更美好的生活!化而生万物,学以致无穷。	科学态度与社会责任。

（二）教学思考

难溶电解质的沉淀溶解平衡是"水溶液中离子反应与平衡"这一大单元的重要组成部分,是学生曾学过的电离平衡、水解平衡知识的延续和发展。本节内容拟分为两课时进行教学,第一课时的教学目标是让学生理解沉淀溶解平衡的存在,理解溶度积常数和溶度积规则,让学生从沉淀溶解角度去解释溶洞的形成等问题。多平衡体系及沉淀溶解平衡的其他应用在第二课时探讨。通过本节课的学习,培养学生的变化观念和平衡思想,引导学生多关注生活中与化学有关的社会问题,培养学生的社会责任感、参与意识和决策能力。

本次上课的对象是高二学生,学生已学过化学平衡的相关知识,建立了平衡的观念,并知道化学平衡常数的表达及意义。学生已学过水溶液中溶解和结晶平衡、弱电解质的电离平衡与水解平衡三大平衡体系。特别说明的是在化学平衡移动方向判断的教学中,没有明确提出浓度商的概念,所以从浓度商与平衡常数的相对大小来判断平衡移动的方向是学生的一个障碍点。新教材体系中,在化学平衡学习时就出现了浓度商,所以学生应在学习本单元内容时非

常容易理解和运用 Q 与 K_{sp} 大小判断平衡移动的方向。目前学生还不具备这种能力，所以本节课在这部分花了较多时间和精力。另一个障碍点是学生习惯从宏观角度思考问题，而从微观粒子、平衡移动的角度解释一些常见反应的意识还没有形成。通过本节课，希望帮助学生初步建立 Q 与 K_{sp} 大小判断平衡移动方向的模型。

　　《普通高中化学课程标准(2017 年版)》提出，重视发展"素养为本"的教学，倡导真实问题的创设，开展以化学实验为主的多种探究活动，重视教学内容的结构化设计，激发学生学习化学的兴趣，促进学生学习方式的转变，培养他们的创新精神和实践能力。基于课程标准，我在构思这堂课的时候，从情境、问题、活动和素养目标四条线来打造整堂课的框架。要解决四个问题：(1) 什么是沉淀溶解平衡？(2) 沉淀如何溶解？(3) 沉淀如何生成？(4) 沉淀如何转化？围绕这四个问题寻找合适的情境材料，设计实验和学生活动，并思考可以发展或诊断学生的哪些化学核心素养。关于引入情境，有教师觉得不够新颖，也有教师觉得这是一个多平衡的复杂体系，很难解释清楚。在准备过程中我找了很多与沉淀溶解平衡相关的情境材料，最终还是选择了碳酸钙这种难溶性电解质，因为学生虽然熟悉，但是只知道宏观反应，不了解微观本质。希望通过这节课的学习，让学生初步建立从微观粒子、平衡移动的角度解释一些常见反应的意识。在设计实验时，如何引出沉淀溶解平衡概念，我选择了电导率传感器。它可以让学生直观地感受到碳酸钙的溶解。沉淀溶解平衡的存在，我原本希望能在课堂上给学生实证，也查阅了很多文献，但最终没有找到一个比同位素示踪更好的办法，这个问题是我在以后的教学中需要继续思考的。

　　我希望能展现一个"高思辨、高互动"的课堂。学生最终能用 Q 与 K_{sp} 的相对大小，从平衡移动角度解释溶洞是如何形成的，基本达成了预设的教学目标。

执笔人：上海市上海中学化学教师黄峰

【专家点评要点】

黄老师的课知识容量大,有很多概念需要记、需要理解。是否让学生能更多地从自身体验进行学习?作为化学教材主编,我最近在进行中外教育比较,传统的教育方式是我告诉你什么,你就相信什么,不需要质疑,这对人才培养不利。所以,在教材编写过程中,我们借鉴了一些国外教材,特别是一些实验设计,也请了国际学校教师参与。课堂也需要给学生更多的自主。希望我们能多尝试、多比较,将教育工作做得更好,将"双新"落实得更到位。

中国科学院院士、复旦大学教授麻生明

授课教师通过自己的努力和组内、外援专家的帮助,精心准备了本节课,给我们很多新的启发。本节课,除了展现教师个人的教学素养外,我的印象是两个"多"。第一个"多"是新意多,第二个"多"是给我们大家的启发多。就这节课的教学内容而言,对上海化学教师来说是新的。黄老师从课的设计开始,非常注重分析寻找培养学生化学学科核心素养的载体。教学过程中黄老师启发学生主动积极地学习,把素养的培养落到实处。

黄老师善于用化学实验来帮助学生突破学习的难点,深化学生的学习。比如,难溶电解质在水中存在的沉淀溶解平衡,这是本节课学习的基础,这个概念的建立非常重要。黄老师没有直接告诉学生这是一个平衡状态,而是从大家熟知的自然景观溶洞的角度提出问题,采用电导率传感器完成数字化实验,让学生首先感受,这是非常重要的。通过思辨,实验方案的设计和实施,让学生自主建立沉淀溶解平衡,然后引入微粒观和平衡观,这样的教学活动为后续学习的顺利展开,打下了非常重要的基础。

黄老师从教学设计到教学设施,始终坚持培养学生的学科核心技能,让这些核心技能落实到位,一节课让学生收获提高。我想这也是我们实施"双新"课程需要的考虑。

上海市普陀区教育学院教研员、特级教师、正高级教师叶佩玉

二、"化学平衡"教学设计与教学思考

执教人：胡乐萌老师	新课程、新教材内容	沪科技版教材《普通高中教科书 化学必修 第二册》第六章《化学反应速率和化学平衡》第二节"化学平衡"。此教材 2021 年出版，教学内容为第 50～53 页。
教学课时：第 1 课时	教学时间：2021 年 5 月 20 日	教学对象：高一(5)班

（一）教学设计

【教学目标】

了解可逆反应的含义,知道可逆反应在一定条件下能达到化学平衡。能描述化学平衡状态,判断可逆反应是否达到化学平衡状态,认识化学变化是有条件的,能运用变量控制的方法探究影响化学平衡的因素,了解控制反应条件在生产和科学研究中的作用。

【教学重难点】

教学重点：可逆反应与化学平衡的定义。

教学难点：运用变量控制的方法探究影响化学平衡的因素。

【教学过程】

本节课用已有或探究所得的宏观实验事实作为推理证据,引导学生转变认知偏差,在微观层面建立可逆反应和平衡思想,组织学生开展概括关联、比较说明、推理预测和设计论证等活动。发挥重要知识的功能价值,拓展学生认识化学反应的基本角度,强化对概念的精准认知和理解。

本节课针对教学目标,即可逆反应、化学平衡状态和化学平衡移动三大概念的构建重组教学内容。教学过程以新制氯水的性质为主线,引导学生探究宏观现象背后的微观本质,基于已有证据或课堂上探究实验所获得的实验现象提出假设,通过分析推理加以证实或证伪,建立观点、结论和证据之间的逻辑关系,构建三大概念的认知模型(如下图所示)。

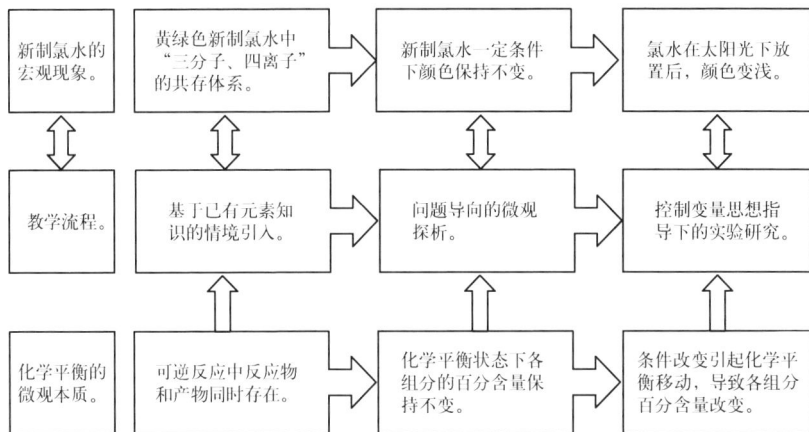

"宏微观结合式"教学流程

(1)可逆反应的定义

【宏观辨识】观察新制氯水的颜色。

【微观探析】新制氯水的成分有哪些?

利用学生已有的新制氯水成分和氯气与水反应的知识设问:次氯酸与盐酸之间能否反应?激发学生的探究兴趣,通过对次氯酸与盐酸混合实验现象的观察和分析,引出可逆反应的定义。

【宏观辨识与微观探析】如何判断一个反应为可逆反应?

以氯气与水这一可逆反应为例,引导学生认识到可逆反应的普遍性,但也要明确可逆反应是有一定范围的。通过对新制氯水成分的再分析,引导学生总结可逆反应中反应物与产物同时存在的特征,并能应用特征和定义判断一个具体的反应是否为可逆反应,强化对可逆反应概念和特征的理解与应用。

(2)化学平衡状态的概念

【宏观辨识】新制氯水的颜色在一定条件下保持不变的原因是什么?

【微观探析】氯气浓度保持不变说明反应已经停止了吗? 请从反应过程中正、逆反应速率变化的角度分析新制氯水中氯气浓度保持不变的可能原因。

新制氯水的颜色在一定条件下保持不变,说明其浓度不再变化,结合速率-时间图像,引导学生在微观层面上分析从氯气与水开始接触到达到氯气浓度不变的过程中正、逆反应速率的变化,引出化学平衡状态的定义。

【宏观辨识与微观探析】如何判断一个可逆反应达到化学平衡状态?

用"动""等""定"三个字概括化学平衡状态的特征,引导学生既能从微观上探析正逆反应速率相等的动态平衡特征,又能从宏观上辨识各组分浓度和百分含量保持不变的特征,强化学生对化学平衡状态概念和特征的理解与应用。

(3)化学平衡的移动

【宏观辨识】观察光照下放置一段时间后的氯水,其与新制氯水相比,颜色有何变化?

【微观探析】次氯酸的分解如何引起氯气浓度的减小。

将光照过程中次氯酸的分解反应与氯水颜色变浅所对应的氯气浓度下降的实验事实关联,引导学生认识到化学平衡是在一定条件下才能保持的暂时的、相对的平衡,当外界条件改变后,平衡会发生移动,并导致各组分的百分含量发生变化。

【宏观辨识与微观探析】实验探究:浓度改变对化学平衡移动的影响。

选取 $Fe^{3+} + 3SCN^- \rightleftharpoons Fe(SCN)_3$ 这一可逆反应为研究对象,给定 0.01 mol/L KSCN 溶液、0.01 mol/L $FeCl_3$ 溶液、1 mol/L KSCN 溶液、1 mol/L $FeCl_3$ 溶液、0.1 mol/L NaOH 溶液,引导学生分组讨论,从原平衡的建立、条件的改变到新平衡的建立三个环节设计实验方案,从设置对照实验和控制变量等角度分析评价实验方案,形成科学严谨的实验步骤,开展实验,观察实验现象,总结实验结论,从宏观现象和微观本质两个方面得出浓度的改变对化学平衡移动影响的规律,完善对化学平衡特征的总结。

(二)教学思考

"结构决定性质"的化学思想贯穿化学教材的始终,符合化学学科螺旋式上升的知识架构,从原子结构与分子结构开始,逐步进阶到更加复杂的物质结构和化学原理,其后是大量无机物和有机物性质与反应的积累,强调从微观层面上认识和解释物质的组成、结构、性质和变化。在《普通高中化学课程标准(2017年版)》的指导下,新教材内容的编排注重化学知识的结构化,反映化学学科知识获得的内在逻辑,根据学生认知的发展性和阶段性特点组织和呈现化学知识,以学生的已有知识和生活经验为情境呈现化学知识,使教学内容体系符合学生的认知发展规律,促进学生在不同水平上的发展。所以,在"双新"背景下的教学设计应更加注重教学过程是否真正符合学生的认知发展规律,这对其化学知识的掌握和学科核心素养的形成是至关重要的。

本节课的教学重点与难点在于对一系列概念的理解和应用,如果抛开学生已有的元素知识,生硬地讲解概念,不仅枯燥,而且难以深入。因此,本节课对情境引入环节的设计是抛弃传统习惯使用的生态平衡或工业生产中的平衡等远离学生认知的抽象素材,以与新制氯水相关的一系列问题为导向层层递进。问题只有来自现实中的化学现象和对物质性质及变化的观察认识才能驱动学生主动猜想、论证假设、寻找证据,经由科学实验与归纳,形成学科概念及原理,进而从微观结构中探寻本质原因。

从观察新制氯水的颜色引出可逆反应的定义;从一定条件下氯水颜色不变引发学生猜想此时反应停止了没有,从而引出化学平衡的概念;最后用氯水光照下放置颜色变浅的实验现象,激发学生的探究兴趣,通过实验,探究浓度的改变如何引起化学平衡移动。教学过程中每一个概念或规律的获得都源自对宏观现象的观察和分析,学生的探究需求推动了课堂的进程。只有让学生的求知欲和探究欲推动课程的设计和课堂的进展,才是真正把课堂的主动权交给学生。

执笔人:上海市上海中学化学教师胡乐萌

【专家点评要点】

本节课的教学设计思路清晰,课堂教学中落实了化学核心素养,较好地达到了教学目的。课堂教学过程中体现出"高立意、高思辨、高互动",教学过程中注重学生主体性发挥,无论是个别提问还是小组活动,都体现了"以学生为本"的教学思想,学生参与度高,课堂氛围活跃,学习效果良好。教师执教过程中教态大方、语言生动、课件制作精良。

上海市上海中学化学教研组长、高级教师黄峰

三、"化学反应的限度"教学设计与教学思考

执教人：张琼由老师	新课程、新教材内容	沪科技版教材《普通高中教科书　化学选择性必修 1　化学反应原理》第二章《化学反应的方向、限度和速率》第二节"化学反应的限度"。此教材 2021 年出版，教学内容为第 32～40 页。
教学课时：第 1 课时	教学时间：2021 年 5 月 20 日	教学对象：高一(1)班

（一）教学设计

【教学目标】

1. 通过实验数据的分析处理、科学数据的探究整合、推理模型的应用拓展等方法，建构平衡常数的数学模型，理解平衡常数的丰富含义。

2. 利用定性分析和定量分析的差异性和统一性深入理解化学平衡常数的意义，体会用定性和定量相结合的方法分析平衡问题的思维方式，培养变化观念与平衡思想。

3. 通过实验探究的方式讨论压强对化学平衡的影响，用 Q 与 K 的关系分析理解压强对平衡影响的实质，培养学生的证据推理与模型认知、科学探究与创新意识。

【教学重难点】

教学重点：化学平衡常数的应用。

教学难点：化学平衡常数的意义。

【教学过程】

1. 教学与评价思路

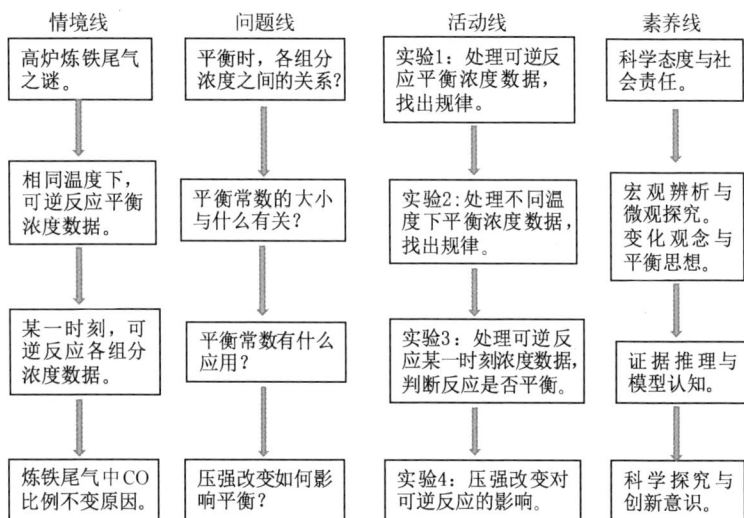

情境线	问题线	活动线	素养线
高炉炼铁尾气之谜。	平衡时，各组分浓度之间的关系？	实验1：处理可逆反应平衡浓度数据，找出规律。	科学态度与社会责任。
相同温度下，可逆反应平衡浓度数据。	平衡常数的大小与什么有关？	实验2：处理不同温度下平衡浓度数据，找出规律。	宏观辨析与微观探究。变化观念与平衡思想。
某一时刻，可逆反应各组分浓度数据。	平衡常数有什么应用？	实验3：处理可逆反应某一时刻浓度数据，判断反应是否平衡。	证据推理与模型认知。
炼铁尾气中CO比例不变原因。	压强改变如何影响平衡？	实验4：压强改变对可逆反应的影响。	科学探究与创新意识。

2. 教学流程

【学习任务1】可逆反应化学平衡常数。

【评价任务1】诊断学生对实验数据的分析处理能力，诊断学生微粒观和平衡观的素养水平。

表1

教 学 活 动	设 计 意 图
引入： 高炉炼铁尾气之谜。	给出真实情境素材，利用工业生产遇到的问题激发学生学习兴趣，并引导学生关注生产与生活中的化学问题。

（续表）

教　学　活　动	设　计　意　图
提问：达到化学平衡时，各组分浓度之间有什么关系？ 实验1：分析处理两个可逆反应平衡浓度数据，找出规律。 实验结论：达到平衡时，生成物浓度幂的乘积除以反应物浓度幂的乘积的比值是常数。	基于真实有效的实验数据，利用软件进行一定的数据分析，让学生发现化学反应动态进程中对应的数据信息所蕴含的本质规律，激发学生对科学数据探究的兴趣，增强科学探究多样性的直观感受，完善对科学探究方法的认识。
化学平衡常数的定义、符号、表达式。 练习化学平衡常数的书写。	通过先具体、后一般的方式，使学生体会具体认识越丰富，越有助于一般认识的建立，同时强化归纳是一种重要的科学方法，培养符号表达和语言表述的转换能力。

【学习任务2】认识化学平衡常数与温度、反应限度的关系。

【评价任务2】诊断学生数据分析能力、归纳总结能力，诊断学生"证据推理与模型认知""科学探究与创新意识"素养水平。

表2

教　学　活　动	设　计　意　图
提问：平衡常数的大小与什么有关？ 对比数据表中不同实验组，分析反应起始浓度、反应进行方向对平衡常数的影响。	对真实实验数据进一步挖掘利用，根据实际实验结果，认识平衡常数与反应起始浓度、反应的进行方向均无关。
提问：温度改变，平衡常数是否改变？ 实验2：分析处理不同温度下，可逆反应平衡浓度数据，总结规律。 结论：平衡常数 K 与温度有关。K 越大，可逆反应正向进行程度越大。	用数据佐证推测，感知温度对平衡常数的影响。认识定性与定量相辅相成的关系，建立反应进行程度的判断方法，理解平衡常数的意义，强化定性与定量相结合的思维意识。

【学习任务3】用 Q 与 K 相对大小判断可逆反应是否达到平衡及反应进行方向。

【评价任务3】诊断学生归纳总结能力,诊断学生"证据推理与模型认知"素养水平。

表3

教 学 活 动	设 计 意 图
提问:化学平衡常数有什么应用? 实验3:分析处理某一时刻可逆反应各组分浓度数据。 引出浓度商 Q 概念,分析 Q 与 K 的异同。	旧知识是新知识的依托,建立新旧知识的联系,就要利用学生思维惯性,类比引出浓度商的概念。两个概念的分析对比有利于巩固原有知识,便于理解新知识点。
分析比较 Q 与 K 的相对大小,判断可逆反应是否达到平衡及反应进行方向。	通过 Q 与 K 的比较,体会化学平衡状态的建立,进一步感受 K 的功能价值,实现对平衡状态的理论预测,对平衡状态的认识上升到理性高度。

【学习任务4】探究压强改变对化学平衡的影响,并用 Q 与 K 相对大小得出平衡移动结论。

【评价任务4】诊断学生的实验探究能力和运用所学知识解决问题能力。

表4

教 学 活 动	设 计 意 图
提问:压强改变如何影响平衡? 实验4:分别装有空气和二氧化氮的注射器,连接压强传感器,通过压缩或拉伸注射器活塞改变压强,观察体系压强变化。 结论:加压,平衡向压强减小方向移动;减压,平衡向压强增大方向移动。	利用手持技术更加直观体现出体系压强变化。通过空气对照,进一步感知可逆反应存在平衡,外界条件改变,平衡状态被破坏,从而平衡发生移动。

(续表)

教 学 活 动	设 计 意 图
学生从 Q、K 比较解释平衡移动，总结压强改变对平衡移动的影响。	使学生用转化思维，将体系压强转化为物质浓度变化，丰富分析问题的策略。在推导中巩固浓度商判据，并从定量角度进行判断，加深对定性结论的理解。
结尾：回顾学过的内容，对于合成氨反应，工业上为什么选择高压？为什么无论高炉多高，尾气中都有相同比例的一氧化碳？	高炉炼铁尾气作为本节课情境主线，贯穿教学始终，对合成氨工业条件的思考，引导学生关注人类面临的与化学相关的社会问题，提高社会责任意识。

3. 板书设计

化学反应的限度

1. K 的表达式

2. K 与温度有关

3. K 的意义

4. K 的应用

① 判断可逆反应是否达到平衡

② 判断平衡移动方向

③ 工业生产条件选择

（二）教学思考

1. 增强对教材内容的研读，深入分析知识点，注重课堂形式的多样性

对课堂教学来说，需要将基础知识点落实到位，本节课为新教材的试教课，对教材的研读尤为重要。需要多方位寻找资料，从多

角度深入分析知识点,研读教材,明确教学重点和难点,完成教学设计。本节课分为化学平衡常数的概念引入、影响因素、应用三大部分。从本节公开课来看,教学形式较为丰富,但教学内容丰富度和梯度还可进一步提高。相比传统课堂,在课题引入部分设计更有新意,具有更多新信息的内容。同时考虑到课堂效果,可以将实验视频变为课堂演示实验,学生亲眼见到实验现象和图像的话感受会更加直观。

2. 提高课堂的应变能力,注重学生探究思维的培养

学生具有非常强的学习和探究能力,但教师在教学过程中比较急,有些问题容易出现自问自答的现象。实际上,给学生时间,耐心等待,学生能做得非常好,要对学生有充分的信心。在公开课教学过程中,学生出现一些错误回答或结果,教师会直接引导学生得出正确答案,但其实可以进一步听取学生的想法和思路,有时会有意外收获。因此在后续的教学过程中,教师要更注重学生探究思维的培养,对学生更有耐心和信心,引导学生,培养学生主动思考、发现问题、分析问题、解决问题的能力。

执笔人:上海市上海中学化学教师张琼由

【专家点评要点】

本课"化学反应的限度"的教学中,以学生为主体,基于真实有效的实验数据,学生利用软件进行一定的数据分析,展现出大数据时代新课堂面貌。本节课教学设计思路清晰,教学实施过程中充分引发学生思考讨论,引导学生积极参与课堂,课堂教学中落实化学核心素养,较好地达到教学目的。教师亲和力强,语言节奏控制好,教学基本功扎实,教态自然,与学生互动良好,课堂活跃,课堂效果好。

上海市上海中学化学教研组长、高级教师黄峰

四、"pH 的测定"的教学设计与教学思考

执教人:蒋皓老师	新课程、新教材内容	高中统编人教版教材《普遍高中教科书化学　选择性必修 1　化学反应原理》第三章第二节"水的电离和溶液的 pH"中"pH 测定和应用"。此教材 2020 年出版,教学内容为第 61~67 页。
教学课时:第 3 课时	教学时间:2021 年 4 月 16 日	教学对象:国际部 11 年级

(一)教学设计

【学情分析】

本节课授课对象为上海中学国际部 IBDP 课程学生,因此本堂课的授课语言以英语为主。

在学习本节课内容前,本班学生已经完成了酸碱的概念、性质等基本理论的学习,并就 pH 和 K_w(水的离子积常数)相关简单计算做了一定练习。根据 IB 课程指导要求,学生在课程学习中除了掌握书面评价的知识要求之外,还需要培养对知识点的具体应用和解决实际问题的能力。因此,在前期作业中布置第八章《酸和碱》设计相关内容实验研究课题的练习作业。本节课在前期酸碱概念和 pH 理论知识的基础上以学生实验课题设计练习为讨论

案例,对 pH 概念的实际应用进行分析和讨论。从学习 pH 的测定切入,结合学生递交的自主设计的实验课题,从而对 pH 测定的方法和其在实际情境中的应用进行比较、讨论和思考。引导学生理论知识结合实际应用,更深入地认知与理解 pH 这一度量值。

本节课主要知识内容为 pH 的测定,为 IB 化学(标准水平)课程第八章"酸与碱"的第三节教学内容。同时参考学习了人民教育出版社 2020 年出版的《普通高中教科书　化学　选择性必修 1　化学反应原理》第三章第二节"水的电离和溶液的 pH"中 pH 测定和应用的相关内容和教学建议。

本节课主要培养的核心素养参考《普通高中化学课程标准(2017 年版 2020 年修订)》:素养 4"科学探究与创新意识"及素养 5"科学态度与社会责任"。《IBDP 化学课程指导(2016 年首试版)》"IB 学习者特质"。

IB 化学(核心)课程共十一个章,第八章《酸与碱》前接第七章《平衡反应》,后承第九章《氧化还原反应》。在本章中,学生将学习酸碱的基本概念、酸和碱的性质、pH 以及酸碱的强弱性等内容。

【教学任务分析】

pH 是判断物质酸碱性质的重要科学指标之一。《普通高中化学课程标准(2017 年版 2020 年修订)》以及国际文凭项目(IBDP)化学课程纲要中都覆盖了 pH 的相关内容。IB 课程与《普通高中化学课程标准(2017 年版 2020 年修订)》都对 pH 的定义和涉及 pH 的基本计算做了要求。内部评价(Internal Assessment)为 IB 课程中需要完成的课程任务之一。不同于书面答题评价形式,内部评价要求学生应用所学理论知识,自主设计研究课题,完成学科相关研究。基于上述国内国外相关内容的共同点和差异性,本次课程基于 pH 理论知识基础,引导学生通过实验感悟不同 pH 测定方法的差异性和局限性。同时结合学生递交的自主课题设计练习,通过对课题中 pH 应用于实际情境适用性的讨论引导学生对 pH 在研究过程中的应用条件及其实际应用中存在的局限性进行拓展性思考。

【教学目标】

1. 通过课堂实验初步掌握两种 pH 的常见检测方法——pH 试纸和 pH 计。

2. 学生通过课堂实验,分组使用 pH 试纸以及 pH 计分别测定两种不同品牌的碳酸饮料的 pH,并记录两种实验方法所测得的实验数据。通过这一课堂实践活动建立理论方法和实验实践的关联。

3. 学生就实践结果讨论两种 pH 测定方法的差异性。培养学生思考能力,引导学生从实际应用的不同角度和需求去选择测定方法,让学生思考理论知识如何应用于实践,从而解决实际问题。

4. 结合学生自主设计的 pH 相关的实验课题,引导学生对 pH 应用进行进一步思考和讨论。培养学生的科学性思维能力和辩证思考能力。学生能面对复杂情境中的关键要素进行精细化分析以建构相应的模型理论。同时能指出不同模型理论的局限性,探寻优化需要的证据和方向。

【评价目标】

1. 通过两种方法测定 pH 的实验实践,诊断学生实验数据收集过程的规范性和所掌握的科学水平。

2. 通过对两种方法测定 pH 结果的讨论,诊断学生实验探究的水平(定性水平、定量水平)。

3. 通过对影响 pH 测定因素的探究讨论及进一步对 pH 在实际测定中局限性的讨论,了解学生对实际化学情境中可能存在问题的预判能力,并能指出目前可能存在局限性的能力,促进学生化学学科核心素养的形成和发展。

【教学重难点】

本节课教学重点为将课堂内学习的 pH 测定方法与学生自主设计实验课题中对 pH 测定的实际需求以及课堂测定条件和实际情境条件进行比较、讨论和思考。本课难点在于通过理论知识与实际应用的结合，引导学生深入认知与理解 pH 这一度量值。

【教学材料准备】

教学 PPT；课堂实验器材：pH 试纸、pH 计、烧杯、温度计、两种不同品牌的碳酸饮料；数据记录表。

【教学与评价思路】

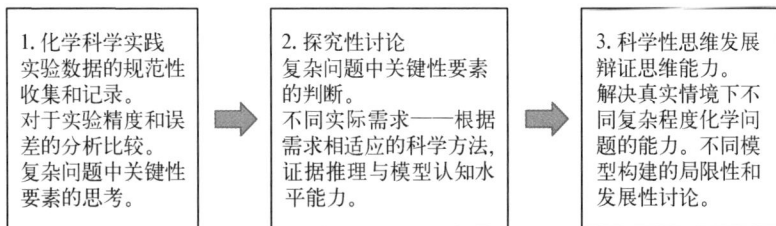

1. 化学科学实践实验数据的规范性收集和记录。对于实验精度和误差的分析比较。复杂问题中关键性要素的思考。	2. 探究性讨论复杂问题中关键性要素的判断。不同实际需求——根据需求相适应的科学方法，证据推理与模型认知水平能力。	3. 科学性思维发展辩证思维能力。解决真实情境下不同复杂程度化学问题的能力。不同模型构建的局限性和发展性讨论。

图 1

【教学过程】

1. 化学科学实践

【学习任务 1】 pH 的测定。

【评价任务 1】 诊断学生实验数据收集、处理和分析的能力。

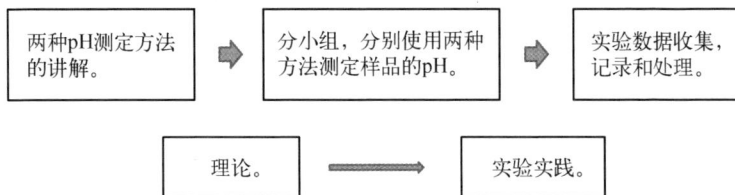

两种pH测定方法的讲解。	分小组，分别使用两种方法测定样品的pH。	实验数据收集，记录和处理。

理论。	实验实践。

图 2

2. 探究性讨论

【学习任务 2】 两种 pH 测定方法的讨论和比较。

【评价任务 2】在实验过程中观察学生是否能抓住两个测定方法中的关键要素的差异和利弊。

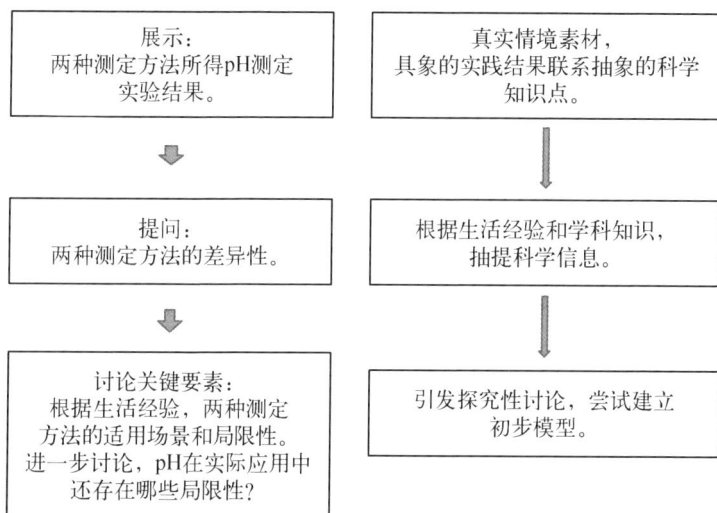

图 3

学生活动设计:

pH 的测定(学生实验活动,引导学生观察物质及其变化的现象,客观地进行记录,对实验现象作出解释,对实验方法进行比较和讨论)。

学生分组,分别使用 pH 试纸和 pH 计对给定样品进行 pH 测定。记录数据,由学生根据两种方法的测量过程和所得数据进行课堂讨论比较,就数据的精确度、准确度,测量方法的可行性,仪器的普及性等对两种方法进行比较讨论,分析两种测定方法的差异性和局限性。诊断学生实验探究的水平(定性水平、定量水平)。

3. 科学性思维发展

【学习任务 3】pH 是人为定义的测量值。结合学生自主设计的课题方案讨论,引导学生对 pH 应用开展进一步思考和讨论。

【评价任务3】诊断学生是否具备发展的科学观和辩证的科学思维能力。了解人为设定测量标准的适用场景和局限性。

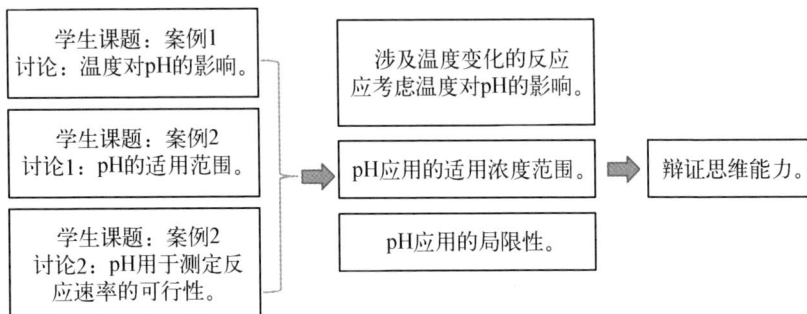

图 4

学生活动设计：

通过拓展性问题，开展小组讨论，引导学生对 pH 在实际测量中的进一步理解和拓展性思考。发展学生对复杂的实际化学情境中可能存在的问题的预判能力，并能指出目前可能存在局限性的能力。

（二）教学思考

感谢各位专家和各位教师今天的莅临指导，作为一名国际部的化学教师，我非常荣幸能有机会在"双新"论坛做教学展示。

本次教学展示是国际部 IB 课程的课堂教学过程，国际课程科学教育和普通高中科学教育的核心理念和核心思想是共通的，都是立足于科学素养培养学生的综合能力。本节课是 IB 化学课程 11 个主题中的第 8 个主题《酸和碱》中关于"pH 的测定"部分的内容。本节课前期，学生对知识点，即 pH 的概念和应用已有基本了解，并对 pH 的计算做了简单的练习。在掌握理论知识的基础上，本节课的重点落实 pH 的实际应用，即提高用所学知识应对实际问题的能力。

在学了新知识后,学生会充满期待地希望能在实际情景,如实验操作中应用所学的新知识或技能。然而,理论知识和实际应用之间存在一定的差距。理论知识基于模型所得,而实际情景和问题往往要比设定的模型复杂得多。如何让学生理解理论知识和实际情景之间的差异性,在关注差异性基础上理论联系实际,主动用所学知识解决实际问题是本课的难点。本节课在引入 pH 概念之初设计了从 pH 在实际酿酒过程中的应用出发,让学生了解 pH 的概念。通过两种 pH 测定方法的学习,课堂实验操作,数据分析让学生从实践中了解并体验到两种测定方法的差异性和各自的适用性。在学习掌握了 pH 的概念和 pH 的测定后,最终将 pH 这一知识点落实在学生自己实验设计方案的应用案例中。整节课中理论知识紧密联系实际应用展开,层层递进地引导学生思考如何将所学知识运用于解决实际问题。

本节课设计了三个实际情境。第一,通过啤酒酿制引入 pH 的概念。第二,通过课堂活动中设计实验实践活动,学生尝试用 pH 试纸和 pH 计两种方法测定不同溶液的 pH。要求学生定性与定量相结合收集证据,并对收集的数据进行分析和计算。在定量和定性数据分析的基础上,学生对两种方法的局限性和适用性进行比较,对两种方法的使用条件和适用范围有更为直观的感受,为后面开展在实际情境中的讨论做好铺垫。第三,就 pH 测定的应用,学生对自己设计的实验案例在讨论环节中讨论了温度对 pH 的影响、pH 的适用范围以及 pH 测定方法是不是适合实验设计等学生实验设计中的问题。通过对 pH 测定在实际应用中可能遇到问题的讨论,培养学生的问题意识,在讨论的基础上提出探究的问题和假设。理论联系实际,通过证据分析做出多种探究方案,评价和优化方案,从而落实学生科学探究和创新意识的培养。

执笔人:上海中学国际部化学教师蒋皓

【专家点评要点】

在蒋老师的课堂教学中体现了化学国际课程教学的特色,注重学生在实践过程中的体验和体会,再通过对实际体验的反思来引导学生对学科知识进行主动思考,质疑,提出问题,并尝试解决问题。注重学生科学素养的培养,通过这样的教学培养出来的学生会思考、会质疑。对科学研究而言,会思考和会质疑是非常重要的能力。同时,本堂课中注意科学研究的规范化问题,这点在我们科学课程中是非常重要的。比如,在课堂实践过程中,对 pH 计的使用,学生首先面对的是仪器的参数和校准问题。这部分内容在书面教学材料中虽然很少提及,但是在科学实践中是不可或缺的重要步骤。同时,在实验中,强调数据收集的规范性,注重数据的精确度和准确度以及定量数据和定性数据的收集,这些对学生进入大学后进行科学研究是非常重要的科学素养和科学能力。

中国科学院院士、复旦大学教授麻生明

生物学学科
"双新"教学课例

一、"基因选择性表达导致细胞的差异化"教学设计与教学思考

执教人：朱婷婷老师	新课程、新教材内容	沪科技版教材《普通高中教科书 生物学 必修2 遗传与进化》第一章第三节"基因选择性表达导致细胞的差异化"。此教材2022年出版，教学内容为第20～25页。
教学课时：第1课时	教学时间：2021年4月16日	教学对象：高二(9)班

（一）教学设计

【教学目标】

1. 归纳概括细胞分化的本质是基因选择性表达的结果。

2. 基于证据，阐明DNA甲基化、组蛋白修饰、RNA干扰等表观遗传调控基因表达的机制。

3. 运用表观遗传的概念，提出慢性乙肝的治疗策略，形成尊重生命、健康生活的观念。

【教学重点】

1. 细胞分化的本质是基因选择性表达的结果。

2. 表观遗传是指基因的碱基序列不发生改变，但表型发生可遗传的改变。

【教学难点】

基因表达的几种调控方式及表观遗传现象。

【教学过程】

教学内容	教师引导	学生活动	设计意图
课堂引入	回顾前序概念：细胞分化及基因表达过程。 提出问题：细胞分化与基因表达之间有何关联？	回顾已学内容。 思考问题。	激活已有知识。 引发思考。
概念 1：细胞分化的本质是基因选择性表达的结果	提供资料 1：3 种已分化细胞的基因和 mRNA 检测结果。 提出问题任务： 1. 根据表格，对比 3 种已分化细胞在基因组成和 mRNA 合成上存在何种差异。 2. 推测 3 种细胞在蛋白质的种类上有何差别。 3. 尝试解释 3 种已分化细胞基因完全相同，而表达的蛋白质和 mRNA 存在差异可能的原因。 提供资料 2：基因选择性表达出现异常	阅读资料，思考并回答问题。 能分析出 3 种已分化细胞在基因组成上相同，而在 mRNA 和蛋白质组成上存在差异。 可能回答出基因的转录（表达）层面存在差异。得出结论：已分化细胞发生了基因的选择性表达。 阅读资料，根据基因控制性状的角度分	培养学生基于材料的对比分析能力。 通过分析，理解细胞分化与基因表达之间的关联。对细胞分化的分子机制有初步概念。 进一步加深对基因选择性表达导

教学内容	教师引导	学生活动	设计意图
概念 1：细胞分化的本质是基因选择性表达的结果	的案例(果蝇)。引导学生分析出可能的异常现象，并阐释原因。 总结：细胞分化的本质是基因选择性表达的结果。若基因选择性表达正确，则细胞分化正常；基因选择性表达出现异常，会导致细胞分化的方向出现异常。	析出，果蝇头部可能会出现发育异常并阐明机制。	致细胞分化的理解。
	提出新问题：基因选择性表达受何种机制调控？	进一步深入思考。	激发主动学习热情。
概念 2：表观遗传机制调控基因表达	创设真实情境。糖尿病表观遗传研究进展——糖尿病与DNA 甲基化、糖尿病与组蛋白甲基化。组织讨论，阐述DNA 甲基化、组蛋白甲基化导致糖尿病发病的具体机理，并比较两者异同点。	阅读材料、小组讨论并通过对比分析出DNA 甲基化和组蛋白甲基化都是在DNA 序列不改变的情况下，基因表达受到影响，且都是在转录水平调控基因表达。	创设情境，培养学生运用所学知识阐释生命现象，并尝试分析其机理。感性上认识基因调控与疾病之间的关联性。
	总结提炼表观遗传的定义。提出新问题：是否还有其他水平的调控？ 介绍 RNA 干扰调控基因表达的机制。总结 3 种方式调控基因表达过程。	得出 RNA 干扰在翻译水平对基因表达进行调控的结论。	补充翻译水平的调控案例。深化对表观遗传调控基因表达的理解。

教学内容	教师引导	学生活动	设计意图
开放性讨论	小组讨论：运用表观遗传概念治疗慢性乙肝的策略。	可能提出利用甲基化 HBV 基因的方式，在转录水平抑制基因表达。也可能提出利用 RNA 干扰，在翻译水平抑制基因表达。	运用本堂课内生成的概念解决真实问题，强化生命观念、培养社会责任。
	分析不同策略的优劣，介绍最新研究进展。	通过小组互评，对其他组的治疗策略进行理性分析。	培养与他人合作完成探究，并展开交流的科学探究能力。
布置作业			巩固本节知识，拓展延伸。

（二）教学思考

本节课以科学研究证据为载体，引导学生通过资料分析构建"表观遗传"概念，在真实情境中解决问题，以小组讨论展示并互评的方式主动学习，营造探究式课堂学习环境，促进生物学学科素养的落实。

作为新课标和新教材中加入的教学内容，"表观遗传"的引入是生物学最新研究成果进入高中课堂的生动体现，也是本节课内容的重点和难点。为突破重点和难点，本节课以问题为引导，科学研究证据为资料，从讨论"细胞分化"与"基因表达"的关系入手，分析科学研究数据，概述细胞的分化是基因选择性表达的结果；然后提出新问题：基因选择性表达是如何调控的。以科学研究进展为材料，构建表观遗传的概念并总结出表观遗传的调控方式；再以现实问题创设情境,引导学生在真实情境中解决问题。

　　本节课以学生为知识学习的主体,教师为引导者,在课堂中对教师的能力要求较高。教师在教学中应注意课堂气氛的调动和课堂教学时间的掌控,避免发生冷场和针对一个问题纠结时间过长的情况,需要教师能够有足够强的应变能力和引导能力。注意启发和引导学生积极思考,同时注意在课堂中不能抢占主体位置,要始终保持学生为中心、教师为辅助的课堂模式,强调培养学生自主分析和解决问题的能力。本节课中学生在教师的引导下能够积极主动地参与到课堂讨论中,在生生互动、师生互动中完成了教学目标,突破了教学难点。但在最后的开放式讨论中,学生给出的解决方案超出本节课的学习范围,教师在备课过程中虽然有适当准备,但对其课堂掌控能力要求依然很高,这也从侧面体现出上中学生思维的深度和广度。在这样高水平学生的激励下,作为教师应该更加努力地拓展自己的专业知识,提高教学能力,在未来的教学生涯中更加勤勉,在教学相长中与学生共同进步。

　　教学事业是需要用一生探索的事业,未来仍需努力,期待更美好的明天。

执笔人：上海市上海中学生物教师朱婷婷

【专家点评要点】

　　本次新教材课程改革中知识层面改变最大的就是加入了"表观遗传"的内容。

　　国家自然科学基金的很多项目也在朝此方向倾斜,说明国家非常重视"表观遗传"这部分知识。但是目前全国大部分高校的本科生教育中还未加入"表观遗传"的内容。今天朱老师迎难而上,选择了生物学教学难点中的难点,非常不容易,勇气可嘉。

　　朱老师的讲解非常从容,能够达成教学目标。值得大家学习的是,教材中对于本部分知识只是给了短短的几行字和几个案例,对老师们的要求是需要自己深度挖掘教材、搜集资料、自我成长。朱老师自己搜索文献,加工了很多内容,值得老师们共同学习。朱老师还关注到了新课标的新理念,比如概念的建构,通过分析讨论素材,由学生自己构建概念,这就是今后要提倡的理念,发挥学生在课堂上的主体作用,老师在课堂上引导、组织学生思考。新课标强调核心素养的落实,朱老师在请学生回答问题时,追问学生们的思考过程,在此过程中形成科学思维,这也是今后课程需要提倡的。关于概念的构建,朱老师在板书和幻灯片中清晰地展示出了概念。另外,老师在教学中还需要点明本节课的目的及表观遗传学在遗传学中的真实地位,构建出遗传学的概念。

华东师范大学教授、博士生导师禹娜

"双新"课程的实施是当今教育的热门话题,线上线下各位老师都非常积极地参与本次活动。本次新课标修订最大的成果之一就是凝练了学科核心素养,如何将生物学课程核心素养的上位顶层目标通过教师的教学设计转化为中观层面的单元目标,细化为每一节的课时教学目标是当下一线教师值得研究和探讨的问题,也非常考验生物教师教学功底。学科核心素养只有通过教师的教学实践,才能转化成学生学习的新情景新问题,提高学生解决问题的能力,才能落实学科核心素养。

本节课朱老师敢于探索新的教学模式,勇气值得大家学习。本节课教学思路非常清晰,简短地通过复习引入本节课的问题:表观遗传和基因选择性表达间的关系。然后,提供资料,请学生们进行比较分析,由学生概括出基因选择性表达导致细胞分化的概念。创设新的真实情境,学生通过讨论得出表观遗传的概念。最后运用所学知识,解决乙肝治疗的实际问题。本节课的最大亮点是学生运用所学知识解决实际问题。本节课还运用真实实例,创设真实情境,运用所学知识迁移解决实际问题。在线上线下如此多的老师参与听公开课的情况下,学生们能够专注于思考,体现出高思辨能力,非常不容易。面对高水平的学生,教师需要更加努力地钻研教材,斟酌教学设计使之符合教学实际,这对教师尤其年轻教师是很大的考验,需要教师有较强的课堂把控能力。通过本节课展示,对朱老师的教学发展是很大的激励,对专业成长有很大的帮助,希望每位老师都能积极主动地争取参加教学展示活动,不断提高教学能力。

上海市特级教师、正高级教师蒋金珍

二、"细胞通过质膜与外界进行物质交换"教学设计与教学思考

执教人：耿芳老师	新课程、新教材内容	沪科技版教材《普通高中教科书 生物学 必修1 分子与细胞》第四章第一节"细胞通过质膜与外界进行物质交换"。此教材2021年出版，教学内容为第70~73页。
教学课时：第1课时	教学时间：2021年11月10日	教学对象：高一(4)班

（一）教学设计

【教学目标】

1. 结构与功能相适应的角度，解释细胞质膜具有选择透过性。
2. 举例说明被动运输、主动运输、胞吞和胞吐的特点和区别。

【教学重点】

1. 理解细胞质膜的选择透过性。
2. 说明不同物质交换方式的特点和区别。

【教学难点】

运用不同物质交换方式解释生命现象。

【教学过程】

教学内容		教师活动	学生活动	设计意图
导入 人体细胞与外界进行物质交换。		介绍并说明人体细胞物质交换通过质膜进行。	思考是否所有物质都可以直接透过细胞质膜。	从实际情境出发,引发学生对于质膜选择透过性的思考。
细胞质膜的选择透过性。		演示细胞质膜透性的模拟实验。	描述并分析实验结果。	类比同为半透膜的透析袋,引出细胞质膜具有选择透过性,并引导学生思考小分子进出细胞的方式。
小分子	被动运输	自由扩散	呈现人工膜(磷脂双分子层)的物质透过性实验。	描述并分析实验结果。 解释肺部的气体交换现象。	结合细胞质膜的结构,引导学生理解被动运输的两种形式及特点。
		协助扩散	举例红细胞吸收葡萄糖。 介绍载体蛋白和通道蛋白。	思考、认同,比较两种转运蛋白。	
	主动运输		举例甲状腺滤泡上皮细胞吸收碘。	和被动运输进行比较。	引导学生归纳主动运输的特点。
	被动运输和主动运输的特点		依据板书点明:不同运输方式的结构基础和特点。	知识梳理,共鸣。	学生内化概念,从结构与功能相适应的角度强调物质交换方式的不同。
	活动 影响物质运输速率的因素		引导学生思考影响物质运输速率的因素并总结。	小组讨论并说明原因。	学生以画图的形式强化不同物质交换方式的特点。

（续表）

教学内容		教师活动	学生活动	设计意图
大分子	胞吞和胞吐	举例吞噬细菌、吸收脂蛋白、分泌胰岛素。	描述胞吞和胞吐过程并总结特点。	基于质膜的流动性，引导学生理解大分子进出细胞的方式。
延伸水的跨膜运输方式		课后思考题。	分析水的跨膜运输方式和意义。	学生结合实际情境，阐明物质交换方式的复杂性。

板书设计

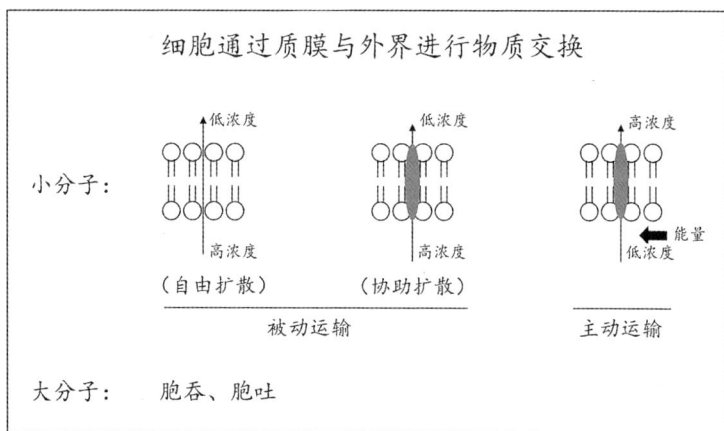

（二）教学思考

本节课选用教材为新教材沪科技版《普通高中教科书 生物学必修1 分子与细胞》第四章《细胞的代谢》第一节"细胞通过质膜与外界进行物质交换"。

该课程设计完整、教学思路清晰。以人体细胞与外界进行物质交换的真实情境作为导入,通过演示细胞质膜透性的模拟实验引出细胞质膜具有选择透过性。之后基于质膜结构,由人工膜(磷脂双分子层)扩展到完整质膜,引导学生理解小分子物质交换方式。在此过程中,学生通过描述红细胞吸收葡萄糖、甲状腺滤泡上皮细胞吸收碘等情境主动归纳不同交换方式的特点,并以小组讨论物质运输速率影响因素的形式内化概念和考查知识掌握程度。然后由小分子过渡到大分子,基于质膜的流动性,以白细胞吞噬细菌、组织细胞吸收脂蛋白、胰岛素分泌等实例引导学生理解大分子物质交换方式。最后以水的跨膜运输方式作为课后思考,学生需根据本节课所学结合实际情境,阐明物质交换方式的复杂性。

依据教学设计,本节课完成度较高,基本达成教学目标,即能从结构与功能相适应的角度,解释细胞质膜具有选择透过性;举例说明被动运输、主动运输、胞吞和胞吐的特点和区别。

结合专家评价和自我反思,课程中存在几点有待改进的地方:

就课程设计而言,小组讨论活动内容相对单一,可使该内容更加丰富,充分调动学生积极性。

就课堂整体而言,与学生的交互感有待提高。不应仅局限于"提问—回答—引导—纠正"的形式,而是应该以问题或小组讨论作为引子,通过学生与学生之间、学生与老师之间的互动深度挖掘不同学生对于知识的理解,并引导学生深化概念与形成核心素养。

教学过程中可更多地注重理科思维锻炼,譬如在小组画图活动中着重强调控制变量思维的运用。

教学用语简洁准确,可更多地借助类比等方法辅助学生更快地理解与吸收知识。

教学心态应更加松弛,与学生们的互动应更加从容,通过与学生的思维碰撞进一步提升教学效果。

教学多媒体工具 PPT 为课堂内容服务,应注意在重要环节多做停留,给学生充分消化吸收的时间。

执笔人:上海市上海中学生物教师耿芳

【专家点评要点】

　　本次课程围绕"双新"背景下的教学实施开展。耿老师对于新教材的运用较为得当,通过清晰的教学思路、合理的教学设计,较好地完成了教学目标。基于"双新"背景,教师在未来的教学工作中可更多地锻炼自己创设以学生为主体的互动探究式课堂,进一步提升教学效果,深度挖掘不同学生对于知识的理解,并引导学生深化概念与形成核心素养。

上海市上海中学教学处副主任、生物教研组长张智顺

地理学科
"双新"教学课例

一、"城乡空间"教学设计与教学思考

执教人：章健华老师	新课程、新教材内容	中图版《普通高中教科书 地理 必修第二册》第二单元主题四"城乡空间"的相关内容。此教材 2021 年出版，教学内容为第 31~39 页。
教学课时：第 1 课时	教学时间：2021 年 4 月 16 日	教学对象：高一(5)班

（一）教学设计

【教学目标】

1. 综合思维：通过对"摩登城区""特色小镇""美丽乡村"方案的设计，理解经济、政治、社会、文化、历史、技术等综合因素对城乡空间结构的影响及意义。

2. 地理实践力：通过城乡土地利用的调查活动，了解上海的土地利用现状和变化状况；通过"2035 城乡空间规划创意设计大赛"方案的设计，理解城乡内部空间结构的意义。

【教学重点】

城乡内部空间结构；城乡空间的合理利用。

【教学难点】

城乡内部空间结构。

【教学过程】

城市和乡村是人类聚集的两种不同聚落,是对于自然和人力共同塑造的人类栖息空间。如何感知这两类聚落? 如何解读这两类聚落的空间结构? 如何挖掘这两类聚落空间结构背后的价值观? 人类追求理想环境的脚步从没有停止过,如何找到城市和乡村这两类聚落的平衡点?

学生们,让我们带着这些思考来学习主题四"城乡空间"。

以怎样的一条线索来学习"城乡空间"这一主题呢? 我们将从远至近、从外到内的角度来深度解析城乡空间。远景俯瞰,看到两类不同的聚落;近景观察,辨识到不同的土地利用类型;深入体验,感受到不同功能区的内部空间结构;内在解析,挖掘内部空间结构背后的价值观;展望未来,规划优美的宜居家园。

根据下列两张聚落景观图,判断一下,哪一张是乡村? 哪一张是城市?

图 1

图 2

图 12‑1：乡村聚落，以农业环境为背景；图 12‑2：城市聚落，以高度密集的建筑为背景。

远景俯瞰，一眼就能分辨出乡村聚落和城市聚落。

聚落是人类社会经济、文化发展的必然结果。人类的各种活动：居住、生活、休息，尤其是生产活动都需要场所，就形成了聚落。聚落既是人类适应、利用自然的产物，更是人类文明的结晶。

乡村聚落和城市聚落各自有着哪些特色呢？（景观、人口、经济、社会结构。）

乡村以农业环境为背景，人口较为分散，以第一产业（农业）为主，土地利用出现简单的分化，社会结构比较简单。《诗经》中有许多田园诗歌，这些田园诗与农业活动、农村景观有着密切关联，在描写除草、犁地、耕种等诗语中，展现出人们亲近大自然、享受大自然的美好愿望。

城市以人口、建筑的高度密集为背景，"城市"在拉丁语词源的原意：大多数人的联合体。以第二、第三产业（非农业活动）为主，出现了土地利用的专业化，经济活动多样、社会结构复杂、科教文卫事业发达。

从聚落的历史长河来看，最初是分散的乡村，后来出现了更为集中的城市，随着工业时代的来临，人类进入了城市化时代。

人们为什么要聚居在一起呢？有自然原因，也有社会原因。

先从"聚落"的象形字义上来看"聚"和"落"的原义。

聚：左上部为"耳"字，右上部为"又"字，下部为三个人，综合意思就是几个人聚在一起，带上工具去打猎。聚：大家一起从事某项生产活动。

落：上部是草，左下部是水源，右下部是口＋反文旁（"攻"字的右边）。落：人们选择一处水草丰美之地，进可攻、退可守，建立村落。

水是生命之源，早期乡村聚落都会尽可能接近水源地，便于人们生产生活用水。

　　费孝通先生的《乡土中国》中提到,中国人总是喜欢聚在一起,一来,农忙时节互相帮助;二来,野兽横行互助安全。再加上传统的家族观念,中国有许多同姓相聚的乡村聚落。

　　早在距今 7 000—8 000 年的新石器时代,中国就有了原始村落,譬如河南渑(mian)池仰韶村遗址,陕西西安半坡遗址。中国最早的城市聚落距今 3 600 年,是河南郑州商城,当时已有城墙作防御性设施,还有大型的宫殿、宗庙等永久性建筑。

　　早期城市大都建有城墙,作为抵御外侵的防御性建筑。随着工业的迅速发展,城市突破了城墙、护城河的束缚,向郊区发展,城市与周围乡村空间的界线越来越模糊。城乡空间在土地利用方式上也呈现出一体化的格局。

　　接下来我们近景对实地进行观察,聚落内部到底有哪些不同的土地利用方式。

图3　哈尼村土地利用分布图

　　土地利用类型的分布是一种地域空间,是相同土地资源在空间上的高度集聚,有着明确的界限,可以用观察法将不同的土地利用类型辨别出来。

　　不同土地利用类型在空间上的排布暗含什么联系? 伯吉斯在

100 年前提出的土地利用"同心环理论"是试图揭晓土地利用内隐的空间分布规律。

人们利用土地进行生产生活活动,但不同活动所创造的利润有高有低。由于土地资源的有限,使用土地必须支付地租。城镇中心的土地利用可能性多、竞争强、地租高。交通可以在一定程度上改变土地利用的潜能。某地地租的高低是人们对该地土地利用的选择,以及市场竞争的结果。因此不同经济活动都会选择最适合自己的空间位置。

读城乡土地利用同心环结构图,横坐标表示距离,市中心在原点上,从原点向外,距市中心越来越远。纵坐标表示单位土地利用效益,而地租是单位土地利用效益的正向指标。请学生们仔细阅读这四条地租曲线,思考下面四个问题:

1. 请归纳地租曲线的空间分布规律。(思考角度:相同点和不同点。)

2. 从单位土地利用效益(或地租)的角度,甄别四种土地利用类型的优势分布区域。

3. 归纳城乡土地利用的空间分布规律。

4. 简述四种土地利用类型的分布理由。(角度:单位土地利用效益、空间位置、面积。)

解析:1. 请归纳地租曲线的空间分布规律。

动作:指点四条地租曲线的变化趋势。

相同点:地租从市中心向外递减。

不同点:四种土地利用类型的递减率不同,从大到小依次为:商业用地、居住用地、工业用地、农业用地。

2. 从单位土地利用效益(或地租)的角度,甄别四种用地类型的优势分布区域。

四种土地利用类型的地租曲线交错分布,有三个重要的交点,这三个交点将城乡空间分成四个不同区域,从市中心向外依次为:

第一区域、第二区域、第三区域、第四区域。

每个区域,最高的单位土地利用效益排序各不相同,第一区域——商业用地;第二区域——居住用地;第三区域——工业用地;第四区域——农业用地。

在市场机制调节下,每块土地倾向于给能支付最高地租的经济活动,所谓"价高者得",四种经济活动都选择了最适合自己的空间位置。四种土地利用类型的空间位置布局和谐稳固。

3. 归纳城乡土地利用的空间分布规律。

请学生们根据四种土地利用类型的优势分布区域,画出土地利用类型的空间结构分布图。

在动手前,静心想一想,你会使用哪一种几何形状?再猜猜伯吉斯当时用的是哪一种几何形状?伯吉斯选用了圆形,他以芝加哥城为研究对象,芝加哥城的空间布局就是圆圆相环的结构。

事实上许多城或乡都是呈圆形结构的,譬如上海老城厢、临港新城、江西婺源菊径村等。

圆对称、均衡、和谐、统一;圆圆相环,极具韵律感,是一种有意味的形式。

请用几分钟时间画出四种土地利用类型的空间结构分布图。

现在将你画的结构图与伯吉斯的结构图对比一下。可以把同心环结构图的绘制看成是一种空间结构的建模,我们还原了伯吉斯在100年前创设的空间结构理论,能否用语言来概括城乡土地利用的空间分布规律?

城乡空间呈现以商业用地为中心,居住用地、工业用地、农业用地依次环绕的土地利用同心环结构。

同心环——心,以商业用地为中心;环,一环环相扣,依次向外,形成同心环结构。

4. 简述四种土地利用类型的分布理由。(角度:单位土地利用效益、空间位置、面积。)

请学生们从这三个角度考虑：单位土地利用效益的高或低、距离市中心的远或近、占地面积的大或小，简述四种土地利用类型的分布理由。

商业用地：最靠近市中心的第一环，商业活动可以创造高额利润，地租支付能力强，占地面积最小。

居住用地：距离市中心较近的第二环，商业用地的单位土地利用效益迅速下降，居住用地因单位土地利用效益相对上升而成为主导用地，占地面积较大。

工业用地：距离市中心较远的第三环，商业用地、居住用地的单位土地利用均下降，工业用地因单位土地利用效益相对上升而成为主导用地，占地面积大。

农业用地：距离市中心最远的第四环，农业用地的单位土地利用最低，只能分布在城市外围和广阔乡村，占地面积最大。

四种土地利用类型一环一环向外分布，同心环结构本质上反映了一种空间上的经济等级模式。

同心环结构是一种理想模式，突出了距离市中心远近这一主要因素。但事实情况会更复杂，市中心可能不是几何中心，而是经济中心。随着城市用地规模的扩大，另一因素在空间分布上起到了辅助叠加作用。

出示上海房价分布图，在市场经济环境中，房价可看作地租的"指示剂"。

1. 读上海房价分布图，简述上海地区房价的空间分布特点？

2. 近几个月顾村公园附近的房价明显提升，为什么？

解析：1. 读上海房价分布图，简述上海地区房价的空间分布特点？

读数据。观察上海地区房价由市中心向外递减。

2. 近几个月顾村公园附近的房价明显提升，为什么？

由于地铁 15 号线的开通，顾村公园成了 7 号线与 15 号的转乘站,交通更便捷了,房价明显提升。

城市轨道交通线路的建设,主要倚靠政府行政力量的推动。

读图:"城市地域分区的经济因素——城市地租等高线分布""城市地租立体分布图"。

1. 影响地租的因素有哪两个?

2. 请简述地租的空间分布规律。

解析:1. 影响地租的因素有哪两个?

影响地租的因素:距离市中心的远近、交通的便捷度。

2. 请简述地租的空间分布规律。

仅考虑距离市中心远近,地租的空间分布规律:地租从市中心向外呈线性递减。

考虑距离市中心远近以及交通便捷度,地租的空间分布规律:地租从市中心向外呈波状递减。友情提醒:次高峰不能高于主高峰。

出示上海轨道交通分布图。

最高峰:人民广场,位于市中心,交通最便捷,1、2、8 号轨道交汇。

次高峰:各轨道交汇点,世纪大道,虽然距离市中心有一定距离,2、4、6、9 四条轨道线路交汇处,地租抬高,成为次高峰。

城市从圆形辐射出发,但考虑到交通便捷度,完美的圆形就被打破了,世界上很多城市是呈方形的。方是圆的推演和发展,更井然有秩序。中国书法,从篆到隶,破圆而方,更加实用方便,城市亦是如此。上海从老城厢的圆形出发,随着城市规模的发展,破圆而方,上海的内环、中环、外环、郊环均大致呈现方形,上海的交通更便捷了。

出示《上海市土地利用规划(2017—2035)》,内环、外环、郊环,将上海按土地利用强度分成四个区域:中心城区、主城区、近郊区、远郊区,每个区域内有不同土地利用类型的分布组合,之所以有这种分布组合,是充分考虑到了土地利用效益。

作业一:土地利用的调查。

请对"距学校2千米的地区"进行一次土地利用的实地调查。可以三到五位学生一组,推选一位组长,明确每位学生的分工任务。用观察法记录从学校到2千米地区的土地利用状况。在2千米地区内选三个地点,用访谈法了解当地土地利用的现状及变化,认真做好记录。回校后登录国家基础地理信息中心官网,找到"全球地表覆盖"(GlobeLand30)系统平台,上网搜索、查阅文献,在搜集整理资料的基础上,撰写一份调查报告。

没有调查就没有发言权。通过调查,相信你对土地利用和地租支付状况有了更多认识。

作业二:绘制"房价—距离"衰减曲线。

查询当前各区县在售二手房均价,通过地图搜索引擎测量城市下辖区县政府所在地与市中心之间的距离。

下辖各区/县	区/县1	区/县2	区/县3	区/县4	区/县5	区/县6	区/县7	区/县8
二手房均价(万元/m²)								
区县政府所在地与市中心的距离/km								

˙绘制曲线:按照各区县政府所在地距离市中心远近顺序,绘制"二手房均价"曲线图。

˙观察讨论:观察曲线形态,讨论"房价—距离"衰减现象的原因。

不同的土地利用类型其本质是服务于城乡基本职能,为了实现基本职能,城乡各自有着独特的内部空间结构。在探析城乡内部空间结构之前,先区分一下功能区与土地利用类型的差异,两者又有着怎样的关联？

　　各种经济活动都会选择最适合自己的空间位置，形成不同的土地利用类型。同一种土地利用类型对用地空间和位置需求往往相同，导致同一土地利用类型在空间上高度聚集，形成功能区。最初，工业区内部都是工业用地，但为了节省工人上下班通勤时间、方便工人生活，渐渐在工业区内适当布局居住用地、商业用地，如小型的商店、工人新村等。这样，工业区内就有了不同的土地利用类型，以工业用地为主导，但兼有商业用地和居住用地。

　　1. 同一种土地利用类型对用地空间和位置需求往往相同，导致同一用地类型在空间上的高度聚集，形成功能区。

　　2. 一个功能区内可以有不同的土地利用类型，一般以某种土地利用类型占主导。

　　3. 土地利用类型有明确的界限，可以用观察法；而功能区没有明确界限，大多交错和模糊。

　　4. 土地规划是国家层面上的，但随着功能区的划定，土地利用类型也可以随之置换。

　　5. 城市土地利用是城市功能分区的基础，城市功能分区又影响到城市产业布局。

　　明确功能区的概念之后，让我们深入到城乡空间内部，体验各种功能区的实际功用，在感受不同功能区的空间分布组合魅力的同时，深入挖掘其内部空间结构背后的价值观。

　　出示平遥古城示意图。平遥古城位于山西省中部，始建于周宣王时期，距今已有 2 800 年的历史。古城于 1370 年扩建，迄今仍较好地保留着明清时期县城的基本风貌。

　　读图，请学生们思考三个问题：

　　1. 票号、当铺等古代金融机构主要分布在古城的什么位置？

　　2. 城隍庙与县衙、文庙与武庙、道观与佛寺在空间布局上分别有什么特点?

3. 仔细阅读平遥古城示意图,说出影响平遥古城内部空间结构的因素。

解析:1. 票号、当铺等古代金融机构主要分布在古城的什么位置?

票号、当铺等古代金融机构分布在平遥古城中心。

平遥古城是明清时期的金融中心,金融区成为当时最重要的功能区,设在古城中心。

2. 城隍庙与县衙、文庙与武庙、道观与佛寺在空间布局上分别有什么特点?

在空间布局上,南北为中轴,东西对称。

南北为中轴,东西对称的布局显得均衡、方正、严肃、有序。

3. 阅读平遥古城示意图,说出影响平遥古城空间布局的因素。

平遥古城的内部空间结构受到经济、政治、文化、军事、宗教等多因素的影响。

经济:票号、当铺;

政治:县衙;

宗教:城隍庙、道观、佛寺。

文化:文庙、武庙;

军事:城墙。

平遥古城的内部空间结构,呈现出多种功能区:金融区、行政区、文化区、军事防御区、宗教区,还有广泛的居住区,其影响因素有经济、政治、文化、军事、宗教等。

1997 年,平遥古城被列入《世界遗产名录》,联合国教科文组织赋予高度评价:"中国城市在明清时期的杰出范例,平遥古城保存了其所有特征,而且在中国历史发展中,为人们展示了一幅非同寻常的文化、社会、经济及宗教发展的完整画卷。"

文化内涵:平遥古城空间布局的文化核心,是以儒家思想为主,儒、道、释"三家合一"博大精深的文化体系。中轴对称原则从汉代至今采用了几千年,反映了中国建筑文化的均衡对称、秩序井然的理性精神。古民居中四合院的设计布局在文化内涵上反映了长幼有序、尊卑有别的中国传统礼制观念。

城镇内部空间结构,是不同功能区的分布和组合,也可称为城镇地域结构,是相关社会资源在空间上的高度聚集,并能发挥某种特定的功能,从而实现城镇的经济社会职能。功能区之间既互相联系,又避免互相干扰;既相对独立,又没有明确界限。

1987年巴西利亚被列为世界文化遗产,是世界上唯一一座被列为世界文化遗产的现代化新兴城市。

出示巴西利亚功能区图,巴西利亚坐落于人工湖帕拉诺阿湖的半岛上,在灯火通明的夜晚从空中俯视,巴西利亚宛如一架驶向东方的巨型飞机,象征着巴西是迅速发展中的国家。

飞机"机头"为突出于半岛尖端的三权广场,总统府、最高法院和议会大厦,象征整个国家的神经中枢。

"机身"为一条长8千米、宽250米的东西向大道。

"前舱"是17座对称的政府各部办公大楼、广场和大教堂。

"后舱"是文教区、体育城、电视塔等。

"机尾"是火车站和向南北伸去的铁路,是工业区和印刷出版区。

"机翼"为住宅区,设有托儿所、学校、运动场、影剧院、医院、商场、餐馆等。

"机翼"和"机身"的连接处为中央商业区,设有超级商场、银行、邮电大厦、国家剧院、大饭店等商业服务设施。

生活区之间隔着绿地,四季常青,使人感到虽身处高楼群内,却不乏大自然的情趣。

巴西利亚的城市功能虽然分区严格,但是居住区千篇一律且服务配套设施不足,也给该市居民生活带来了不便。

　　文化内涵：城市中的一切元素都应该与城市的整体设计相吻合，巴西利亚的行政管理区域和居民住宅区域布局对称，同时城中的每个建筑物也都是对称的，特别是政府办公楼，体现了极强的创新精神和丰富的想象力。

　　通过平遥古城和巴西利亚两个案例，展示了城镇的内部空间结构。在一个城镇内部，不同功能区在空间分布上有机组合，每个功能区的空间选择均有其布局理由。

　　观察城镇内部空间结构图，请描绘一下这个城镇的功能区的名称及数量，并解释其空间分布理由。

　　功能区的名称和数量：中心商务区、商业区、居住区、工业区、文化教育区、生态保育区。

　　中心商务区：高度集聚经济、科技、文化的力量，具备金融、贸易、服务、展览、咨询等多种功能。商务区属生产性活动，市政交通与通信条件最完善，人均到达成本最低，位于城镇黄金地段，是一个城镇的地标区域。例如，纽约的曼哈顿、东京的银座、上海的陆家嘴。

　　商业区：属生活性活动，位于城镇的中心地区，交通便捷。商铺林立，人均到达成本低。例如，上海的南京西路、徐家汇、淮海路等。

　　居住区：具备便捷性特点，交通较高效，生态环境良好。如上海各大示范居住区。

　　工业区：为了避免工业可能带来的污染，主要分布在城市外围。近铁路、公路，便于运输；位于下风口、下游区，避免对市区的污染；郊区面积大，地价便宜。例如，上海的宝山钢铁厂、金山石化厂。

　　文化教育区：各类学校、科研单位等文化机构和设施集中分布地区，离市中心较远，交通便利，环境幽静。例如，上海的五角场、松江大学城等。

　　风景区：周围有丰富的旅游资源；远离污染与城市喧嚣；交通便捷。例如，上海的天马山、佘山等。

生态保育园区：生态保育区短期经济效益未必很大，但有利于城市的长期发展、可持续发展，为后代人留下美好环境。例如，上海的崇明岛、滴水湖纽约的中央公园。

各功能区的配套设施要做到疏密分布有度、区块定位明确、功能布局合理。各功能区之间既要保持便利联系，又要避免相互干扰。

功能区的布局既要符合市场经济规律，也需要运用行政手段进行调控，还应考虑到城市景观与形象的需要等众多因素。在诸多因素的综合影响下，城镇功能区的空间组合才达到关系之美、平衡之美。

由于人口规模、产业结构的差异，乡村聚落不同于城镇聚落，乡村空间结构相对简单。

出示乡村内部空间结构示意图。

1. 描绘乡村空间单元的名称及数量，解释其空间分布特点。

2. 除了农业村，还有哪些乡村？

3. 乡村公共空间对于乡村的意义。

解析：1. 描绘乡村空间单元的名称及数量，解释其空间分布特点。

乡村空间单元的名称：田园、聚落。

不同于城镇空间分布的复杂性，乡村空间分布简单，空间单元类型较少。广袤的田园是农民的生产空间；集镇和村庄是农民的生活空间。

2. 除了农业村，还有哪些乡村？

除农业村以外，还有牧业村、林业村、渔业村。

3. 乡村公共空间对于乡村的意义。

农村公共空间是一个社会的有机整体，既是农民从事农业生产、集会、休闲的主要场所，也是农民交往、表达、参与、分享的重要场所，更是乡愁和中国传统文化的空间载体。那些老井、古树、戏台、晒场,都是村民熟识的日常生活公共空间,它提供了乡村的生活意义和乡土尊严。

乡村经济活动比较单一,空间单元类型简单。我们来看两个不同的乡村聚落,荻港村展示出和谐的平面结构,哈尼梯田则展示出多样的立体结构。

出示荻港村平面结构示意图。

最好的江南小镇——荻港村,曾有言:"上有天堂,下有苏杭,中间有荻港。"

在老舍之子舒乙先生发表的作品《最好的江南小镇——荻港村》中,他对这个清幽、古朴、纯粹的古村赞叹不已。

"在著名的江南六小镇之外,我终于又找到一处,也许是更好的。它叫荻港村,在浙江湖州市和孚镇,位于浙江北部的最西边,差一点就到安徽省了。说'更好',是因为荻港村更古朴、更完美、更幽雅、原汁原味,实属难得。据说,全浙江目前仅剩 25 座古村。我看过其中三四个,说实话,感觉都不如荻港村好。荻港村是个绝版。"

在村内,绿桑成荫、鱼塘连片、水路如织、廊屋逶迤,构成了水乡古镇的独特景观。千百年来,这里的劳动人民发明和发展了"塘基上种桑、桑叶喂蚕、蚕沙养鱼、鱼粪肥塘、塘泥雍桑"的桑基鱼塘生态模式。

1992 年荻港村被联合国教科文组织誉为"世间少有美景·良性循环典范",2017 年 11 月成功入选"全球重要农业文化遗产"。

文化内涵:荻港村是江南千年水乡古村落,河港两岸芦苇丛生,自古有"苕溪渔隐"之称。坐落在杭嘉湖平原上,是典型的江南水乡。河湖交错、水网纵横、小桥流水、古镇小城、田园村舍,如诗如画;古典园林、曲径回廊,魅力无穷;吴侬细语、江南丝竹,别有韵味。

出示哈尼梯田立体结构示意图:山间水沟如玉带、层层梯田似天梯。

哈尼梯田因其"山间水沟如玉带、层层梯田似天梯"人间仙境般的壮丽人文景观,2010年被联合国粮农组织评为"全球重要农业文化遗产",2013年被联合国教科文组织列入《世界遗产名录》。

哈尼乡村有着独特的空间垂直结构:森林在上、村寨居中、梯田在下,水系贯穿其中的聚落景观格局。这种聚落选址形成的土地利用格局非常适宜人居:上山可到森林里获得薪柴、野生食物和药物等,下山便到梯田耕作和收获,客观上形成了负阴抱阳、坐南朝北、靠山临水的特点。

"森林—村寨—梯田—水系"的"四素同构"是合理利用乡村空间的典范。

森林:哈尼人崇拜森林、保护森林,自然生态系统保存良好。村寨上方为原始森林,村寨无寨墙,是用树林作分隔。森林可以吸收蓄积水分,将降水转化为地下水,为村寨与梯田提供了稳定水源。

村寨:哈尼村寨,民居组合高低错落、空间环境变化丰富、景观风貌特色明晰。由于梯田的耕种、维持、灌溉都需要人力劳动,村寨规模受到一定局限,规模太小不足以提供人力,规模太大则梯田不足以提供足够粮食。

梯田:哈尼人依山造田赋予了梯田层次感和韵律感,梯田连绵成片,面积大、地势陡、级数多、海拔高。梯田位于森林和村寨下方,能有效利用森林涵养的山泉水和村寨的生活污水,利于水稻种植的精耕农业。

水系:哈尼人素有"山有多高、水有多高"的传统,在群山间修建庞大的沟渠网络,纵向水渠与河沟从森林区引入村寨和梯田区,引入梯田区的平行水渠构成复杂的灌溉分水系统,引入村寨内的水渠以水井为中心,以50米为服务半径,水井覆盖整个寨村,便于每户居民恰到好处地取水用水。

文化内涵:哈尼梯田绝不是纯粹的风景,而是哈尼人世世代代生活的地方,梯田之美实际上是劳动人民的创造之美、文化传承之美,是哈尼人的智慧之美。"四素同构"系统是一个活系统,是哈尼人变自然生态为农业生态的伟大创造,既实现了人类活动与自然生态的完美结合,也展现了中华民族"天人合一"的思想文化内涵。

无论是江南水乡的荻港村,还是美丽云南的哈尼村落,乡村空间单元虽简单却和谐,既体现了外在的结构美、功用美,又实现了内在的价值美、文化美。

伴随城市化进程的加快,一些传统村落的内部空间结构问题突显:功能布局松散、空间尺度模糊、网络结构薄弱、服务效率不高。

各个乡村应根据自身的自然环境条件、历史条件、经济条件,探索出一套适合自身乡村的规划模式。青山绿水得以保留,产业经济需要兴旺,为村民提供多样的就业岗位,吸引人才回归,共创美好乡村,实现乡村振兴。

作业三:漫步上海

漫步是体验城市首要的空间实践方式。请专门留出一天,漫步上海的街头(范围不宜过大),穿过慢慢隐去的城市景观,留意城市生活中的社会、物质、历史、空间的各种细节,关注细节背后的城市心境和氛围,试着记录并绘制一幅上海城市空间景观横截面图。

无论是漫步在宁静乡村,还是繁华大都市,你都会感觉到,空间资源是有限的。只有合理利用城乡空间资源,才能更有利于建设资源节约、环境友好、社会和谐的宜居家园。

1. 提高资源效益:为城乡提供更加高效集约的生产空间。

城镇发展初期,地域范围狭小,各类功能用地混杂分布,并在中心区域自然集中。随着城镇的发展,工业迅猛发展、服务业不断兴起,城市用地对外不断扩张、城市内部用地不断更新,原位于城镇中心的企业纷纷外迁,原工业用地被置换成商业用地或其他用地,城镇土地资源效益得到提高,城镇内部空间结构也随之发生变化。

伦敦格林威治半岛荒芜的瓦斯制造基地,原来到处是重工业厂,环境污染严重,野生动物灭绝。为了迎接 21 世纪的到来,英国政府决定改荒地为绿色生态的沿河景观,标志性建筑 O2 体育馆拔地而起,O2 体育馆像一座巨型生日"蛋糕",上面还插着 12 根"蜡烛",一到夜晚,"蜡烛""燃起",伴随着动听的音乐声,整座"蛋糕"看起来格外"诱人"。

2. 促进社会和谐:为城乡创造更加和谐共处的生活空间。

城市用地功能的调整,不能完全按照市场机制,有时需借助行政力量,城市中心的老旧居住区,拆迁不是唯一方法,人们有一些固有的居住习惯,不妨进行老房改造。例如,虹口区春阳里石库门住宅的改造,让重回老宅的居民告别了倒马桶和油腻腻的公用厨房,在保留原建筑风貌的前提下,用微更新、渐进式的保护方法,既保留保护了历史文脉,又改善了旧区居民居住条件。春阳里的改造做到了风貌保护与民生实惠之间的平衡,大大提升了当地居民的居住品质,促进了邻里和谐。

3. 优化人居环境:为城乡营造一个鸟语花香、青山绿水的良好生态空间。

乡村的资源本底是大自然环境,要低强度开发,保持其生态本色;而城市要高质量、集约有效地开发,重视生态效益,远见生态效益在未来可持续发展中的重要作用。

崇明区的未来规划,探索从"＋生态"战略到"生态＋"战略的建设。"＋生态"战略即通过划定生态保护红线,提升林、水、湿地等生态资源比重,不断厚植生态基础,在自然生态意义上做到世界级的水准。"生态＋"战略即致力于提升人口活力,培育创新产业体系,提升全域风景品质,在城乡发展、人居品质、资源利用等方面探索生态文明发展新路径,彰显生态价值。

随着城市的扩展,需要为生活在城市中的居民提供开阔的休闲空间。纽约曼哈顿在寸土寸金的正中央建造了 3.4 平方千米的中央公园,中央公园四季皆美,春天嫣红嫩绿、夏天阳光璀璨、秋天枫红似火、冬天银白萧索。中央公园的美丽和开阔吸引了不少市民的集聚,普通市民周末在这里聚会野餐;长跑爱好者在这里运动跑步;艺术爱好者在这里即兴表演;文学爱好者在这里闲坐读书。

合理利用城乡空间,从生产、生活、生态的"三生"空间角度上,建设合理的"三生"空间结构。苏州古城保护和新城建设的双赢,成为了"三生融合"的典范。

每个城市都要有自己的一种韵味、一种美感——苏州的探索与实践。

享有"古城卫士"美誉的苏州人阮仪三深情回忆到:我小时候,门前的河水很清,常常可以见到一簇簇串条鱼在游弋,石河埠踏级上钉着螺蛳,石缝里有小虾伏着,水一动就一躬一躬地窜到水底里去。河水是流动的,从西向东流淌,在河埠头上洗东西,不小心袜子、手绢就会随着水流漂走……

2020年中国城市综合经济竞争力排行榜发布,苏州名列全国第六。

同时苏州也是我国首批24座国家历史文化名城之一,素有"人间天堂"之美誉。

苏州的平江路街区仍保持着唐宋以来"水陆并行、河街相邻"的双棋盘格局,"小桥流水、粉墙黛瓦"就像一群舞蹈家一起翩翩起舞,非常优美,颇有韵味。

苏州是如何平衡历史文化与时代发展的需求?

早在20世纪80年代,苏州就确立了发展思路:"保护古城,发展新区",并通过城市总体规划来引导空间拓展。

古城是文化的沉淀,是最大的、最原生的博物馆,存储着巨量的历史信息,记录着我们祖祖辈辈一步步走过来的所有痕迹,记录着我们的生活、成长,也记录着我们犯过的错、走过的弯路,更重要的是,她记录着我们曾经的思考和智慧结晶,并能够供我们随时去取用,指引我们去面向更新的未来和更大的世界。

传承中国文化：苏州古城应建设成国际高水平的"文化、产业、人居"古城，吴文化核心传承地，园林宅院博览地，国际文化旅游胜地。

保护自然环境：苏州应保护"控湖通达江海、河网纵横交错、湖荡星罗棋布、平原连绵宽广、低山丘陵岛屿相伴"的整体自然环境格局，使自然风景与人文景观相辉映。

发展产业经济：为了呼应时代发展的需求，《苏州市城市总体规划（1996 年版）》中明确提出"古城居中，苏州工业园区、苏州高新区同步发展"。2017 年商务部公布了国家级经济技术开发区综合发展水平考核评价结果，苏州工业园区的表现格外亮眼：综合排名全国第一、科技创新排名全国第一、对外贸易排名全国第一、产业基础排名全国第二。苏州工业园区被誉为"中国改革开放的重要窗口"和"国际合作的成功范例"。

作业四："2035 城乡空间规划创意设计大赛"方案的征集

2017 年 12 月上海市政府明确提出《上海市城市总体规划（2017—2035 年）》，未来的上海将成为卓越的全球城市，国际经济、金融、贸易、航运、科创中心，令人向往的创新之城、人文之城和生态之城。借此契机，上海城市规划局将举办"2035 城乡空间创意规划及设计大赛"，分设三个组别："摩登城区""特色小镇""美丽乡村"。设计方案的总体要求：生产空间集约高效、生活空间宜居适度、生态空间绿树水秀。请学生们积极组队，踊跃参赛。

一、总体要求：

生产空间集约高效、生活空间宜居适度、生态空间山清水秀。

二、具体要求：

1. 城、镇、乡的职能定位。

2. 功能区（空间单元）的数量和名称。

3. 各功能区（空间单元）的空间分布与组合。

4. 每个功能区（空间单元）的位置、用地面积占比、外形特征。

5. 每个功能区(空间单元)内部土地利用类型的空间分布与组合。

6. 配置交通工具、商业网点、娱乐等设施。

三、各组别的背景资料：

美丽乡村：总面积 4 平方千米,农业用地面积不少于 80%,人口 3 000 人。

特色小镇：总面积 50 平方千米,古镇面积不少于 0.1%。总人口 8 万。

摩登城区：总面积 20 平方千米,生态保育面积不少于 10%,人口 60 万。

四、组内分工：项目组组长,发言人(总设计师),方案撰稿人,平面图设计师,效果图设计师,协调员。

城市和乡村是人类聚集的两种不同聚落,乡村聚落以农业环境为背景,城镇聚落以人口、建筑度密集为背景,由于自然条件、社会经济条件的差异,乡村和城镇不仅有着各自独特的土地利用方式,更有着迥然不同的内部空间结构及其背后深厚的价值观和文化观念。人类追求理想环境的脚步从没有停止过,城镇和乡村空间发展的最佳平衡点,就是将城、乡整合成相互联系、相互依存的有机统一体,既不能封闭起来发展乡村,也不能指望城市高度发展后再来发展乡村,只有城乡同步发展、一体发展、互通有无,加强物质文化、精神文化、经济发展的流通,才能相互支撑达到优化的城乡一体化格局。具体而言,城市用地配置,工业用地比例不宜过高,让城市漂亮起来,保留山体水体,尽量把"水泥森林"变成"海绵城市",保护城市的蓝天碧水,想办法让城市"变聪明""变智慧",让城市成为安居乐业的花园城市。乡村用地配置,要切实保护好农业用地,牢记土地是财富之母、劳动是财富之父。加快建设现代农业产业园和特色农产品优势区,保持其生态本色,让农业成为有奔头的产业,让农民成为有吸引力的职业,让农村成为安居乐业的美丽乡村。

学生们,让我们为建设安居乐业的花园城市、美丽乡村贡献一份智慧吧。

(二)教学思考

1. 教学立意

"城乡空间"是中图版《普通高中教科书　地理　必修　第二册》第二单元主题四的主题,城镇和乡村是两类不同的人类栖息空间。本单元安排三个课时,课时一"城乡空间";课时二"城乡景观和地域文化";课时三"城镇化"。"城乡空间"是本单元的第一课时,学生在学习本章内容之前,已完成了第一单元"人口"(人口分布、人口迁移、人口合理容量)的学习,由于人口规模和产业结构的差异,相对乡村内部空间结构的简单性,城镇的内部空间结构显示出更多的复杂性。

根据课标对"城乡空间"的内容要求:对城镇功能区(乡村空间单元)空间分布的位置关系、空间形态、空间排列方式、空间制约关系及依存关系进行深入剖析。本节课的知识核心为城乡内部空间结构的布局与设计,重点培养学生地理实践力和人地协调观的地理核心素养。

空间结构是城乡空间的本质属性,本节课以和谐美为线索组织和设计教学环节。学生虽生活于城市空间,但对城市内部空间结构实则是模糊的,对乡村空间更是陌生的,因此本堂课尝试用情景法、建模法、教具呈现法,特别强调地理实践力,让学生在方案设计中认识城乡内部空间结构。课堂以方案设计为抓手,学生通过两个课堂活动"'城乡土地利用同心环结构'的建模和分析"和"'2035 城乡空间创意规划及设计大赛'的方案设计",充分调动空间想象、数学建模、绘制结构图、合作学习等能力,切实培养地理实践力。

2. 学情分析

"城乡空间"一课知识结构复杂,且涉及地理、经济、社会、历史、生态、美学等跨学科内容,对学生文科综合素养提出较高要求。为了培养地理实践力素养,课堂内安排了同心环结构的建模、城镇乡空间结构方案的设计,课后安排实践考察活动,因此本节课除了要求学生拥有良好的地理学习能力外,还希望学生具备较好的地理、经济、社会、历史、生态、美学等学科基础。

本节课的授课对象为上海中学高一年级的学生,上中学生是经过选拔的资优生,基础知识扎实、学习动机强烈、综合思维能力强,有利于本节课教学目标的达成。

3. 教学目标

(1) 区域认知

运用"城乡土地利用同心环结构"原理,以《上海市土地利用规划(2017—2035)》为例,分析上海市中心城区、近郊区、远郊区三个不同区域的用地类型在空间布局上的特点;运用城镇内部空间结构图和乡村内部空间结构景观图,认识城镇乡各个功能区(空间单元)在空间布局上的特点。

(2) 综合思维

通过对"摩登城区""特色小镇""美丽乡村"方案的设计,理解经济、文化、社会、历史、政治、技术等综合因素对城乡空间结构的影响及意义。

(3) 地理实践力

通过城乡土地利用的调查活动,了解上海的土地利用现状和变化状况;通过"2035 城乡空间规划创意设计大赛"方案的设计,理解城乡内部空间结构的意义。

(4) 人地协调观

"特色小镇""美丽乡村"方案的设计,理解城镇乡空间的布局规划和集约利用需要符合城镇经济增长、生态文明建设、社会人文和谐等多因素相互协调的可持续发展理念,进而认识到中华民族"天人合一"的思想文化内涵。

4. 内容结构(框架)

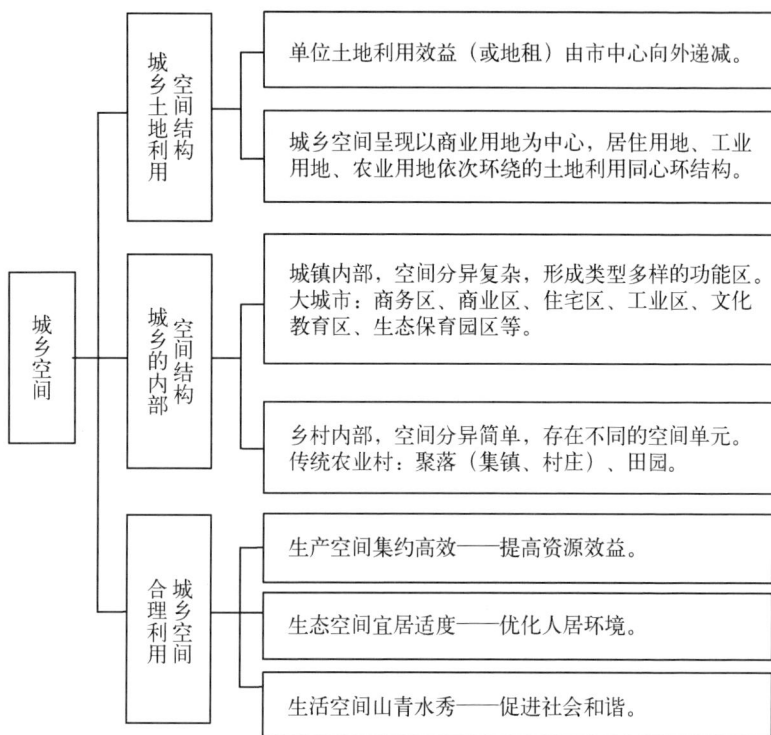

城乡空间 → 城乡土地利用 → 空间结构

- 单位土地利用效益（或地租）由市中心向外递减。
- 城乡空间呈现以商业用地为中心，居住用地、工业用地、农业用地依次环绕的土地利用同心环结构。

城乡空间 → 城乡的内部 → 空间结构

- 城镇内部，空间分异复杂，形成类型多样的功能区。大城市：商务区、商业区、住宅区、工业区、文化教育区、生态保育园区等。
- 乡村内部，空间分异简单，存在不同的空间单元。传统农业村：聚落（集镇、村庄）、田园。

城乡空间 → 合理利用城乡空间

- 生产空间集约高效——提高资源效益。
- 生态空间宜居适度——优化人居环境。
- 生活空间山青水秀——促进社会和谐。

图 4

5. 要点诠释

城乡土地利用同心环结构图的解析基础。城乡土地利用同心环结构图是课本"城乡土地利用的空间结构"的关键示意图。明确以下三点将有助于相关教学的开展。

（1）明确城乡土地利用同心环结构图是一种抽象模式图。"同心环结构"理论是伯吉斯在 1923 年以芝加哥城为研究对象提出的，该理论有一些基本假设：工业化初中期,平原地区,城市在圆形的几何形状上展开,以距离市中心远近为主要考虑因素。课本对伯吉斯理论略有扩展,"城市"改为"城乡",农业用地由城市郊区农业用地扩展为城郊和乡村共同延展的农业用地。

（2）区分"土地利用效益"和"地租"两个概念的差异,理解地租曲线的空间变化。"土地利用效益"指有限土地内可能生产的产品和服务的价值。"地租"指土地所有者依靠土地所有权而取得的收入。地租是土地利用效益的正向指标,受距离市中心远近因素的影响,地租由市中心向外线性递减。由于不同用地类型单位土地利用效益的不同,地租曲线递减率也各不相同,商业用地最大,居住用地次之,工业用地再次,农业用地最小。

（3）理解城乡土地利用空间结构的内涵。土地利用空间结构是一种空间分布形式,呈现出各种用地类型在空间位置、空间关系（制约或依存）、空间形态、空间排列的分布组合。用地类型空间分布结构因单位土地利用效益（或地租）、位置需求、占地面积等因素的影响,城乡空间呈现以商业用地为中心,居住用地、工业用地、农业用地依次环绕的土地利用同心环结构。商业用地:单位土地利用效益最大,用地面积最小,靠近市中心,人均到达成本最低,人流集中。居住用地:单位土地利用效益较大,用地面积较大,既靠近商业用地又靠近工业用地。工业用地:单位土地利用效益较低,占地面积大,分布在城市外围,靠近居住用地。农业用地:单位土地利用效益较最低,占地面积最大,分布在广阔的外围空间。

如何理解"三区融合、联动发展"的新格局?

"三区融合、联动发展",既是课本"城乡的内部空间结构"的关键示意图,也是课本"合理利用城乡空间"中"三生融合"的示范区,更是上海市政府倡导"十五分钟生活圈"理念的样板区。

理解合理利用城乡空间的重要性。城乡空间资源是有限的,存在着供需矛盾和合理配置问题,为了建设美好的宜居家园,尽量做到"资源节约、环境友好、社会和谐"。城乡空间资源的利用受多种因素主导。从经济学角度,由于城市空间规模扩张、产业结构升级,考虑到地租支付能力,用地类型必须适时调整。从生态学角度,要积极建设优化的人居环境,农村保持其生态本色,较低强度开发乡村空间;城市应提升生态水平,高质量开发城市空间。从社会学角度,城乡空间开发要为各类人群提供良好的生活环境,减少社会矛盾,借助行政力量,创造一个更加和谐的社会环境。

理解"三生融合、联动发展"的理念。城乡空间是由生产、生态、生活三个空间组合而成的,每个空间均有其发展目标:生产空间集约高效、生活空间宜居适度、生态空间山清水秀。生产、生态、生活三个空间不能分隔,而是在发展生产的同时做到绿色发展、和谐发展。上海紫竹科学园区是国家高新技术重点产业区,上海交通大学助力发展,将高等院校与自主创新、区域经济发展、社区发展、城市规划融合在一起。三区目前达成一个共识:服务高校就是服务社区,发展高校就是发展园区。上海紫竹科学园区不仅成为生产、生活、生态"三生融合"的示范区,也成为上海市政府倡导的"十五分钟生活圈"的样板区。

执笔人:上海市上海中学调研与评估委员会主任章健华

【专家点评要点】

该节课注重师生互动。一开始播放的新场古镇的录像就像是一个故事的铺张,新场古镇是一个展示同心环结构的真实故事。章老师的讲课,语言优美、饱满热情,我也被深深地感染到了。地理学不能只有"地"而没有"理",要讲道理、讲逻辑。比如在讲地租曲线的时候,一定要把地租曲线背后的经济学规律讲清楚。地理学一定要看到空间现象背后的规律,让学生不仅知其然,还要知其所以然。章老师还努力培养学生的批判性思维,同心环原理与现实情况不一样,要让学生提出问题,激发他们去思考。章老师还努力培养学生的创造性思维,让学生自己去设计理想中的"摩登城市""特色小镇""美丽乡村"。

该节课注重知行合一,地理学的四大学科素养也得到很好体现。人地协调,章老师用了上海紫竹科学园区的"三生融合"案例。综合思维,章老师用了 PEST 理论去整合分析。区位认知,章老师将课件分成三类:城市、小镇、乡村,让学生获得了丰富的区位认知,自己去设计,发展了学生的动手能力,实践能力。

该节课注重"立德树人"、全面育人、五育并行。习近平总书记到福州考察时提出"城市建设必须把让人民宜居安居放在首位",章老师关心时事,把习总书记的话用在了城乡空间设计上,提出让学生做一名具有高度审美的城乡空间设计师(理性的经济人、务实的功用主义者、有人文关怀的理想主义者),美的教育在课堂中慢慢浸透。城乡空间的设计需要团队合作,每个孩子各司其职,每个人都有存在的价值,每个孩子都能体会到团队的力量。

华东师范大学教授李山

"双新"意味着将会有新的课程体系、新的教材,师生将共同面临新的知识体系,有很多的知识点、图表我们都不太熟悉,教师要去勇敢地面对新的挑战,尤其是地理核心素养培养的落实。新的概念不断出现,需要教师理解,比如:单元、情景、实践活动、项目学习,都是核心素养背景下的"双新"实施,需要学校教研团队的力量。章老师是一位老教师,但她始终保持学习的状态,看了大量课外资料来充实自己,才会呈现出今天这么一堂精彩的课。跨界联合很重要,章老师在备课过程中,请教了几位华师大的教授,这些大学教授的学科功底拓展了章老师的眼界,让教学有了应有的样子。听到章老师要上这堂课的时候,我很感动,章老师过几年就要退休了,还勇于挑起这份担子,不仅挑起担子,还为教研组起到了极好的示范。"双新"教改,需要老教师走在前面来凝聚团队,上海中学地理教研组一直是学习型的、有教研文化的团队。

上海市教育委员会教学研究室地理教研员裘腋成

二、"玩泥识土——土壤" 教学设计与教学思考

执教人：王莺老师	新课程、新教材内容	中图版《普通高中教科书 地理 必修第一册》第四单元"陆地环境"主题十一"土壤与植被"的相关内容。此教材2020年出版，教学内容为第105～110页。
教学课时：第1课时	教学时间：2020年11月27日	教学对象：高一学生

（一）教学设计

【教学目标】

1. 通过参与课前"校园土壤采样"活动，亲身观察、感知真实土壤，激发学生的学习探究兴趣，培养学生的野外考察和标本采集的实践能力。

2. 通过操作"土壤成分分析"实验和"土壤性质比较"实验，理解土壤物质组成和结构特征对于供应和协调植物生长发育所需的养分、空气、水和热量（土壤肥力）的意义，感受亲身认知过程、锻炼动手实践能力、培养团队合作意识、体验科学探究乐趣。

3. 利用"土壤的形成过程"微视频和示意图，追溯土壤成分的来源，分析土壤形成的因素，培养逻辑思维能力；通过案例分析"东北黑土为什么能够成为'土中之王'"，理解成土因素对于东北黑土肥力优渥的影响，加强区域认知、锻炼综合思维、强化人地协调观。

【教学重点】

土壤成分分析、土壤的主要形成因素、土壤质地比较。

【教学难点】

土壤的主要形成因素、土壤肥力的意义。

【教学过程】

教学环节	教学内容	情景问题	师 生 活 动	设计意图
课前活动	校园土壤采样	你玩过泥、挖过土吗?你知道怎样采集土壤样本吗?	教师指导学生按照"课前预习活动单"要求,以小组为单位,提前一天完成校园土壤采样,为次日课堂实验准备新鲜的土壤样本。	具身观察、感知土壤,培养学生野外观察和标本采集的实践力,激发探究兴趣。
导入	引出学习主题	并州种不好蒜的原因可能是什么?并州的土为什么种不好蒜?	1. 教师出示《齐民要术·种蒜》节选,学生推测并州种不好大蒜的原因,思考不同土壤差异所在。 2. 教师播放李克强总理河南考察新闻,学生观察总理研究土壤的方法。	1. 问题导入引发学生思考,开门见山引出本节课学习主题,预热课堂。 2. 引导学生关注地理实践力。
正课	土壤概念	什么是土壤?	教师出示汉字"土"的演化历程,引发学生思考后概括土壤定义。	引导学生由表及里思考土壤的定义。
正课	土壤成分	土壤里有哪些成分使其具有肥力?	1. 学生利用前一日采样的校园土壤样本,根据"课堂学习活动单——学生实验一"要求,以活动小组为单位,完成"土壤成分分析实验"。 2. 师生交流实验现象和实验结论,总结土壤的成分(矿物质、有机质、水分和空气)及体积比重。	指导学生通过实验操作,具身认知土壤的物质组成,培养学生敢于动手、善于观察、乐于思考的学习品质,锻炼地理实践力素养。

（续表）

教学环节	教学内容	情景问题	师 生 活 动	设计意图
正课	土壤的主要形成因素	土壤的这些成分从哪里来？土壤的形成主要受到哪些因素影响？	1. 学生观看微视频并利用"土壤的形成过程"示意图，以活动小组为单位，结合土壤成分推演土壤的形成过程，总结影响土壤形成的主要因素（成土母质、气候、生物、地貌、时间等）。 2. 案例分析"东北黑土为什么能够成为'土中之王'"，综合理解成土因素对于东北黑土腐殖质富集的影响。	1. 将土壤成分、成土过程和成土因素三者建立时空关联，培养学生读图分析能力和逻辑思维能力。 2. 结合具体案例，提高学生知识运用能力，加强区域认知，锻炼综合思维，强化人地协调观。
正课	土壤的性质	土壤肥力中的协调作用如何实现？	1. 学生利用老师提供的三包不同种植土，根据"课堂学习活动单：学生实验二"的要求，以活动小组为单位，完成"土壤性质比较实验"，鉴别土壤质地，为红薯、莲藕、甜菜种子匹配合适的种植土。 2. 理解土壤结构对于其协调水肥气热关系的重要性，全面认知土壤肥力的意义。	1. 创设情境，通过鉴别质地挑选种子，体会学以致用的乐趣。 2. 理解土壤肥力的意义不仅在于提供水肥气热，还在于对这些要素的协调作用，完善对土壤的科学认知。
小结	土壤知识结构框图		教师通过板书，一边梳理完善"土壤的形成过程及影响因素"框图，一边总结回顾本节课的知识逻辑结构。	强调肥力是土壤的本质属性，总结成土因素对土壤肥力的影响，落实课标要求。

（续表）

教学环节	教学内容	情景问题	师生活动	设计意图
课后作业	实验设计	你想知道我们脚下的本地土壤的肥力吗?	鼓励学生课后以活动小组为单位,设计一个便于操作的土壤实验,从养分和结构两个层面测定校园土壤的肥力状况。	1. 补充设计环节,完善实验技能。 2. 回归生活,落实地理实践力。
尾声	播种种子	学生们帮种子找到了合适的土壤,栽种下去就能坐等来年收获吗?	鼓励学生利用种植土播种相应种子,观察并记录种子的生长情况,思考土壤之外影响植物生长的环境因素。	为本单元后面"植被"的学习预埋伏笔。

（二）教学思考

"土壤"一课是本人于 2020 年 11 月 27 日赴苏州中学参加苏沪地理名师新课程新教材研讨会,代表第四期"双名工程"郭迎霞基地开设的一堂"双新"背景下的省际交流研讨课,有幸与苏州中学的陈彬老师就同一主题同课异构,互相学习、互相切磋。

1. 尝试具身实验教学,践行"地理实践力"

新课标明确将"地理实践力"纳入地理学科核心素养,要求"学生能够运用所学知识和地理工具,在室内、野外和社会的真实环境下,通过考察、实验、调查等方式获取地理信息,探索和尝试解决实际问题,具备活动策划、实施等行动能力"。

土壤对于学生来说是既熟悉又陌生的地理事物,熟悉是因为土壤就在身边随处可见,陌生是因为城市的孩子对土壤往往缺乏直接接触。因此本节课在教学设计时尝试了基地主持人郭老师倡导的具身教学法,通过课堂实验设计,让学生在玩泥过程中识土,在识土过程中思辨,从而切实培养学生的"地理实践力"。课前,设计预习活动——指导学生通过校园土壤采样亲密接触,具身体验身边的土壤,激发探究热情;课中,以实验为抓手——引导学生通过参与两个课堂实验"土壤成分分析实验"和"土壤性质比较实验",充分调动视觉、嗅觉、触觉等多项感官实物具身认知、分析土壤,手脑并用、身心一体,体验科学求知的乐趣,锻炼地理实践能力;课后,布置实验设计——鼓励学生自行设计实验测定校园土壤肥力,实境具身学以致用,完备实验技能。

相比理化生等实验学科,高中地理实验教学尚处于摸索阶段,无论是理论体系还是物资保障都尚不成熟。与传统的讲授教学不同,实验教学因其操作过程的不确定性对教师的课堂应变能力提出了更高要求。虽然正式开课时教学环节还算顺利流畅,实验效果基本符合预期,但其背后却是无数次推翻重来、反复推敲的磨砺。由于缺乏经验,本人在试讲过程中问题百出,多次因水土比例设定不当、步骤描述不够具体、时间控制不够准确等各类问题导致现场难以获得预期的实验结果。因此实验教学需要教师花费更多的时间准备和调试,但从学生课堂参与的活跃度与课后恋恋不舍的神情中,教师可以清晰感受到学生喜欢这样充满挑战与实践的活力地理课堂,作为教师也甘之如饴。

2. 创设情景问题导向,体现"三高"教学特色

新课程积极倡导的问题式教学是一种以问题为导向的教学模式,通过提出问题激发学生探究欲望,通过思考问题点燃学生思维火花,通过解决问题引导学生学以致用。问题式教学和上海中学历来倡导的"高立意""高思辨""高互动"的"三高"教学理念不谋而合,有利于挖掘学科思想、激活课堂活力,提高教学效能。

问题式教学要关注情境载体的选择或创设,良好的情境有利于问题链的埋设和任务群的构建。考虑到现实生活中学生对农作物生长所需不同土壤的认知盲区,本节课以"帮种子宝宝匹配合适的土壤"为情景问题展开教学,精选了红薯、莲藕、甜菜三种有着不同土壤需求的常见农作物为种植对象,以"种子为什么要种在土壤里?""土壤能够为种子提供什么?""不同的种子为何要选择不同的土壤?""不同的土壤又不同在哪里?""不同地域的土壤为什么各不相同?"等一系列问题为线索,由表及里、层层递进组织教学,引导学生理解土壤成分、土壤性质以及成土因素等学科知识,激发学生的地理探究热情,解决实际生活问题。

　　情景问题是本堂课的明线,而土壤的本质属性"肥力"则是串联起各个教学环节的暗线。通过分析土壤的成分知道土壤为什么具备肥力,通过解释土壤的形成过程明确土壤的形成因素,追溯土壤肥力的来源,通过鉴别土壤质地进一步理解土壤肥力不仅在于提供植物生长发育所需的养分、空气、水和热量,还在于利用矿物质颗粒团聚后形成的土壤结构协调水肥气热的关系,从而使学生更全面辩证地理解和评价土壤肥力。

　　总之,"土壤"是本人在"双新"实施背景下首次尝试采用具身实验教学法培养学生"地理实践力"素养的一节公开课。高中地理新教材在多个主题学习中增设了实验专栏,实验教学是验证和再现知识规律的一种教学方法,有利于培养学生的自主学习能力和科学探究精神,和上海中学的"三高"教学理念高度契合,本人也有志于在今后的教学工作中继续尝试和研究。

执笔人:上海市上海中学地理教研组长王莺

【专家点评要点】

　　王老师执教的"土壤"一课是新教材中图版《普通高中教科书地理　必修　第一册》第四单元主题十一"土壤与植被"的第一课时教学内容,本部分知识综合性强,学习内容与学生生活较远,土壤形成过程复杂,难以观察想象,对学生认知能力要求高,教学难度大。王莺老师的教学设计创设了真实的学习情境,借助从黑龙江三江平原挖来新鲜的黑土,通过设计"玩泥识土"的系列具身实验,引导学生以切实体验明确了"什么是土壤?""土壤里有什么?""土壤是如何形成的?"三个层层递进、环环相扣的重难点问题。王老师的设计从具身学习理论出发,符合学生的认知规律和学科逻辑,立足地理实践力和综合思维素养的养成,突出以人为本的教育,创设了理想的学习场域和教学生态,完成了对学生身体、学习环境的交互精细加工,施展了学生身体的能动性,使教学在思维的活动、意义的建构、真实的探索、实践应用等层面深度发生,很好地完成了教学目标。

　　同时,作为资深教师,王老师在课堂中思路清晰、重难点突出、知识挖掘深入、思维训练得法,能关注学生状态并适时调整教学,课堂互动和生成深入广泛,充分体现了王老师高超的教学智慧和教育素养。

　　　　地理特级教师、上海市第四期"双名工程"基地主持人郭迎霞

音乐学科
"双新"教学课例

一、"地域特色与民族风格"教学设计与教学思考

执教人：桂梦楠老师	新课程、新教材内容	沪教版教材《普通高中教科书　艺术　必修1　艺术与生活》《普通高中教科书　艺术　必修2　艺术与文化》综合探究"地域特色与民族风格"的相关内容。此教材2021年出版。
教学课时：第1—3课时	教学时间：2021年12月16日	教学对象：高一年级

（一）教学单元概述

本单元设计从艺术与文化、艺术与生活以及培育艺术学科核心素养的角度，对不同地域特色与民族风格的艺术作品进行学习。掌握相关的艺术语言，理解艺术的形象塑造和情感表达方式，提高艺术感知能力，引发情感共鸣；了解、尊重中国和世界艺术的多样性，达到一定深度和广度的文化理解，增强人文底蕴；感受中国不同区域民族文化的艺术情趣，理解艺术表现人文情怀的方式，提高艺术欣赏品位和人格修养；学生能够对中国艺术精神有所感悟，增强文化认同和文化自信，促进跨文化交流，通过对世界艺术的学习，学生能够对世界文化艺术有所理解，尊重世界文明多样性，分享世界各民族艺术，加深国际理解。

（二）学情分析

上海市高中年级的学生在前期艺术领域的学习中,对表现地域特色和民族风格的艺术作品有一定的鉴赏经历,在艺术实践能力方面,乐于向其他学生分享自己的感受和创意,为本单元的学习活动和单元作业的完成提供了较好的保证。但学生对艺术作品的赏析角度较单一,对作品中蕴含的地域特色和民族风格缺乏从文化艺术角度的深度去理解和挖掘,需有所加强。因此从这些角度引入,通过各种形式的艺术实践活动,提高表现与创造能力,深入了解、尊重中国和世界艺术的多样性,达到一定深度和广度的文化理解,提高艺术欣赏品味,拉近艺术与生活、艺术与文化的距离。

（三）教学设计

第一课时　乐舞风情①——海上渔波
【教学目标】

1. 赏析舞剧《永不消逝的电波》片段,哼唱歌曲《渔光曲》,感受作品中蕴含的民族地域风格,及其艺术作品中表达的情感和思想。

2. 模仿作品中的舞蹈动作,运用舞蹈表演艺术手段,表达上海地方文化的理解。

3. 在欣赏、哼唱、舞蹈模仿等艺术活动中,通过调动视觉、听觉、动觉等,感知艺术作品《渔光曲》中所表现的地域特色与民族风格的美感和意蕴。

4. 主动参与欣赏、哼唱、舞蹈模仿等艺术活动,认识地域文化的多元性,提升文化自信。

【教学重难点】

（一）教学重点

了解民族与地域的艺术作品的主要风格特点。

（二）教学难点

在哼唱、舞蹈表演中体现海派民族地域风格特点。

【教学过程】

表1

学习内容	教学活动	学习活动	设计意图
导入	播放舞剧《永不消逝的电波》片段集锦，介绍舞剧背景。	观赏片段，说一说这个舞剧表现了怎样的故事，了解舞剧背景。	1. 引导学生了解舞剧作品背景，提问作品中是如何呈现出解放前上海城市特色与风土人情，导入课题。 2. 引发学生对作品的关注与思考，为教学重点做铺垫。
欣赏舞剧《永不消逝的电波》片段	1. 播放舞剧中表现上海早晨的片段。 2. 播放舞剧第二幕《渔光曲》舞蹈片段。 3. 教师示范并讲解《渔光曲》中生活化的舞蹈动作。 4. 学生随老师模仿简单的生活化舞蹈动作，感受舞蹈中烟火气。	1. 观赏片段，从舞蹈、音乐、场景设计、演员造型等方面，分组讨论片段中呈现的上海弄堂早晨的景象。 2. 观赏片段，交流片段中是如何呈现上海弄堂里的女子们晨起后真实的生活形象。 3. 在教师的讲解下，理解舞蹈所表现的上海女人特点。 4. 模仿舞蹈动作，跟随音乐，感受其特点。	1. 落实教学重点的学习，引导学生了解片段中舞蹈从平淡的生活细节入手，呈现解放前上海的城市特色与风土人情。 2. 落实教学难点的学习，通过舞蹈模仿活动，切身感受朴素、细腻、优雅的上海女子特质。

（续表）

学习内容	教学活动	学习活动	设计意图
欣赏歌曲《渔光曲》	1. 播放《渔光曲》舞蹈音乐,介绍音乐出处及背景。 2. 哼唱《渔光曲》歌曲,感受其特点。 3. 舒缓的音乐与舞剧中激烈的剧情走向形成强烈对比,感受作品表达的情感思想。	1. 聆听《渔光曲》音频片段,了解音乐背景,说一说音乐给你怎样的感受。 2. 学习并哼唱《渔光曲》歌曲,感受其舒缓的节奏和流畅的旋律等特点。 3. 感受作品所表达的情感与思想。	1. 继续深入教学重点与难点的学习,通过聆听、哼唱《渔光曲》,感受其音乐特点,知道《渔光曲》是上一辈上海人的记忆,是舞剧中的灵魂旋律。 2. 了解音乐与舞剧中跌宕起伏的剧情形成强烈对比,衬出地下革命者为保护人们的平静生活正在进行浴血奋战。
拓展:欣赏春晚《晨光曲》片段	播放春晚《晨光曲》片段。	观赏片段,与舞剧《渔光曲》舞蹈片段对比,说一说哪些艺术元素发生了变化?上海的味道有哪些改变?	引导学生了解《晨光曲》与《渔光曲》中所呈现出不同时期上海的地域文化特点。《晨光曲》呈现出了现在的上海味道,彰显上海地域文化特色。
课堂小结	教师语言小结。		

第二课时　乐舞风情②——异韵华风

【教学目标】

1. 赏析《胡桃夹子》中的西班牙、阿拉伯、中国等性格舞片段,感受作品中蕴含的民族地域风格,及其艺术作品中表达的情感和思想。

2. 模仿作品中典型的舞蹈动作,尝试从音乐、舞蹈等角度结合地域特色分析作品;学会观察生活。

3. 在欣赏、舞蹈、模仿等艺术活动中,通过调动视觉、听觉、动觉等,感知异域风情中所蕴含的美感和意蕴。

4. 主动参与欣赏、舞蹈模仿等艺术活动,认识世界文化的多元性。

【教学重难点】

(一)教学重点

感受作品中蕴含的民族地域风格。

(二)教学难点

在舞蹈表演中体会民族地域风情。

【教学过程】

表2

学习内容	教学活动	学习活动	设计意图
导入	1. 提问:提起俄罗斯,你会想到哪一种艺术形式呢? 2. 引出柴科夫斯基的芭蕾舞剧《胡桃夹子》,介绍作品背景,引出性格舞。	1. 知道俄罗斯音乐家柴科夫斯基的芭蕾舞剧三部曲《天鹅湖》《睡美人》《胡桃夹子》。 2. 了解芭蕾舞剧《胡桃夹子》的作品背景,知道性格舞的含义。	提问导入,从芭蕾舞这一艺术形式,引出俄罗斯音乐家柴科夫斯基创作的芭蕾舞剧代表作之一《胡桃夹子》,舞剧中所呈现的各国性格舞,充分展现各国、各民族的地域特色。
欣赏《胡桃夹子》中的西班牙性格舞片段	1. 播放《西班牙舞》片段,简单介绍西班牙地理背景。 2. 教师表演慢板西班牙舞,并分析舞蹈中所蕴含的地域民族性格特点,带领学生模仿舞蹈动作、体验舞蹈特点。	1. 观赏片段,交流这是来自哪个地域的舞蹈,了解西班牙地理背景。 2. 欣赏教师表演,了解西班牙舞蹈中的体态、手位、眼神、服装等等所蕴含的地域特色及民	1. 落实教学难点的学习,引导学生在模仿与体验的活动中,感受西班牙性格舞片段呈现的浓浓地域特色与民族风情。 2. 进一步落实教学重点学习,引导学

（续表）

学习内容	教学活动	学习活动	设计意图
	3. 播放《西班牙舞》配乐，介绍西班牙民间打击乐器——响板。 4. 教师带领学生，乐舞表演西班牙舞。	族性格特点，并随老师模仿与体验西班牙舞蹈动作。 3. 聆听音乐，知道西班牙民间打击乐器响板，并把响板节奏记录下来，手拍节奏。 4. 在老师带领下，随不同音乐，分两组，一组学生手拍响板节奏，一组学生舞蹈，完成。	生了解西班牙舞蹈中除了快板还有慢板，除节奏不同，舞蹈风格特点是一致的，模仿西班牙舞蹈。 3. 了解地域特色与艺术风格是密不可分的。
欣赏《胡桃夹子》中阿拉伯性格舞片段	1. 展示阿拉伯舞图片，简单介绍阿拉伯地域背景及特色风貌特征。 2. 播放《阿拉伯舞》片段，分析作品中的音乐、舞蹈所蕴含的阿拉伯风格特点。	1. 观察图片，交流它是哪个地域的表演，了解阿拉伯的地域风貌特征。 2. 观赏视频，交流作品中的音乐与舞蹈所蕴含的阿拉伯风格特点。	1. 落实教学重点的学习，引导学生了解作品中的服装、音乐、舞蹈与阿拉伯的风土人情、特色风貌都是密不可分的。 2. 感受作品中蕴含的阿拉伯风格特点。
创意与表达： 1. 欣赏《胡桃夹子》中的中国性格舞片段	1. 播放《中国茶舞》片段。 思考：如果你是编导，从音乐、舞蹈、舞美角度对这段中国性格舞进行改编，你会选取哪些中国元素来表现中国特色？ 2. 观看其中两组学生的作业。	1. 观赏视频，交流作品中呈现的中国特色，对课堂问题进行小组讨论交流，为这段中国性格舞选取中国元素，凸显中国特色。 2. 学习与分享其中两组学生作业，进行交流。	1. 引导学生尝试为这段中国性格舞选取代表性中国元素。 2. 了解同一个作品因编导不同，角度不同，所编排的舞蹈也完全不同。 3. 不断开阔眼界，提升多元文化认知。

（续表）

学习内容	教学活动	学习活动	设计意图
课堂小结	教师语言小结。		
艺术实践活动布置	1. 欣赏作品《糖葫芦舞》片段。 2. 提出作业要求。	1. 观赏作品《糖葫芦舞》。 2. 结合课堂所学，从音乐、舞蹈、舞美等角度分析作品中所蕴含的中国地域特色。	引导学生分析作品中呈现的地域特色与民族风格，理解作品所表达的情感与思想。

第三课时　乐舞风情③——多彩之花

【教学目标】

1. 赏析"美丽新疆"艺术彩车，感受作品中蕴含的民族地域风格，及其艺术作品中表达的情感和思想。

2. 学会观察生活，搜集和提炼能够表现云南、内蒙古等相关地域特色的艺术素材，运用歌舞表演等艺术手段，制作"中国彩车展"主题方案设计。

3. 在欣赏、舞蹈模仿、舞蹈编创等艺术活动中，通过调动视觉、听觉、动觉等，感知彩车艺术。通过动态表演，表现不同地域特色与民族风格的美感。

4. 主动参与欣赏、舞蹈模仿、舞蹈编创等艺术活动，认识地域文化的多元性，提升文化自信。

【教学重难点】

（一）教学重点

尝试为主题彩车选取代表性歌曲与舞蹈。

（二）教学难点

运用歌舞表演艺术手段，制作"中国彩车展"主题方案设计。

【教学过程】

表3

学习内容	教学活动	学习活动	设计意图
导入	回顾作品《糖葫芦舞》,分享学生作业并进行点评。	观赏作品《糖葫芦舞》,对作业进行交流。	导入课题。
赏析"美丽新疆"彩车	1. 播放"70周年国庆阅兵庆典"彩车视频,介绍彩车背景,引出"美丽新疆"彩车。 2. 讲解"美丽新疆"彩车中呈现的地域特色,感受"歌舞之乡"新疆的独特民族魅力。 3. 教师表演维吾尔族舞蹈。	1. 观赏视频,说一说看到了怎样的表演?了解彩车艺术是大型庆典活动中的亮点。 2. 感受"美丽新疆"彩车呈现的地域特色。 3. 感受维吾尔族的音乐与舞蹈呈现的异域民族风情。	1. 为教学重点做铺垫,了解彩车具有鲜明的地域性和强烈的时代特征。 2. 感受"美丽新疆"彩车呈现的独特地域特色与民族风格。 3. 在模仿动作过程中,加深对新疆舞蹈特点的了解。
交流:为"云南彩车"选取具有云南地域特色的代表性歌舞素材	1. 交流:以同样是多民族为背景的云南地区为例,为其选取具有云南地域特色的代表歌舞艺术素材。 2. 展示其中一组学生作业。 3. 播放国庆阅兵70周年"七彩云南"彩车视频。	1. 以小组为单位,进行交流,为"云南彩车"选取代表性歌舞艺术素材。 2. 欣赏、学习其中一组学生的作业,进行交流。 3. 欣赏"七彩云南"彩车视频,说一说它是怎样表现云南地域特色的呢?	1. 落实教学重点的学习,小组合作,学会为"云南彩车"选择具有代表地域特色的歌舞艺术素材。 2. 对其中一组学生的作业进行交流。 3. 欣赏"七彩云南"彩车作品,借鉴学习。

（续表）

学习内容	教学活动	学习活动	设计意图
创意与表达：为内蒙古主题彩车编创舞蹈表演	1. 播放《草原长调》，介绍蒙古族声乐——长调。 2. 展示蒙古族舞蹈图片，介绍蒙古族的音乐与舞蹈艺术。 3. 教授蒙古族单一舞蹈动作素材，根据这些动作，结合蒙古族音乐《走马》，学生分组编创2～4个8拍的舞蹈组合。	1. 聆听《草原长调》，交流音乐描绘了怎样的画面，猜猜它是来自哪个地域或民族的，从长调中感受内蒙古宽广、豪迈的地域特点。 2. 了解蒙古族的音乐与舞蹈，有着风格多样、热情明快的特点。 3. 学习蒙古族舞蹈动作，根据动作素材，结合音乐，为内蒙古主题彩车，分组编创2～4个8拍的舞蹈组合。	1. 继续深入教学难点，从长调中感受内蒙古的地域特点。知道蒙古族的音乐和舞蹈艺术有着强烈的民族风格。 2. 尝试进行舞蹈编创，感受舞蹈编创的快乐，完成舞蹈表演。
课堂小结	教师语言小结。		
艺术实践活动布置	综合实践活动："中国彩车展"。 要求：结合前几节课所学知识，以中国旅游节为背景，进行以"彩车"为主题的展示方案设计。 （1）选一个最感兴趣的省市地区，设计彩车主题方案。	课后完成艺术实践活动要求，并和学生互动交流，合作完成"中国彩车展"主题方案设计。	落实教学难点的学习，结合前几节所学知识，完成"中国彩车展"主题活动方案设计，或尝试创作表演艺术素材。

学习内容	教学活动	学习活动	设计意图
	（2）选定地域后,广泛搜集该地区的代表性民歌、舞蹈等,展现地方特色或民族风情。 （3）以小组为单位完成展示方案。 （4）尝试创作歌舞艺术表演素材拍成录像进行展示。（选做）		

（四）教学思考

1. 教学过程中各环节及其设计意图达成度

本单元要求体会不同民族与地域艺术作品的艺术特色,在教学过程各环节中,设计由浅入深、层层递进、环环铺垫,通过多种多样的视、听、唱、演、舞等教学活动,让学生了解不同地域之间的艺术特点,感受艺术作品中表达的情感和思想,从而建立学生在课堂中的主导性,使学生成为课堂的主人。课堂中,重视引导、教师示范、模仿、表现等教学手段,达到教学目标。

2. 引导和帮助学生提升审美情趣及文化理解的效果分析

学生在前期艺术领域学习中,对表现地域特色和民族风格的艺术作品有一定的鉴赏能力,在艺术实践方面,乐于分享、敢于挑战,因此在本单元的教学中,如果只是一味地赏析作品,对学生来说,不够有吸引力,教师应启发和培养学生的舞蹈模仿及演唱的表演意识,在舞蹈中感受其蕴含的地域特色,在演唱中感知其民族风格,课堂上分小组依次进行表演,学生全程参与,加深对该地域民族特色的文化理解,提升审美感知。

3. 课堂学生主体部分不足之处

大部分学生比较习惯传统的单一教学模式,即老师讲、学生听,看似认真,其实不够专注。因此,教师在课堂上应注重以学生为主体,丰富教学活动,激发学生主动参与,由单向教学模式变成多维教学模式,通过视、听、唱、演、舞等方式,提高学生的学习热情,锻炼他们的表现力与自信心。过程中,教师应多以自然、亲切的微笑面对学生,启发鼓励性的语言,创设出温馨、和谐、愉快的课堂氛围。使他们感受到自身的表演潜能,体验艺术课堂的快乐。

以上是我在本单元的教学中的几点体会与反思,希望通过自己的不断努力、不断探究,完善艺术教学。

执笔人:上海市上海中学音乐教师桂梦楠

【专家点评要点】

整个单元设计紧扣主题,层层推进,从设计结构和格式上清晰呈现出设计者对每一个细节的设计意图及设计的逻辑性、科学性、规范性。单元设计从艺术形式、风格、体验、创作等角度对不同地域特色与民族风格的艺术作品进行学习,充分体现出艺术感知、审美情趣、创意表达和文化理解四个核心素养。

特色1:在每一节的设计中都体现出以学生为主体的教学理念,教师的引导设计巧妙自然,课堂活动设计活泼丰富,贴近学生实际,拓展环节又注重到了时代性、文化性和德育教育,具有较大的可操作性和推广意义,反映出教师深厚的文化底蕴和艺术修养。

特色2:在每一节的设计中都有教师的舞蹈示范,且涉及多个舞蹈种类风格,教师都能在示范中激起学生的兴奋点和学习热情,这是难能可贵的。在课堂教学中,任何唯美的视频素材都不及教师的当堂示范,这也充分展现了教师的专业技能、艺术素养及务实求是的教学态度。

上海市上海中学音乐教研组长、特级教师、正高级教师陈向蕊

二、"华夏艺术的渊源追溯"
教学设计与教学思考

执教人：张漪老师	新课程、新教材内容	沪教版教材《九年义务教育课本 艺术八年级第一学期》第一单元第一课"古乐古舞"。2020年修订版教材,教学内容为第4~5页。
教学课时：第3课时	教学时间：2020年10月29日	教学对象：高一年级

（一）教学设计

【教学目标】

1. 在欣赏、朗诵、歌唱、舞蹈模仿等艺术实践中,体会歌舞表演《采薇》所表现出的对理想生活的向往;运用多种感觉方式,了解舞剧《孔子》的创作背景及第四幕"大同"中《采薇》片段所表现的意境;学习跟唱歌曲《采薇》,感受《采薇》平和自然的曲风,模仿简单的舞蹈动作,感受飘逸内敛的舞姿特点和乐舞的"翘首折腰"之美。

2. 使用观察、体验、选择等实践方式,学会观察生活,搜集、筛选、提炼创作素材;小组合作,综合多种艺术手段,进行"象形探趣"——表演文字的艺术综合活动;能歌舞一体地完整演绎《采薇》。

3. 在欣赏、朗诵、歌唱、舞蹈模拟表现等艺术活动中,通过调动视觉、听觉、动觉、造型模仿等,感知音乐、舞蹈、诗经作品《采薇》中飘逸的古韵,获得纯美的审美情感体验。

4. 能理解作品《采薇》与古代人民生活的联系,理解生活是艺术创作的源泉,提升文化自信。

【教学重难点】

(一)教学重点

模仿《采薇》的舞蹈,进行歌舞一体的表演。

(二)教学难点

歌舞一体,完整演绎《采薇》。

【教学过程】

学习内容	教师活动	学生活动	设计意图
导入	播放舞剧《孔子》片段《采薇》,引导学生感受歌舞乐一体的表现形式。	观赏舞剧《孔子》片段《采薇》,说一说舞蹈的表现形式和带给人的感受。	引导学生发现片段《采薇》歌、乐、舞一体的表现形式以及舞蹈中柔美、平和的意境。
赏析舞剧《孔子》片段《采薇》	1. 介绍舞剧《孔子》的创作背景。 2. 小结第四幕"大同"的表现意境。	通过教师介绍,了解片段《采薇》的创作背景。	1. 了解片段《采薇》的创作背景。 2. 为教学重点做铺垫。
欣赏歌曲《采薇》	1. 播放《采薇》音频。 2. 带领学生朗诵歌词,介绍歌词来源于诗经《小雅·采薇》。 3. 带领学生跟唱歌曲《采薇》,引导学生感受旋律平和自然的曲风。	1. 聆听《采薇》音频,说一说音乐的旋律及歌词有什么特点? 2. 通过教师介绍,了解歌词的来源——诗经《小雅·采薇》。 3. 跟随教师一起朗诵歌词,了解歌词所表达的情感和意境。 4. 跟唱歌曲《采薇》。	1. 继续深入教学重点的学习:感受《采薇》词曲结合所呈现的自然平和的意境;引导学生感受歌词表现的生活意境。 2. 为教学难点重要环节做铺垫。

（续表）

学习内容	教师活动	学生活动	设计意图
欣赏舞蹈片段《采薇》	1. 播放舞蹈《采薇》视频。 2. 分析舞蹈片段。 3. 带领学生模仿几个舞蹈动作。 4. 带领学生结合歌曲演唱进行歌舞表现。	1. 欣赏舞蹈《采薇》视频，说一说第一部分、第二部分的歌曲、舞蹈各有何特点及变化。 2. 跟随教师模仿学习几个舞蹈动作。 3. 结合歌、乐、舞一体的形式，跟随教师完整演绎作品《采薇》。	1. 落实教学重点的学习：引导学生感受飘逸而内敛的舞姿特点和乐舞的"翘首折腰"之美；为教学难点重要环节做铺垫。 2. 落实教学难点的学习：能结合歌、乐、舞一体的古代乐舞形式完整演绎作品《采薇》。
课堂小结	教师语言小结。		
艺术实践"象形探趣"活动布置	1. 介绍活动内容。内容。 2. 提出活动要求。 3. 教师示范。	课后完成艺术实践活动要求，并尝试和学生互动交流或合作表现情境。	能结合舞蹈、音乐模拟表现古代象形文字；学会比较艺术作品与创作原型的差异。
说明	1. 本课以"华夏艺术的渊源追溯"作为主线，结合音乐、舞蹈、诗歌等艺术作品的欣赏，理解不同艺术门类以古代生活为题材的艺术作品上的共性与差异。由描绘古代生活的古乐古舞等音乐和舞蹈作品等教学材料组成，开展赏析、体验、表现、综合实践等一系列教学活动。挖掘具有时代特征的古老文明作品，探索华夏艺术的渊源，开展具有综合实践特征的艺术教学。理解生活是艺术创作的源泉，主动参与艺术活动，能认同中华优秀传统文化艺术，形成文化理解。		

（续表）

学习内容	教师活动	学生活动	设计意图
说明	2. 落实核心素养是学校美育工作的重中之重,在"双新"背景下,教师应形成"基于艺术感知、促进创意表达、强化审美情趣、实现文化理解"的课程教学基本思路规范课堂教学,落实学科核心素养。本课教学活动设计围绕核心素养,要求学生在独立或与他人共同进行的模拟、记录、制作等艺术实践中,体会音乐、美术及其相关艺术表现的生活;能理解生活中的艺术现象,具有初步的艺术观察能力;运用多种感觉方式,知道以生活为题材的艺术作品是对真实生活的模仿、提炼或修饰,丰富艺术感知。学会观察生活,搜集、筛选、提炼创作素材,运用艺术技能尝试演绎或创作艺术作品;学会比较艺术作品与创作原型的差异,能综合多种艺术手段表现生活情境,进行创意表达。在艺术活动中,通过调动视觉、听觉、动觉等,感知艺术的美感和意蕴,获得审美情感体验,提升审美情趣。理解生活是艺术创作的源泉,主动参与艺术活动,能认同中华优秀传统文化艺术,形成文化理解。		

（二）教学思考

1. 教学过程中各环节及其设计意图达成度

本课时教学内容源自沪教版统编教材《九年义务教育课本 艺术 八年级第一学期》第一单元第一课"古乐古舞"第三课时《采薇》,属于表演艺术赏析类课程。教材中主要教学内容为体会歌乐舞一体的艺术表现形式。

歌乐舞一体是中国古代传统艺术表现形式,歌中的诗词是灵魂,音乐为伴奏,歌者通过吟唱来表达情感,而舞蹈则是通过体态来进一步表达出歌和乐的内涵。在教学内容上,为了帮助学生更直观地了解作品《采薇》中的歌、乐、舞分别表达了怎样的情境,又是如何和谐统一地表现理想大同景象的,教师在教学设计中从不同的角度切入,引领学生看到不同的艺术视角,对作品进行解读赏析。并围绕核心素养,通过由浅入深、层层递进、环环铺垫的课堂活动和作业,开展赏析、体验、表现、综合实践等一系列学习活动,引导学生深度感知、深度体验,促进学生深度学习。

课堂中学生能够积极地根据教师设计的教学环节进行学习创作,但本课对于学生艺术鉴赏与表现能力的综合性要求较高,通过本课时的教学也发现,国际部学生在对于中国古代传统艺术表现形式的历史深度和文化背景的理解还不够透彻,在今后教学中需继续研究和改进。

2. 引导和帮助学生提升创意表达的效果分析

本课引导八年级学生从经典艺术作品中欣赏、学习、理解艺术要素,并通过模仿表现艺术形式进行艺术交流。教学目标是使学生能歌舞一体地完整演绎《采薇》,能综合多种艺术手段进行"象形探趣"的艺术综合活动。因此教师在教学设计中首先注重了学生审美意识的培养,根据国际部学生的学情,适当降低学生对歌乐舞一体艺术表现能力的要求,从单一型的技能课向综合型的艺术课转型,达到从经典艺术作品中学习艺术要素,并将之运用与表达在自己的艺术表现与创意实践中的课堂实践。通过教师的启发引导、案例分析、教师示范、课堂体验等,学生从经典优秀作品中了解艺术要素,再将所学的艺术要素运用至生活中,在理解方面是达到预期效果的。

由于本课的教学内容为舞剧《孔子》中的片段《采薇》,女子群舞的柔美风格导致课堂上的男学生有些拘束。在课堂体验与练习实践环节,虽已经设计以男生歌唱、女生舞蹈的形式进行,但形式还可以更加丰富。教师在这些课堂活动中还需要更加细心地考虑,尊重学生不同的个性,再教时可以添加学生演奏的环节,如运用竹笛、口琴、竖笛等小乐器来配合演练,给学生更多选择的空间。

执笔人:上海市上海中学音乐教师张漪

【专家点评要点】

艺术课虽然融合了各个艺术学科,但是每一位教师都有自己的专长,都有自己的学科背景。我们并不是要求音乐老师教美术、美术老师教音乐,而是要站在自己的学科背景上,将教师对艺术事物、艺术现象的看法和思考方式通过多种途径传递给学生以"授人以渔"。今天张漪老师的教学就展示出她是如何站在自身强大的舞蹈背景学科的基础上对课程进行了思考与切入。

学生在这门课中要体验艺术、感受艺术,如果离开了基本技能、基本知识,学生就没有通道和途径去体验、去感受,所以当老师把自己的专业技能转化为学生可以体验的、可以习得的技能的时候,学生走向的未来就是核心素养。那么在这样的课堂环境中,教师与学生一起共鸣,最终形成学习共同体,也就是所谓的教师与学生在课堂上共同学习、共同进步。

上海师范大学音乐学院教师教育部主任李嘉栋

随着教育部高中新课程新教材的推进,聚焦核心素养成为教育改革的共识,初中《艺术》教材修订就是在这样一个背景之下完成了从 1.0 向 2.0 的跨越。这样的课程认识变化,背后承载着一代人课程教育观念的变化和迭代。

教育家顾明远说,教育的本质是培养思维,培养思维的最好场所是在课堂教学。张漪老师的线上线下融合式的教学展示活动,充分地展现了生动活泼的课堂教学,展示了课程内容与学生结合激发的兴趣、引发的思考、生成的智慧亮点,还展示了核心素养四个方面在教学情境活动中的具体落实呈现,也展现了教师课程执行能力的提升。在《艺术》教材的指引下,不同学科背景的老师共同备课,形成指向核心素养的整体单元教学设计。更多艺术学科背景教师的参与,丰富了艺术课的综合表达,对课程教材的分析解释更加趋于"立德树人",更加关注为学生的成长奠基。

上海市教育委员会教学研究室中学艺术教研员钱熹瑗

体育与健康学科
"双新"教学课例

一、"自由泳：完整划臂技术及其运用"教学设计与教学思考

执教人：孙敏睿老师	新教材、新课程内容	沪教版教材《普通高中教科书　体育与健康　必修　全一册》第八章《游泳运动》第三课"如何提高自由泳运动能力"，综合探究"规范手臂划水动作技术，加强手臂力量练习"的相关内容。此教材 2021 年出版，教学内容为第 207～219 页。
教学课时：第 3 课时	教学时间：2021 年 10 月 20 日	教学对象：高二男生

（一）教学设计

【教学目标】

1. 通过自由泳空中移臂和连贯划臂等多种练习，掌握空中移臂时肩膀提、伸、转的动作，并能运用于完整划臂配合游与水上救护实践。

2. 经历各种专项辅助和体能练习，发展上、下肢和核心力量，提高机体的协调性、灵敏性及有氧耐力。

3. 会运用水下拍摄设备以及小组合作的学习方式，提升自主探究、善于思考的学习习惯与能力，促进核心素养的发展，培养团结协作、珍视生命的体育品德。

【教学重难点】

1. 重点：空中移臂动作。

2. 难点：完整划臂动作的连贯。

【教学过程】

表1

年级	十一年级	人数	24	日期	2021.10.20	执教	孙敏睿
班级	A班	组班形式	男生班	周次	8	课次	3
内容主题	自由泳：完整划臂技术及其运用。			重点	空中移臂动作。		
				难点	完整划臂动作的连贯。		

学习目标	1. 通过自由泳空中移臂和连贯划臂等多种练习,掌握空中移臂时肩膀提、伸、转的动作,并能运用于完整划臂配合游与水上救护实践。 2. 经历各种专项辅助和体能练习,发展上、下肢和核心力量,提高机体的协调性、灵敏性与有氧耐力。 3. 会运用水下拍摄设备以及小组合作的学习方式,提升自主探究、善于思考的学习习惯与能力,促进核心素养的发展,培养团结协作,珍视生命的体育品德。

课序	时间	课的内容	运动量			教与学活动	组织与队形
			次数	时间	强度		
开始部分	1'	课堂常规： 1. 整队； 2. 师生问好； 3. 宣布本课的内容及要求； 4. 安排见习生。				◎ 语言导入,宣布课的内容与要求。 ◇ 明确本课学习目标。 ☆ 认真听讲,精神饱满。	♀♀♀♀ ♀♀♀♀ ♀♀♀♀ ♀♀♀♀ ♀♀♀ ♀

（续表）

课序	时间	课的内容	运动量			教与学活动	组织与队形
			次数	时间	强度		
准备部分	5′	水上热身操： 1. 自由泳划臂； 2. 肩绕环； 3. 快速打腿； 4. 水中换气。	1	300″	中	◇ 利用音乐带领学生做热身活动。 ◇ 语言提示，激励学生。 ◇ 在教师的带领下跟随音乐进行练习。 ◇ 积极互动，口号响亮。 ☆ 练习认真，注意力集中。 ☆ 动作到位，活动充分。 ☆ 团结协作，整齐划一。	♀♀♀♀ ♀♀♀♀♀ ♀♀♀♀♀ ♀♀♀♀ ♀♀♀ ♀
基本部分	3′	一、复习自由泳完整划臂游。	2	40″	小	◇ 播放学生回家作业视频。 ◇ 播放完整示范慢动作视频。 ? 对比视频，提问：空中移臂时肘、肩和手在水面上如何移动？ ◇ 积极交流感受。 ◇ 示范完整动作，提示观察要点。 ◎◇ 观察、对比、分析，引出本课重点。 ☆ 抬肘提肩、送肩伸手。	
	2′	二、改进自由泳划臂技术： 1. 原地空中移臂。 （1）原地高肘碰板。	8-10	40″	小	? 提问：如何解决塌肘的问题？ ◇ 播放视频，讲解练习要求与方法。 ◎ 组织学生两人合作练习。 ◇ 明确练习要求与方法，两人一组合作学练。 ◇ 巡视、观察练习情况，语言提示，强调动作的要点。	╆ ┿ ╆ ┿ ╆ ┿ ╆ ┿ ╆ ┿ ╆ ┿ ╆ ┿ ╆ ┿ ╆ ┿ ╆ ┿ ╆ ┿ ╆ ┿

（续表）

课序	时间	课的内容	运动量			教与学活动	组织与队形
			次数	时间	强度		
基本部分	3'	（2）原地扶板伸手。	10	40"	小	◇ 仔细观察,主动交流、评价。 ◇ 帮助者注意板放置的高度,语言提示。 ☆ 移臂时,送肩伸手。 ◎ 语言引导并提问。 ? 提问:如何解决移臂时送肩伸手? ◎ 播放示范视频,讲解动作要求,引导学生思考。 ◎ 组织学生两人一组,合作练习。 ◇ 积极思考,主动练习。 ◎ 观察练习情况,强调练习要求并进行巡视指导。 ◎ 语言鼓励,体验游进间完整划臂练习。 ◇ 明确练习要求和方法。 ◇ 两人一组,合作学练。 ☆ 认真听讲解看示范。 ☆ 移臂时抬肘提肩,送肩伸手。	
	4'	（3）抱腿连贯划臂。	8-10	60"	中	◎ 引导结合物理学知识分析动作原理。 ◇ 积极思考,主动交流。 ◎ 播放现场录制的视频。 ◎ 语言引导并提问。 ? 提问:为什么在划臂过程中出现肩打不开或停顿的现象? ◎ 播放图片,引出解剖学知识。 ◎◇ 师生互动,利用信息技术,分析原因,发现本课难点。 ◎ 鼓励大胆尝试。	

课序	时间	课的内容	运动量			教与学活动	组织与队形
			次数	时间	强度		
基本部分	3'	（4）自由泳完整配合游。	5	30"	中	◎ 通过提问,引导学生结合"自行车运动轨迹"分析动作原理。 ◎ 鼓励使用Gopro拍摄学习。 ◇ 明确动作要领和练习方法。 ◇ 两人一组,合作学练。 ◇ 结合动作要领,相互评价。 ◇ 利用Gopro拍摄视频,并进行自评与互评。 ☆ 空中移臂时,提肩抬肘,送肩伸手。 ☆ 游进时一侧提肩,对侧伸肩。 ☆ 同伴间注意观察和语言提示。	
	5'	2.分层练习: （1）扶板单臂划手; （2）抱腿连贯划臂; （3）夹板连贯划臂; （4）完整配合游进。	3-5	240"	中	◎ 利用大屏讲解练习内容与要求。 ◇ 明确分层练习内容与要求。 ◎ 引导学生自主选择分层练习。 ◇ 根据自身学练情况,选择练习内容。 ◎ 组织学生分小组进行合作学练。 ◇ 有序进行小组学练,做好各自角色分工任务。 ◎ 巡视指导学练活动,引导学生改进技术动作。 ◇ 利用GoPro水下摄像机录制动作并回放,帮助同伴改进动作。	

课序	时间	课的内容	运动量			教与学活动	组织与队形
			次数	时间	强度		
基本部分	5'	3. 水上联合动作救护。	1-2	240"	中	◎ 鼓励学生进行自我评价，尝试完整配合游进练习。 ◎ 师生共同展示与点评。 ◇ 根据练习情况及同伴给予的反馈，努力进阶。 ☆ 明确重、难点对完整动作的重要性。 ☆ 游进时身体协同发力。 ☆ 尊重规则，公平竞赛。 ● 结合跨单元内容引出自由泳在生活中实际运用的价值。 ◎ 运用多媒体技术引导学生将自由泳和反蛙泳拖带相结合，进行水上赴救练习。 ◇ 在教师的引导下积极思考，主动交流。 ? 提问：如何使用自由泳完整划臂技术和反蛙泳进行水中救护？ ◎ 利用学生"蛙泳单元"的学练视频明确练习具体要求和方法，组织学生分组有序地进行练习。 ◇ 四人一组，轮换角色进行联合动作赴救练习。 ◇ 明确分工，与同伴高效配合。	♂♂ ♀♀ ♀♀ ♂♂ ♀♀ ♀♀ ♂♂ ♀♀ ♀♀ ♂♂ ♀♀ ♀♀

(续表)

课序	时间	课的内容	运动量			教与学活动	组织与队形
			次数	时间	强度		
基本部分	7'	三、体能 1. 个人强化: (1) 救生浮漂抗阻: a. 高抬腿; b. 抱膝跳; c. 蹲起跳。 (2) 浮板抗阻: a. 上举浮板; b. 左右推板。	20 20 2 15 15	45" 45" 45" 45" 45"	高	◎ 根据练习情况,结合社会热点问题,引出水上赴救的救护原则与规范操作程序 ◇ 积极参与"救护原则与规范流程"的讨论。 ◇ "赴救者"利用自由泳划手动作快速接近。 ◇ "溺水者"利用蛙泳腿踩水技术等待救助。 ☆ 同伴间相互配合。 ☆ 合理使用救生器具。 ◎ 利用大屏介绍体能练习内容与形式。 ◇ 根据自己的需求,利用浮板或救生浮漂进行体能练习。 ◎ 组织学生跟随音乐进行个人、小组和集体的练习。 ◎ 观察、巡视练习情况,及时予以动作规格的反馈。 ◎ 语言激励学生在练习中不断超越自己的体能极限。 ◇ 根据教师语言提示完成各项练习。 ◇ 明确练习要求与方法,积极参与。 ☆ 在水中控制身体平衡。 ☆ 团结协作,挑战自我。	♀♀ ♀♀ ♀♀♀ ♀♀ ♀♀ ♀♀♀ ♀♀ ♀♀ ♀♀♀ ♀♀

课序	时间	课的内容	运动量			教与学活动	组织与队形
			次数	时间	强度		
基本部分		c. 向下压板。 2. 团队竞技： a. 扶板打腿； b. 高抬腿前进。 3. 团队协作： (1) 救生浮漂抗阻 a. 高抬腿； b. 抱膝跳； c. 蹲起跳。 (2) 浮板抗阻 a. 高抬腿； b. 上举浮板； c. 向下压板。 (3) 闷水打腿。	15	45"			
结束部分	2'	1. 整理放松； 2. 小结点评； 3. 师生道别； 4. 回收器材。	1	60"	小	◎ 语言引导，进行放松练习。 ◎ 反馈课堂学练情况，引导学生自我评价。 ◎ 总结回顾本课的教学重、难点。 ◎ 布置课后作业。 ◇ 集体完成放松和拉伸。 ◇ 认真听师生点评，小结学练情况。 ☆ 积极参与交流与评价。 ☆ 身心放松。	♀♀♀♀♀♀♀♀♀♀♀♀ ♀♀♀♀♀♀♀♀♀♀♀♀

（续表）

课序	时间	课的内容	运动量			教与学活动	组织与队形
			次数	时间	强度		
场地器材		1. 浮板12块； 2. 腰蹼6个； 3. 多媒体设备1套； 4. Gopro水下摄像机4台； 5. 救生浮漂6个。	安全保障			1）课前检查游泳池水质是否符合标准。 2）针对教学内容做好专项准备活动。 3）根据练习内容合理安排教学组织队形。 4）指导学生掌握正确的技术动作。	
			预计			练习密度	强度
						全课 ／ 内容主题	中
						55%　　　51%	
课后反思							

【作业与评价】

根据本节课的教材内容及对学生现有能力水平的分析,通过课内外联动的形式,将课堂学习内容延伸到课外,帮助学生巩固与提高技术动作的同时,培养良好的体育学习习惯。

1. 回看水上救护练习视频,结合救护原则,分小组讨论,总结联合动作的不足之处与改进方法。

2. 查阅资料,初步了解手、腿、呼吸的配合要点,尝试在陆上进行模仿练习。

表2

评价指标	A	B	C
动作完成与姿态	完整划臂动作连贯,能做到空中移臂时抬肘提肩,送肩伸手。	完整划臂动作较连贯,基本做到空中移臂时抬肘提肩,送肩伸手。	完整划臂动作衔接不够流畅,空中移臂时手指触碰水面,送肩伸手动作不明显。

(续表)

评价指标	A	B	C
自我管理与分享	积极参与小组学习,通过观察能及时给予同伴反馈,具有较好的自评和互评能力。	参与小组学习,通过观察能给予同伴一定的反馈,自评和互评能力一般。	在小组学习时没有与同伴交流分享,自评和互评能力较弱。
意志品质与表现	团结协作,积极交流,勇敢自信,挑战自我。	具有团队精神,自信心不足,不敢挑战困难。	不敢担责,有畏难情绪、不自信。

(二)教学思考

本课通过对校本体育课程设置、上中学生特点、游泳项目价值、授课教师专项以及学习资源融合等五个方面入手,把学校要求"人人学会"的游泳课程作为此次开课的教材内容,并通过从游泳项目的内涵和外延构筑结构化教学,将跨课时、跨单元和跨学科的教学知识进行融合与运用,将培育学生核心素养蕴含在整节课的教学活动之中。

1. 利用水的固有特性,拓展项目外延功能

根据新教材中水上运动的内容划分,本课打破传统固有思维,将花样游泳的内容,引入本课的热身部分,结合队形的变化和中国风的伴奏,把游泳原本以个体性为主的项目特征,演变成有层次、有变化、有互动,凸显团队配合的锻炼价值。同时,结合水固有的天然属性,利用水的抗阻特性,通过不同组织形式变化的水下力量练习,创造出有效的专项体能活动,充分体现了游泳运动的外延功能,将核心素养的培育落地于课堂教学。

2. 深研项目内涵价值,呈现大单元教学整体构思

通过深度研究游泳项目的内涵,将新教材中的水上救护内容加入游泳大单元教学。同时，把上节课自由泳抱水、推水的内容以及前一个蛙泳单元中的自救与反蛙泳拖带技术和本节课的空中移臂技术结合起来，建立大单元内课时之间、单元之间的有效关联。并将所学的自由泳技术运用到生活场景，呈现问题化、情境化的教学过程，达到基本技术和实践运用相结合，提升了学生的实践运用能力，体现了蕴含核心素养的育人价值。

3. 立足新课标与新教材，体现结构化课堂教学

本课在设计时基于学生已有的知识结构和认知能力，从培养学生综合运动能力入手，将原有单一自由泳空中移臂动作的教学变成联合动作的组合运用，并渗透动作原理，结合比赛，将实践运用与课堂练习紧密衔接，体现了体育课堂教学的结构化设计。从课中的实施完成情况和效果来看，完全达到了课前预设的学习目标和教学效果。

4. 融合信息技术与跨学科知识，促进学生深度学习

针对日常教学课中，游泳项目教学经常出现学生动作表象与本体感受不一致的问题。本课在教学过程中运用专业的水下拍摄设备 Gopro，通过实时播放和回看功能，清晰记录水上水下画面，聚焦关键问题，帮助学生将正确的动作表象与自身的本体感受建立直观联系，达成即时、有效的课堂教学。同时，通过引导学生运用已知的物理学、解剖学和生物力学的知识分析动作原理，并在实践中创设学生课堂中深度学习的情境，采用过程性评价与分层教学相结合的方式，尝试找到并有效地解决本课的重点和难点，达成本课的学习目标。

执笔人：上海市上海中学体育教师孙敏睿

【专家点评要点】

"自由泳：完整划臂技术及其运用"，选自《普通高中教科书体育与健康 必修 全一册》选学"水上运动项目"。在"双新"推进与高中体育专项化联动背景下，对执教者的构思与实操、学习者的

经历与练就,着实是一次崭新挑战。

这堂课所展示出的内外皆秀、泳姿交汇、珍爱生命、水中融育的设计思路与具体表现,难能可贵……

作为一名有爱、有专长的青年体育教师,能一改日常,融于团队、汲取智慧、锐意改变,呈现一堂技术介入、层次鲜明、你助我游、救护有方、评价有标、水花叠起的高二游泳专项课,主要特点为:

1. 结构情境相拥

本课以"自由泳:完整划臂技术及其运用"为主线,将四个环节问题与若干技术技能学练对接,Gopro 水下拍摄与实时评价自纠联动,引导学生专注关键问题,强化正确的肌肉记忆,如采用两人一组原地高肘碰板、原地扶板划手、双手交替划臂、抱腿划臂练习、双手划臂游和程度各异的四个动作构成的自主选择内容,其逐渐深入、多重聚焦地改进空中移臂动作练习,旨在展现"抬肘提肩、送肩伸手、完整游进、实战运用"。

2. 水中孕育相谐

课中教师以核心素养目标达成为抓手,将跨学科知识与分析动作原理关联,破解问题与深度学习联动,自由泳、花样游泳和水中进阶体能交汇,水中遇险情境与联合救护相融,吸引学生合作参与、思索解惑、承担负荷、勇于挑战、水中驾驭,如自救与反蛙泳拖带技术应景融入,个人强化、团队竞技、团队协作等形式多种、内容多样的水中体能练习,引导学生游泳明理、学练有长,获能运用、关爱生命,凸显动感培育。

上海市教育委员会教学研究室体育教研员徐燕平

二、"双杠组合动作小单元Ⅱ" 教学设计与教学思考

执教人：周艳萍老师	新课程、新教材内容	沪教版教材《普通高中教科书 体育与健康 必修 全一册》第六章《体操类运动》第二课"双杠组合动作"、综合探究"外侧坐越两杠挺身下"的相关内容。此教材 2021 年出版，教学内容为第 158～178 页。
教学课时：第 2 课时	教学时间：2021 年 4 月 27 日	教学对象：高一年级

（一）教学设计

【教学目标】

1. 能学会外侧坐弹杠快速收腹举腿臀离杠面和手推杠的技术动作，在教师的保护与帮助下完成外侧坐越两杠挺身下动作，尝试成套动作的练习与展示。

2. 能通过杠上组合动作和体能练习，发展上肢肩带和腹背力量，提高全身协调用力和对身体的控制能力，培养优美的身体姿态。

3. 会运用学习任务卡开展小组合作学习，提高自主学习和主动学习的能力，养成善于观察与分析、欣赏与评价以及克服困难、挑战自我的良好品质。

【教学重难点】

重点：压杠举腿送髋的动作方法。

难点：压杠举腿与推杠移重心的协调配合。

【主要教学策略与方法】

1. 重构教学内容，呈现结构教学

本课在教学内容设计中，考虑到双杠动作难度较大，既不能完全采用直接体验完整动作的方式，又不能把动作技术环节过于拆分。因此采用环节递进的方式，从专项热身环节的基础组合动作复习，到体验感知阶段降低摆越难度完整动作的尝试，建立初步完整的动作映像，再到提高认知和巩固内化两个环节中逐渐增加摆越难度的分层学习过渡到完整动作的学习，以及最后在运用实践环节组合动作的学习与展示。确保教学重点与难点在各个活动环节中的落实，既保证了动作技术环节的完整性，又保证了学生由易到难的学习逻辑，激发了学生的学练兴趣和自信心。

2. 问题引导学练，提升学练成效

在学生的练习过程中适时地进行"想一想"和"试一试"环节，利用问题引导学生在观察中思考与互动，学会利用已学过的知识，充分结合双杠教材与物理学科力学原理的紧密联系，知道并掌握如何去提高的练习方法。让学生明白为什么练的同时，真正实现跨学科融合式教学，在培养学生综合能力的过程中，提升了学练成效。

3. 线上线下融合，启发深度思维

通过运用信息技术，将线上线下混合式教学融入课堂，通过时空资源的变化帮助学生建立正确的动作概念和表象。在分组学练时，采用电子学习任务卡的形式，不仅能发挥高中学生的自主参与性，还能启发他们在学习过程中的思维意识，帮助他们培养及时发现问题、思考问题并解决问题等利用深度思维学习的能力。同时，完成电子学习任务卡中对学生的动作进行及时的评价与记录，学会利用简单的工具来帮助自己对于新技能学习与掌握情况的即时反思与评价。

4. 创设学练情境，培养体育品格

通过分析学生与双杠的学练过程中，利用双杠杠面的弹性教会学生认识器械的特性,从提高和认识器械的性质与作用,来帮助学生提升自己的能力,建立人与器械的和谐关系;通过不同教学环节任务与练习场景的随机分组,将不同伙伴的合作学习贯穿全课,突出保护与帮助的合作学习,培养学生相互学习、相互合作、相互信任的意识和培养良好的体育品格。

【问题预设及对策】

问题预设 1:练习过程中学生出现支撑摆动冲肩的情况。

解决方法:双杠底下铺好方形垫子,降低双杠的高度。

问题预设 2:练习过程中学生出现支撑摆动耸肩的情况。

解决方法:教师在学练过程中及时提醒学生注意动作姿态。

问题预设 3:学生出现举不起腿,臀部不离杠的情况。

解决方法:请学生帮忙摆腿和举腿碰标志物。

问题预设:4:学生出现压杠举腿与推杠移重心不能协调配合的情况。

解决方法:通过逐步增加越杠难度,提高学生压杠举腿与推杠移重心的协调配合。

【课时教学计划】

上海中学《体育与健康》课时教学计划

年级	高一年级	人数	24 人	日期	4 月 27 日	执教	周艳萍
班级	4,10 班	组班形式	女生合班	周次	十	课次	2
内容主题	双杠:外侧坐越两杠挺身下。			重点	压杠举腿送髋的动作方法。		
				难点	压杠举腿与推杠移重心的协调配合。		
学习目标	1. 能学会外侧坐弹杠快速收腹举腿臀离杠面和手推杠的技术动作,在保护与帮助下完成外侧坐越两杠挺身下动作,尝试成套动作的练习与展示。 2. 能通过杠上组合动作和体能练习,发展上肢肩带和腹背力量,提高全身协调用力和对身体的控制能力,培养优美的身体姿态。						

（续表）

学习目标	3. 会运用学习任务卡开展小组合作学习,提高自主学习和主动学习的能力,养成善于观察与分析、欣赏与评价以及克服困难、挑战自我的良好品质。					

课序	时间	教学内容	运动负荷			教与学的活动	组织与队形
			次数	时间	强度		
一	1'	课堂常规: 1. 体委整队,检查服装、报告人数; 2. 师生问好; 3. 宣布本次课的内容及要求; 4. 安排见习生。				◇ 鸣哨集合。 ◇ 向学生问好。 ■ 宣布课的内容,检查服装,安排见习生。 ◇ 体委整队。 ◇ 向老师问好。 ◇ 认真听讲,明确课的目的和要求。 ☆ 快、静、齐。	组织队形: ☆☆☆☆☆☆☆ ☆☆☆☆☆☆☆ ☆☆☆☆☆☆☆ △
二	4'	专项导入: 1. 热身操; 2. 双杠组合动作杠内正立,跳上成一杠支撑,后摆后坐,两腿并拢向左(右)绕杠成俯撑,向左(右)转体90°成外侧坐,外侧坐转体180°成分腿坐,弹杠进杠—后摆—前摆成外侧坐—向内转体90°下。	1 2	90" 90"	中 中	◇ 讲解练习的要求。 ◇ 带领并口令提示学生完成练习。 ◇ 提示组合动作练习要点与动作规范。 ◇ 听清动作要求,认真模仿动作。 ◇ 跟随音乐和教师的口令体会动作和节奏的变化。 ◇ 分小组练习,互帮互助改进动作。 ☆ 精神饱满,动作舒展、到位,充分热身。 ☆ 协调配合、动作连贯、姿态优美。 ☆ 注意保护与帮助。	组织队形: 组织队形:

(续表)

课序	时间	教学内容	运动负荷			教与学的活动	组织与队形
			次数	时间	强度		
三	33'	一、体验感知： 1. 外侧坐越两杠挺身下。 保护与帮助方法： 保护者站在练习者落地一侧，一手扶练习者上臂，另一手托其腰背，帮助完成越杠并平稳落地。				◎ 示范完整动作，提出问题：完成越两杠挺身下需要满足哪些条件？ ◎ 多媒体播放慢动作和口诀：压杠收腹腿上摆，肩稍后倒举双腿，急振挺身加推杠，侧移重心落下来。 ◎ 讲解动作要领和保护与帮助的方法。 ◆ 认真观看老师和多媒体的动作示范。 ◇ 积极思考老师提出的问题。 ☆ 明确动作要领和保护与帮助的方法。	组织队形：
		2. 外侧坐举腿练习： 方法：2人练习，2人保护与帮助。	3-5	90"	小	◎ 组织学生扫码获取电子任务卡，明确练习要求。 ? 提问：如何把腿举高？ ◎ 观察学生练习并对个别学生进行指导。 ◇ 明确练习方法与要求进行尝试练习。 ◎◇ 交流练习体验，引出本课重点。 ☆ 敢于尝试与相互合作。 ☆ 注意保护与帮助。	组织队形：

课序	时间	教学内容	运动负荷			教与学的活动	组织与队形
			次数	时间	强度		
三		二、提高认知： 1. 外侧坐压杠举腿碰标志物。 方法：1 人练习，1 人保护和帮助举腿，1 人举标志物，1 人拍摄。	3-5	90"	小	○ 讲解示范练习方法并明确练习要求：主动压杠摆腿，快速收腹举腿，脚碰标志物。 ◎ 观察学生练习并对个别学生进行指导。 ◇ 明确练习方法与要求进行练习。 ◎◇ 交流练习体验，引出本课重点。 ☆ 压杠举腿、臀离杠面。 ☆ 分工合作、自主学练。	组织队形：
		2. 外侧坐越两杠成异侧坐。	5-8	180"	小	○ 讲解示范动作方法：举腿后推杠移重心。 ◎ 提示练习要求和自主分层练习。 ◎ 针对学生练习问题及时指导。 ◇ 按照任务卡进行分层练习。 ◇ 明确动作要求和练习方法。 ☆ 推杠移重心。	组织队形：
		3. 外侧坐越两杠挺身下。	2-3	60"	中	● 提示动作要领：压杠举腿，推手换握杠。 ◇ 在保护与帮助下尝试完成整体动作练习。 ◇ 完成评 评：还存在哪些不足之处。 ☆ 大胆尝试，勇于挑战。 ☆ 相互观察与自评互评。	

(续表)

课序	时间	教学内容	运动负荷			教与学的活动	组织与队形
			次数	时间	强度		
三		三、巩固内化： 1. 选择性学练菜单： （1）外侧坐弹杠举腿触及标志物。 （2）分腿坐屈膝弹杠前摆下。 （3）外侧坐越两杠挺身下。 2. 完整动作练习。	5-8	120"	中	◎ 提供解决各种问题的练习方法。 ◎ 根据评价结果，引导学生选择性练习。 ◎ 针对学生个别问题及时指导。 ◆ 相互找出存在的问题，选择练习手段。 ◎◇ 师生互动、学生示范交流观察，发现问题，解决问题。 ☆ 重视自我保护与帮助，及加强责任感。 ☆ 认真探究，努力学练。	组织队形：
		四、运用实践： 1. 组合动作参考：分腿坐、分腿坐前进、外侧坐、外侧坐越两杠成异侧坐、外侧坐越两杠挺身下、后摆转体180°成分腿坐、滚杠等。 2. 分享、展示、评价。	1-3 3-5	60" 300"	中 大	? 如何合理地组合动作并进行评价？ ◎ 教师组织，学生代表展示，交流。 ◇ 积极参与，互相观摩、交流。 ◇ 展示动作的准确与连贯，姿态优美。 ☆ 动作连贯、姿态优美。	组织队形：
		五、混合体能： 1. 垫上、双杠组合练习。	1	60"	中	◎ 讲解练习要求：身体控制和姿态。	

（续表）

课序	时间	教学内容	运动负荷			教与学的活动	组织与队形
			次数	时间	强度		
		A. 跳杠练习； B. 挂杠练习； C. 钻杠练习； D. 垫上练习； 2. 健身操。	1	60″	中	◎ 指导学生进行体能的循环和集体练习。 ◎ 音乐伴奏和口令提示。 ◇ 听清练习方法和要求。 ◇ 积极参与,互作合作。 ☆ 自我鼓励和相互鼓励相结合,努力完成练习内容。	组织队形：
四	2′	1. 放松练习； 2. 小结、讲评； 3. 归还器材； 4. 师生道别。		60″	小	◎ 讲解并示范动作。 ◎ 音乐伴奏,口令提示。 ◎ 反馈课堂学练情况,引导学生评价。 ◎ 总体评价、课堂总结。 ◇ 集体模仿练习。 ◇ 伴音乐放松身心。 ◇ 自我小结学练情况。 ◇ 相互评价。	组织队形：

场地器材	体育馆、多媒体设备、花球标志杆、iPad6 个。	安全保障	1. 检查场地、服装等是否符合规范要求。 2. 充分做好准备活动。		
		预计	练习密度		强度
			全课	内容主题	中
			50％	42.5％	

小结	

（二）教学思考

很荣幸能够作为执教老师参加上海市高中"双新"推进区域联合教研"素养·专项·融合——高中体育情境化、结构化单元教学设计与实施探索"研讨与展示活动,本次课的内容"双杠组合动作小单元Ⅱ:外侧坐越两杠挺身下",在专家组和教研组的共同努力下顺利完成,通过本次课的教学,我收获很大,也有很多不足之处,以下是个人的教学思考:

首先,本课立足于培育学生体育核心素养,注重提升学生自主获得新知识、新方法,利用跨学科知识学习与分析的能力、合作解决问题能力及学会自我评价与相互评价的能力,培养学生相互合作、信任的意识和良好的体育品德。

其次,本课以单元目标为主线,重构教学内容,呈现结构教学。通过体验感知环节尝试降低难度的完整动作,使学生初步建立运动认知;在提高认知和巩固内化两个环节中,学生通过难度不一的分层学练活动强化巩固,再过渡到完整动作的学习;最后的运用实践环节,教师创设我国双杠名将李小鹏勇夺奥运冠军的比赛情境,引导学生尝试成套动作的学习与展示。

再次,该课还强调问题引导学练,教师适时地进行"想一想"和"试一试"小环节,引导学生在观察和实践中思考与互动,合理运用物理力学知识来解释动作原理,让学生知其然还知其所以然,真正实现跨学科融合式教学,提升学练成效。

最后,通过运用信息技术,尝试线上线下混合式教学,运用电子学习任务卡,激发学生的自主参与性,帮助学生及时发现、思考和解决问题,并能及时地记录和评价学习成果。

本次课作为研讨课,课的内容和环节比较多。其次,每个环节给学生的时间和空间不太宽裕,可以相对合并环节,给学生更多自主和相互学习的空间。信息技术的使用贯穿了全课,用于分配学生学练任务和获得即时的过程性评价,因此作为以身体练习为主的体育课,停顿的次数就相对较多。

执笔人:上海市上海中学体育教师周艳萍

【专家点评要点】

本节课有"三好":教师教学素养好、学生表现好和上中的学习环境好,另外,教师对本节课信息技术的使用和教学节奏提出了个人建议。在"双新"推进过程中,结合上海高中体育专项化改革的经验和成果,体现出上海的特色。

上海体育学院副校长、教授唐炎

该教学设计对标国家新课标,注重新课程理念的校本化,师生的学练热情和动作美感,体现了体育核心素养的提升;注重结构化、情境化教学。整节课呈现了内容结构化,情境化达成学练的有效性;教学评一致,该课运用的以信息技术为支撑的评价方法在体育课堂中是首创,是直观、可测、可复制的示例。该节课教学以问题为导向,内容结构化、呈现情境化,活动品质和质量非常高。

上海市体育特级教师沈洪

三、"'大健康'背景下高中健康课程教学设计与实践"教学设计与教学思考

执教人：全婵兰老师	新课程、新教材内容	参考：人民卫生出版社《传染病学》、科学出版社《传染病动力学的数学建模与研究》（2004年8月第1版）、人民卫生出版社《健康教育学》。
教学课时：第1课时	教学时间：2021年5月27日	教学对象：高二年级

（一）教学设计

【教学目标】

本课时的教学目标涵盖了知识与技能、过程与方法和情感态度与价值观等方面，并最终指向学生健康素养提升这一总体目标。五个教学目标分别为：（1）了解呼吸道传染病种类与典型症状，根据典型症状鉴别呼吸道传染病。（2）通过了解常见呼吸道传染病——水痘的相关知识，理解呼吸道传染病预防原则。（3）提升传染病科学防控意识，能在特定情境中，主动采取系统的防控措施。（4）通过了解传染病动力学模型，提升运用科学方法进行问题解决的能力，进一步了解科学防控的重要性，形成科学理性对待传染病的态度。（5）理解公共卫生事件对社会的影响，培养社会责任感。

【教学重点】

能在特定情境中,系统思考科学防控要点,形成对待传染病的科学理性态度。

【教学难点】

能分析特定情境中特定传染病的影响因素,制订科学合理的防控方案。

【教学过程】

在教学设计中,关于呼吸道传染病的相关基础知识采用翻转课堂的形式,由学生课下自学、课上分别通过三个挑战任务展开,学生利用所学知识理解和解决问题。教师作为引导者,在课堂中关注深度学习,重视科学工具使用。教学设计各环节如下表所示。

教 学 环 节

环　节	教师活动	学生活动	设计意图
任务挑战一:呼吸道传染病我来辨	导入呼吸道传染病定义,分享若干常见呼吸道传染病。教师展示呼吸道传染病病历,引导学生抓住主要临床症状,进行疾病鉴别。	运用课前自主学习的呼吸道传染病知识,通过典型症状来鉴别疾病。	基于翻转课堂的教学方法,学生课前查阅学习呼吸道传染病相关文献资料,在课堂上运用所学知识,根据临床特征鉴别疾病,培养科学严谨的态度和问题分析能力。
以水痘为例,深入解读呼吸道传染病防控要点	讲解水痘相关知识,探讨和理解传染病预防原则。	学习水痘相关知识,思考针对呼吸道传染病的防控要点。	水痘是一种在学生群体中较为常见的、传播力较强的呼吸道传染病,会对学生的身心和生活造成较大影响。以水痘为例进行学习,联系学生的真实生活场景和感受,真切理解防控措施的重要性。

（续表）

环　节	教师活动	学生活动	设计意图
任务挑战二：家庭战"痘"大挑战	1. 创设真实情景（以家庭为背景）。 2. 教师引导学生分享方案要点，并简要点评，重点引导学生思考居家精准防控的关键点。 3. 梳理学生分享的防控要点，与精准防控环节——对应。	通过头脑风暴，组内合作设计生活情境中的居家防控方案，并围绕防控要点及依据进行组间交流研讨。	1. 创设真实问题情景，启发学生从不同角度思考问题。围绕呼吸道传染病的防控要点，设计防控方案。树立传染病防控意识，培养健康行为习惯。 2. 教师引导学生分享与分析最佳防控方案，提升综合各种因素分析问题和解决问题的能力。
任务挑战三：科学工具做预判	介绍传染病的基本数学模型（重点介绍 SIR 模型）和 MATLAB 仿真。简单模拟不同防控措施下水痘的传播趋势。	学生运用工具分析不同防控措施对水痘传播趋势的影响。	通过了解传染病动力学模型，提升运用科学方法进行问题解决的能力，进一步了解科学精准防控的重要性，形成以科学理性对待传染病的态度。
拓展延伸	在新冠疫情依旧在全球蔓延的形势下，鼓励学生利用所学的呼吸道传染病科学防控的知识，以小组合作的方式，选择一种呼吸道传染病，制作健康宣教方案，做好自己和家人、朋友的科学防控。	在新发传染病流行期间，做到不造谣、不传谣、不信谣。向家人和朋友普及科学防控知识。	以水痘延伸至新冠肺炎，理解防控决策科学性，理解公共卫生事件对社会的影响，培养责任意识。倡导学生做健康理念和行为的传播者。本课时以层层递进的方式，让学生理解只有个人、家庭、社会共同承担起健康责任，才能真正落实大健康理念。

（二）教学思考

1. 教研分析

课后教师收集了学生的宣教方案，从学生提交的宣讲方案来看，学生能够针对呼吸道传染病防控的关键点，形成肺炎、水痘、感冒、流感、新冠防控的宣传方案。为了了解课堂教学效果及学生进一步的学习需求，教师在课后对学生进行了调研，结合课堂教学和调研结果总结如下。

（1）学生对呼吸道传染病及其科学防控有了更深入的认识

课后调研显示通过这节课的学习，学生"对呼吸道传染病有了更深的了解""了解了呼吸道传染病的防控办法""了解了水痘的病因、潜伏期、隔离期、防护措施""了解了水痘的传播途径与隔离时间极其意义""了解了传染病动力学的经典模型，可以采用数学模型预测传染病隔离时间""更科学地认识疾病和家庭如何管理和防控""学会了如何保护自己免受一些常见流行病的方法"。

（2）学生更希望了解与身心发展阶段相适应的健康知识

通过调研及与部分学生的沟通发现学生更希望了解的健康知识或方法主要包括常见疾病的识别方法、心理调节、常见传染病和疫苗接种时间、流感易发时段及应对措施、一些常见但公众了解不多的疾病（如宫颈癌、乙肝、艾滋病等）、健康饮食结构、健康饮食管理、睡眠管理、疫苗的作用、关于疾病的理论知识、体检注意事项、伤口处理等。

（3）学生更喜欢以基于体验的深度学习方式开展健康教育

当被问及更喜欢哪种形式的健康教育时，学生在反馈中表示，希望通过"视频、情景剧、病例分析、游戏、知识竞答、健康教育与创意视频漫画结合、实地调研、网上互动、讨论、讲座的方式"开展健康教育，学生更想直观了解"病原体传染人体的具体过程，病毒的作用机制"，并以"真实数据为主，结合科学工具进行分析"，希望能够通过"实践体验、科学实践"等方式深度学习。

2. 反思提升

(1) 通过翻转课堂的形式,将基础知识放在课下,课上针对问题展开

翻转课堂让学生在课前进行资料的收集和学习,学生通过课前学习,带着疑问进入课堂,更加强课堂中师生互动与知识的生成,给课堂创生更多的空间。由于健康教育涉及的内容非常广泛,因此翻转课堂的形式更适合。以本教学设计为例,在课前,教师给学生提供有关呼吸道传染病的相关材料,其中包括各类呼吸道传染病,如流行性感冒、水痘、猩红热、肺结核、风疹等的传播途径、预防等内容,并鼓励学生们查阅资料,提高信息检索能力。在课堂导入时,教师又以问题的形式引导学生将重点内容串联起来,并运用于后续的问题解决。

(2) 引导学生从跨学科的角度综合思考传染病防控,形成健康大局观

健康教育涉及各个学科,在教学设计中需要教师引导学生从多个角度思考。以本教学设计为例,在总结肺结核的特点时,教师以语文课中学到的鲁迅所写的《药》一文中老栓的儿子小栓的肺痨为例,加深学生对肺结核典型症状的理解;在完成任务挑战二之前,教师与学生一起梳理生物课程中的传染病预防原则;在完成任务挑战三中,教师介绍了传染病的经典动力学模型并与数学相结合,培养了学生的高阶思维能力。

(3) 与学生生活紧密相关的问题和情境设计更能激发学生探究的欲望

本节课选择了学生身边常见的呼吸道传染病水痘为例进行展开,又以家庭防控作为主要防控方案设计的场景,在常见的两室一厅的居住环境下,当出现水痘病例时,该如何统筹全局观进行防控,这不仅是考虑健康防控的问题,还需考虑空间、患者心理等各因素。

在教学过程中,教师发现学生能够设身处地地思考,参与讨论更加积极热情,还会结合自己的理解进行拓展。

(4) 大单元的角度整合内容,促进学生的知识建构

大单元设计能够改变学科知识点的碎片化教学,实现教学设计与素养目标的有效对接。本专题属于第二单元"疾病预防",本单元围绕疾病预防展开,分为两个专题:"呼吸道传染病的科学防控""性传染病的预防"。作为传染病防控中呼吸道传染病的理性认识与科学防控,本专题在整个健康教育中有着关键性地位。在教学设计中,无论是引导学生自主学习和调研,综合各种因素形成防控方案,还是跨学科动力学模型建构等,都是基于大单元的角度提升学生运用科学思维进行问题解决的能力和大健康的大局观。这些能力和态度将作为后续单元学习的铺垫,促进学生的知识建构。

执笔人:上海市上海中学心理卫生中心教师全婵兰

【专家点评要点】

对"呼吸系统传染病的科学防控——以水痘为例"这节课的课堂教学能因材施教,根据上中学生自学能力强的特点,采用参与式教学,得到了很好的教学效果。教师能利用学科融合,用数学模型来模拟呼吸道传染病的传播规律,帮助学生理解防控重要性,尤其抓住了社会热点问题,可圈可点。

上海市疾病预防控制中心儿童青少年健康所
副所长、主任医师罗春燕

健康教育正受到前所未有的重视,对健康教育教师来说是机会也是挑战,同时也被赋予了做好教师、出色组织者及优秀管理者的专业期许。当下上海市中小学健康教育的重要工作有以下几个方面:系统设计健康教育课程;整合资源系统设计健康教育内容;分学段多维度地实施健康教育;搭建教师职业发展通道,为健康教育教师发展提供更多教学研讨、交流与评比的机会;提供健康教育资源支持,引入医学院校与疾控中心有影响力的专家与优质力量关心

学校健康教育工作,共同推动学校健康教育工作。

上海市教育委员会体卫艺科处处长陈华

在当前疫情防控大背景下,强化学校健康教育很重要,同时对学校卫生与健康教育教师提出了四点期望:

一是要对学校健康教育做整体思考,包括如课内与课外、校内与校外、家庭与学校的健康教育。二是要能上好课,要积极站上讲台、站稳讲台、站好讲台。三是要不断提升专业能力,帮助学校解决学校卫生健康管理等问题,助力于学校健康发展。四是要与不同学科教师沟通交流,在工作实践中提炼健康教育案例、开展学生健康素养评价,用评价引导学生的健康意识与健康行为,培养身心健康、思想可靠的接班人。

上海市教育委员会教学研究室主任王洋

美术学科
"双新"教学课例

一、"匠心构筑 巧夺天工"
教学设计与教学思考

执教人：陈晓蕾老师	新课程、新教材内容	上海书画出版社《普通高中教科书美术 必修 美术鉴赏》第五课"土木营造"中"匠心营造 巧夺天工"的相关内容。此教材2021年出版，教学内容为第41～44页。
教学课时：第1课时	教学时间：2021年12月24日	教学对象：高一年级

（一）教学设计

【教学目标】

1.了解四合院和故宫的形状布局、形制结构及色彩装饰等方面,尝试从艺术的角度了解建筑的美学特征,尝试了解古代建筑因礼制的特殊规范而产生的文化内涵。

2.通过欣赏分析、比较研究、课堂活动等方法,掌握北京四合院和故宫的形状布局、形制结构及色彩装饰知识,了解中国礼制文化在古代建筑中的融汇。

3.辨析古代礼制文化中的糟粕与精华,吸收古建筑中所蕴含的优秀传统文化理念,对建筑艺术产生一定兴趣,增强对祖国传统文化艺术的认同感和自豪感。

【教学重点】

知道四合院和故宫的形状布局、形制结构和色彩装饰的基本知识,通过学习体会古建筑中所蕴含的礼制文化精华的融汇:一、不偏不倚,方正为人;二、长幼有序,孝悌持家;三、恪守规矩,成就方圆;四、适可而止,平和内敛。

【教学难点】

发掘优秀传统文化在中国古代建筑中的融合,古为今用,更好地继承和发扬传统文化,增强民族自信。

【教学过程】

教学过程	一、导入 连线古代建筑类型,引发思考:你根据哪些方面来分辨、判断这些古建筑的类型? 这些方面又是受到了哪些思想的影响呢? **解析**:礼制文化对古代建筑的规范与影响深远,古代建筑的外形布局、形制结构、色彩装饰已形成了鲜明的个性,因此能识别出建筑的种类。尝试从这些表象中解读礼制文化的融合。 二、讲授新课 中国历来都被称为礼仪之邦,建筑从遮风避雨的功能性到雕梁画栋的艺术性到融汇礼制的文化性。礼对政治文化产生了深远的影响,建筑是文化的重要载体,从城市规划布局到民居院落的形制乃至建筑规制等都受到了礼制思想的深远影响。以北方典型民居四合院和宫殿建筑故宫为例,从这两个古建筑的形状布局、形制结构、色彩装饰这些方面开展学习。 1. 建筑的形状布局: (1)学习四合院的形状与布局。 (2)学生自主赏析"最大的四合院——故宫"形状与布局。 **解析**:四合院与故宫坐北朝南,外形方正,中轴对称,布局上以中为尊、以左为上。体现了不偏不倚、方正做人的美好愿景;体现了长幼有序、孝悌持家的家族观念。 2. 建筑的形制与结构: 建筑的形制是指因礼制的特殊规范而产生的建筑等级秩序。 (1)故宫宫殿的大小、比例。

教学过程	故宫建筑的等级体现在了大小与比例,开间的数量也有严格的规定。民间 3～7 间不等,故宫建筑最多可以达到 11 间。 (2) 宫殿的屋顶等级。 建筑的等级也体现在了各种形状的屋顶上,宫殿的屋顶等级依次分为庑殿顶、歇山顶、攒尖顶、悬山顶、硬山顶等。根据等级的不同,形成了各不相同的样式。 (3) 古代木结构建筑之魂——斗拱。 简单了解古代木结构建筑的基本结构方式——榫卯结构,以此结构上发展出了斗拱,宫殿建筑通常使用九层拱。斗拱的搭建有严格流程与技术要求。我们将在第二课时的内容中详细学习与研究。 **解析:**根据等级规定,古建筑大小、屋顶样式、建筑的结构部件都有明确的数量与样式的要求,使建筑外观产生个性鲜明的外观特征。古代劳动人民口口相传,世代遵循,才成就这些辉煌的古代建筑。建筑也体现了"恪守规矩、成就方圆"的处世之道。 3. 赏析故宫的色彩及装饰: (1) 主色调明黄、朱红的用色方法。 (2) 琉璃装饰构件赏析。 (3) 故宫的玉灰色。 **课堂活动:**分组讨论,假如你是故宫的建筑师,如何将琉璃装饰根据比例、颜色的呼应等因素一一贴入相应的背景中。 **解析:**欣赏故宫的明艳色彩,通过色彩的比例,利用四季景色的点缀,感受艳而不俗、张弛有度的色彩搭配。琉璃构件的色彩和造型,也呼应、点缀了故宫的颜色。故宫的玉灰色调和、衬托了故宫的万千色彩。从故宫的用色体会适可而止、平和内敛的人生哲理。
拓展与思考	根据身边的建筑——上海中学"龙门楼"启发学生思考,来谈一谈传统文化的影响与融汇。
课后作业及要求	如何更好地发掘身边传统古建筑中的文化精髓并将其继承、发扬与推广? 1. 小组合作。 2. 图文结合。 3. 课堂分享。

（续表）

课堂小结	本课通过对中国传统建筑四合院与故宫的赏析，知道了古建筑中所承载的传统文化的精髓，让我们每个人都重视中国传统建筑的保护，更好地继承和发扬中华民族的传统文化。

（二）教学思考

在开展教学之前，教师应当充分引导学生多渠道查阅相关建筑资料，在课程讲授之前做好充分的知识积累，通过展示图片的方式来提升学生的图像识读能力。

高中欣赏课的授课模式，容易产生教师"一言堂"的情况，通过本课的教授，教师认为应当在教学过程中设计更多高质量的问题，在提问、思考、回答的互动活动中，学生与学生之间、学生与教师之间，能够碰撞出更多的思想火花，促进学生审美判断能力的总体发展与提高。

教师可以创设有生活体验的情境，以建筑设计竞标的形式，引导学生以个人或小组合作的方式，展示当代建筑方案及设计草图。注意引导学生思考如何在建筑设计方案中运用中国传统建筑元素，如何将中国传统文化的精髓融汇于现代建筑之中。在调研、思考、设计的过程中也锻炼了学生的图像识读、美术表现、审美判断和文化理解力。

教师可以引导学生通过文献研究、实地考察、对比探究等形式，探究东西方建筑的对比与融合，在跨学科方面也可以展开深入的研究，以建筑与物理、建筑与语文等学科的融合为契合点，激发学生自主研究的学习兴趣，养成深入学习的学习习惯。

执笔人：上海市上海中学美术教师陈晓蕾

【专家点评要点】

本节课选自《普通高中教科书　美术　必修　美术鉴赏》第五

课"土木营造"中"匠心营造 巧夺天工"这一单元为教学,以讲解故宫礼制文化的融合为切入点,从而展示了中国古代建筑群的独特魅力及文化内涵。

整堂课的逻辑思路清晰,层层递进,从中国的礼制文化到对建筑布局的影响,再从故宫的建筑布局到细节,如故宫宫殿的大小、比例,宫廷的屋顶、斗拱及故宫的色彩。学以致用也是本课的一个学习目标,最后教师出示的思考题为结合身边的实例以上海中学"龙门楼"来谈一谈传统文化的影响与融汇,培养了学生融会贯通、活学活用的创造性思维。

上海市上海中学美术教研组副组长、高级教师平毓芳

二、"光与色的印象——印象主义绘画"教学设计与教学思考

执教人：谈佳玲老师	新课程、新教材内容	上海书画出版社《普通高中教科书 美术 必修 美术鉴赏》第十六课"视觉变革"中"印象主义"的相关内容。此教材 2021 年出版，教学内容为第 142～144 页。（有视频）
教学课时：第 1 课时	教学时间：2021 年 10 月 26 日	教学对象：高一学生

（一）教学设计

【学科单元概述】

在第三单元前几课的教学活动中，学生已经鉴赏了大量的外国优秀美术作品，在本单元中将聚焦 19—20 世纪的西方绘画流派，选取从印象主义、后印象主义、野兽派、立体主义和抽象主义等不同风格流派的绘画作品，讲述外国绘画作品从印象派开始逐渐脱离传统绘画的选择，追求更多元化的审美过程中诞生的风格迥异、形式多变的艺术流派。通过鉴赏这些流派的作品，审视现代艺术的创新与实验，丰富学生的审美经验。

单元教材分析

1. 单元教学内容

第一部分　图形和色彩的突变

主要讲述印象主义、后印象主义、野兽派、立体主义和抽象主义的艺术特征、代表画家和代表作品。

第二部分　情感和心灵的表达

主要讲述表现主义与超现实主义的艺术特征、代表画家和代表作品,强调主观表达和表现主体的感情与想法。

第三部分　媒介和概念的冲击

主要讲述达达主义与波普艺术的艺术特征、代表画家和代表作品,突破既有思维与对艺术概念的颠覆。

2. 单元基本问题

单元问题侧重于19世纪中期以来外国绘画风格的演变与观念的变化。让学生了解自印象派以来随着现代社会的发展而诞生的越来越多的现代艺术流派及其艺术特点与艺术理念。

单元教法分析和安排

采用课堂讲授、互动交流、研究拓展等方法安排教学活动。第一课时为印象主义绘画,第二课时后印象主义、野兽派、立体主义和抽象艺术绘画,第三课时为表现主义、超现实主义绘画,第四课时为达达主义与波普艺术。

单元目标

认识和了解印象主义、后印象主义、野兽派、立体主义、抽象主义、表现主义、超现实主义、达达主义、波普艺术的艺术特征,结合社会历史文化背景,对相应流派的代表画家和代表作品有一定认知。

通过举例讲解、小组讨论、查找资料等学习活动,鉴赏不同时期外国绘画作品的审美特点和艺术观念,提高图像识读、审美判断能力。

结合时代、环境等因素,体会19—20世纪画家为绘画艺术所作的变革,及支持这些变革的艺术理论,感受这一时期不同流派绘画作品所要表达的情感内涵,增强文化理解能力。

高一年级学生刚从初中升入高中,通过初中阶段的美术、艺术课程的学习,对艺术已有了一定的了解,但还没有形成完整体系,知识系统相对比较零散。通过高一学年的美术鉴赏课程的学习,将艺术作品放在历史、文化的大环境中,学生可以了解艺术并非孤立的,而是和时代、文化、经济、政治等各方面因素密切相关的,艺术也会因为时代的不同、服务对象的不同而产生相应的变化,从而在图像识读、审美判断、美术表现、创意实践和文化理解的核心素养方面有更长足的发展。

单元课时设计

单元课时目标	课 时 目 标	关键问题
第1课时 光与色的印象——印象主义绘画	1. 了解印象主义绘画的艺术特征与产生原因。 2. 理解印象主义的艺术理念与主要技法。 3. 体会印象主义创新的精神与对后世的影响。	印象主义产生的原因与其艺术理念。
第2课时 图形和色彩的突变——后印象主义、野兽派、立体主义、抽象主义绘画	1. 了解后印象主义的艺术特点。 2. 理解后印象主义与野兽派、立体主义、抽象主义的联系。 3. 体会后印象主义开创现代绘画的精神与理念。	现代艺术的理念;后印象主义与其他画派的传承关系。
第3课时 情感和心灵的表达——表现主义、超现实主义绘画	1. 了解表现主义与超现实主义绘画的艺术特点。 2. 理解表现主义与超现实主义绘画对情感、心灵的表达。 3. 体会表现主义与超现实主义绘画对社会的反思与人内心情感的需求。	表现主义与超现实主义绘画对社会和情感的表达。

（续表）

单元课时目标	课　时　目　标	关键问题
第4课时　媒介和概念的冲击——达达主义与波普艺术	1. 了解达达主义与波普艺术的特征。 2. 理解达达主义与波普艺术对艺术理念的颠覆与突破。 3. 体会现当代艺术的突破性与概念性。	达达主义与波普艺术对艺术的概念与审美的冲击。

【教学目标】

1. 知识与技能：了解什么是印象主义及其产生的原因、理念与技法。

2. 过程与方法：通过欣赏分析、小组讨论等方式，深入对印象主义作品的赏析。通过色彩原理的学习，结合当时社会环境的变化，了解影响印象主义艺术的社会环境及印象主义产生的原因和对后世艺术的影响。

3. 情感态度与价值观：理解艺术流派产生的不同原因、服务的不同对象，与社会发展挂钩、与人文背景相关、与科学技术相应。

【教学重点】

印象主义的客观性、真实性。

【教学难点】

体会外国绘画的风格、审美和传达的精神内核的变化。

【学情分析】

本部高一学生已学习从原始艺术开始到印象主义之前的西方艺术，有一定的艺术鉴赏能力。

【设计思路】

从印象主义与之前的绘画的对比进行导入，开门见山地提出印象派绘画的特点，通过背景介绍及光色实验进一步了解印象主义，并欣赏印象主义画家作品，了解印象主义技法。

【教学过程】

1. 导入

印象主义绘画与之前绘画的区别：

提问：首先，我们来看一下这两张画在画法上有什么区别？

轮廓、色彩、笔触、造型、细节。

总结：印象主义与之前绘画的区别：印象主义的绘画色彩更亮、不强调造型；以前的画重造型、色彩偏暗，这是画法上最大的区别。

设计意图：以画法的对比导入，直观地呈现印象派与其之前绘画的不同，以提问引导学生主动发现画法上最大的不同点。

2. 新授

（1）什么是印象主义？

印象主义是我们比较熟悉的一个画派，也是一直比较受欢迎的画派。

提问：你对印象派有什么了解？

总结：印象主义是表现光与色，捕捉瞬间印象的画派。

（2）印象主义名称的由来。

《日出印象》赏析与背景介绍。

前段时间在上海展出的《日出印象》，是印象主义代表画家莫奈的名作，也是印象主义的成名之作。

（3）印象主义产生的原因。

照相机技术的发明（挑战）。

色彩原理的发现（契机）。

绘画材料的革新（条件）。

（4）小组讨论：印象主义是不是抛弃了对真实的追求？

（5）对印象主义质疑的回应。

莫奈的三组连画。

印象主义发现了色彩。

色彩实验：补色实验。

（6）印象主义的方法和技法。

户外写生。

色彩分割法。

（7）印象主义群体。

德加、西斯莱、毕沙罗、莫奈（睡莲）、莫里索。

强调色彩、光影的同时也有个人特点。

（8）印象派受欢迎的原因。

在第一、二届印象主义画展之后，对于印象主义的批评就变得很少了，因为这些批评的声音完全没有阻碍广大民众对于印象主义的喜爱，印象主义作品的销量也非常好，市场已经先于官方接受了印象派。

讨论：印象主义受欢迎的原因是什么？

设计意图：印象主义是学生较为熟悉与喜爱的画派之一，教师引导学生表达自己理解与掌握的部分，并予以总结补充；通过变换光源色对物体色彩的影响，理解物体色彩与光的关系；通过对作品的赏析进一步理解印象主义的绘画作品；最后通过讨论印象主义受欢迎的原因升华主题，体会印象主义的创新精神。

3. 总结

印象主义从 19 世纪六七十年代开始，到 20 世纪 20 年代结束，莫奈去世之后就不再有新的印象主义画家。印象主义是客观的，但与之前绘画的客观不同，印象主义把之前作为绘画手段的色彩作为了自己的母题。印象主义从绘画开始，不仅影响了造型艺术的多方面，并影响了文学、音乐等各领域。

印象主义给后印象派画家们的启发是非常大的，之后的后印象派画家塞尚真正地开启了现代艺术的大门。

4. 拓展

了解新印象主义（点彩派）的艺术理念与代表画家。

设计意图：当对光色原理的研究走向极致的时候产生了更加理性的点彩派。

（二）教学思考

印象主义是学生较为熟悉和喜爱的绘画流派，为了避免对印象派的理解流于表面，教师在课程中设计多环节的提问，层层深入，引发学生的深层思考，理解印象主义画家面对时代挑战的创新精神和对真实的追求。

通过对印象主义绘画与之前绘画的对比，引导学生表达自己的审美感受，通过具体作品分析，理解审美的多元性，加强图像识读与审美判断能力，体会不同时代环境下对于艺术的真实与表达的变化，增强文化理解能力。关于如何引发学生主动思考与深入探究的意愿，教师可以尝试前导性地安排一些相关调查与文献检索。

执笔人：上海市上海中学美术教师谈佳琤

【专家点评要点】

印象派是中国人最为熟悉的西方画派，因其画面上绚丽的色彩、变幻的光影而深受国人的喜爱。印象主义在西方的艺术史上也是承前启后、继往开来的重要作用，本节印象主义绘画鉴赏课构思精巧、逻辑清晰，由理论引入到实际引出，深入浅出地介绍了印象主义形成的历史大环境及印象主义的艺术特征与代表作品，还有作品背后的艺术家群。教学环节设计合理，知识及内容层层递进。通过本课学习，学生对于印象主义的绘画与理念能有较为简单的了解，同时通过本课学习，学生们能体会艺术家勇于打破传统，开创不同以往的观察方式并应用新的绘画语言进行创作，为艺术发展而开拓创新的宝贵精神。

上海市徐汇区教育学院中学艺术、美术教研员黄展新

三、"真实的标准——古希腊雕塑鉴赏"教学设计与教学思考

执教人：谈佳玮老师	新课程、新教材内容	上海书画出版社《普通高中教科书 美术 必修 美术鉴赏》第十三课"凝静华美"中"高贵静穆，美的理想"的相关内容。此教材2021年出版，教学内容为第121～122页。
教学课时：第2课时	教学时间：2021年11月23日	教学对象：高一学生

（一）教学设计

【学科单元概述】

在第二单元第六课"雕塑风骨"中，学生已经鉴赏了大量的中国优秀雕塑作品，在本单元中将聚焦于国外雕塑，选取从原始雕塑、古希腊雕塑、古巴比伦雕塑、古埃及雕塑，到文艺复兴时期的雕塑，再到国外现代雕塑等一系列具有代表性的雕塑作品，讲述外国雕塑的渊源以及不同时期、不同地域雕塑的艺术特征，引导学生在鉴赏这些作品的过程中，体会外国雕塑作品的审美追求和传达的精神内涵。

单元教材分析

1. 单元教学内容

第一部分 高贵静穆 美的理想

主要讲述古代雕塑的艺术特征及古代各地区雕塑和古希腊雕塑的关系。分别讲述古希腊雕塑、古埃及雕塑、古巴比伦雕塑的艺术特征。

第二部分　人文复兴　美的流变

主要讲述从文艺复兴时期到新古典主义时期雕塑艺术的发展。展现人文主义思想对文艺复兴时期雕塑创作的影响，反映出当时的世俗精神，以及新古典主义对古希腊、古罗马雕塑艺术的追求。

第三部分　多元融合　美的交响

主要讲述现代雕塑和当代雕塑的发展及艺术特征，体现了当时的雕塑家对现代雕塑发展的探索。现代雕塑在思维观念、艺术表现、材料加工等方面对传统雕塑进行了大胆的革新，将雕塑艺术推向公共环境，从创意到材料运用都得到了极大的拓展。

单元基本问题

单元问题侧重于外国雕塑各个时代的代表作品与艺术特征。理解古代雕塑之间的风格联系，理解文艺复兴时期雕塑风格转变与时代的关系，认识当代雕塑衍变的原因，感受雕塑艺术的独特魅力和作品呈现的文化内涵。

单元教法分析和安排

采用课堂讲授、互动交流、研究拓展等方法安排教学活动。第一课时为古埃及与古巴比伦雕塑，第二课时为古希腊雕塑，第三课时为文艺复兴到新古典主义的雕塑，第四课时为现当代雕塑。

单元目标

了解古希腊艺术家确立的雕塑艺术的"理想美"原则，知道外国雕塑艺术的渊源，了解各地区雕塑的艺术特征。

通过举例讲解、学生讨论、查找资料等学习活动，鉴赏不同时期外国雕塑作品不同的审美特点。

结合时代、环境等因素，体会外国雕塑作品的审美追求与传达的精神内涵,感受雕塑艺术的独特魅力和作品所呈现的文化语境。

单元课时设计

单元课时目标	课　时　目　标	关键问题
第1课时　庄严凝重　美的起源——古埃及、古巴比伦雕塑	1. 了解古埃及、古巴比伦雕塑的艺术特点。 2. 理解古代雕塑的渊源与程式。 3. 体会古埃及、古巴比伦雕塑的审美追求与目的。	古代雕塑的渊源,古埃及、古巴比伦雕塑的目的与程式。
第2课时　高贵静穆　美的理想——古希腊雕塑	1. 了解古希腊雕塑的艺术特点。 2. 理解古希腊雕塑的发展。 3. 体会古希腊雕塑的审美追求与精神内涵。	古希腊雕塑对理想美的追求。
第3课时　人文复兴　美的流变——文艺复兴至新古典主义雕塑	1. 了解文艺复兴、新古典主义雕塑的艺术特点。 2. 理解文艺复兴、新古典主义受到的世俗影响。 3. 体会文艺复兴及之后艺术的变化与发展。	文艺复兴与新古典主义雕塑反映的精神内核。
第4课时　多元融合　美的交响——现当代雕塑	1. 了解现当代雕塑的艺术特点。 2. 理解艺术家对于创作的探索与理念的变化。 3. 体会不同社会、文化背景下艺术的审美变化。	现当代雕塑对艺术领域的拓展和理念的衍变。

【教学目标】

1. 知识与技能:了解古风、古典和希腊化时期古希腊雕塑的特点及发展,古希腊人对于真实的观念及其对后世的影响。

2. 过程与方法:通过对古希腊各个时期作品的欣赏分析,掌握不同时期雕塑的特点和规律,能尝试赏析作品。

3. 情感态度与价值观:体会西方古典艺术源头的古希腊的艺术特点,有一定格式和规律的视觉美感形式是古希腊艺术最大的特征,体会古希腊人从理性出发对人体美的标准的追求。

【教学重点】

古风时期雕塑的特点(人神同形、人体崇拜),古典时期雕塑的特点(对立平衡、完美比例、黄金分割)。希腊化时期的两个倾向三位大师。

【教学难点】

体会古希腊雕塑对于理想美的追求。

【学情分析】

本部高一年级经过了对于艺术鉴赏的方法、砖石拱筑单元和本单元第一课时古埃及和古巴比伦雕塑的学习,对艺术的观念与规律已有一定的了解。

【教学过程】

1. 导入(探讨真实的标准)

在进入正题之前,我们来讨论一个问题,请观察以下三幅作品,你觉得哪一幅看起来更真实?

图 1

这三幅画分别来自古埃及、文艺复兴时期和属于现代艺术的立体主义作品。绝大部分人都会认为是中间那幅文艺复兴时期的作品更真实,为什么呢? 因为这幅作品上的人更像真人。

从创作者的本身理念出发,其实这三幅画都是在表现真实。

古埃及人追求的是用最清晰、最具特征的角度呈现身体每个部位,是存在上的真实,也是将从不同角度观察得到的结果组合在一起体现出来的。

立体主义绘画是力争在二维平面上表现三维物体的立体形象,艺术家将对象进行拆解、重构,将人或物各个面的形象同时置于一个画面上,把不同角度观察到的物体组合在一起来进行表现的,和古埃及人的理念是相通的,但是和我们表现真实的角度不一样。

而文艺复兴时期作品的真实则是从某一个固定的视点出发,用人的眼睛能看到的对象呈现的样子,可以被遮挡,也可以不全面。

既然这三者都是表现真实的,那为什么会觉得文艺复兴时期的绘画更接近我们肉眼所看到的呢?

因为我们现代人关于真实,或者说写实的观念,和文艺复兴时期一样,在很大程度上受到了古希腊文明的影响。从某一个固定的视点出发,来观察和表现对象的方法就是我们现在感觉最真实、最写实的表现手法。

2. 讲授新课

(1) 古风时期: 人神同形,人体崇拜,古风的微笑和对真实的追求

接下来,我们来看一看影响了我们真实观的古希腊艺术的最高成就——雕塑。

法国卢浮宫镇馆三宝其中之二是古希腊时期的雕塑。美不美? 很美,但是古希腊人也不是一开始就能达到这个高度的。最开始,他们的雕刻是木雕小人,也有石雕小人,非常小,和维伦道夫的维纳斯差不多大小。后来才开始制作真人或者更大比例的雕刻。之所

以有这么大的进步,就是源于他们对真实的追求。

① 青年男子像

为什么一下子就能从这么小的小雕像,变成了这么大的雕刻? 我们可以想象一下,在本子上画一个小人和在墙上或黑板上画一个 真人大小或更大的人,它们的难度是完全不一样的,更不用说还是 三维的雕刻了。假如有一刀没有刻好,整个雕像可能就失败了。所 以,必须要有一定的工艺、技法来支撑。这个技法从哪里来的呢? 从古埃及人那里来。

技法:

古埃及人用打格子并按严格的比例来作壁画的技法,同样也用 在雕刻上。

动作简单、僵硬…… 适应古埃及程式要求的技术,不能有太大 的变化。

古希腊人从古埃及人那里学到了这个雕刻技法之后,就开始制 作大量的青年男子像,从比真人略小到五米多高的都有。那么这些 雕像是干什么用的呢?

用途:

首先,他可以代表神。

其次,他可以是献给神的礼物。

另外,他还可以代表具体的某个人。最早发现这些青年男子像 的时候,西方人认为他们都是神,但后来发现不是,因为有些底座上 刻着人名。之前我们讲到陶器的时候,提到古希腊有一种大型的陶 瓶,可以作为墓碑的用途。从青年男子像出现之后,这个作用就被 青年男子像取代了。雕像代表的通常是在战争中去世的人。

这些青年男子像从外观上来看,并没有太大的差别,那为什么 他们既可以代表神又可以代表人呢?

因为古希腊的神是最接近人的神,古希腊的人也是最接近神的 人。他们的神和人拥有一样的外形、一样的情感、一样的欲望,他们人神同形。

进步：

我们来看接下来的一组雕刻，他们都是青年男子像，请学生们观察他们的共同点和不同点。

共同点：裸体——人体崇拜。因为人神同形，神比人更完美，完美在哪里？外在表现就是身体更加健康、美观，把自己的身体锻炼得越健美就越接近神，所以古希腊人都是健身达人，追求肌肉、酷爱运动（奥运会），不爱穿衣服的原因就是因为人体崇拜。

微笑——古风的微笑。为什么要笑？有一个说法，为了体现健康和富裕，也为了增强雕塑的生动性与真实感。因为既能赋予人物面部生气，同时又不破坏美感的形式语言就是微笑。

不同点：进步的细节、结构、质感，更加写实、真实。

古希腊人的真实观和古埃及人是不同的，所以他们无法满足于古埃及的雕刻程式，他们一直在追求进步。

古埃及人几千年来使用同一个技法、同一种程式，这是有原因的。古埃及的雕刻是为了永恒，为了重生，所以抗拒变化。但是古希腊人没有这个讲究，没有这些束缚，不需要严格地按照古埃及人的程式来，他们开始寻求变化和进步，寻求他们眼里的真实，开始更加仔细地观察。

从发型、肌肉、皮肤的质感、身体的结构，各个方面都开始探索、进步，雕刻变得越来越真实、越来越自然。

矛盾：

部分真实后产生的矛盾：古风的微笑表情与脸部肌肉的矛盾，柔软写实的皮肤、肌肉质感与僵硬的动作之间的矛盾。

当身体的各部分都越来越真实的时候，古希腊人发现，相对来说，笔直站立，重心均匀分布在两腿之间的姿势就显得相对僵硬了。所以他们开始改良姿势和比例。

② **严谨风格 克里提奥斯的少年**

人物肌肉、面部皮肤、发型、表情的真实。

和真人一模一样,生命的完美复制。

当真实达到了极致,古希腊人又开始不满足了,他们不再满足于对于真人的复制,而是开始追求能够普遍适用的一些法则,用来展现更加理想化的人体。

(2) 古典时期 追求理想和真理

① **古典早期**

宙斯像:

新的技术(失蜡法、间接失蜡法)的出现,解决了许多问题。

首先,从雕刻转变为雕塑,可以刻,也可以塑,从只能做减法转变为能加能减,将细节做得更完善。

其次,解决了石材本身自重引起的容易断裂的问题,不需要支撑部分也可以做出各种动作。

米隆的掷铁饼者:

捕捉了运动中的一个极点,衔接两部分动作,暗示了前段的蓄力动作和后段的发力动作。完成了雕塑从只能表现静态到表现动态的转变。

② **古典盛期**

波利克莱塔的《持矛者》法则:

从比例上追求完美 1∶7。

从人物的动态上,请一位学生上台模仿这个动作。模仿者与观众的不同感受(也可与青年男子像对比):看上去轻松、自然,实际有些别扭、复杂。

《持矛者》确立的**对立平衡法则**,被后世沿用至今。

米洛斯的阿弗洛狄忒:

如果说《持矛者》是古希腊男性美的标准。古希腊时期还有一座代表女性美的标准的雕塑。

展示《米洛斯的阿弗洛狄忒》，请学生试着分析一下：

1. 比例。
2. 动态。

展示数学题：维纳斯的黄金分割。

（《米洛斯的阿弗洛狄忒》是希腊化时期的作品，但是她遵循的主要还是古典时期的规则。从古典后期开始，希腊雕塑又有了新的变化。）

古希腊的毕达哥拉斯学派认为万物皆数，世间一切的美都可以用数学公式体现，数学公式体现在音乐方面就是节奏，体现在艺术方面就是比例。

现在大部分人都认为，艺术是感性的，但是对于古希腊人来说，艺术更是理性的。他们从理性的角度出发，运用观察方法，总结规律，得到普适法则，将雕塑艺术发展到了一个前所未有且后人难以企及的高度。

所以，不管是文科生还是理科生，只要你对艺术有兴趣，都能学好艺术。

③ 古典晚期：两个倾向三位大师

悲伤的尼奥贝的女儿（悲剧风格）：

斯科帕斯《尼奥贝群像》，底比斯王后尼奥贝因侮辱勒托女神，被女神派其子女阿波罗和阿尔忒弥斯了射杀她的子女。

痛苦和悲伤的表情比较克制，体现古希腊的节制美德。

赫尔墨斯和小酒神（柔美风格）：

普拉克西特列斯的雕塑特点：柔美。

休息的赫拉克勒斯：

留西帕斯：将人体的最佳头身比例改为 1：8。

到公元前四世纪的时候，风格的个人化已经有很明显的趋势。其中一个重要原因在于城邦在人们生活中的重要性正逐渐降低。先是伯罗奔尼撒战争，后是马其顿的崛起，都在很大程度上削弱了雅典民主制度高度发展时期所树立的理想信念。艺术风格的多样化既可以说是古典艺术理想的衰落,也被认为是艺术发展的必然结果。

(3) 希腊化时期

人的感情、情绪支配表情和动作。

表情夸张,动作扭曲。

拉奥孔:

引申:米开朗基罗,奴隶系列。

高卢人

3. 总结

古希腊的雕塑处处体现着秩序和理性,他们在不断的循环和尝试中进步,从小雕塑到大雕塑,到和真人一模一样大小的雕塑,再到进行创造改变,一直到最后因为社会的动荡走向了下坡路。古希腊的优秀雕塑作品一直是我们对于美和真实的标准,给了后世许多启发。

4. 拓展

古埃及、古希腊艺术都有一定的规则、程式或标准,那么其他的艺术形式是否也有规则、程式? 请思考一下。

(二)教学思考

高中美术鉴赏课程以教师讲授为主,容易形成灌输式课堂教学,因此教师在问题设计和引导学生深层思考方面需要更多的考虑。本课以思考真实的标准为引导问题,启发学生思考艺术及其标准在不同时代和不同社会背景下所产生的差异性,加强美术核心能力中的图像识读、审美判断和文化理解能力。

在学生模仿古典盛期雕塑的活动中,通过观察者与模仿者的对话交流,体会古希腊雕塑看似自然轻松实则经过精密设计的肢体动作,体会古希腊雕塑家讲究视觉上而不是真实的自然与平衡感,结合对人体比例的严格规定,理解古希腊古典时期对于理想美的追求。

因课时时间有限,在教学内容安排上可以更加精炼,更多地引导学生阐述自己的理解与看法。

执笔人:上海市上海中学美术教师谈佳琤

【专家点评要点】

本节课程内容从问题探讨出发,并通过提问、讨论、模仿等活动形成较好的课堂互动,课堂氛围较为活跃,课程内容逻辑顺畅,清晰地展现了古希腊雕塑的演变、发展与艺术理念。

上海市上海中学美术教研组长、高级教师罗陵君

信息技术学科
"双新"教学课例

一、"网络故障排除小能手"
教学设计与教学思考

执教人：毛黎莉老师	新课程	华东师范大学出版社教材《普通高中教科书　信息科技(第一册)》第三章《计算机网络与因特网》的相关内容。
教学课时：单元设计第 8 课时内容	教学时间：2020 年 12 月 21 日	教学对象：高一年级

（一）教学设计

【单元教材教法分析】

表 1

单元定位	
《普通高中教科书　信息科技(第一册)》第三章《计算机网络与因特网》。信息传输是信息处理过程中的重要组成部分,其基本思想是现代通信技术,特别是计算机网络技术产生和发展的基础。	
单元核心概念	**单元重要概念**
概念 1-1：计算机网络； 概念 1-2：计算机网络三要素； 概念 1-3：TCP/IP 协议； 概念 1-4：因特网的应用。	概念 1-1-1：计算机网络； 概念 1-1-2：局域网和广域网； 概念 1-1-3：拓扑结构； 概念 1-2-1：通信线路；

（续表）

单元核心概念	单元重要概念
	概念 1-2-2：连接设备； 概念 1-2-3：网络协议； 概念 1-3-1：因特网； 概念 1-3-2：TCP 协议、IP 协议及其工作原理； 概念 1-3-3：IP 地址的组成、分类； 概念 1-3-4：域名； 概念 1-4-1：应用层的协议和应用。

相关概念关系图

核心概念与生活相关性举例	概念提出背景及当前概念的新发展
概念 1-1：计算机网络（地图、人际关系等）。 概念 1-2：计算机网络三要素（作为信息系统的要素，可以思考地铁进站结算系统、发送信件类比）。	提出背景：计算机网络是目前用于信息传输的最主要的手段，除了必要的硬件要素，以及考虑地域、结构和需求的影响外，通信双方约定如何通信也是至关重要的。

（续表）

核心概念与生活相关性举例	概念提出背景及当前概念的新发展
概念 1－3：TCP/IP 协议（快递、电话号码类比）。 概念 1－4：因特网的应用（从常用的因特网应用出发解析）。	目前信息通信的技术手段和方法已经极大地扩展，除了传统的计算机与计算机通信外，还包含其他各种设备的参与，但计算机网络的三要素并没有发生根本变化，只是内容扩展了。
学生认知起点	
初始概念调查： □问卷调查□课前访谈 √课前问答□课前作业 □其他：_____	片面之处： 网络就是因特网。 错误之处： _____。

教学基本要求

学生将掌握的学科知识：
理解计算机网络的概念；组成的网络三要素和主要分类；知道常见的信息传输载体和连接硬件及其作用；理解网络协议的概念和主要作用；理解 TCP 和 IP 协议的工作原理；理解 IP 地址和域名表示的概念；能够列举局域网构建的各个要素和建议设置。
学生将发展的能力：
能够结合所学的信息传输的知识，初步甄别出影响信息传输的因素。
学生将形成的观念：
信息传输过程中需要传输协议的约定。

单元教学方法简述

通过生活中经常接触到的常见计算机网络（机房局域网或家庭局域网）进行网络概念和组成的三要素的讲解。
TCP/IP 协议的讲解可通过课堂传输信息的课堂活动（多次迭代的方法）来进行讲解。
局域网构建的各个要素和建议设置采用多种应用情况的罗列和方案设计的方法巩固。

（续表）

单元教学方法简述
评价的重点是网络三要素的辨析和应用；网络协议的作用；TCP/IP 协议的工作原理；IP 地址的组成、分类和应用；因特网的应用。 作业的内容主要涉及重点名词的概念理解和辨析、综合应用，以章节为主，辅以 2 次课后作业（20 分钟左右）。

单元课时和安排
单元所需课时：__8__ 第 1 课时：信息传输和计算机网络的概念； 第 2 课时：计算机网络三要素和分类； 第 3 课时：计算机网络传输载体与设备； 第 4 课时：信息传输规则与策略； 第 5 课时：因特网基础； 第 6 课时：因特网的传输规则； 第 7 课时：因特网应用； 第 8 课时：单元复习。

【学情分析】

作为上海中学高一平行班学生，学生已经完成了信息科技课程必修模块第三章节网络部分的学习，具备了一定的网络基础知识，本节课程为网络章节的复习课。学生在日常生活中使用网络非常频繁，但遇到网络故障后通常却手足无措，缺乏解决问题的经验。

【教学策略分析】

该教学内容为《普通高中教科书　信息科技（第一册）》第三章"计算机网络与因特网"完成教学后的复习课。往常复习课都采用知识点梳理和要点练习的方式完成，本课在设计上调整了原来复习课的教学方法。基于新课程标准的要求，以项目式学习为主，设计了基于"网络基本故障排除"的项目，通过逐步解决子任务的方法来实现知识点梳理和网络实际故障问题的解决，以达到综合复习的效果。并且在解决子任务的过程中,通过学习单、数字化学习等方法,借助数字化平台,最终由学生共同整理出网络基本故障检测排除方法,旨在让学生通过项目对已学知识进行再梳理,并运用到实际的问题解决中。

【核心素养培养】

1. 通过故障情况结合所学的知识,准确发现、甄别问题(信息意识)。

2. 按照内容的指引完成故障的逐一排查与解决,并总结故障排除的顺序(计算思维)。

3. 利用提供的视频资料进行复习和操作,并在数字化平台上完成指定任务(数字化学习与创新)。

【教学目标】

1. 综合应用所学的网络知识,解决网络故障问题。

2. 通过经历项目完成的全过程,总结网络基本故障排除方法和一般顺序。

【教学重难点】

综合应用所学知识排查网络基本故障并解决故障。

【教学环境】

搭建 4 组网络故障环境(每组 3 台计算机,共 12 台;每组 1 台 ipad,共 4 台;网线,交换机,路由器,无线投屏器,电子白板)。

【教学过程】

表 2

教学环节	教 师 活 动	学 生 活 动	估计问题与解决预案
导入	明确本节课的学习任务: 1. 复习计算机网络部分学习的要点。 2. 目前,实验环境中网络连接存在故障,学生分组能够排除网络故障,最终登录在线思维导图制作网站,协同完成复习思维导图的绘制。		

教学环节	教 师 活 动	学 生 活 动	估计问题与解决预案
任务 1	从计算机网络的概念出发,复习网络的三要素和网络实现的功能。 1. 根据网络相关硬件组成的描述,对实验环境中的网络进行对应设备的勾选。 2. 根据网络的覆盖范围划分,在学习单上选择网络的类型。 3. 根据网络的连接拓扑结构划分,在学习单上选择网络的拓扑结构。 4. 请学生总结星型网络拓扑结构的优缺点。	1. 学生聆听计算机网络概念的复习,并结合实际的实验环境,完成学习单上的子任务,并实时反馈给教师。 2. 学生回答星型网拓扑结构的优缺点。	
任务 2	1. 计算机网络中的各个硬件组件的物理连接是实现网络互通的基本条件,请学生检查一下硬件的连接是否完成,并在学习单上完成勾选。 2. 复习交换机和集线器的区别。 3. 请学生回答,要完成目前这个局域网访问因特网,还需要增加什么传输设备和连接线路。	1. 学生检查网卡端的网线连接是否完成;检查对应网线的交换机端的网线连接是否完成。 2. 检查交换机端的网线端口选择是否正确。 3. 全部完成后应当显示连接成功的图标,如果仍旧不成功,则可以查看网线是否存在制作问题。 4. 查看交换机的电源是否打开。 5. 学生思考还需要什么传输设备和连接线路将局域网连接到因特网。	教师活动中的 1 和 2 将根据学生任务 1 的学习单回答调整顺序。

教学环节	教师活动	学生活动	估计问题与解决预案
任务3	1. 完成网络连接后，请学生尝试上网（存在网络故障），并描述故障的情况（IP地址冲突；没有冲突，但不能上网）。 2. 思考网络的硬件组成完成物理连接后，IP地址正确设定的必要性，请学生总结IP地址的特征（版本，组成，唯一性）。 3. 请学生观看微视频"IP地址的检查与设定"后，完成本机IP地址的查看。 4. 引导学生根据学习单的IP建议地址分析这些IP地址的适用性（网络的分类，是否在同一网络中，结合交换机）。 5. 尝试登录在线思维导图制作网站。	1. 学生尝试上网后，描述故障的情况，并在学习单上做记录。 2. 根据教师的问题，回答IP地址的几项特征。 3. 观看微视频，完成本机IP地址的查看，并在学习单上做记录。 4. 阅读学习单，进行思考和回答。 5. 尝试登录网站。	学生会忽视IP地址冲突的图标，教师可以走到学生中进行提示。
任务4	引导学生分组在线协同完成本节课程"复习知识点"和"网络基本故障检测排除方法"的思维导图。	学生分组协同完成思维导图，完成过程中及完成后通过屏幕共享进行交流展示。	需要学生事先完成网站注册。
小结	1. 通过网络的概念梳理本节课程相关的网络知识点。 2. 网络基本故障的检测排除方法。		

学习单1：

表3

学习单1：网络物理连接Ⅰ

1. 请观察桌上包含以下哪些设备，并打√。

计算机设备	传输线路	连接设备
□台式机 □移动设备 □服务器	□双绞线 □同轴电缆 □光纤	□集线器 □交换机 □路由器

2. 按覆盖范围划分，该网络属于哪种网络？　□广域网　　□局域网

3. 按拓扑结构划分，该网络属于哪种网络？　□环型　　□星型　　□总线型

学习单2：

表4

学习单2：网络物理连接Ⅱ

1. 请检查以下网络中各硬件设备的连接情况，并打√。

网线是否正确连接到计算机网卡？　　　　□是　□否
网线是否正确连接到交换机上？　　　　　□是　□否
检查交换机端的网线端口选择是否正确？　□是　□否
网线是否存在制作问题？　　　　　　　　□是　□否
检查交换机的电源开关是否被打开？　　　□是　□否

2. 要完成目前这个局域网访问因特网，还需要增加什么传输设备和连接线路？

传输设备：

连接线路：

学习单 3:

表 5

学习单 3:网络 IP 地址设定
1. 请尝试上网,并记录故障情况:
2. 查看本机 IP 地址,并记录: 使用方法:☐ 通过 ipconfig 命令   ☐ 通过查询网络属性查看 本机 IP 地址: 可能存在的问题:
3. 建议将其中一台计算机的 IP 地址设定为 192.168.3.3。   ☐ 顺利完成   ☐ 存在困难 * 子网掩码和 DNS 地址请保留原先的,不作修改。
4. 和其他组学生一起协商后,为另两台计算机设置的 IP 地址为: IP 地址:＿＿＿＿＿＿＿＿＿＿＿＿＿＿＿＿＿＿＿＿ IP 地址:＿＿＿＿＿＿＿＿＿＿＿＿＿＿＿＿＿＿＿＿
5. 是否能够成功登录在线思维导图制作网站?   ☐ 顺利完成   ☐ 存在困难

小资料:"网络故障排除小能手"课例项目设计

1. 项目背景:该项目为《普通高中教科书 信息科技第一册》

第三单元《计算机网络与因特网》完成教学后的复习课。往常复习课都采用知识点梳理和要点练习的方式完成,本课在设计上调整了原来的复习课的教学方法。基于新课程标准的要求,以项目式学习为主,设计了基于"网络基本故障排除"的项目,通过逐步解决预设子任务的方法来实现知识点梳理和网络实际故障问题的解决,以达到综合复习的效果。并且在预设子任务的解决过程中,通过学习单、数字化学习等方法,借助数字化平台,最终由学生共同整理出"网络基本故障检测排除方法",旨在让学生通过项目对已学知识进行再梳理,并运用到实际的问题解决中。

　　2. 工具参考:

表6

项目设计概览					
项目名称:	网络基本故障排除				
项目总课时:	1		本课为第	1	课时
学科:	信息科技	年级:	高一	教师:	毛黎莉
学生总数:	37		每组学生数:		9
项目活动主要环节					
项目导入:	明确本节课的学习任务: 复习计算机网络部分学习的要点。 目前实验环境中网络连接存在故障,学生分组能够排除网络故障,最终登录在线思维导图制作网站,协同完成复习思维导图的绘制。				
环节一:	计算机网络必要设备查看			涉及学科核心素养	
环节简述:	从计算机网络的概念出发,复习网络的三要素和网络实现的功能。 根据网络相关硬件组成的描述,对实验环境中的网络进行对应设备的勾选。				

（续表）

环节一：	计算机网络必要设备查看	涉及学科核心素养
环节简述：	根据网络的覆盖范围划分，在学习单上选择网络的类型。 根据网络的连接拓扑结构划分，在学习单上选择网络的拓扑结构。 请学生总结星型网络拓扑结构的优缺点。	
环节二：	通信线路和连接设备查看	涉及学科核心素养
环节简述：	计算机网络中的各个硬件组件的物理连接是实现网络互通的基本条件，请学生检查一下硬件的连接是否完成，并在学习单上完成勾选。 复习交换机和集线器的区别。 请学生回答，要完成目前这个局域网访问因特网，还需要增加什么传输设备和连接线路。	
环节三：	逐步排除故障	涉及学科核心素养
环节简述：	完成网络连接后，请学生尝试上网（存在网络故障），并描述故障的情况（IP 地址冲突；没有冲突，但不能上网）。 思考网络的硬件组成完成物理连接后，IP 地址正确设定的必要性，请学生总结 IP 地址的特征（版本、组成、唯一性）。 请学生观看微视频"IP 地址的检查与设定"后，完成本机 IP 地址的查看。 引导学生根据学习单的 IP 建议地址分析这些 IP 地址的适用性（网络的分类，是否在同一网络中，结合交换机）。 尝试登录在线思维导图制作网站。	1. 通过故障情况结合所学的知识，准确发现、甄别问题（信息意识）。 2. 按照内容的指引完成故障的逐一排查与解决，并总结故障排除的顺序（计算思维）。 3. 利用提供的视频资料进行复习和操作（数字化学习与创新）。

(续表)

环节四：	在线协同总结	涉及学科核心素养
环节简述：	引导学生分组在线协同完成本节课程"复习知识点"和"网络基本故障检测排除方法"的思维导图。	在数字化平台上完成指定任务(数字化学习与创新)。
环节五：	课程小结	涉及学科核心素养
环节简述：	通过学生分享、展示、交流完成的思维导图进行复习，主要包含两方面： 1. 通过网络的概念梳理本节课程相关的网络知识点。 2. 网络基本故障的检测排除方法。	
项目成果		
个人成果：	无	
团队成果：	在线协作完成的本章思维导图。	
项目展示形式：	在线协作完成的本章思维导图。	
评价方式：	过程性评价(学习单、课堂问题回答、实施等)和成果性评价(思维导图)。	
学生反思方式：	在交流和聆听过程中反思本单元知识点的完整性，以及知识的综合掌握程度。	

(二)教学思考

本课程在实施教学后，基本完成了课程设计既定的课程目标，即达成了网络单元相关知识复习，学生能够总结出网络基本故障排除方法和一般顺序。教学过程中学生能够表现得较配合、投入，各子项目的完成度较好；由学生合作的思维导图基本完成，但在各组中存在一定的差异。作为教师，在经历课程设计、课前准备、教学实施后有以下几点感受：

1. 项目的选择建议遵循"贴近"原则

项目的选择一直是令人头疼的环节，有代表性、针对性的项目往往百里挑一。由于现实生活中的情境包含的知识点较多较杂，并不是结合或通过基本教学能够讲解清楚的，而需要更多的拓展和实际场景的考虑，在必修课程中的知识难以全部覆盖。因此我提出了"贴近"原则，即基于真实场景的改良设计。第一，项目背景要真实，可以在生活中找到相同或相似的情境；第二，项目活动可以根据知识点进行特定情况的设计；第三，项目和知识之间的关系应是"相辅相成"。

2. 项目的设计不必拘泥于课时长短

谈到项目式学习，教师一般会考虑大项目，即涵盖多个课时的项目设计。而本次课程尝试了 1 课时的项目教学。很多老师会纠结，这个应该叫项目还是案例，但个人认为，只要符合项目式学习的各要素，就可以称为项目式学习。教师可以放开手脚设计，不必拘泥于课时。

3. 需要考虑项目实施环境颗粒度设计

在教学设计和准备的过程中，我在项目实施环境的颗粒度设计上做了很多考虑。既要考虑和教学内容匹配，又要考虑学生在项目小组内的任务分配情况，完全由学生自行分工的可行性不大，效果也未必好，为学生提供脚手架式的任务分工可能在实际教学中更为有效。在本次课程中，这个"脚手架"体现在颗粒度的思考上，保证每个学生在基于项目的学习中有事干，能干事。

4. 项目式学习中的教学资源注重多样性

情境的项目式学习中教学资源扮演着非常重要的角色，而教学资源的种类，个人认为是多样的。在本次教学过程中，我在学习单上做了重点设计，既期望通过学习单作为"链条"帮助学生完成项目，也想通过学习单反馈学生前期的学习情况，为学生提供知识总结的线索；此外，预录小视频的内容上也特地提供了两种演示方法，方便教师观察学生的选择和实践情况。

5. 重视项目式学习中学生参与度和协作频率调节

在真实情境中解决问题,往往需要开展更多的合作,因此在项目设计时,教师可适当考虑在组内、组间预设任务。在教学时,教师需要作为协调者的角色鼓励学生积极参与。

新课标强调要以项目式学习为主,但如何选择项目、分解项目、将项目和知识有机结合、基于项目的教学过程、项目的评价和展示以及项目相关的环境和资源准备等,都是项目式学习设计中必须得到重视的。

执笔人:上海市上海中学信息科技教研组长毛黎莉

【专家点评要点】

毛黎莉老师的"网络故障排除小能手"一课,定位为本单元教学设计中的复习课程。整节课围绕信息传输的大项目背景,通过在传输过程中遇到的实际问题,指导学生理性分析、逐步排查,并运用所学知识解决问题、完成传输,从而梳理本单元学科概念。

本课教学设计中,项目活动与知识学习双线融合的交汇与平衡掌握得较好。本课项目活动背景基于真实情境设计。从"网页无法访问"这个常见问题出发,以问题驱动的方式逐步分解项目中的子任务,问题链的设计由易到难、由硬件到软件,不仅能始终抓住学生的兴趣点,产生真实的课堂生成,同时也能培养学生正确解决实际问题的能力,让学生感受到知识学习的乐趣与成就感。

在项目活动推进的过程中,教师也在有序地顺着知识线进行归纳。每个子任务阶段,教师采用思维导图进行知识脉络的梳理。活动过程中,学生通过预录制的微视频了解具体操作步骤,使用分级任务单作为记录与支撑,同时也作为过程性评价和作品评价的依据。

在课堂呈现上,教师在标准化录播教室中搭建了一个完整的有线局域网作为实验环境,将学生能够遇到的各种网络故障真实呈现出来。同时布置了无线局域网,各小组学生通过无线网络,采用 pad 拍摄投屏等信息化手段记录活动过程,提升课堂项目实施效果,落实信息学科核心素养,可以说是一节设计精彩、结构巧妙的复习课。

上海市徐汇区教育学院信息科技教研员王卿

二、"数据采集、整理与安全" 教学设计与教学思考

执教人：徐喆民老师	新课程、新教材	华东师范大学出版社教材《普通高中教科书　信息技术　必修1　数据与计算》第三章《数据处理与应用》第一节"数据采集、整理与安全"中"数据采集"的相关内容。此教材2020年出版，教学内容为第82~85页。		
教学课时：单元设计与此单元第1课时	教学时间：2021年11月26日	教学对象：高一年级

（一）教学设计

【单元教材教法分析】

表1

单元定位	
《普通高中教科书　信息技术　必修1　数据与计算》第三章《数据处理与应用》，数据是当前社会发展的一项资源，并且作为信息的载体，在经过加工总结后可以作为决策的依据，合理选用技术工具处理数据，可以提高数据应用效能，发现其中隐含的信息，精准解决生活学习中的问题。	
单元核心概念	单元重要概念
概念1-1：数据采集、整理与安全； 概念1-2：数据分析与可视化；	概念1-1-1：数据采集方法； 概念1-1-2：数据整理过程；

单元核心概念	单元重要概念
概念 1-3：数据分析报告。	概念 1-1-3：数据安全防护手段； 概念 1-2-1：数据分析基本方法； 概念 1-2-2：数据分析常用工具； 概念 1-2-3：数据可视化工具及常用数据分析图； 概念 1-3-1：数据分析报告种类、组成与价值。

相关概念关系图

核心概念与生活相关性举例	概念提出背景及当前概念的新发展
概念 1-1：数据采集、整理与安全(共享单车出行、用电数据等)。 概念 1-2：数据分析与可视化(数据分析可以思考影响共享单车开锁量的因素,可视化可以考虑共享单车的租赁和使用情况)。 概念 1-3：数据分析报告(确定共享单车使用中的"痛点"问题进行分析)。	提出背景：数据处理的目的是为了从大量杂乱无章或难以理解的数据中抽取出有价值的数据以供决策,这个过程包括了数据采集、整理、分析和可视化表达。 如今,数据处理贯穿了整个社会的生产和生活领域,尤其是"大"数据这个特点,要求能够合理有效地对产生的数据进行处理,达到优化指导的目的。

（续表）

学生认知起点	
初始概念调查： □问卷调查□课前访谈 √课前问答□课前作业 □其他：_____	片面之处： 数据主要来源问卷调查结果。 错误之处： _____。

教学基本要求
学生将掌握的学科知识： 了解数据采集的基本方法；了解数据整理的基本方法；掌握使用 python 对数据文件的读取和存储；学会对数据源中的重复值、异常值进行检测与处理；知道常用数据分析方法；利用 python 第三方库实现数据可视化；了解撰写数据分析报告的种类和组成。 **学生将发展的能力：** 能结合问题情境和任务要求，选择适当的工具获取所需要的数据，能对给定数据进行初步的数据分析，选用合适的数据可视化工具，得出分析的结论并给出解决方案。 **学生将形成的观念：** 在获取数据过程中，尊重他人合法权益，维护公共安全；了解数据整理目的，增强数据质量意识；在分析数据过程中，提升信息安全保护意识。

单元教学方法简述
本章的活动主题是"交通数据利抉择"，共享单车运营数据的处理与应用贯穿项目始终。 在数据采集、整理与安全环节，结合问题情境，利用合理的数据采集方法收集共享单车相关数据形成数据集，并对数据集中的重复值、缺失值和异常值进行检测和处理，在过程中养成尊重数据背后他人合法权益的习惯。 在数据分析环节，先通过典型应用案例学习数据分析的基本方法，再根据任务需求，在上一节数据集的基础上，选用恰当的软件工具或平台处理数据。 在数据可视化环节，对处理好的数据选用合适的数据可视化工具，熟悉 pyplot 绘制图形的基本流程，并能够应用 pyplot 实现绘制数据分析图。 在数据分析报告与应用环节，在了解了分析报告的种类和组成之后，能根据之前环节的数据分析成果，做出合理的理解与判断，提出解决问题的方案或建议。 评价的重点是数据采集方法的辨析和应用；数据整理方法的辨析和应用；数据分析方法的应用；可视化绘图的基本流程；数据分析报告的应用。

(续表)

单元课时和安排
单元所需课时：　10   第 1 课时：数据采集的基本方法；   第 2 课时：数据检索、筛选并保存；   第 3 课时：数据整理的基本方法；   第 4 课时：数据存储与安全防护；   第 5 课时：常用数据分析方法；   第 6 课时：数据可视化工具及绘图基本流程；   第 7 课时：实现绘制数据分析图；   第 8 课时：数据分析报告的种类和组成；   第 9 课时：结合数字化手段撰写数据分析报告；   第 10 课时：单元复习。

【学情分析】

在本课之前，学生已完成了数据与信息的关系，大数据作用及价值，算法描述与程序设计语言基本知识等内容的学习，对于数据的一些概念以及程序处理有所了解。

同时，如今学生对于数字化软件或平台都有一定的使用经验，也能够借助信息化平台展开一定程度的探究，能对具体的问题给出合理有效的解决方案。学生具有项目式学习的经验，可以围绕项目任务开展小组分工合作。

【教学策略分析】

1. 从电力供需不平衡的背景，根据当前电力数据对未来做出预测引出数据处理的概念，简单介绍数据处理的目的是将数据转换成有价值的决策和判断，并说明数据采集是数据处理过程中的第一阶段。

2. 给出"用电分析助节能"项目背景，在缺电大背景下，学生们如何定量采集家庭用电数据（人工记录），电力公司如何采集徐汇区用电数据(传感数据采集),学生们如何采集第二产业、第三产业的用电数据(互联网数据采集),聚焦三种采集方法各自的使用场景及优缺点。

3. 在完成上面的活动之后,给出两个活动项目(优化图书馆书籍购买和优化共享单车投放),让学生们二选一,根据项目的特征,提示学生思考需要进行哪些数据的采集,该选择哪种数据采集方法。通过小组合作的方式来展示成果,最后引导学生思考数据采集过程中存在的信息安全和数据隐私问题。

4. 项目活动以两人小组合作的方式进行,鼓励学生对小组的探究结果进行展示、交流与评价。

【核心素养培养】

1. 根据提出的问题需求,使用合理的数据采集方式实现对问题的解决。

2. 能够遵守相关的法律法规、社会道德和伦理准则,合理采集数据,维护他人的合法权益和公共信息安全。

【教学目标】

1. 知道数据采集的基本方法(信息意识)。

2. 根据给定的问题/项目背景,选择合适的方法采集数据(信息意识)。

3. 引导学生重视数据采集中的安全问题,养成遵守相关法律法规、保护他人数据隐私的习惯(信息社会责任)。

【教学重难点】

教学重点:知道数据采集的基本方法,并且能够在不同场景下使用合适的方法采集数据。

教学难点:了解不同场景下数据采集方法的优缺点,树立遵守法律法规、保护他人数据隐私的意识。

【教学环境】

教室

【教学过程】

表2

环节	教　师　活　动	学生活动	设计意图
1. 课题引入	从电力供需不平衡的背景,根据当前电力数据对未来用电缺口做出预测,引出数据处理的概念,简单介绍数据处理可以抽取并推导出有价值、有意义的数据,帮助决策。数据处理是对数据采集、整理、分析和可视化表达的过程,其中数据采集是数据处理过程中的第一步。	聆听。	通过图示和文字简单介绍数据处理的背景,引出数据采集课题。
2. 任务驱动	显示当前限电的分析报告,引出"用电分析助节能"的主题。要进行用电分析,首先得采集到用电量数据,请学生们思考在不同场景下如何进行数据的采集: 1) 从家庭角度考虑,学生们可以使用什么方法采集到家庭的用电数据? 2) 电力公司若要获取整个徐汇区的用电数据,还能跟上面的采集方法一样吗?有没有更合理的采集方法呢? 3) 如果学生们要对上海市的第二产业、第三产业进行用电量分析,那该使用什么方法获取相应的电力数据呢?	结合自己的生活经验思考并回答问题。	从实际生活场景和学生的生活经验出发,启发学生思考。 理解不同数据采集方法各自适应的场景不同。
3. 探究活动	给出如何优化图书馆书籍购买和如何优化共享单车投放这两个项目背景。 解释:对于优化图书馆的书籍购买项目,主要是在图书借还的过程中会产生大量的图书数据和用户数据;而对于优化共享单车投放这个项目,主要是在单车借还过程中会产生大量的单车数据和用户数据。	思考数据采集的核心对象环节并回答。 小组协作开展项目探究活动。	让学生抽象出项目中产生数据的核心对象环节。 让学生针对实际项目,整理出产生的数据

环节	教 师 活 动	学生活动	设计意图
3. 探究活动	那学生们思考一下,可以采集项目借还过程中的哪些数据来完成优化的目的呢?而根据这些数据特点又可以使用什么数据采集方法呢?(让学生们选择其中一个项目,以小组形式完成讨论并记录。) 以选择优化共享单车投放项目为例: 1) 在借还车过程中产生的单车数据和用户数据分别有哪些? 2) 如何采集这些数据,以及为什么会采用这种数据采集方法? 单车数据:传感数据采集方法。比如车锁状态有相应的车锁传感器来感知车锁的开、关状态。 用户数据:互联网数据采集,从网络上公开的数据中,有针对性地抓取这些用户数据,将其归类形成一个数据集合。		可以使用哪些数据采集方法,以及采集到的数据如何保存。 对于不同的项目能够合理使用不同的采集方法。
4. 学生展示	学生交流、汇报: 1) 请学生代表展示他们认为需要采集的数据。 2) 相应数据的采集方法是什么,以及为什么使用这种采集方法?	展示项目成果,交流学习收获。	展示、检验各组学生的项目活动开展情况
5. 思考总结	采集到的数据保存在哪里?本地存储和云端网络存储。 这两种存储方式都存在数据安全隐患,该如何保护采集到数据的安全问题,请学生们思考一下? 预设回答: 1) 不能违法采集相关数据,整个过程要合法合规。	思考数据采集中存在的问题并回答。	引导学生思考数据采集过程中存在的信息安全和数据隐私问题。

(续表)

环节	教　师　活　动	学生活动	设计意图
	2) 对于采集到的数据要防止数据的外泄造成信息安全问题。 3) 不能滥用这些数据,要尊重他人的合法权益。		
6. 课堂 小结	1. 有哪些数据采集方法? 2. 不同数据采集方法的适用场景和优缺点是什么? 3. 如何保护采集到数据的安全?	回顾本节课的内容进行小结。	

学习单:

表 3

序号	记　录　内　容
1	小组成员:
2	在当下电能紧缺的情况下,为了实现助力节能的目标,需要对不同场景下产生的用电量数据进行采集,那该使用何种采集方法以及这些采集方法分别又有什么优缺点呢?(两人一组讨论并记录。) (1) 从家庭节电角度考虑,为了实现定量减少用电量的目标(比如这周减少使用 20~30 度电),可以使用什么方法获取用电数据? (2) 电力公司想要改善徐汇区的居民生活用电情况,为此电力公司首先得获取整个徐汇区的居民用电数据,那还能使用前面的数据采集方法吗? 如果不能,还有其他的电量数据采集方法吗? (3) 如果要让学生们对上海地区的第二产业、第三产业用电量进行分析并给出节电建议,可以使用什么方法获取相应的用电数据呢?

(续表)

序号	记　录　内　容
3	请从优化图书馆书籍购买和优化共享单车投放两个项目中任选一个,利用上面学习到的数据采集方法,来获取项目中需要采集的数据。(两人一组讨论并记录。) (1) 根据学生们平时的生活经验,思考在借还过程中需要采集哪些数据,该如何采集这些数据? 请将讨论结果填入下表。 表格见下 (2) 在上面项目中,学生们采集到很多数据,这之中包括了个人隐私数据和公共开放数据,对于采集到的这些数据,该如何保护它们的信息安全问题呢? 请学生们思考一下。

	＿＿＿＿数据	＿＿＿＿数据
数据描述		
数据采集方法		

小资料:"用电分析助节能"课例项目设计

【项目背景】

该项目基于《普通高中教科书　信息技术　必修 1　数据与计算》第三章《数据处理与应用》第一节"数据采集、整理与安全"中"数据采集"的内容展开。基于新课程标准的要求,以项目式学习为主,在国家节能减排的背景下,提出节约电能资源的目标,为了采集相关用电量数据,设计了"用电分析助节能"的项目,通过逐步解决在不同场景下实现用电量数据合理高效采集的问题,以达到数据采集方法学习与运用的目的。并且在预设子任务的解决过程中,通过学习单和小组合作,最终由学生和教师共同整理出数据采集方法的优缺点以及适用场景,旨在让学生通过项目将学到的知识归纳总结后再应用到实际的问题解决中。

【工具参考】

表4

项目设计概览					
项目名称:	用电分析助节能				
项目总课时:	1		本课为第	1	课时
学科:	信息□技术	年级:	高一	教师:	徐喆民
学生总数:	36		每组学生数:		2
项目活动主要环节					
项目导入:	在国家节能减排的背景下,在对未来电力资源缺口做预测时引出数据处理概念,明确数据采集是数据处理过程中的第一步,也是关键的一步,提出"用电分析助节能"的项目活动,和学生们一起探索不同群体如何合理高效地采集不同目标范围的用电数据,并分析这些采集方法有什么优缺点。				
环节一:	有哪些数据采集方法			涉及学科核心素养	
环节简述:	1. 从家庭节电的角度考虑,为了实现定量减少家庭用电量的目标(比如这周减少使用20~30度电),学生们可以使用什么方法获取用电数据?(人工记录数据采集。) 2. 电力公司想要改善某区的居民生活用电情况,为此电力公司首先得获取整个徐汇区的居民用电数据,那还能使用前面的数据采集方法吗?如果不能,还有没有其他的电量数据采集方法呢?(传感器数据采集。)			知道数据采集的基本方法(信息意识)。	

（续表）

环节一：	有哪些数据采集方法	涉及学科核心素养
	3. 如果要让学生们对某地区的第二产业、第三产业给出节电建议，可以使用什么方法获取相应的用电数据呢？（互联网数据采集。）	
环节二：	不同场景下数据采集方法的优缺点	涉及学科核心素养
环节简述：	4. 环节一中"在不同场景下最合理高效的数据采集方法分别是什么？为什么？（小组讨论。） 5. 学生和老师一起总结不同场景下合理高效的用电数据采集方法是什么，并给出其适用范围。	
环节三：	探究活动	涉及学科核心素养
环节简述：	提供如何优化图书馆书籍购买和如何优化共享单车投放这两个项目供学生们进行探究，对于不同的项目能够合理高效地使用不同的采集方法，以小组合作讨论的形式展开。以选择优化共享单车投放项目为例，问题设置如下： 1. 在借还车过程中产生的单车数据和用户数据分别有哪些？ 2. 如何采集这些数据，以及为什么会采用这种数据采集方法？	根据给定的问题/项目背景，选择合适的方法采集数据（信息意识）。
环节四：	学生展示	涉及学科核心素养
环节简述：	通过学生以小组形式分享、展示和交流拓展项目中的问题： 1. 要采集哪些数据？ 2. 合理高效的采集方法有哪些？ 3. 为什么使用这种采集方法？ 检验各组学生的项目活动开展情况。	

(续表)

环节五：	思考总结	涉及学科核心素养
环节简述：	对于探究活动中的项目,提问采集到的数据如何保存,以及该如何保护采集到的数据的安全问题? 这个过程引导学生做出如下思考: 1. 不能违法采集相关数据,整个过程要合法合规。 2. 对于采集到的数据要防止数据的外泄造成信息安全问题;不能滥用这些数据,要尊重他人的合法权益。	引导学生重视数据采集中的安全问题,养成遵守相关法律法规、保护他人数据隐私的习惯。(信息社会责任。)

项目成果		
个人成果：	无	
团队成果：	小组合作完成的本课学习单。	
项目展示形式：	小组合作完成的本课学习单。	
评价方式：	过程性评价(学习单、课堂问题回答、实施等)和成果性评价(小组展示交流)。	
学生反思方式：	在聆听过程中学习和总结本节课的知识点,在展示和交流环节中反思知识的综合掌握程度。	

(二) 教学思考

本课教学内容选自高中《普通高中教科书 信息技术 必修 1 数据与计算》第三章《数据处理与应用》第一节"数据采集、整理与安全"中"数据采集"部分,反思内容主要记录教学准备和教学过程中可以进一步提升的环节:

1. 避免项目式教学中的项目关联性低、重点分散、不能连贯的问题。开始阶段准备的项目是书本上提供的共享单车案例,但是该案例不够贴近学生们的生活,较难满足教学要求,在组内讨论过程中,最后确认"环保节能,电量分析"这个思路能够达到"高立意、高思辨、高互动"的要求,所以本节课的项目主线就是基于此进行加工并展开的,以小及大,从个人家庭到小区最后到整个地区产业的用电分析,再迁移到图书购买推荐和单车优化投放项目,让学生们思考在不同的场景下该使用哪种合适的数据采集方法(信息意识)。

2. 避免设计的提问指向不明确以及设计有效性问题。在学习记录表上,设计了多个提问对学生们进行引导,在试讲得到反馈后,教师意识到这些问题有提问主体不明确、提问本身模棱两可、无效性提问等不足,并进行逐一修改,例如对采集到的数据进行存储使用的过程中会产生安全问题,在提问如何保护数据安全的时候,教师可以提示从采集过程、保存数据、使用数据等多方面思考(信息社会责任),避免提问和回答的角度趋于一致。

3. 探寻解决问题的切入点和迁移应用难题。在切入点上,需要由大入小,通过大背景引导,同时将教学目标和重难点体现在每一个小问题上,最后让学生们能够将所学的知识内容迁移到不同场景中。这两个问题到最后也没有得到一个很完美的解决,在切入点上,通过国家限电背景引出"助力节能"主题,方向正确但内容不够精简;在迁移应用上,让学生们从两个项目中选择一个,以两人小组的形式合作完成并分享,但是这两个项目与本文"用电分析助节能"的主题关联性还有待增强。

上海市上海中学信息技术教师徐喆民

【专家点评要点】

在"双新"背景下,如何实现学生核心素养的落地,进行教学转型尤为重要。有幸学习了徐老师的"数据采集教学"案例(以下简称"案例"),深感徐老师的"案例"在课标的解读、教材的理解及教学的驾驭等方面,可圈可点的地方有很多,且值得我们学习和借鉴。

1. 单元教学定位精准。指向学科核心素养的单元设计是学科教育落实"立德树人"、发展素质教育、深化课程改革的必然要求,由关注学生对知识点的掌握转向学生对知识的建构理解、能力的发展,由碎片化的知识状态转向清晰的学科大概念的形成。"案例"中的单元设计,在对课程标准分析的基础上,依托大概念(数据)系统地组织学科零散的知识,以结构化方式锚定数据处理与应用单元的知识框架;借助概念图逐层分解大概念,形成"概念群"(数据采集、数据整理、数据分析、数据可视化、数据分析报告、数据安全),从而精准地确立了单元教学中落实学科核心素养的锚点,为落实学科核心素养提供抓手。

2. 项目创设贴近生活。"案例"的项目活动主题是"用电分析助节能",将不同场景下用电量相关数据的处理与应用贯穿项目始终。这个项目选题与学生生活息息相关,教师以学生生活经历和社会需求为前提,以学生的亲历情境、亲身体验、亲自实践为基础,以问题解决为目标,关注学生的全员参与和全程参与。教师的项目式教学思路开阔,精心设计多样化的教学资源,让学生利用知识解决问题,通过完成一个个基于真实情境的项目活动,最终以作品(数据分析报告)的形式来自主完成知识意义的建构,在具体活动中有效体现学生信息素养的培养。

3. 教学设计勇于创新。"案例"中的教学设计,在实施新课程、使用新教材、探究新教法上做了大胆的尝试。徐教师在理解教材知识内容的基础上对教学设计做了详细规划,尤其是教学过程的设计,充分发挥了信息技术教学的灵活性、多样性、创新性的特点,引导学生在理解课程知识的层面上做到自我意识的独立性建构,积极培育学生的自学意识和创新精神。

华东师范大学出版社版高中《信息技术必修1》主编、特级教师冯忻

通用技术学科
"双新"教学课例

一、"桥梁结构的优化与改进"
教学设计与教学思考

执教人：陈希老师	新课程、新教材内容	人教社教材《普通高中教科书　通用技术　必修　技术与设计 2》第一单元《结构及其设计》第三节"结构的设计"的相关内容。此教材 2021 年出版，教学内容为第 18～22 页。
教学课时：第 6 课时	教学时间：2021 年 10 月 20 日	教学对象：高二年级

（一）教学设计

【教学目标】

1. 基于模拟试验结果，能够分析影响结构优化的因素，从而制订优化方案并完成制作，增强物化能力及运用工程思维解决实际技术问题的能力。

2. 通过优化结构的加载测试，考察结构优化目标的达成度，体会技术试验在技术活动中的重要作用。

3. 通过优化与改进桥梁结构，进一步理解和应用影响结构强度的多个关键因素进行设计和制作，完整体验结构设计的一般过程，理解解决结构设计问题是一个不断迭代优化的过程。

【教学重点】

依照优化方案完成桥梁结构的制作。

【教学难点】

结构优化方案的制订。

【教学过程】

表 1

活动环节	学 生 活 动	教 师 活 动	活 动 意 图
复习导入	结合小组测试情况交流优化设想,回顾结构强度的影响因素。	1. 展示各组学生桥梁结构作品照片,组织 1～2 组学生交流分享对各自桥梁结构的反思改进设想。 2. 提炼结构优化方法(板书):调整结构体系、改变构件的横截面形状、加强节点的连接。	通过交流分享结构的改进设想,提炼结构优化的一般方法。
结构优化方案的制订	1. 明确本课需要优化的桥梁结构模型,仔细观察该结构的承重测试情况,描述导致结构破坏的主要形变方向。 2. 明确结构优化目标,基于桥梁结构的力学计算结果及承重测试结果,结合结构优化的一般方法,制订桥梁结构的优化方案,在导学案的桥梁结构三视图上进行标注。 3. 交流桥梁结构的优化方案。	1. 介绍本课结构优化的对象,播放桥梁结构测试视频,引导学生观察导致破坏的主要形变方向。 2. 提出结构优化目标,提供桥梁结构的力学计算结果及承重测试结果资料,组织学生分组制订结构优化方案。 3. 选取 1～2 组结构优化方案组织学生进行交流、点评学生方案的优缺点。	1. 学会基于结构的力学计算和实物测试结果,分析结构的不足。 2. 利用结构优化的一般方法制订桥梁结构的优化方案。 3. 通过优化结构方案的交流,发现方案存在的问题。

（续表）

活动环节	学生活动	教师活动	活动意图
优化方案修改与优化结构制作	1. 修改结构优化方案。 2. 优化桥梁结构的加工制作，填写评价表中他评内容。	1. 组织学生修改结构优化方案，并收集优化方案图样。 2. 巡视指导学生完成优化结构的制作。	1. 根据方案交流环节中发现的问题和不足，进一步完善优化方案。 2. 体验优化结构的制作过程，提高物化能力和团队协作。
优化结构的展示与测试	1. 结合优化方案图样介绍本组结构优化的重点。 2. 对优化后的桥梁结构进行承重测试，并填写试验报告及评价表中自评内容。	1. 组织学生展示交流优化后的桥梁结构并进行测试。 2. 点评学生结构优化方案的完成度与完成效果。	1. 通过技术交流，表达优化设计方案。 2. 检验结构优化方案的实际效果。
结构优化方法的小结	听讲、思考、总结。	1. 总结结构的优化方法：板书增加"替换材料"。 2. 作业布置：完成评价表，根据各组桥梁结构的力学计算结果进一步优化结构。	理解工程问题的解决是一个不断"测试——优化"的迭代过程。

板书（本板书为课堂生成性内容，依据学生发言次序可能略有不同）：

结构优化的方法 ｛ 调整结构体系
改变构件的横截面形状
加强节点的连接
替换材料

【教学附件】

"桥梁结构的优化与改进"导学案

组号：_____ 组员姓名：_____

（学案中所有未经特别标注的数值单位均为 mm）

一、优化方案的制订

根据力学计算与实物测试结果，制订桥梁结构的优化方案，并在相应的视图中进行标注，包括位置、尺寸、使用材料规格。（可以进行对应位置杆件材料的替换。）

注意：设计过程必须考虑材料规格和数量的限制。

【优化目标】使用以下指定材料和工具，对桥梁结构进行优化，使得桥梁的中间位置能够承受 2 kg 的竖向荷载。

【制作工具】剪刀、美工刀、钢尺、502 胶水、白色塑料扎带、砂纸。

【制作材料】各种规格桐木条各 1 条，详见表 2 所示。

表 2

序号	横截面	长度	序号	横截面	长度
1	4 / 2 □	1 000	2	1 ▭ 55	500
3	2×4 / 2×2 / 2×4	1 000	4	2×4 / 2×4	1 000

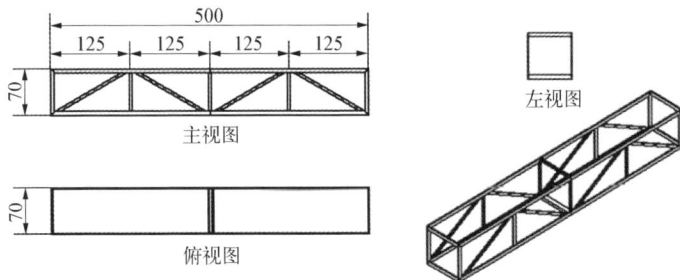

图 1

【参考资料】

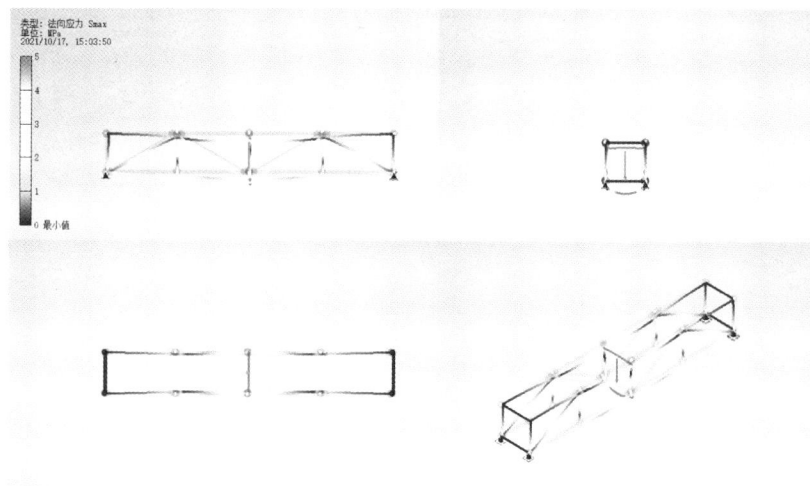

图 2 桥梁结构力学分析结果

图 3 实物结构测试破坏瞬间

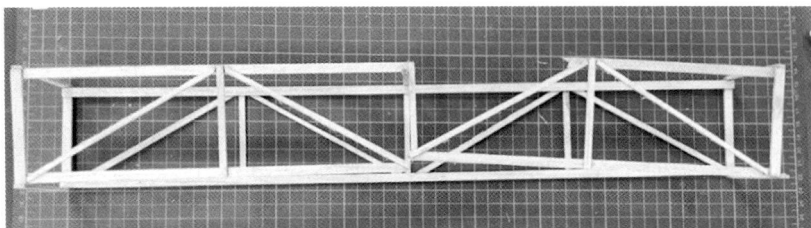

图 4　实物结构测试结果

二、试验报告

表 3

试验名称	优化桥梁结构的承重试验			
试验目的	检验优化与改进的桥梁结构能否承重 2 kg。			
试验用材料及工具	桥梁结构模型、加载设备、1 kg 砝码 2 块、激光位移计。			
小组分工				
试验步骤	1. 将结构模型置于加载设备两端,保证激光位移计可以获取结构模型跨中位移数据,记录位移计初始读数。 2. 在结构模型跨中悬挂砝码,2 块 1 kg 砝码分两级加载,观察加载时结构的形变或破坏情况,记录两级加载时的位移计读数。			
试验记录	加载过程	初始	1 kg	2 kg
	位移计读数(mm)			
	现象观察	/		
结论与反思				

三、活动评价表(符合下列条件的请在☆处打钩或涂黑)

表 4

活动名称		桥梁结构的优化与改进	
评价内容		评 价 标 准	评价
实践过程(自评)	结构优化方案的设计	能观察桥梁结构实物,分析结构加载破坏的原因。	☆
		能识读桥梁结构的力学分析结果,找到结构薄弱点。	☆
		能结合实物测试结果和力学分析结果制订桥梁结构的优化方案。	☆
	结构优化模型的制作	小组成员分工明确。	☆
		能使用限定的材料完成桥梁结构的制作。	☆
		在规定时间内按照优化方案完成桥梁结构的制作。	☆
		节点连接可靠。	☆
		构件经过打磨加工。	☆
	优化后结构的测试	结构 2 kg 承重测试成功。	☆
		结构形变(跨中位移)小于 2 mm。	☆
成果形成(他评)	图样表达	能在原图样的基础上明确表达改进要点。	☆
		构件尺寸标注清晰。	☆
	实物作品	实物结构与设计图样互相对应。	☆
		结构外形简洁美观。	☆
		构件切口平整,粘贴横平竖直。	☆

【作业】

1. 完成下列评价表。

表5

	评价内容	客观文字描述	主观水平描述
实践过程	○发现明确问题	自述(使用哪些优化方法对结构进行优化设计和制作?具体如何实现?制订优化方案过程中的考虑和遇到的困难?加工制作过程中遇到的困难及解决方法?)	自评: _____ ☆ (请统计"实践过程"部分本小组共得到几颗☆)
	○构思设计方案		
	○表达设计意图		
	○制作原型模型		
	○编写设计方案		
	● 设计分析优化		
	○其他		
成果形成	● 方案	师述(略)	他评: _____ ☆ (请统计"成果形成"部分本小组共得到几颗☆)
	○问卷		
	● 设计图样		
	○演讲 *PPT*		
	○过程视频		
	● 实物作品		
	○其他		

2. 结合各组桥梁结构的力学分析结果,进行优化设计。

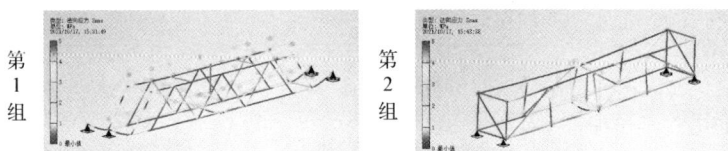

图5

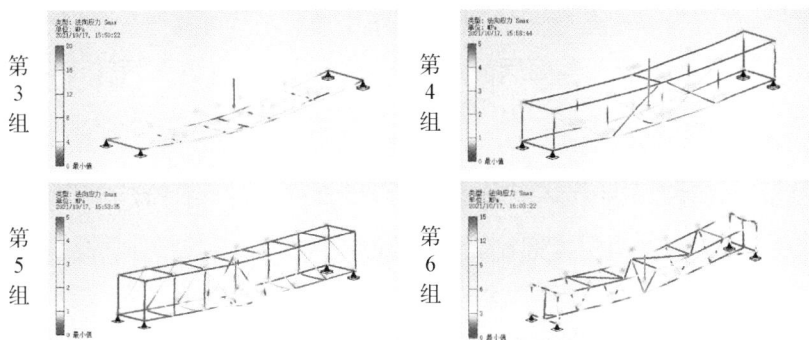

图 6

（二）教学思考

1. 基于真实情景，落实"立德树人"，选择活动项目

《普通高中通用技术课程标准(2017 年版 2020 年修订)》建议"技术与设计 2"模块可以采用大概念引导大项目的方式进行项目设置。活动项目的设置首先应能落实"立德树人"的根本任务。本课例所在的单元大项目设计为"修路造桥助发展——桥梁结构设计"，它源于真实世界的真实情境：我国全面建成小康社会，最艰巨的任务是脱贫攻坚，最突出的短板在农村和山区，交通运输则是短板中的短板，是制约贫困地区发展的最大瓶颈，请各组建设团队为幸福村设计建造一座桥梁，给村民带去接触广阔世界的发展机遇。项目主题的设计立足于"全面实现小康社会"的时代大背景，引导生活于大城市的学生关注到农村山区的困境，激发学生的民族使命感。通过对桥梁载体的深入学习，让学生感受"中国桥"的实力与魅力，向学生渗透"中国桥"背后逢山开路、遇水架桥的奋斗精神，提升学生的民族自豪感。

第二，活动项目的选取应因地制宜，结合真实情境，设置结构不良问题。"桥梁结构"项目情境包含的诸多结构不良问题，例如桥的选址、桥的跨度和宽度的确定、桥的选型等，都需要学生利用已有知识经验,收集资料等补充并使之结构化。学生通过对情境的复杂性和不确定性进行分析,进一步明确需要解决的问题,并设计方案、制作模型、测试、再优化。在此过程中增强学生解决真实问题的综合能力。

第三,活动项目的设计还应易于学生操作。"桥梁结构"项目在学生完成选址、确定尺寸、结构选型后,设置了"各组团队制作桥梁结构模型、村委组织方案比选"的情境,把建造桥梁的任务简化为设计制作桥梁模型的任务。学生在初中已掌握简易木工的加工制作,用桐木、502胶水等材料制作桥梁结构模型易于达成目标。在结构测试方案上,采用在桥梁下层跨中悬挂2 kg的竖向静力荷载方式,较桥梁实际的受力形式过于简化。根据学情,可以增加试验方案的难度,如改为模拟车辆行驶的移动荷载,从而进一步提高学生的思维层次。

2. 立足学生视角,辅以导学案,设计学生活动

本次课程改革倡导以学生为中心的学习方式,改革的重点和难点是学习方式的变革,其核心就是要在教学中完全突出学生的主体地位。要实现这样的转变,首先在教学活动的设计阶段,就要从学生立场出发,明确学习目标,结合学科特征和学生特点,设置合适的学习活动,尝试从学生的视角考虑活动的可行性,准备活动工具,制订活动规则,分配活动时间,分析活动中可能出现的困难及解决方案。本课例在活动方案编写过程中,始终以学生为第一视角设计活动目的和活动内容。

此外,利用导学案辅助学生活动。在以学生为主的课堂上,教师的"戏份"被压缩,教师可以借助导学案给学生提供学习资源、明确学习目标和学习任务。同时,学生将活动的所想所得记录于导学案,有助于知识与技能的习得和经验方法的积累。本课例中,配合学生活动各个环节设计了导学案,导学案给学生提供了待优化结构的测试破坏图、力学分析结果,明确了结构优化的目标、可利用的材料和工具等信息,学生在导学案中绘制优化方案草图、撰写试验报告。评价表也通过导学案呈现给学生,让学生可以对照评价内容进行活动实践。

最后,课堂活动以学生活动为主,教师只作为引领者和辅助者。本课例教学实践中,学生活动占整堂课的70%左右时间。这样的课堂组织形式,有助于课堂时间的把控,教师在课堂上实现了"减负",而工作重心从"台前"转到"幕后"。在"幕后",教师需要花更多的时间和精力去设计学生活动的各个环节,准备学生在活动中可能产生的问题及应对方法,给学生搭好"支架",确保在课堂内实现学习目标。

执笔人:上海市上海中学通用技术教师陈希

【专家点评要点】

"双新"背景下,通用技术学科的重点和难点就是教学方法的转变。从劳动技术课程过渡到通用技术课程,可以"退"1步、"进"3步。"退"1步:从原来劳动技术那种专、精、尖的专业技术目标"退"到全面核心素养目标。"进"3步:设计一个逼真的真实情景引出一个好问题;从学生的学习立场设计学习实践活动或课程;从过程性评价走向多元化评价,关注结果评价。

一堂好的课不是要把老师弄得多么紧张,而是要老师能组织充分调动起学生行为和思维的活动。今天这堂课备课很辛苦,但上课很轻松,时间也把握得很好。

通过教案来看清教师的设计思路,这堂课的教案有以下几个亮点。

1. 以桥梁结构为载体,采用大任务的教学方式

"双新"课程最提倡的就是大任务设计。怎么评价是不是大任务,就看是不是五个核心素养都达到了。桥是一个很好的结构,也蕴含了中国人的骄傲。让学生体验造桥的底层技术,学生能感受到中国人要建成那么多桥并不是凭着运气做出来,可以培养学生更上位的东西,这就实现了"立德树人"。

　　这个单元是一个桥梁设计大任务,这节课是大任务里面的一个难点——优化。优化也就意味着创新,创新不是在嘴巴上说说,而是要落实在行动上的。在课堂上老师没说过一句创新,但学生不停地在创新。能够提炼出一个这样的载体是不容易的,这也是整个"双新"课程最困难的东西,是全国性的难点。

2. 创设真实情境,引领学生发现真实的问题

　　创设真实情境是"双新"课程设计的第一要素。创设的情境要能够激发学生的学习兴趣和学习动力。真实情境的目的就是要引导学生发现真实问题。发现问题比解决问题更重要,不怕做不到,就怕想不到。

3. 站在学生立场设计教案

　　教案中学生活动摆在教师活动之前。首先站在学生的角度考虑问题,再是教师的活动。所以在教案中把学生活动摆在第一是很有必要的,这不是一个失误,而是有专门的用意。期望将来大家写教案的时候要把学生活动摆在前面,这样教师就会根据学生的思维来设计课程。今天的课堂,大部分时间都给了学生,这是课堂教学明显的转变。

4. 评价方式以终为始,注重结果性评价

　　这节课的评价是以终为始。学生优化的结构在测试台上进行测试,就知道好还是不好。作为工程来说就讲究好还是不好,符不符合标准。为了突破这节课评价的难点,老师设计了一个非常好的加载测试设备。在突破教学难点的过程中,教师会产生很多的创新设计。这节课的测试使用了静载荷,建议可以在最后引导学生发散考虑动荷载,如小车在桥上跑的情况,这样能够更进一步调动起学生的思维。"双新"课程推崇结果性评价,相信在未来的不久,也将实现大数据建模评价。

5. 给学生提供了导学案

　　导学案是站在学生立场上,帮助学生在整个学习过程中的梳理,也就是说,学生根据导学案就可以来完成任务,如果有不会做的,那就是教师要帮助学生突破的难点。这份导学案有一点小瑕疵,就是要把学习目标列在上面,这样学生能够更加明确。

总的来说,我听下来对这节课很满意。要能上好这样一节课,老师自身的修养很重要,要有一个很强的团队,而且还要多交流学习。

上海市劳技特级教师、正高级教师吴强

二、"智能生态鱼缸产品发布会"
教学设计与教学思考

执教人：程林老师	新课程、新教材内容	人教社教材《普通高中教科书 通用技术 必修 技术与设计2》第四单元《控制及其设计》第三节"控制系统的设计和实践"的相关内容。此教材2021年出版，教学内容为第104～107页。
教学课时：第6课时	教学时间：2021年10月20日	教学对象：高二年级

（一）教学设计

【教学目标】

1. 能够清晰表达、展示、欣赏并评价产品，提高审美能力、综合评价能力，发展创新意识。

2. 能够通过团队合作，从技术、环境、经济、文化、社会等角度向专家、用户群体介绍和分析产品特点，对来自不同角度的问题做出合理、恰当的回应，提升应变能力和团队合作能力。

【教学重点】

清晰表达、展示、欣赏并综合评价产品，提高审美能力、综合评价能力，发展创新意识。

【教学难点】

对来自不同角度的问题做出合理、恰当的回应，提升应变能力和团队合作能力。

【教学过程】

表1

教学环节	教师活动	学生活动	设计意图
导入	**背景介绍:** 目前各家"公司"都已经完成了智能生态鱼缸的产品原型,今天召开"产品发布会",四家"公司"分别发布本"公司"的产品。发布会现场邀请了养鱼爱好者们,这些都是"公司"的潜在客户,我们今天展示的作品是不是能够赢得他们的心呢? 本次发布会还设有专家互动环节,各"公司"介绍完毕之后由专家互动提问,用户也可以提问交流。 **明确任务:** 本课时两个任务: 第一,召开"产品发布会"。 第二,完成团队评价和个人表现评价表。		
环节1 "产品发布会"	主持"产品发布会",请各"公司"介绍本"公司"的产品设计理念和功能、售价等。专家和用户代表就自己感兴趣的方面提问。	四家"公司"依次介绍本"公司"产品。并对专家和用户提问做出回应。	本环节旨在让学生体验产品发布过程中,清晰表达、展示作品的重要性,以及如何通过良好的沟通技巧和表现形式引起用户共鸣。
环节2 "自评与互评"	请各"公司"聆听其他"公司"的产品发布。并对自己在整个项目研究过程中的表现以及对其他团队的表现做出评价。	每位学生都对自己在整个项目研究过程中的表现进行评价。每个团队对本团队中的成员做出评价。每个团队对其他团队的作品做出评价。	本环节的设计旨在让学生学会欣赏并综合评价产品,提高审美能力、综合评价能力。

（续表）

教学环节	教师活动	学生活动	设计意图
环节3 "现场预售投票"	请出席"产品发布会"的用户群体投票选择最希望购买的产品。根据投票结果,评出"销售额冠军"和"利润额冠军"团队。	项目经理组织、讨论、总结、反思本团队的产品获得用户青睐或者不受用户欢迎的原因,并形成下一步的优化方案。	本环节的设计旨在让学生反思用户群体接纳或者没有接纳产品的原因,并思考如何寻找解决方案。
作业设计	根据专家和用户的反馈提出产品下一轮的优化方案。		

【教学策略】

策略一：充分利用课上课下，线上线下时空的单元教学设计

本科目九课时为一个单元,通过项目化学习方式,以发展学生核心素养为本位的整体教学设计,使学生在真实情境中学习。"双减"政策落地带来的课下学习时空的拓展,和丰富的线上学习资源及互动平台,为学生的深入研究提供了可能。学生在进行本课时学习之前,已经在课下通过线上线下交流的形式,完成了产品样机的搭建,每个学生团队均配备1台笔记本电脑和1台平板电脑,学生可以随时在线上查阅资料、修改参数、投屏分享,拓展了学习时空。

策略二：通过沉浸式角色扮演和课堂活动丰富学生的学习经历

在项目研究的全过程中,学生根据自己的特长和兴趣,扮演项目经理、软件工程师、硬件工程师、财务主管、设计师。在模拟真实产品设计与制作的环境中,学生可以从角色的视角出发思考问题,熟悉真实世界中项目组各个岗位职能与责任,丰富学生的学习过程体验。本课时设置小组讨论、演讲展示、动手实践等多种活动,丰富学生的学习经历。

【资料附录】
附件1:"智能产品设计与制作"团队评价表(附评价量规)

表2

评价内容	项目	文字描述	水平描述
研究过程评价	明确问题	自述:	自评(分数):
	研究计划		
	设计方案		
	样机搭建		
	测试与优化		
	撰写说明书		
	评价与反思		
团队与作品评价	信息素养	他述:	他评(分数):
	安全责任		
	功能工艺		
	分工合作		
	艺术美感		
	财务管理		
	展示交流		

附件 2：上海中学拓展课学习表现评价表

表 3

班级：		姓名：	

课程名称：								

评价要素	评 价 标 准	自我评价				小组评价			
		A	B	C	D	A	B	C	D
情感态度	正确地认识自我,努力发展潜能； 热爱劳动,坚韧乐观； 树立正确的生态价值观； 严谨认真的研究态度。								
探究意识	积极主动参与探究活动； 好奇心强,勤于动手,善于反思； 善于发现、鉴赏和创造美。								
任务管理	能调动跨学科知识解决问题； 愿意接受分配的任务； 准确并完整地完成工作。								
沟通交流	能够有效且清晰地表达观点； 尊重他人,积极倾听他人的想法； 主动听取多学科专家建议。								
团队合作	在他人需要时提供帮助； 对于小组来说是个有价值的成员。								
诚信规范	遵守学术诚信和学术规范； 遵守实验室安全管理规范。								
个人自 我反思									

综合评价	个人评价等级（　　） 签名： 时间：	小组评价等级（　　） 签名： 时间：
教师评价		签名： 时间：

A：优秀；　　B：良好；　　C：一般；　　D：有待进步。

（二）教学思考

1. 关注课程进一步优化的科学性

在后续继续完善课程的过程中，教师将在对学生进行充分调研的基础上，听取更多相关专家的意见，从理论的高度对课程进行科学分析，让课程的优化有更科学的依据和方向。

2. 增加成本控制提升情境的真实性

在前面三轮课程中，教师虽然设计了成本和预算的要求，但并没有给学生限制成本，学生团队很容易只考虑预算和结算的匹配，对于成本控制考虑得较少。因此在第四轮课程中，教师通过提前发给学生代币的形式，设置成本限制，并在最终的展示环节请在场的观众投票是否购买学生团队的产品，以模拟产品销量预计产品利润。

3. 优化过程性评价，增加个人产出的评价标准

课程的过程性评价方案虽然经过了多次迭代，但在实施过程中教师一直困惑于一个问题。过程性评价方案的量规制订主要由教师结合各领域专家意见完成，学生理解量规需要一定的时间。在评价的过程中，教师需要付出大量工作，且容易占用较多课堂教学时间，以满足过程性评价的要求，在此过程中容易失去对教学过程把

控。目前的过程性评价主要针对团队，对于个人产出的评价还需要进一步探索和完善。

执笔人：上海市上海中学跨学科教师程林

【专家点评要点】

本课程为上海中学校本课程"智能产品的设计与制作"中的最后一个课时。该课程以智能生态鱼缸的设计与制作为载体。其中本课时主题为"产品发布会"，为该课程的最后环节。

整个课时的教学过程围绕"学生为主体、教师为主导"的实施策略展开设计。教师根据学生素养水平，选择课程资源，设计教学方法和策略，转变育人模式。在整个课程的教学实践中，教师采用了项目化学习的策略，以翻转课堂的方式提升课程学习的有效时空，教师提出现实问题并提供针对性的学习资源库，在信息技术的赋能下，学生自行利用课余时间进行调研和相关知识的学习，教师以跨学科大观念统整和重构教学内容，借用信息技术搭建知识和能力的学习之架，关注学科知识技能的结构化。同时，课上时间用于项目推进和问题解决，凸显学科实践，强调学科思维模式和探究模式的渗透。教学活动中，教师通过项目进展监控和嵌入式评价，对学生在学习研究过程中出现的问题给予引导和鼓励，关注学生学习进阶，让学生在团队合作中获得充分的参与，展现自己的专长，逐步推进学生基于信息技术工具支撑的深度学习，实现迭代式的学习和复杂探究。

上海市徐汇区教育学院拓展课教研员徐烂

附录：普通高中"新课程新教材" 实施撬动育人方式变革

——上海中学"双新"实施学科教学 展示暨校长论坛举行

编者按：为切实贯彻《教育部关于做好普通高中新课程新教材实施工作的指导意见》等文件精神，进一步提升上海市普通高中新课程、新教材（以下简称"双新"）实施的示范辐射效应，在教育部基础教育课程教材发展中心、上海市教育委员会的指导下，由上海市教育学会主办、华东师范大学教师教育学院支持、上海市教育委员会教学研究室与上海市上海中学共同承办，以"借力'双新'实施、激发办学活力、撬动育人变革"为主题的2021年上海中学'双新'实施学科教学展示暨校长论坛于2021年4月16日在上海市上海中学举行，来自全国各省市800余名专家、校长、教师参加了现场会，线上观看人数超过7万人次。普通高中"双新"实施，进一步推动了学校教育教学方式走向革新，课堂教学改革依旧是主要阵地；无论是高中教育研究者还是学校管理者、教师，都需要在教育教学理念变化的引领下推进教育教学学术的提升，促进高中阶段人才培养模式的创新，持续激发学校办学活力。在此，选取一些开幕式和校长论坛中的发言摘要,旨在抛砖引玉。

一、借力"双新"实施推进学校发展走向新阶段

上海作为国家教育综合改革实验区承担了率先实施教育综合改革的历史使命,普通高中新课程新教材的实施,更是成为推动沟通育人方式改变,深化基础教育课程改革的重要任务,对上海高中发展来讲是面临着一个新的发展阶段。

上海市教育委员会原副主任、上海开放大学党委副书记、校长贾炜:阐述了上海市普通高中"双新"实施近三年来的一些重要探索经验。第一,处理好"分类"与"分层"、"高峰"与"高原"的关系,形成新的高中发展格局。在"分层"的基础之上进一步突出"分类",让高中的特色更鲜明;在建"高原"的基础上推进"高峰"的建设。第二,学校需要在学生学习时间和空间有限的情况下,统整好国家课程、校本课程和学生个性潜能发展需要的特需课程。第三,"双新"工作的落实,一定要在课堂上发生大的变化。强调情景化教学和结构性教学,更要推动深度学习。立足提高学生解决问题的能力,始终是课堂教学提高效率的主攻方向。在作业设计和命题的能力上还需要配套,只有命题形式、作业设计等发生了变化,"双新"实施的常态化才会落到实处。第四,推进"双新"的过程,需要整体转变教研方式,把教研形式转化成推动每位教师研究实践的共同载体。上海市教育委员会教学研究室在课例研究的基础上修订了学科教学基本要求,让每一位教师都把握好教学的底线。在此基础上还要在教研方式上有更多的学习共同体,通过"教学坊"的模式来推动。第五,市、区、校三级都在强化保障功能,目前上海市层面正在推进实施高中基于新阶段发展标准的研制。此外,上海市考试院也在抓紧推进学业水平考试制度进一步的完善;上海市教委相关部门在研制新的特色高中的三年行动计划,上海市评估院在研制和准备试行高中教育教学质量综合评价的指标体系的研究。总体上来说,推进

"双新"工作是系统性的、整体性的，必须依靠社会各界协同来推进和落实。

国家督学、中国教育学会副会长、浙江省教育厅原厅长巡视员、"双新"国家示范区示范校建设调研组上海组组长张绪培：以"新征程、新课程"为题，强调教育现代化的本质是实现人的现代化，是培养出具有现代素养的人，普通高中"双新"实施，是开启第二个百年"现代化和民族复兴"新征程的重要组成部分。其中课程是一个很重要的"龙头"，"龙头"动起来整个"身子"才能"舞"起来。"双新"的三个价值导向为：第一，以核心素养为纲落实"立德树人"的任务。核心素养包括正确的价值观、必备的品格、关键能力。不能以传授知识作为教育的终点，知识后面有更重要的东西就是核心素养。第二，以必修、选修为线，让每个人得到充分发展。"双新"的一个特点是让学生有比较充分的课程选择权，让学生通过选择学会选择，通过选择学会对自己负责，通过选择读懂自己。上海有些学校在这方面已经做了很好的探索，也有了初步的成果。第三，"双新"推进的重点是推进教学变革，要把知识变成能力、变成品格、变成核心素养，必须通过自主学习和自主活动才能达到，也就是要通过高级思维才能上升到素养层次。如果一节课没有冲突、没有争论、没有辨析、没有感悟，就不是一个好课堂，学生就不能完成知识到素养的飞跃。要增加学生自主实践的平台，在实践中的体验、感悟才能上升为素养。

教育部基础教育教学指导委员会副主任、中国教育学会副会长、上海市教育学会会长尹后庆：在《从"二期课改"到"双新"推进》微报告中指出，在传承基础上将经验迁移到新的改革任务是一种教育智慧，从六个方面诠释了"二期课改"与"双新"实施的内在联系与新的发展思考：第一，上海的学校经过 30 年课改，特别是"二期课改"留下了一个很重要的理念，即"用课程支撑育人目标实现"。第二，"二期课改"激活了学校特色创建和育人目标的自定能力，极大地调动了上海学校办学的主体意识和特色建设能力。第三,"二期课改"培养了教师的课程意识和开发能力,这些基本功对以核心素养为主线的课程体系建设奠定了很好的基础。第四,上海课程改革提升了广大教师"用教材教"的能力。第五,激活了教师对学生学习的研究,主体性学习成为广大教师新的教学观,学情分析成为广大教师新的教学基本功。第六,"二期课改"促进了教师对学生的学习观察,知识观发生了很大变化。上述优势让上海教师可以率先去适应并且完成国家新课程新教材的实施,但是,仍然面临一些问题和挑战。面对课程空间的缩小,学校需要把原有的优势与特色同国家课程进行融合,一是在学科教学中进行渗透融合,二是要保留一部分精华的特色校本课程。面对教学目标放大的问题,只有通过改变教学过程,设计多样化的课堂学习活动,才能让学生在多元丰富的学习经历中获得感受、增强体验、滋生素养。教学方式变革的关键是开发学习的驱动源,要让学生有兴趣地学习,进行有意义的深度学习,减少形式学习,减少浅学习;面对学习空间和机会的创设问题,需要让多种学习在学校里发生,增强学生的学习密度与强度,而不是单单通过加课和做作业;全面多元评价的实施难度高,需要全面多元评价的实施并依靠信息技术,增强学习记录优化学习画像。

　　普通高中"双新"实施促进学校发展走向新阶段,仍旧需要牢牢把握课堂教学是"双新"落实的主阵地。在上午三位专家发言后,上海中学进行了思想政治、语文、历史、数学、英语、物理、化学、生物学、地理等9门学科、15堂"双新"学科教学展示,每门学科邀请一位学科新教材编写组或课标组成员、一至两位大学专家或中学正高级教师进行点评,让每一门学科的"双新"教学主题得到显现、挖掘与延伸,促进了大单元教学、学科结构化、主题式探究、项目化处理的新课程要求,诠释了"双新"落实的主阵地在课堂教学。譬如,思想政治学科杨恺彦老师上的"必修3:政治与法治——综合探究'我们会参与'"，引导学生在探究中增强对话协商、沟通合作、表达诉求和解决问题的能力；何建军老师的"做全球发展的贡献"，关注在案例探究中培养学生的分析、归纳能力。语文老师俞超的"改造我们的学习：以研讨《实践是检验真理的唯一标准》为中心"，通过单元群文研读，学会深入语言细处把握文章思想魅力和思辨特色的方法；方婧老师的"《红楼梦》整本书阅读——解读贾宝玉"，从整本书的视角分析人物的精神内核。历史学科常宇鑫老师的"全民族浴血奋战与抗日战争的胜利"，通过对历史地图、照片、家书等多类史料的比勘释读，在具体的时空框架下了解抗战主要史实和英雄人物。本次"双新"展示的一大亮点是数学、物理、化学学科不仅展示了上海生源高中生学科"双新"教学的风采，而且各开设了一堂针对国际部学生的、与我国学科"双新"内容相似的教学，引导教师从国际比较的视角推进学科"双新"教学，夯实学生国际视野下的学科核心素养。

二、借力"双新"实施促进学校育人方式新变革

普通高中的"双新"实施，要让教育理念的变化促进"双新"实施的教育教学方式的变化、新教材结构化处理以及教师发展思路创新。在校长论坛主旨报告环节，安排了五位专家发言。

复旦大学教授、中科院院士、上海市非统编教材主编麻生明：介绍了非统编高中化学理想的现实与反思。上海市化学非统编教材的编写，注重贯彻教育部新课程方案有关落实学科核心素养的要求，既体现了基础性和时代性的化学课程内容，又注重融入海派文化理念。希望通过教材体现化学的趣味性和对社会的不可或缺性，将化学的理论学习与实验融合，强调与生活、与工业、与社会、与科普的结合，对中国科学家对科学的贡献也进行了展现。在比较和借鉴国际主流教材的基础上，化学教材中 12 个栏目的设置，每个栏目都有几个目标，但是目标能不能达到，只有新教材使用后才有比较实际的答案。在素养提升的核心框图上，编写组花了很长时间，希

望把教材提升工作做好,打造一个心平气和的新教材实施环境。

华东师范大学教师教育学院院长周彬: "双新"之变,变在教材中的知识结构,变在新时代的知识表现形式,教学、学习与管理,尤其是教学管理方式也要因势而变。结构之变体现在从"去结构化教学"(把教材拆解成知识点,把每个知识点都当重点教)回归教学的"结构化时代";形式之变,教师都是专业的,但是学生都是"业余"的,所以知识要跟上时代的变化,但是形式需要稍微"业余"一点。我们希望学生学到的知识是经典的,要按照学生"业余"的状态对待他们,要以会之人揣摩不会之心;评价之变,当我们在教学管理中过度实行微观化管理时,就会导致我们的教育眼光太小、格局太小。我们需要跳出课堂看教学,跳出教学看教育,跳出教育看人生,思考新课程、新教材对教师的人生究竟意味着什么;目的之变体现在从"德育工作"到"立德树人",要发展学生核心素养,就要培养他们的关键能力、必备品格和正确的价值观念,在升级教学体系的同时,更要改造我们的德育体系,改造我们的育人体系,走向全面"立德树人"。

上海市教育委员会基础教育处处长杨振峰: 以"教评协同,助力新课程实施"为题,指出基层学校在推进"双新"实施中,要促进教学与评价的一体化设计,以新时代教育教学评价促进"双新"深入实施。这次课程改革的主要特点是以学科核心素养为目标,基于情景是关键,学业水平兼顾选择性和差异化。课程改革的关键抓手是教评协同,"教"关键要思考观念、目标、情境、结构,"评"不要只看终点评价,还要看过程评价。基于核心素养的评价设计需要思考七个关系:合作解决与个体解决;讨论解决与静默解决;逻辑推断与实验探究;能力形成与能力表现;宽松时间与有限时间;发散思维与关键聚拢;非系统表达与系统表达。"双新"基于核心素养的评价体现出"四多":第一个是"多维",每一个学科的学科核心素养都有多个维度;第二个是"多元",不是指评价主体的多元,而是多构建之间要实现有机统一；第三个是"多层"，这次改革就要关注不同的人，凸显选择性，不同的学生要达到不同的学业标准；第四个是"多解"，解决问题是开放的、自洽的、有内在逻辑的，而不是千篇一律的统一答案。如果要推进教评协同，关键问题是要从作业开始，考试是作业的系统化，只有教评联合，协同进化方能有力推进课程改革的扎实落实。

上海市教育委员会教学研究室主任王洋：以"普通高中'双新'推进中的上海教研"为题，分析了"双新"背景下的上海教研，大力推进了诸多教研共同体的建设，包括课程领导力、学科教学基本要求研究等，以教研先行促进了上海"双新"的实施。课改30年中，上海教研的探索体现在提升高中学校的课程领导力项目，指导学校开展"研修一体"的校本教研模式，编制学科教学基本要求，研制各学科单元教学设计指南，开展作业设计与基于标准的单元评价研究，开展信息技术与教学的整合研究，形成了对区域课程教学工作调研的机制、工具、方法、流程，综合教研打破了学科教学研究的限制，将研究领域延展至课程研究、跨学科研究、评价研究、元教研等方面，教材编制带来了综合效益。普通高中"双新"推进中的上海教研将在价值取向、内容范畴、实证方法、运行机制，以及信息技术应用和教研文化方面再出发。把国家课程的落实列为首要任务，以课程领导力项目（第三期）为抓手，以《普通高中课程标准（2017年版2020年修订）》为依据，结合各学科教材，以单元整体为单位撰写各学科教学基本要求。以实证方法开展课程与教学深度调研，上下联动拍摄全学科、全单元、全课时的教学视频资源，将"空中课堂"机制转化为常态化的教学视频资源建设机制。再生教研文化，重构教研工作话语体系，树立"立德树人""以人为本""基于标准"观念，使其成为教研的关键词。研制高中学校"双新"实施质量的评估工具。学校"双新"实施情况必须是可以经常检测、快速反馈，建立起质量预警机制，守住"双新"底线，建立标准，研制工具，完善"双新"实施的机制。

上海市上海中学校长冯志刚：以"学术高度——'双新'实施过

程中的追求"为题,指出实验性示范校高中在推进"双新"实施过程中要关注学术高度,不应只关注"学",只在"高考""赶考"上做文章,还应在"术"上下功夫。要搭建平台,让学生有机会对自己感兴趣的一个或多个领域有认真体验、深入探索的机会。将"提升学术高度"与"双新"视野下对学生发展指导的要求相契合,引导学生从国家、社会发展需要的视角去追求自己的学术志趣,是新时代基础教育的方向。上海中学搭建了很多平台,让学生有机会在科学的海洋中、在导师的引导下,经历一条"从兴趣发现,到潜能激发、学术意识、行为习惯、科学思维形成"的"完整链"。学校给学生足够的选择和充足的时间与空间,沿着自己的好奇心,就自己感兴趣的领域去探索、去发展学术潜能。学校硬软件条件、实验室建设是基础,让学生可以泡在实验室去获取知识、接受挑战、享受快乐,逐步积累自己的"非对称优势"。除了学科课程,学校的综合实践活动中也充满了学术韵味。例如,"红色研学·绿色学农"活动中,学生带着课题去考察,完成了 60 余项社会考察课题,在"忙而有序、又累又苦"的活动中收获满满。借力"双新"实施平台,引导学生的学术志趣发展与国家和社会发展紧密结合,是"双新"实施过程中的追求,也是上海中学"储人才备国家之用"办学理念在新课程中的体现。有了这样的学术氛围,学生形成的"志趣"都会带到大学,乃至带上社会。据跟踪调研显示,近五年来,科技班、工程班、数学班学生在校期间选择的课程、做的课题与升学专业的匹配程度在 80% 左右,平行班也达到 60% 左右。

三、借力"双新"实施促进人才培养模式创新

大会主题讨论会以校长论坛的形式展开,上半场校长圆桌论坛讨论议题为普通高中"双新"实施与人才培养模式创新,安排我国南方、北方知名高中校长对话以及长三角一体化地区知名高中校长交流。

山东省青岛第二中学校长孙先亮：普通高中"双新"实施，主要聚焦在以下几点，第一是坚持从"人"出发，尊重人、激发人和发展人。第二是自主发展，调动每个学生自身的能力，只有自己被"激活"，才能成为持续不断让自己发展的动力。第三是个性发展，个性发展在学生的成长和职业选择中都具有非常重要的作用，有了它才能真正给校园带来活力。学校的教育要不断创新，学校要给学生不断实现自我的创新机会，在充满不确定性的校园里找到适合自己的东西。此外，青岛二中在"互联网＋"教学和学生的发展平台搭建方面进行了一些尝试，让学生有机会找到自己的志趣方向和志同道合的同伴。"双新"是一项系统工程，只有站在人的发展的核心问题上，教育才能不只是为了"双新"，而是为了人的成长发展找到真正的方式。

浙江省镇海中学校长吴国平：普通高中"双新"实施，要解决好为党育人、为国育才，提高普通高中教学的精准性、有效性，从而更好地实现"立德树人"。我校在这个过程中引进了以学生的学习力、创造力、自主力、领导力、审美力为重要元素的校本核心素养。在学教方式创新上面，注重与五力相适应的教学模式、教学策略、教学方式方法的应用；在教学的组织形式上，学习班和教学班并存；在教学课程资源的利用方面，不断挖掘整合学校的校本课程资源，借助兄弟学校、高校、科研院所以及社区企事业单位的课程资源；在教学方式方面，将高中教学方式，即教师引领学生推进，教师教会学生自主研习等进行互补结合；在制度文化方面，设计了激发师生创造力的弹性制度；在活动文化方面，拓展各类校园文化活动的空间、时间，搭建各种各样的平台；在职业生涯规划方面，课程建设上也不断根据"双新"要求结合学校实际来实施。营造了良好的"双新"实施的教育教学生态。

安徽省合肥市第一中学校长封安保：普通高中"双新"实施，要"增减有度，放管合一"。"增容"主要是形式多样化，"减负"主要是主题精品化,激活学生的潜质。学校通过实施强基实验班课程体系建设,对学生进行培养,进行了一些探索。不断体现课程价值,挖掘课程育人潜力。学校在组织领导、制度实施、资源保障上进行了新的探索,包括担当意识、家国情怀,依地开源、科技前瞻,人文陶冶、生活体验,强身健体、以美养心,测评指导、规划未来,打破边界、多向融合六个方面。在打破边界、多项融合方面,如针对安徽的洪水问题,学校政治老师、地理老师、历史老师一起上课,政治老师从中国的政治自信角度进行讲解,历史老师讲巢湖的前世今生,地理老师讲洪水的成因。

复旦大学附属中学校长吴坚: "双新"背景下学校管理者应更加关注每一个学生的成长诉求和他所能承担的未来的时代、社会以及国家的责任使命到底怎样去落实和呈现。在这个背景下,复旦附中的思考和操作概括为三个维度:自由的环境、严谨的规划、深刻的体验。在指导思想指引下,学校的实际操作中有很多具体的方案。在自由环境方面,学校以学院的方式,每个年级贯穿四个学院,四个学院各有侧重,有各自发展的特色和学校所提供的资源保障的优势,为每位学生获得存在、发展和成长的空间和可能性。在严谨规划方面,学校要求对每一门学科、每一个学习类别,包括成长类别做出精细量化或指导性设计。比如说导师制的全覆盖,综合性的教学评价;在深刻体验方面,学校希望满足各类学生的不同需求,有更多的体验式学习经历。在整个校园生活中,学校创设各种平台,提供满足各类学生学习发展、健康成长的机会和经历。自由环境中,严谨规划下,学生深刻体验的效应能得到适当的、比较有力的、可持续发展的机会和能量。

东北师范大学附属中学校长邵志豪: 课堂是"立德树人"的主阵地,是高中育人方式改革的主阵地,也是我们培养时代新人的主阵地。我们讨论"双新"工作的落地,核心是落实课堂教学改革,把教师专业成长和课堂教学改革紧密结合起来。我校提出了"五以"

课堂教学思想，即以激发动机为前提、以结构知识为基础、以思维训练为中心、以六个结合为原则、以多回信息传递和多种器官协调活动为过程，其中很重要的一点就是以结构知识为基础。在"双新"时代背景下，学校在传承的基础上有了新的思考。学校提出了"四位一体"的课堂育人理念，即正确价值观念塑造、必备品格养成、关键能力培养和基础知识落实。学校从 2018 年开始启动新时代"五以"课堂教学思想建设，之前的"五以"教学思想持续探索了 35 年，推出了 300 多节课。2018 年提出的新"五以"课堂教学思想经过两年探索已经进行了多次改版，目前的 2.0 版以学科素养落地为中心、以基于情景落地导向为前提、以自组织探究式学习为基础、以师生双主体为原则、以信息技术与学科教学深度融合为过程。学校争取尽快发布"双新"环境下的新"五以"课堂教学思想，引领接下来的"双新"落地工作。

南京师范大学附属中学校长葛军："双新"实施过程中要注重以下几点：第一，探索无边界的学习、行政的课堂和校外的课堂联动；第二，重视学科阅读，基础阅读带有倾向性，追究学科贯通的阅读，强调专题化阅读，所有学科的相关教师整合在一起进行推进工作；第三，推进"三 A"学习法，如一个概念多个表达，一个表达可能连接多个概念，一个概念可能延伸出多个概念，这样的理解思考有利于学生把知识串联起来，形成多角度理解和深度理解。第四，强调思维化课堂，引导师生、生生，教师跟教师之间大家共同进行思考，用简单问题引入深度思考，并将此作为优秀的英才教育模式。

四、借用"双新"实施激发学校办学活力

圆桌校长论坛下半场以普通高中"双新"实施与学校办学活力激发为题，参与讨论的有我国东西南北中的知名高中五位校长。

福建省福州第一中学校长蔡辉森：从普通高中"双新"是什么、为什么、怎么办三个视角分析了学校办学活力的激发。"双新"的第

一个培养目标是理想信念、社会责任感；第二个培养目标是具备科学文化素养和终身学习能力；第三个培养目标是自主发展能力和沟通合作能力。我们要从表面文字描述看到深层次问题。新时代孕育新课程，我们的教育是培养未来人才，需要思考未来人才具备什么样的品质。从未来视角来理解"为什么"这个问题。我们可以感受在"双新"实施的过程中，对学生个性化、创新性、敢于反抗权威等各方面的要求，以及如何营造一个好的学校氛围，宽容宽松的氛围能让学生更加个性发展、创新发展。关于"怎么办"的问题，没有课堂的落实是无法实现"双新"目标的。上午听的物理课让我深受启发，上课过程中教师运用数字化工具进行数据分析。工具的改变非常重要，从工具的改变可以撬动教师教学理念的改变。

上海市格致中学校长吴照：普通高中"双新"实施，需要创新校本教研机制，校本教研与市、区级教研相比，研修的主题更加明确，研修的团队相对紧密，与本校教育教学的关联度更高。在"双新"实施以来，格致中学从四个方面实现了转变：第一个转变是拓展校本教研的研修领域，更加关注以核心素养培育学生的目标，更加关注大单元设计，学生学习的历程；专题教研更加关注特色选修课程，课程方案出来后，我们发现必修课程减少了，选修课程增加了，上海原来就有拓展型、基础型、研究型课程，我们学校建了四类百门课程体系，我们感觉到根据新的课程要求，有很多选修课程要进行重整，包括学生的学业评价研究，这些应该是需要拓展的领域。第二个转变是校本教研实施的路径，备课组长、教研组长与教师之间应该是合作研究的、平等对话的、智慧共享的、通过交流研讨共同提高的。第三个转变是教研角色的转变，"双新"实施后，资深教师、骨干教师应该承担起重要的任务，能率先垂范，通过多种形式，推动先行者并树立典型，还应关注选修课程资源的整合，开发新的课程。第四个转变是关注生涯指导，目前学校实行全员生涯导师制，但是对教师来说，学生的生涯指导专业性不够，还需要引进外智，希望通过"双新"

的实施能培养具有社会责任感的爱国者、具有创新素养的劳动者、具有探究精神的学习者。

四川省成都市第七中学校长易国栋：高品质学校建设是激活学校办学活力的重要抓手。世界上著名的中学大多数具有一些品质的共性，如课程的学术品位、活动的时空张力、制度的创造弹性和育人的远大格局。高品质、高质量、高效率和高体验是高品质教育包含的四个元素。学校应用更少的时间去提高学科教学质量，用更多时间来提高学科的核心素养，要增加实践探索的学习内容，培养学生的实践能力和创新意识。成都七中从"内驱力"和"外驱力"两方面进行了实践，"内驱力"就是课程开发和课堂教学的改革，在课程改革和课堂教学改革方面指向三个"强"："强"责任、"强"主体、"强"思辨。我们在课程方面建构双核并重的课程、核心知识和核心能力，在课堂教学方面建构充分发挥学生主体作用的反思型的品质课堂。"外驱力"体现在学校要肩负代表中国的基础教育参加世界竞争的责任，要迎接伟大的"中国时代"的到来。在"双新"改革的过程中，在激活自己办学活力的过程中，还要推动区域基础教育和国家基础教育整体水平的提升。

西北师范大学附属中学校长贾金元：普通高中"双新"背景下的学校办学，要进一步强化"立德树人"的使命和担当，着力回答好为谁培养人、培养什么人、怎样培养人的教育问题。"双新"背景下的教育中心仍然在课堂，教育改革只有改变了教师和课堂，才是深刻的成功的改革。在"双新"背景下，学校要引领发展，必须抓住教育教学质量的生命线，构筑富有学校特色的高品质课程体系。"双新"背景下推进一种方式的变革需要纵向贯通、横向联动、双向衔接、环环相扣的人才培养模式。在教育理念的层面树立科学的大衔接观，各学段学校要进一步明确各自教育的功能定位，理顺各学段的育人目标，使其有序过渡。对学业、专业、职业三位一体的全程式教育路径进行革新，在尊重学生成长规律的基础上，不同学段不断丰富课程内容使专业教育与职业教育融合。在大数据背景下探索建立一套全学段完整的学生成长反馈系统。一方面西北师大附中与国际一流大学对接合作,在课程建设方面让学有余力的高中学生提前接触选修知名大学的课程,与知名大学共建特色实验班;另一方面与部分初中对接合作,建立初高中衔接班,对接国家的强基战略和大学的强基计划。

华中师范大学第一附属中学校长周鹏程: 普通高中"双新"实施,要关注三个问题。第一个问题,什么是办学活力? 首先需要保障学校办学的自主权,包括教育教学的自主权、人事工作的自主权、财务或经费安排的自主权。其次增强学校办学内生动力,强化评价的导向作用,强化校内的激励作用,强化文化的引领作用,强化优质学校的带动作用。最后提升办学的支撑保障能力。第二个问题,办学活力中最重要的活力是什么? 办学活力应包括学校的活力、教师的活力、学生的活力。在实践中,我们提出所有学生必须具有两项体育特长、两项艺术特长;学生的关键能力强调批判性思维、团队领导力;自我管理和自我发展能力包括时间管理、情绪管理、财务管理、学习管理、健康管理、生涯规划,这就构成了我们对"人"的理解。第三个问题,所有的学生想干什么? 想了解什么? 这些问题都能在学校平台中得到解决。同时,在队伍建设方面,强调教师的研究能力,培养教师的学术精神,希望能改变教学结果、提升教学能力。在学校治理方面,成立学校发展中心和学校保障中心。

本次论坛的最后,还设置了"双新"实施与强基计划交流活动,北京大学、清华大学、复旦大学、上海交通大学招生办代表就"双新"实施与"强基计划"视野下,如何进一步推进大中学实质性合作育人进行了深入交流。清华大学招生办主任陈启鑫指出,普通高中"双新"实施要关注大学与中学的衔接,实现"全链条"人才的培养;北京大学招生办主任李喆认为,"双新"实施要促进学校学科体系、学科结构、学科素养等方面更全面和更综合；复旦大学招生办主任潘伟杰强调，在基础学科人才培养方面，大学与中学要在课程教学上高度衔接；上海交通大学招生办主任王琳媛指出，高中"双新"实施与新高考要统筹考虑，用"招生倒逼培养，培养引领招生"是新时代人才培养的重要命题。（专家与校长发言观点根据录音整理。）

图书在版编目（CIP）数据

打破框框："双新"视野下高中课堂教学尝试 / 冯
志刚主编. — 上海：上海教育出版社，2023.12
（"龙门书院·上海中学"书系 / 冯志刚总主编）
ISBN 978-7-5720-2064-3

Ⅰ.①打… Ⅱ.①冯… Ⅲ.①课堂教学 - 教学研究 -
高中 Ⅳ.①G632.421

中国国家版本馆CIP数据核字(2024)第008318号

策　　划　徐建飞工作室
责任编辑　徐建飞　　卢佳怡
封面设计　金一哲

"龙门书院·上海中学"书系
冯志刚　总主编
打破框框："双新"视野下高中课堂教学尝试
冯志刚　主编

出版发行　上海教育出版社有限公司
官　　网　www.seph.com.cn
地　　址　上海市闵行区号景路159弄C座
邮　　编　201101
印　　刷　上海盛通时代印刷有限公司
开　　本　890×1240　1/32　印张 18　插页 4
字　　数　451 千字
版　　次　2024年1月第1版
印　　次　2024年1月第1次印刷
书　　号　ISBN 978-7-5720-2064-3/G·1854
定　　价　95.00 元

如发现质量问题，读者可向本社调换　电话：021-64373213